W0319617

Rizzoli best

Giampaolo Pansa

I cari estinti

Faccia a faccia con quarant'anni di politica italiana

Rizzoli

Proprietà letteraria riservata
© 2010 *RCS Libri S.p.A., Milano*

ISBN 978-88-17-03945-1

Prima edizione: marzo 2010

I cari estinti

Ai lettori

Chi sono i cari estinti? Sono il pio Rumor, l'irriducibile Fanfani, l'enigmatico Moro, l'eterno Andreotti, l'aggressivo De Mita, il monacale Berlinguer, l'ardimentoso Craxi, il tenace Almirante, l'ambizioso Spadolini. Insomma, i superbig che hanno imperato nella Prima Repubblica, quella che va dal 1946 al 1992, poi perita nel terremoto di Tangentopoli. Insieme a Ciriaco De Mita, soltanto uno di loro è in vita: Giulio Andreotti, che nel gennaio 2010 ha compiuto 91 anni.

Noi, cittadini senza potere, siamo in qualche modo i loro orfani. Essere orfano non comporta di per sé rimpiangere chi non c'è più. Nell'uso corrente, la parola "estinto" viene di solito preceduta dall'aggettivo "caro". Ma spesso l'accoppiata ha un suono dubbio. E non corrisponde sempre al rammarico sincero per una scomparsa.

Tuttavia, gli orfani della Prima Repubblica sono davvero tanti. Milioni di italiani. Quelli che erano ragazzi quando i cari estinti cominciarono a stare sul campo del potere politico. E ci rimasero per quasi mezzo secolo. Costruendo, nel bene e nel male, il paese nel quale siamo vissuti.

Anch'io sono un orfano, o un reduce, della Prima Repubblica. Anzi, lo sono due volte. Per motivi di età. E perché ho raccontato quella casta politica in moltissimi articoli su sette testate: "La Stampa", "Il Giorno", il "Corriere della Sera", "la Repubblica", "L'Espresso", "Panorama" ed "Epoca".

Il mio reducismo nasce da una circostanza esistenziale. Volevo fare il giornalista e scrivere della politica italiana. Ci sono riuscito. E quei partiti, quei leader, i capi di seconda e terza fila, sino ai peones, ossia i parlamentari di piccolo peso, sono diventati i soggetti più frequenti del mio lavoro.

Ne ho scritto così tanto che, strada facendo, mi sono accorto di un fatto sorprendente. Quei personaggi erano ormai i miei vicini di scrivania, i compagni della mia vita professionale. Più li osservavo e più mi stavano accanto. Come per ricordarmi che, senza di loro, il mio mestiere non avrebbe avuto significato.

È per questo motivo che sui cari estinti ho un'infinità di ricordi personali. Il lettore ne troverà tanti in questo libro. Messi in ordine, dentro un diario di viaggio nell'Italia di quell'epoca, nella storia della Prima Repubblica.

È stata una storia buona o cattiva, gloriosa o infame, utile all'Italia o soltanto di danno al paese? La risposta non è facile. E non intendo darla. Chi avrà voglia di leggere *I cari estinti* la darà a se stesso, come è giusto.

Ma è proprio questa domanda a essere all'origine del libro che avete in mano. Me l'hanno presentata tante volte, nelle interviste e nei dibattiti alla radio e alla televisione. Per una ragione precisa. La Seconda Repubblica, quella di oggi nata dopo Tangentopoli, ha iniziato presto a mostrare tutti i suoi difetti pesanti. A quel punto, molti hanno cominciato a chiedersi se non fosse vero un vecchio adagio: si stava meglio quando si stava peggio.

L'adagio vuol dire che, forse, la Prima Repubblica è stata migliore della Seconda. È indubbio che i cari estinti hanno finito la loro corsa nel baratro del finanziamento illecito dei partiti, delle tangenti, della corruzione diffusa. Ma non è altrettanto vero che le tangenti, i soldi illeciti alla politica e la corruzione continuano a devastare l'Italia odierna?

È il dilemma sul meglio e sul peggio a farmi pensare che poteva essere utile raccontare che cosa è stata la Prima Repubblica. Quanti la ricordano? E tra i lettori più giovani quanti ne sanno qualcosa? Forse si doveva narrare da dove venivamo e com'era la politica del tempo che fu.

Ho provato a farlo con *I cari estinti*. Ma prima di iniziare questo viaggio, per aiutare i lettori voglio mettere nero su bianco qualche punto fermo sui tre grandi protagonisti della Prima Repubblica. Ossia sui partiti che, dopo averla creata, l'hanno dominata per decenni.

Il primo è la Democrazia cristiana. È stata quasi sempre alla testa del paese. Dei 50 governi che si sono succeduti dal giugno 1945 all'aprile 1992, ossia all'inizio di Tangentopoli, ben 45 hanno avuto presidenti dicì. Alcide De Gasperi è stato premier per otto volte, Andreotti per sette, Fanfani per sei, Moro e Rumor per cinque. Soltanto due laici e un socialista ce l'hanno fatta ad arrivare a Palazzo Chigi: Ferruccio Parri per sei mesi nel 1945, Spadolini e Craxi due volte ciascuno.

La Prima Repubblica è vissuta nel segno dell'eternità del potere bianco. Con tutti i vantaggi e tutti i guai connessi alla mancanza di un'alternativa alla Balena democristiana. Il bilancio di questo superpotere l'ha tracciato in quattordici parole un manager famoso, ricordato in questo libro: Eugenio Cefis, il successore di Enrico Mattei all'Eni e poi presidente della Montedison. Quando la Prima Repubblica era già finita, spiegò: «Della Dc possiamo dire qualunque cosa. Ma senza i democristiani saremmo diventati tutti comunisti».

E forse, aggiungo io, non avremmo vinto lo scontro con il terrorismo rosso e nero. Salvando la democrazia parlamentare che, per fortuna, ancora abbiamo. L'unico contropotere che la Dc non ha sconfitto è la mafia.

Cresciuta anche all'ombra della Balena Bianca, spesso troppo restia a combattere Cosa Nostra.

Il secondo protagonista è il Pci. Penso che il Partitone Rosso abbia più colpe che meriti. Nel primo dopoguerra, poteva diventare un partito socialdemocratico e riformista. Come è avvenuto per altri movimenti di sinistra nell'Europa occidentale. Purtroppo, non ha voluto fare questa scelta. Ed è rimasto inchiodato a una ideologia già fallita e a una dannosa fedeltà all'Unione Sovietica.

È stata questa sudditanza quasi religiosa a impedirgli di diventare una forza di governo. Il Pci era robusto e capace di conquistare regioni e città importanti, ma non l'Italia. A Palazzo Chigi non ci è mai arrivato. I comunisti hanno sempre sostenuto che erano gli Stati Uniti a impedirlo. Però la verità è assai più banale: sono stati gli elettori a sbarrargli il passo. Per la semplice ragione che non si fidavano delle Botteghe Oscure.

In questo modo il Pci si è rivelato un blocco conservatore. L'espansione elettorale ne aveva fatto un elefante immobile. In grado soltanto di ostacolare qualunque tentativo di rendere migliori le nostre istituzioni. La retorica che la sinistra continua a fare sul mitico Pci non regge di fronte a una responsabilità tanto grave.

Il terzo protagonista è il Psi. Soprattutto per merito del più importante dei segretari socialisti, Bettino Craxi. Ecco una figura rimasta prigioniera della fase terminale del suo percorso politico: la decadenza, l'esilio e la morte ad Hammamet, in Tunisia, dovuti a Tangentopoli.

Ma Craxi non è soltanto il leader finito nella rete di Mani Pulite. È stato l'attore di un progetto coraggioso che mirava a sottrarre il suo partito e l'Italia alla tenaglia paralizzante dei due colossi, il democristiano e il comunista.

Ha visto prima di tutti che il paese avrebbe perso

ogni spinta propulsiva se non si fosse realizzata un'alternativa vera alla Dc. E non soltanto una staffetta temporanea a Palazzo Chigi.

Craxi pensava, con ragione, che soltanto il Psi, e non il Pci, avrebbe potuto raggiungere quell'obiettivo. Per questo ha dovuto affrontare l'ostilità aggressiva, e spesso volgare, tanto della Balena Bianca che dell'Elefante Rosso. Sfociata in una guerra concordata fra i due giganti. Divisi su tutto, ma uniti nel proposito di spiantare il Garofano socialista. E distruggere il suo leader, dipinto come un pericolo per la democrazia italiana, una sciagura per il paese.

Questi tre partiti avevano un tratto in comune. Erano stati i vincitori della guerra civile contro il fascismo che negli anni Venti li aveva annullati. Dopo la Liberazione hanno ripreso il loro posto. Ma non hanno saputo vincere la seconda guerra che li attendeva: quella per la buona politica e per il governo del paese.

Anno dopo anno, sono di nuovo caduti nel baratro della sconfitta. Questa volta non per l'assalto di una forza autoritaria, ma per l'incapacità di fermare la loro agonia. Hanno corrotto se stessi e il paese. Hanno pompato miliardi dal pozzo nero delle tangenti. Hanno distrutto la fiducia di tanti cittadini nella correttezza della politica. E dopo il sole della vittoria, hanno visto calare la notte della sconfitta. Sino allo sfacelo finale, decretato dai magistrati di Mani Pulite, a partire dall'inizio del 1992.

I cari estinti è un libro revisionista. Descrive la Prima Repubblica senza perdersi nel buonismo della retorica cara ai politici. Partendo dalle figure e dalle vicende dei leader che l'hanno creata e dominata. Narrate senza parteggiare per nessuno. E con una schiettezza che potrà sembrare irriverente.

Avevo fatto così a proposito della guerra civile italiana. E anche questa volta mi sono tenuto lontano sia dai santini elogiativi che dalle invettive. Ho dato a Cesare quel che era di Cesare. Grandezze e miserie. Successi ed errori. Passioni e vanità. Virtù pubbliche e vizi privati.

Per riuscire a farlo, ho scelto di raccontare i politici che avevo conosciuto più da vicino. Come li avevo visti allora e come li giudico oggi. Insomma, ho usato un'ottica doppia. Un metodo irrinunciabile quando si raccontano vicende accadute molto tempo prima. E che hanno bisogno di essere riviste.

Questo libro esce in un momento di pericoloso marasma della nostra vita politica. La Seconda Repubblica, nata sulle macerie di Tangentopoli, appare sempre sul punto di tirare le cuoia. Dunque è inevitabile la domanda che ho già proposto: è stata migliore la prima o la seconda? Dobbiamo rimpiangere "i cari estinti"?

Non è un interrogativo privo di senso. Persino qualcuno dei leader odierni guarda sempre più spesso al passato con nostalgia. Un esempio paradossale è quello del presidente della Camera, Gianfranco Fini, il più noto dei postfascisti, fondatore insieme a Silvio Berlusconi del Popolo della libertà.

Fini sostiene di voler guardare al futuro. Ma nel dicembre dell'anno scorso, si è lasciato sfuggire una confessione: «Vorrei che il Pdl fosse come la Dc della Prima Repubblica, un partito del quale rimpiango l'ampio dibattito».

Per la verità, l'ampio dibattito nella Balena Bianca aveva subito dato origine a un sistema correntizio destinato a sfasciare Mamma Dc. Tuttavia, lo scopo di questo libro non è quello di suscitare rimpianti.

I cari estinti si propone soltanto di rievocare senza pedanterie un'epoca che si fa ancora sentire nella vita politica di oggi. Il passato non si può mai cancellare.

Resiste e interviene sempre, anche quando non ce ne accorgiamo. Tanto vale conoscerlo. E raccontarlo con un pizzico di ironia.

Il mio viaggio si conclude nel 1989, quando cade il Muro di Berlino. E il Pci guidato da Achille Occhetto decide di cambiare nome, dopo il crollo dell'Unione Sovietica e la fine del comunismo in Europa.

Qualcuno si domanderà perché mi sono fermato davanti a Tangentopoli e a Mani Pulite. Sia pure ricordando quella stagione nei capitoli finali. Ma quel trauma è stato così grande da meritare un libro a sé. Prima o poi, forse, lo scriverò.

G.P.

Parte prima

I

Il killer del Duce

Il primo comunista che ho visto da vicino era una comunista. Una falsa magra, con le curve di Veronica Lake. Le tette nervose. E un lato B da spaccare la sottana. Infine ballava divinamente il samba all'italiana. Qualcuno ricorderà una canzone del dopoguerra: "O mamma, o mamma, o mamma, lo sai perché mi batte el corazon? Me gusta una muchacha...".

L'odalisca rossa si chiamava Elvira, aveva 30 anni, lavorava come sarta da uomo, detta anche pantalonaia, ed era la vedova precoce di un ferroviere morto sotto le bombe americane nello scalo di Alessandria. Avrebbe potuto risposarsi, ma non voleva più avere maschi per casa. E il perché l'aveva spiegato a mia madre Giovanna, durante una spesa nel negozio Mode Pansa, in via Roma, la strada centrale della nostra Casale Monferrato.

«Vede, signora Giovanna, di uomini ne ho conosciuto uno solo, il mio Roberto. Lui era un campione di gentilezza, ma gli altri... Meglio lasciarli perdere! Sono tutti dei surgnon, intrattabili, nervosi. S'incendiano per un niente. Ti offendono e qualcuno è pronto a darti la benedizione con il manico della pala!»

Mia madre osservava: «Cara Elvira, lei non mi pare il tipo che si lascia benedire facilmente...». L'odalisca ribatteva: «Certo che no! Ho imparato a difendermi con le armi delle donne. Il proverbio dice che sono tre: la lingua, le unghie e le lacrime. Ma ce n'è una quarta. E lei capisce cosa voglio dire».

La quarta era il sesso. Però l'Elvira aveva rinunciato

a praticarlo, almeno nella prima fase della vedovanza. Pur riservandosi il gusto di incendiare la voglia dei maschi. Lo faceva due volte la settimana, di sabato sera e di domenica pomeriggio, ballando alla Stella Rossa, un paradiso che tra poco descriverò.

Per la baiadera comunista era un rito da affrontare dopo una preparazione meticolosa. Pettinatura fresca. Labbra cariche di rossetto. Camicetta sopra un reggipetto adatto a tenere alto il seno. Una gonna corta e a stringiculo. Calze di nylon con la riga. Scarpe dal tacco vistoso. Profumo a gogò.

Così bardata, entrava in pista e le altre donne sparivano. Del resto, nessuna avrebbe retto il confronto con la compagna Elvira. Un'odalisca proletaria, dalla sensualità travolgente. Che con la sola mossa dell'anca faceva immaginare un goga e migoga, lussurioso al massimo.

La Stella Rossa era un dancing improvvisato, ma molto noto in città. Un po' perché era l'unica sala da ballo nata sotto la bandiera del Pci. E poi perché era frequentato da ragazze comuniste che avevano fama d'essere molto più belle di quelle democristiane.

L'ingresso stava al primo piano di un edificio storico: il Palazzo Langosco, in via Corte d'Appello, a cento metri dal nostro caseggiato di ringhiera. Durante il regime di Mussolini era diventato la Casa del Fascio. E dopo la fine della guerra ospitava le sedi dei due partiti di sinistra. L'atrio del palazzo era stato disegnato dal Borra, l'architetto dei Savoia. Qui si apriva la scalinata che conduceva a un salone immenso e dal soffitto altissimo, dove un tempo si riuniva il Senato della città.

A un angolo del soffitto stava appeso l'aereo di Natale Palli, l'eroe casalese della prima guerra mondiale, che aveva portato Gabriele d'Annunzio nel volo su Vienna. Era uguale a un calabrone gigantesco, di legno e tela. Da ragazzino andavo spesso ad ammirarlo. Affascinato e un po' intimorito, immaginavo quel pilota ventenne alle prese con la contraerea austriaca. E fantasticavo.

Se era domenica pomeriggio, davo un'occhiata dentro la Stella Rossa: una grande sala con la tappezzeria di damasco giallo, adiacente al Salone del Senato. Avevo tredici anni e dicevo al botteghino che dovevo parlare con mia cugina. Una volta entrato, le mie fantasie s'indirizzavano sull'Elvira, scatenata al centro della pista.

La perlustravo con gli occhi. E mi facevo sempre la stessa domanda: come sarà nuda? Ma non avevo mai visto una donna svestita. Per questo non riuscivo a immaginare niente. Me ne restavo lì imbambolato. Sino a quando mi ordinavano di levarmi dai piedi.

Anche nella nostra città, il ballo era un piacere a disposizione di tutte le tasche, compresi i poveri. Si ballava dovunque. Le ragazze più eleganti indossavano una gonna lunga, molto stretta in vita, e un maglioncino nero accollato. Le orchestre suonavano i motivi più in voga: *Serenata celeste*, *Vecchia Roma*, *Bésame mucho*, *Amado mio*. La guerra era finita da appena due anni, ma sembrava non ci fosse mai stata.

Tuttavia la città era povera. I reduci erano davvero tanti e molti di loro non avevano lavoro. Alla radio, Alcide De Gasperi chiedeva agli agricoltori di seminare più grano possibile. Il Pci garantiva che il proletariato avrebbe vinto. Soltanto chi aveva dei parenti in campagna, qualcosa da mangiare lo rimediava sempre. Per fortuna, il castagnaccio costava poco. E il sorriso delle ragazze induceva a pensare che, prima o poi, il mondo sarebbe stato migliore.

Nel dicembre 1947 vennero giù carrettate di neve, per giorni e giorni. Un proverbio diceva: "Neve decembrina, per tre mesi ce l'hai vicina". Infatti l'inverno fu lungo e cattivo. Case fredde. Panni logori. Legna da poco per le stufe. Fiori di ghiaccio ai vetri delle finestre. Le calze rigide sulle ringhiere. E le muffole imbottite con il pelo di coniglio, per poter andare in bicicletta senza geloni sulle dita.

Quando l'inverno faceva ancora soffrire, cominciò un'altra guerra, questa volta politica. Era alle viste un voto decisivo, fissato il 18 aprile 1948. Con due armate pronte a scannarsi: la Dc di De Gasperi e il Fronte popolare guidato da Palmiro Togliatti e da Pietro Nenni. E fu allora che in città si cominciò a parlare di Walter Audisio, il comunista che aveva ucciso Mussolini.

La prima assemblea provinciale del Fronte si tenne ad Alessandria la domenica 15 febbraio 1948. Fu un evento indimenticabile per i tanti rossi che vivevano tra il Po e l'Appennino. A causa di due ragioni. La prima era che a dirigere l'assemblea arrivò apposta da Roma un capo comunista importante: Pietro Secchia. La seconda fu la comparsa di un personaggio che tra poco presenterò.

In quel momento Secchia aveva 45 anni ed era considerato il numero tre del Pci, dopo Palmiro Togliatti e Luigi Longo. A vedersi era davvero brutto. Una faccia cavallina sovrastata da una mascagna nera, sempre spettinata. Una dentatura in disordine dove spiccavano due incisivi di metallo. Un modo di fare spiccio e cupo, da rivoluzionario che non aveva smesso di pensare alla conquista del potere con le armi.

Ma a quel tempo la politica non soggiaceva al mito della bella faccia. E anche la bruttezza accresceva il fascino di Secchia. Del resto, lui era uno dei vincitori della guerra civile. E molti pensavano che il suo partito avrebbe vinto anche in tempo di pace, battendo la Dc.

Difatti, l'assemblea fu un successone. Dopo l'incontro al Politeama, il centro della città venne attraversato da colonne di ex partigiani garibaldini, che poi confluirono in piazza della Libertà.

Qui, verso mezzogiorno, Secchia tenne un comizio. Disse: «I partigiani sono tra i più seri e decisi costruttori della vita nazionale. E con la divisa o senza, sono sempre gli stessi. Se lo mettano in testa il ministro dell'Interno e tutti i servi dello straniero. Il governo nero di De Gasperi dovrà fare i conti con i patrioti della Resistenza». La conclusione fu quella che i compagni si aspettavano: «Il 18 aprile l'Italia dirà chiaramente che vuole un governo capace di difendere il pane, il lavoro, l'indipendenza nazionale!».

Al Politeama Secchia aveva presentato i candidati del Fronte per la Camera nella circoscrizione Cuneo-Alessandria-Asti. La lista era in ordine alfabetico. Al primo posto si trovava il socialista Mario Andreis, che poi venne trombato. E al secondo stava il comunista Walter Audisio, più noto come il colonnello Valerio. E tutti sapevano chi era: l'uomo che aveva ammazzato Mussolini, subito dopo la cattura sul lago di Como.

Valerio stava per compiere 39 anni. E non aveva certo il fisico del giustiziere. Era un signore magro, baffuto, un basco nero sulla testa, un abito sempre stropicciato, spesso nascosto da un impermeabile color nocciola. L'unica nota vivace era la cravatta.

Audisio amava le cravatte rosse a pallini bianchi. Ne portava una anche alla Basilica di Massenzio a Roma, il 30 marzo 1947, Domenica delle Palme. Quando Togliatti, con la vocina sottile e tagliente, l'aveva presentato a migliaia di comunisti come il compagno che il 28 aprile di due anni prima aveva mandato all'inferno il dittatore fascista. Guadagnandosi un posto nella storia mondiale.

Ma era davvero un posto meritato? I militanti e gli elettori del Pci non nutrivano dubbi. Del resto, l'aveva garantito Togliatti, la massima autorità in materia di medaglie politiche. E quella domenica, al termine del comizio alla Basilica di Massenzio, davanti alla folla dei compagni Secchia abbracciò e baciò Audisio. Con un trasporto un po' sinistro, come succede sempre tra rivoluzionari che in quel momento sono amici, ma l'indomani chissà.

Per di più, si sapeva che Audisio girava l'Italia protetto da una guardia del corpo. Una difesa indispensabile perché era diventato l'uomo nero di tutti i reduci di Salò. Ma Valerio non sembrava per niente impaurito. Aveva di continuo un'aria sorridente e compagnona, da commesso viaggiatore. E riservava i toni duri soltanto agli odiati democristiani.

Lo si vide il 14 luglio 1948, il giorno che Antonio Pallante sparò due rivoltellate a Togliatti e per un pelo non lo mandò al creatore. Nell'aula di Montecitorio il neodeputato Audisio si rivolse a De Gasperi, gridandogli: «Tu sei come Mussolini che ha fatto uccidere Matteotti!». De Gasperi gli replicò, gelido: «Solo l'idea di un simile paragone è ripugnante».

Quando Valerio cominciò a farsi vedere sempre più spesso nella nostra città, uno dei centri della vittoriosa campagna elettorale, quasi nessuno dubitò della sua qualifica di killer del Duce. Ho scritto "quasi" perché anche da noi gli scettici non mancavano. Tra di loro c'era la Regina, una nostra vicina di casa. Energica zitella, ben poco casta, ma pur sempre democristiana, cominciò presto a sostenere: «Quel tipo lì ha ucciso Mussolini? Non ci crederei neppure se l'avessi visto sparare! Mi sembra un eroe da barzelletta…».

La Regina non poteva saperlo, ma era proprio quello il punto debole del colonnello Valerio. Aveva il vezzo di raccontare storielle che non facevano ridere nessuno. Lo testimonia Massimo Caprara che in quel tempo era il segretario di Togliatti. E vedeva di continuo Audisio che lavorava alle Botteghe Oscure nell'apparato di Secchia.

Anche qui Valerio rompeva l'anima a tutti con le barzellette. Ma tutti lo sopportavano per un motivo ferreo.

Insieme a Togliatti e a pochi altri dirigenti del Partitone Rosso era il depositario di un segreto che si può definire storico.

Il segreto consisteva nel fatto che a sparare al Duce non era stato lui, bensì Aldo Lampredi, il braccio destro di Longo nel comando generale delle Garibaldi. Un compagno dal carattere freddo, capace di custodire più di un mistero. Nato a Firenze il 13 marzo 1899, operaio ebanista, era entrato nel Pci appena fondato e aveva fatto per intero la trafila dei quadri comunisti della sua generazione.

Dapprima il carcere in Italia, poi l'espatrio, l'arrivo a Mosca, alla scuola della polizia segreta sovietica, la guerra civile in Spagna nel commissariato delle Brigate internazionali, quindi nel maquis in Francia. E infine la guerra civile in Italia, dapprima in Friuli, quindi accanto a Longo.

Ad avere tra le mani Mussolini erano stati in tre: Lampredi, Audisio e il comandante partigiano Michele Moretti. Ma Longo aveva ordinato al solo Lampredi di giustiziare il Duce. E così era avvenuto. Come Togliatti rivelò a Caprara.

Ma perché non dire la verità? Caprara riferisce la spiegazione che ebbe da Celeste Negarville, dirigente di primo piano del Pci. Togliatti era ben deciso a non dare un nome e una faccia al killer di Mussolini. Poi un giorno si rese conto che qualche giornalista intraprendente stava arrivando a Lampredi. E allora decise di proteggerlo da una fama pericolosa.

Scrive Caprara nel suo libro di memorie *Quando le Botteghe erano Oscure* (Il Saggiatore, 1997): Togliatti voleva sottrarre Lampredi alla curiosità della gente, ma anche "salvarlo da un'autoesaltazione che avrebbe potuto travolgerlo: sentirsi all'improvviso il vendicatore-eroe, dopo una vita grigia e ingrata, da funzionario del Komintern".

A quel punto il ruolo del killer venne assegnato ad Audisio, un compagno superfedele: militante clandestino, cinque anni di confino, poi la Resistenza. Gli fu ordinato di concedere interviste, soprattutto a giornalisti americani. E di raccontare come aveva giustiziato Mussolini. Valerio chiese di parlare con Togliatti. Però il Migliore non volle riceverlo. Disse soltanto: «Mi basta di vedere la sua faccia sui rotocalchi. Ma deve astenersi dalle barzellette!».

Il ragioniere di Alessandria iniziò a recitare alla perfezione la parte che Togliatti gli aveva imposto. Cominciando con un'intervista alla vigilia del comizio alla Basilica di Massenzio. È possibile che, in cuor suo, la recita gli pesasse. Secondo Vittorio Gorresio, borbottava: «Avrei preferito vivere come prima». Ma l'obbedienza al Bottegone veniva davanti a tutto.

Anche Lampredi non rivelò mai nulla. Continuò a lavorare nell'apparato centrale del Pci, sino a diventare il capo della Commissione nazionale quadri. Era un cinquantenne alto, magro, il viso affilato, di pochissime parole, dalla vita sobria e dalla riservatezza assoluta.

Rifiutò sempre di entrare in Parlamento. E di scrivere una sola riga sulle tante esperienze di dirigente della rivoluzione rossa. Poi nel luglio 1974 morì per un infarto a Lubiana, in Jugoslavia, dove si trovava in vacanza: aveva 75 anni.

Quando Audisio cominciò a frequentare la nostra città, sino a diventare anche consigliere comunale del Pci, ci fu un gran discutere sul suo ruolo di giustiziere del Duce. Chi non lo metteva in dubbio gli attribuiva anche imprese che non gli appartenevano. Si disse persino che era stato lui ad appendere i cadaveri di Mussolini e di Claretta Petacci a piazzale Loreto. E che lì aveva arringato la folla inferocita. Questi suoi tifosi aggiungevano: «Ha fatto bene. Il colonnello Valerio è un eroe della Resistenza».

Fra i tifosi c'era anche l'Elvira, l'odalisca della Stella Rossa. Ma lei non si limitò a tifare. Cominciò a nutrire una vera passione per il finto killer del Duce. Una passione insieme politica e amorosa. Infatti rivelò a più di un'amica che avrebbe fatto qualunque cosa per incontrare Audisio e sacrificargli l'acerba vedovanza. Per dirla in parole povere, decise di tampinarlo per portarselo a letto.

Dài e dài, si sparse la voce che l'Elvira ci era riuscita. E che verso la fine del 1948 il colonnello Valerio aveva ceduto alla sua corte spietata. Sempre a sentir quelle voci, una sera di dicembre il killer del Duce arrivò di nascosto a casa dell'Elvira, in una viuzza del vecchio ghetto ebraico. E trascorse una notte furibonda nel letto dell'odalisca. Per poi ripetere più volte il goga e migoga con la pantalonaia esperta di samba brasilero.

Anche in questo caso, era tutto falso. Audisio aveva una tranquilla vita famigliare, tra Roma e Alessandria, accanto alla moglie Ernestina. Del resto, la furba Elvira, interrogata in proposito, si mantenne sempre sul vago. Senza smentire né confermare.

Un giorno fu messa alle strette dalla Regina che le chiese: «Insomma, questo colonnello Valerio come si comporta sotto le tue lenzuola?». Ma l'Elvira le regalò una risposta sibillina: «È più facile sparare a Mussolini che soddisfare una donna come me».

A sentir la Regina, la pantalonaia si vantava di una conquista inesistente. Comunque, all'inizio del 1950, l'Elvira sposò un maestro elementare che votava per la Democrazia cristiana. Dopo le nozze, non andò più a ballare. E mise al mondo tre figlioli. Il primo venne chiamato Alcide come De Gasperi. Il secondo Mario come Scelba. E il terzo Amintore come Fanfani.

2
Olimpio e i Magnacucchi

«Ma insomma l'Olimpio è ancora comunista o no?» domandò mia madre Giovanna.

«Sì e no» le rispose mio padre Ernesto.

«Che cosa vuol dire sì e no?» si spazientì lei, che amava soltanto le risposte nette.

Ernesto sospirò: «Lo sai anche tu. L'Olimpio è stato espulso dal Pci, però la pensa più o meno come l'ha sempre pensata. Per questo l'hai visto così angosciato».

L'Olimpio in questione era Olimpio Zaffiro, cugino primo di mio padre. Infatti la mia nonna paterna, Caterina Zaffiro, era sorella del papà di Olimpio, Giovanni Zaffiro. Spero sia chiaro. Se non lo è, proverò a spiegarmi meglio raccontando di Giovanni.

Non sono riuscito a scovare il suo anno di nascita. Ma doveva essere di qualche anno più giovane di Caterina, nata a Caresana, in provincia di Vercelli, nel settembre 1869. Giovanni era un salariato che lavorava nelle tenute agricole della pianura vercellese, cambiando spesso padrone.

Nel 1907 faceva il capo cavallante in un'azienda di Livorno Ferraris. La tenuta era piuttosto vasta se aveva un dipendente con l'incarico di occuparsi dei cavalli. E fu in quell'anno, di luglio, che a Livorno Ferraris nacque Olimpio.

Alla sua nascita, Ernesto aveva quasi 9 anni. Non so quando i due cugini si incontrarono. Ma so che, da adulti, cominciarono a frequentarsi abbastanza spesso. Chi li ha conosciuti, rammenta che si assomigliavano. Come mio padre, Olimpio era di statura media, corporatura snella, bruno di capelli e con un viso dai lineamenti fini.

Ho visto una sua fotografia, scattata tra la fine degli anni Quaranta e l'inizio dei Cinquanta, dirò poi in quale circostanza. La sua somiglianza con Ernesto è forte. Soprattutto per la fronte alta e gli occhi, gli stessi di mio padre. Da noi si dice "occhi da cane", per dire buoni e dolci, di un uomo mite e anche un po' chiuso in se stesso.

La mia impressione coincide con quanto mi è stato raccontato di Olimpio. Non era un tipo espansivo, come non lo era Ernesto. Me lo hanno descritto sempre piuttosto serio e poco incline alla confidenza con il prossimo. Al punto da sembrare spigoloso quando si trovava ad affrontare qualche problema che lo angustiava. In questo differiva da Ernesto: un uomo dolce, disposto a tener conto delle ragioni degli altri e mai tentato di imporre il proprio punto di vista.

Non sono riuscito a stabilire quando Olimpio arrivò a Torino, destinata a diventare la sua città. Dopo la quinta elementare, frequentò il triennio dell'avviamento al lavoro. Quindi venne assunto in un'azienda di apparecchiature elettriche in corso Regina Margherita. All'inizio della seconda guerra mondiale aveva 33 anni e non venne richiamato alle armi. Continuando a fare l'operaio elettricista sempre nella stessa fabbrica.

A Torino conobbe una ragazza. Si chiamava Rosina ed era anche lei di origine vercellese. Abitava in Vanchiglietta, nel quartiere che veniva chiamato "al Burg dal fum", il Borgo del fumo, per la presenza di molte fabbriche. L'Olimpio e Rosina si sposarono, ma non ebbero figli. Poco dopo la fine della guerra, il matrimonio si ruppe. E lui andò a vivere con un'altra donna, Nilde Corti.

Sempre nel primo dopoguerra ci fu una seconda svolta nella vita di Olimpio. Si era iscritto al Pci di Torino e trovò un nuovo lavoro proprio nel quotidiano del partito, "l'Unità". Come ci sia arrivato non so dirlo. Ma ebbe subito un incarico amministrativo. Secondo un testimone, era uno degli impiegati del giornale. E la sua mansione quella di ispettore in tutto il Piemonte. Vale a dire che si occupava della diffusione della testata nel suo bacino editoriale più importante.

A quel tempo nei quotidiani, soprattutto in quelli di partito, il legame tra giornalisti e amministrativi era stretto. Lo dice anche la fotografia a cui ho accennato. È un'immagine scattata durante una visita di Togliatti all'"Unità" torinese, in una data incerta, ma che possiamo collocare tra la fine del 1948 e l'estate del 1950.

Il segretario del Pci sta accanto al direttore del giornale, Mario Montagnana, suo cognato in quanto fratello della prima moglie del Migliore, Rita. Togliatti, elegante nel doppiopetto scuro con una bella cravatta chiara, guarda verso il cielo. Montagnana, nato a Torino nel 1897, quattro anni dopo il leader, è un uomo alto, esangue, brizzolato, che osserva il fotografo con una smorfia annoiata.

Attorno ai due big ci sono i redattori dell'"Unità" subalpina. Tra loro si riconoscono dei giovani poi diventati personaggi noti, come Paolo Spriano, Raimondo Luraghi e Gianni Rocca, per anni vicedirettore di "Repubblica".

In prima fila, accosciato come nei gruppi scolastici, c'è un giovanissimo Guido Quaranta, classe 1927, il giornalista parlamentare più famoso d'Italia, in seguito una delle firme di "Panorama" e dell'"Espresso". Accanto a lui sta Manfredo Liprandi, il numero uno dei cronisti di nera a Torino, poi passato alla "Stampa". E vicino a Liprandi ecco Olimpio.

La sua presenza nella foto ci dice che Olimpio non doveva essere un impiegato qualsiasi. In quel momento aveva poco più di 40 anni. E come tutti gli altri era vestito in modo appropriato, anche per l'occasione importante. Abito grigio chiaro, pantaloni con il risvolto, camicia scura e cravatta con la barretta che la ferma, scarpe lucidissime.

A colpirmi è l'espressione del volto. È quella di un uomo che non vive a caso, ma osserva il proprio ambiente e sta attento a quanto può accadere. Togliatti si trova alle sue spalle. Forse non sa neppure chi sia il compagno Olimpio. Così come Olimpio non sa, né può sapere, che cosa presto gli accadrà di fare contro il Migliore.

La vita di Olimpio Zaffiro ebbe un'altra svolta un anno o poco più dopo il giorno eternato in quella foto.

In un'altra città italiana, Reggio Emilia, la mattina del 19 gennaio 1951 si aprì il 7° Congresso della federazione comunista, una delle più forti del paese. E il segretario federale, Valdo Magnani, lasciò sbalorditi i compagni concludendo il rapporto con una dichiarazione politica del tutto eretica rispetto alla linea generale del Pci. Un'appendice esplosiva se si tiene conto che si era nel pieno della guerra ideologica tra i partiti del Cominform, compreso il Pci, e la Jugoslavia del maresciallo Tito.

La linea esposta da Magnani era fondata su una serie di principi che provo a riassumere così. Democrazia e non rivoluzione rossa. Nessuna conquista del potere, ma una marcia graduale e pacifica verso il socialismo. Rifiuto dell'Unione Sovietica come Stato guida e del Pcus come partito sovrano rispetto agli altri partiti comunisti dell'Occidente. Indipendenza nazionale. No al comunismo esportato con le truppe dell'Armata rossa. Impegno a difendere l'Italia da qualsiasi aggressione militare, compresa quella che poteva venire da Mosca e dagli altri regimi autoritari dell'Est.

Come si vede, era un vangelo opposto a quello dell'Urss e del partito di Togliatti. Nel gennaio 1951, Magnani aveva 38 anni compiuti da poco, era stato ufficiale dell'esercito italiano in Jugoslavia. E dopo l'armistizio aveva fatto il partigiano con Tito. Guidava la federazione di Reggio dal 1947 e il 18 aprile 1948 era stato eletto deputato. Infine era cugino di Nilde Iotti, la compagna del leader comunista.

Magnani rinunciò a tutto nel giro di quella mattinata. E sei giorni dopo, insieme a un altro parlamentare comunista, il medico bolognese Aldo Cucchi, medaglia d'oro della Resistenza, si dimise dal partito e dall'incarico a Montecitorio.

La reazione del Pci fu brutale. Il 1° febbraio, senza tener conto delle sue dimissioni, il Pci espulse Magnani come "volgare traditore". La stessa punizione venne inflitta a Cucchi dalla federazione di Bologna.

Alla fine di quel mese, appena ritornato da Mosca, Togliatti in persona bollò Magnani e Cucchi sull'"Unità" con un'invettiva rimasta celebre: "Anche nella criniera di un nobile cavallo da corsa si possono sempre trovare due o tre pidocchi".

Qualche eccellenza del Pci riuscì a battere in volgarità il segretario. Concetto Marchesi, il grande latinista e in quel momento deputato, definì i due eretici "cenci umani, al servizio delle baionette americane, naziste o titine". Persino il socialista Rodolfo Morandi, vicesegretario del Psi, non lesinò gli insulti: Magnani e Cucchi erano soltanto "bave titine". E l'"Avanti!" ignorò quello che era accaduto a Reggio, senza dedicargli neppure una microscopica notizia.

Cominciò subito una caccia al dissidente, incessante e spietata. Mario Giovana, che poi lavorerà con Magnani, la ricorda così: «Dei compagni furono accusati di essere spie, traditori, venduti, arnesi da forca, degni soltanto di disprezzo e di isolamento. Fu un linciaggio di proporzioni vergognose da parte del Pci».

La guerra tra il gigante togliattiano e la pulce dissidente fu «senza esclusione di colpi», ammetterà anni dopo Giancarlo Pajetta. Soprattutto i comunisti reggiani si rivelarono spietati. Il Comitato federale del Pci dichiarò che Magnani era "un rinnegato senza principi, un volgare e spregevole strumento nelle mani delle forze reazionarie, appositamente infiltrato nel partito".

Un dirigente del Pci di Reggio, parlando ai segretari di sezione, arrivò a descrivere Magnani così: «Non bisogna dimenticare che il Magnani seppe unire bene le caratteristiche dello spione titino con i tratti dell'istrione gesuita. Il riso diabolico e la falsa austerità gli donavano la maschera».

Magnani, Cucchi e i loro famigliari sperimentarono che cosa poteva essere lo stalinismo senza Stalin, nell'Italia degli anni Cinquanta. Andai a intervistare Magnani per "Repubblica" all'inizio del 1982, poco prima che morisse. E lui, con pudore, quasi controvoglia, mi parlò del clima feroce che regnava nel Pci togliattiano.

Trascrissi sul mio taccuino la sua testimonianza del forsennato stalinismo di tutti i giorni, anche nei piccoli fatti della vita. Un maglio che si abbatteva contro chiunque osasse intaccare il mito di Stalin e mettersi contro Togliatti.

Mi disse Magnani: «Era l'isolamento l'ingranaggio più perfido e crudele, di una crudeltà orientale. E a essere isolato non era soltanto il colpevole, ma pure la sua famiglia, i suoi conoscenti. Dalla sera alla mattina perdevi tutti i tuoi amici. Nessuno ti rivolgeva più la parola. Ti ritrovavi da solo di fronte alle accuse più incredibili e senza prove».

I due "pidocchi" non si lasciarono piegare. Fondarono un movimento politico, l'Unione dei socialisti indipendenti. Stamparono un settimanale, "Risorgimento socialista", diretto da Lucio Libertini, un catanese di 29 anni, socialista di sinistra, che a partire dal 1968 sarebbe diventato parlamentare, prima con il Psiup, poi con il Pci e infine con Rifondazione comunista. E a "Risorgimento socialista" si trovò a lavorare Olimpio. Che cosa era successo?

Olimpio aveva deciso che Cucchi e Magnani non si sbagliavano sul conto di Stalin e di Togliatti. E dunque era giusto stare dalla loro parte.

La rappresaglia fu immediata. In quattro e quattr'otto, il Pci lo espulse "per indegnità politica e morale". E lo cacciò dall'"Unità", togliendogli il lavoro di ispettore del giornale. Con lui venne licenziata anche la sua compagna, impiegata del quotidiano.

Olimpio trovò un incarico di funzionario del movimento dei Magnacucchi, come veniva chiamata l'Usi. Lavorava nella sede dell'Unione a Torino, in corso Matteotti. Si occupava della diffusione di "Risorgimento socialista", dell'affissione dei manifesti e del volantinaggio. Lo stipendio era davvero modesto, come lo era stato quello nel Pci.

L'Usi aveva le casse vuote. Gli unici aiuti finanziari le venivano dalla Jugoslavia di Tito. Ma in quel momento, la rottura fra il Maresciallo e Mosca era al calor bianco. E Belgrado non navigava certo nell'oro. In compenso anche i militanti attivi erano davvero pochi. Una decina a Torino e in totale non più di trenta in Piemonte.

Olimpio partecipò alla prima e unica campagna elettorale dell'Usi, nel giugno 1953. Fu un impegno durissimo, osteggiato in tutti i modi dall'apparato del Pci. Spesso i comizi dei Magnacucchi avevano di fronte piazze deserte o con meno di quattro gatti. Ben più numerosi erano gli attivisti di Togliatti che si scagliavano imbestialiti contro i "rinnegati".

Anni dopo, Libertini racconterà: «Ricordo un drammatico comizio di Magnani nel centro di Genova, con i poliziotti pronti alla carica e sullo sfondo un muro di facce ostili e cupe. E in una borgata romana una sassaiola contro uno sgangherato camioncino dove mi ero arrampicato, nel tentativo di parlare a una piccola folla inferocita».

Nel 1953 Magnani e Cucchi raccolsero appena 225 mila voti, lo 0,8 per cento. Quasi niente, ma tantissimo per dei comunisti che avevano osato mettersi contro Stalin e Togliatti. Il loro fuoco dissidente bruciò ancora per qualche anno. Poi si spense, per le enormi difficoltà di una piccola formazione politica schiacciata fra i due giganti del Pci e del Psi. E nel marzo 1957, sotto l'onda emotiva della rivolta di Budapest del novembre precedente, l'Usi confluì nel Psi.

Olimpio trovò un posto da ispettore delle aste giudiziarie in Piemonte. E visse di quel lavoro sino alla pensione. Poi si trasferì in Liguria con la compagna. Anche da lei non ebbe figli. Infine si spense all'ospedale di Imperia, nel 1973, a 66 anni. Aveva un tumore all'intestino, ma si era rifiutato di farsi operare. Era un uomo orgoglioso e non voleva vivere in condizioni umilianti.

A me capitò di vederlo una sola volta. Doveva essere l'inverno del 1951, quando avevo compiuto da poco i 16 anni. Una domenica Olimpio venne a trovarci a Casale, da solo. Soffriva ancora per l'espulsione dal partito. Ma non per il fatto in sé. Gli bruciava che gli fosse stato impedito di dimettersi. E per la motivazione che lo offendeva.

In onore del cugino Olimpio, mia madre aveva preparato gli agnolotti. Seduto a tavola, davanti a una porzione abbondante di quella delizia, Olimpio raccontava a mio padre dell'espulsione. E piangeva di rabbia. Piangeva a dirotto, con i lacrimoni che cadevano sul piatto.

Per attenuare il dramma, mia madre Giovanna se ne uscì con una battuta per me indimenticabile: «Caro Olimpio, se continui a piangere, gli agnolotti diventeranno freddi. E allora prima mangiali. Dopo piangerai!».

3
I consigli del Tonno

Il primo a farmi riflettere sulla sconfitta dei vincitori fu un grande giornalista: Arrigo Benedetti, il fondatore dell'"Espresso". Come racconterò, era un signore dal carattere spigoloso, un uomo solitario, difficile da rinchiudere dentro una casella politica. Era un liberale, un radicale, un anarchico pacifico? Non so dirlo.

L'unico dato certo, a parte la sua maestria come direttore, è che i suoi redattori lo chiamavano il Tonno. L'avevano ribattezzato così perché aveva un faccione rotondo, le labbra spinte in fuori, una struttura fisica tozza e robusta. Ma quando lo conobbi, più che un tonno mi sembrò un incrocio fra il regista Alfred Hitchcock, per via della gran pappagorgia, e un prelato d'altri tempi, austero e sardonico.

Era davvero forte, il Tonno. Se un articolo non gli piaceva, convocava l'autore e gli mostrava la fine che avrebbe fatto il suo pezzo. Cominciava a spiegazzarlo, a strapparlo, a ingoiarlo, a masticarlo e infine a sputarlo nel cestino della carta straccia. Quindi urlava al malcapitato che si togliesse dalla testa di poter fare il giornalista.

Sono stato anch'io un figlio del Tonno. Nel senso che tra i giornali e i libri che mi hanno cresciuto c'era il suo "Espresso". Non posso dimenticare il primo numero. Uscì nel formato lenzuolo e a sedici pagine. La copertina era dedicata a un articolo di Nicola Adelfi su Nenni e a uno di Vittorio Gorresio su Randolfo Pacciardi. Sopra la testata campeggiava un annuncio: "L'on. Segni vecchio insegnante ha scritto un articolo per gli insegnanti".

Il numero d'esordio recava la data del 2 ottobre 1955, giorno successivo al mio ventesimo compleanno. Allora non mi sembrò un segno del destino. Ci pensai soltanto all'inizio degli anni Novanta, quando andai a lavorare all'"Espresso". E ci rimasi per un quindicennio scarso, con tre direttori diversi.

Il settimanale di Benedetti mi piaceva così tanto che andavo a comprarlo all'edicola della stazione ferroviaria di Casale. Qui veniva messo in vendita un'ora prima rispetto al centro cittadino. Partivo da casa in bicicletta, con la furia di chi deve incontrare una ragazza. Mia madre Giovanna sospirava: «Che cosa avrà di speciale questo "Espresso"?». Di speciale aveva, per l'appunto, il Tonno. Capace di fare un rotocalco diverso da tutti gli altri.

Incontrai Benedetti soltanto molti anni dopo. Era il novembre 1972 e Alberto Ronchey, il mio direttore alla "Stampa", aveva pensato di dedicare al Tonno un lungo articolo di terza pagina. Benedetti si era deciso a lasciare la sua ultima creatura, una nuova versione del "Mondo", per ritirarsi dalla professione. Ed era giusto festeggiarlo.

Poi non andò così perché il Tonno accettò di dirigere, per un anno solo, un quotidiano di sinistra in difficoltà, "Paese sera". Ma il nostro incontro a Milano e l'articolo su di lui ci furono lo stesso. Per me fu una fortuna poiché Benedetti mi raccontò la sua storia professionale. E soprattutto m'impartì una lezione schietta sul mestiere che anch'io facevo.

In quel momento il Tonno, nato a Lucca nel 1910, aveva 62 anni ed era entrato nell'universo della carta stampata nel 1937, a Roma. Veniva dalla provincia, scriveva su riviste letterarie e stava con un amico, lucchese anche lui e suo coetaneo, che voleva diventare regista di cinema: Mario Pannunzio, poi destinato a fondare e a dirigere "Il Mondo".

Al caffè Aragno conobbero Leo Longanesi, che in via del Sudario stava preparando "Omnibus", un settimanale per l'editore Angelo Rizzoli. Romagnolo di Bagnacavallo, anche Longanesi era giovane: appena 32 anni. Piccolo e asciutto, lo circondavano sempre uomini alti. Ma era lui a sembrare il più alto di tutti.

Cominciò a portare i due lucchesi in redazione. Gli metteva tra le mani gli articoli da pubblicare. Poi chiedeva: «Come vanno? Dategli un'aggiustatina, grattateli». Intendeva dire: "Ripuliteli delle parole inutili, delle frasi fatte, delle banalità. Con i pezzi per i giornali, e anche con i libri, bisogna sempre grattare, grattare, senza smettere mai. Altrimenti si stampa robaccia".

Benedetti e Pannunzio cominciarono a grattare. E divennero redattori di "Omnibus" quasi senza rendersene conto. Erano pagati settimana per settimana, senza possedere nessun contratto. In seguito scoprirono che Rizzoli aveva versato i contributi anche per loro.

«Mi sono sempre trovato nei settimanali un po' per caso» mi disse Benedetti. Fu così con "Oggi", nato nel 1939. Il regime di Mussolini aveva concesso a Rizzoli di far uscire la rivista a una condizione: doveva avere due direttori giovani. E delle firme non legate alla generazione precedente al fascismo. In questo modo, Benedetti e Pannunzio ebbero il loro primo giornale.

Su "Oggi" cominciarono a scrivere Giaime Pintor, Marco Cesarini Sforza, Ugo Stille. E insieme a loro dei giovani intellettuali che poi sarebbero diventati comunisti: Mario Alicata, Pietro Ingrao e Carlo Muscetta, in seguito ordinario di Letteratura italiana, critico storicista e marxista.

"Omnibus" esprimeva il proprio anticonformismo in chiave stilistica, grazie al temperamento di Longanesi e alle sue invenzioni. "Oggi", invece, aveva una maggiore coscienza politica e per questo la censura lo soffocò nel 1941. La guerra era già cominciata, poi venne l'8 settembre 1943 e iniziò la guerra civile.

Benedetti finì in carcere a Reggio Emilia, accanto ad

Alcide Cervi, il padre dei sette fratelli fucilati dai fascisti. Riuscì a scappare perché la prigione venne semidistrutta da un bombardamento angloamericano.

Alla Liberazione anche il Tonno si trovò in un'Italia nuova. Era un paese assetato di realtà. E di giornali molto diversi da quelli che avevano taciuto per vent'anni. Benedetti aveva la stessa sete e cercò di soddisfarla. Con l'editore Gianni Mazzocchi, nel settembre 1945 creò un settimanale in rotocalco che non assomigliava a nessun altro: "L'Europeo". E tentò di mettere in pratica alcune idee molto semplici.

Me le spiegò così: «Mi interessavano i fatti, la cronaca. Il giornalista è un testimone della realtà, deve darne una valutazione immediata, plastica. E deve avere la capacità quasi visiva di restituirla al lettore e di consegnargli in modo persuasivo, suggestivo, il senso di una storia, di un personaggio.

«L'articolo va scritto in modo rapido, semplice, efficace» continuò Benedetti. «Ogni riga una notizia, non chiacchiere od ornamento. Il giornalismo è una cosa, la letteratura un'altra. Mi dà fastidio chi sta a mezza strada. Come Curzio Malaparte, per esempio. Di personaggi come lui non c'è bisogno nella carta stampata.»

All'"Europeo" e poi all'"Espresso", Benedetti inseguì il mito della testimonianza calata in quel romanzo a più mani che per lui era il settimanale. Lo inseguiva da testardo, incapace di quietarsi. «Pretendi qualcosa che neppure tu sapresti fare» gli rimproverava Sandro De Feo, il critico teatrale dell'"Espresso". Lui replicava: «Può darsi, ma io cerco le persone capaci di farlo».

Le trovò: Tommaso Besozzi, Nicola Adelfi, Vittorio Gorresio, Camilla Cederna, Domenico Bartoli, Eugenio Scalfari, Gianni Corbi. Erano giornalisti spesso assai diversi fra loro per cultura, tecnica professionale e idee politiche. Ma tutti in grado di fare del mestiere nuovo e di comprenderne il senso civile.

In mezzo a loro, Benedetti sgobbava. Con la sua grandissima vitalità e il carattere complesso. Sul lavoro era incontentabile, aggressivo, persino feroce. Diventando timido e un po' chiuso nei rapporti umani. Ma di solito era impaziente, accentratore, sempre teso, mai accomodante, egocentrico. E nel fondo buono, molto buono.

Nacque così il personaggio-mito del Tonno. L'esame dell'articolo da "grattare": una tortura minuziosa, fatta sulla pelle e alla presenza di chi l'aveva scritto. Le collere improvvise, gonfie di giudizi impietosi.

Gli chiesi: «È vero che lei ha fatto piangere Camilla Cederna?».

Benedetti bofonchiò: «No, non credo proprio. Altre donne piangevano più facilmente. La Camilla è sempre stata un osso duro».

E poi ancora la sua allergia per certe parole, quelle «presuntuose, improprie, concettose, approssimative». La sua sfiducia nei confronti delle manie del mestiere, come lo "scoop", il colpo giornalistico.

«Se sapessi qualcosa d'importante» mi spiegò Benedetti, «la darei ai quotidiani, come ho sempre fatto. Il lettore non crede ai settimanali. Nell'estate del 1948, quando scrivemmo per primi sull'"Europeo" che il maresciallo Tito si era staccato da Stalin, facemmo una pessima figura. La gente ironizzava: guarda che bugie racconta quel settimanale! La stessa cosa accadde quando rivelammo che il bandito Giuliano era stato ammazzato da Pisciotta, e non da un capitano dei carabinieri. Molti lettori pensarono che ce lo fossimo inventati.»

Ma il rifiuto più sdegnato di Benedetti era per le mode becere che stavano soffocando i giornali. Come il sesso volgare dispiegato quasi a ogni pagina. Ed eravamo nel 1972, non negli anni Duemila. Quando ogni giorno ci ritroviamo circondati dalle ragazze nude e poi dalle cosiddette escort, che passano ai settimanali il racconto dei festini nei letti dei potenti. E infine offrono le registrazioni clandestine delle sedute di sesso. Che i giornali diffondono nei siti Internet, per soddisfare la morbosità dei navigatori.

Mi disse il Tonno, schifato: «È un'evasione dai fatti seri. È la rinuncia al lavoro difficile dell'inchiesta. Nei settimanali di oggi le avventure della pornografia hanno preso il posto delle avventure della monarchia. Stiamo diventando un repubblica di guardoni e di maniaci sessuali».

Gli raccontai che ero stato a intervistare Eugenio Montale, il grande poeta. E che l'avevo trovato seduto in poltrona mentre studiava le foto delle ragazze nude di "Playboy". Esaminava i dettagli grazie a una lente d'ingrandimento. Il Tonno mi regalò uno smorfia indescrivibile. E non volle dire niente.

Benedetti era un personaggio non sempre gradevole, a volte scostante. Ma tutto il contrario del geniaccio sregolato. Ecco un giornalista senza bohème, anche quando la bohème andava di moda. Casa e bottega, pranzo all'una e cena alle otto, odiatore dei salotti e ostinato nel rifiuto delle frequentazioni pericolose. E la più pericolosa di tutte era quella con il potere politico.

Il Tonno ringhiò: «Io trovo che il giornalista non dovrebbe frequentarli i politici. Se dobbiamo essere per i lettori i testimoni di un certo tipo di vita economica, sociale, politica, il contatto diretto con la controparte finisce con il neutralizzarci, è fatale. Se avessi frequentato troppo i politici, forse sarebbe stato meglio per me. Ma avrei fatto dei giornali senza gusto».

Gli domandai: «Che cosa intende quando dice senza gusto?».

Lui sospirò: «Per quel che riguarda la politica, mi sembra chiaro, no? Non sopporto più di leggere gli articoli dove l'interpretazione politica o ideologica viene prima della cronaca. E spesso esclude del tutto la cronaca del fatto o la descrizione del personaggio. Questi articoli si vanno diffondendo, sono la lebbra del giornalismo, anche quando non risultano prezzolati, ripagati da denaro o con favori. E sa che cosa faccio, ormai da tempo? Prendo nota dei loro autori. E i pezzi di questi signori non li leggo più. Li scarto senza neppure iniziarli».

Ma pure in quel tempo molti di noi "frequentavano" i politici. Anche se la misura non era insopportabile come lo è oggi. E Benedetti ne ricavava giudizi amari. Bofonchiò: «Una volta un collega mi ha detto: l'unico patrimonio che possiedo sono le mie amicizie politiche. Gli ho risposto: se è così, è finita! Non dico che debba essere il contrario, perché fare il monaco non è da tutti. Ma l'indipendenza comincia anche da qui. Se si frequentasse di meno il potere, molti di noi si potrebbero prendere più libertà».

A quel punto, Benedetti mi domandò: «Lei è uno che frequenta i politici?».

Mi misi a ridere: «Per niente. Li vedo soltanto nei congressi di partito, in Parlamento o quando vado a intervistarli. Però le devo dire che io non conto nulla e nessun politico mi cerca».

Il Tonno mi regalò un cenno di assenso: «Continui così. E non si guasti nel crescere. Del resto, il mondo dei partiti si sta sgretolando. Ci metterà del tempo per disfarsi del tutto, ma prima o poi la loro fine arriverà. Hanno vinto la guerra civile, però stanno dimostrando di non saper vincere la pace. I comunisti sono prigionieri di una fedeltà assurda all'Unione Sovietica. I democristiani pensano soltanto a difendere il proprio potere. I partiti laici non contano nulla. Perché frequentare dei morti che camminano? Tutti hanno dentro di sé un virus che li ucciderà: la disonestà. Si ricordi del titolo di un'inchiesta del mio "Espresso" sugli scandali romani: capitale corrotta, nazione infetta».

Poi il Tonno mi domandò: «Quanti anni ha?».

«A ottobre ne ho fatti trentasette».

Benedetti commentò: «Lei è ancora molto giovane. Riuscirà a vedere la fine di questa repubblica. Io sono ben più anziano di lei. E non avrò questo fastidio».

Aveva ragione. Il Tonno scomparve quattro anni dopo il nostro incontro. Quando il terremoto di Tangentopoli era ancora lontano. Nel buio di un futuro che nessuno scorgeva.

4
Vajont

Dove correvo in quella notte d'ottobre del 1963? Stavo rannicchiato dentro la 1500 Fiat della "Stampa" che andava all'impazzata e tremavo di paura. L'autista, il più bravo del giornale, il pilota che seguiva il Giro d'Italia, capiva che la strizza mi teneva sveglio e ringhiava: «Dormi, Pansa, che domattina avrai da faticare!».

Ma come potevo dormire? Avevo appena compiuto 28 anni ed ero un redattore addetto al desk, diremmo oggi. Non un inviato speciale con tanti servizi alle spalle. Eppure correvo incontro al mio primo terremoto artificiale.

Non so dire se i terremoti possano essere previsti o no. Ma so per certo che hanno tutti un regista nascosto: gli errori umani e, spesso, il comportamento criminale di più persone.

Siamo noi a provocare molte delle catastrofi che poi chiamiamo naturali. Ci sono terremoti del tutto artificiali, voluti da noi, decisi da noi. Uno di questi mi aspettava all'alba in un paese del Veneto che non avevo mai sentito nominare: Longarone, in provincia di Belluno.

Sino alla mezzanotte di mercoledì 9 ottobre, la prima pagina della "Stampa" era stata persino banale. John Kennedy aveva deciso di vendere ai sovietici una quantità di grano pari a 250 milioni di dollari. A Roma gli edili in sciopero si erano scontrati con la polizia in piazza Santi Apostoli. Monica Vitti tornava a girare un film con Michelangelo Antonioni...

All'improvviso era esploso l'inferno. «Cambiamo questa prima!» aveva urlato il redattore capo, Riccardo

Giordano, di solito uomo dalla calma fredda perché aveva fatto la guerra nei sommergibili. Adesso il nostro titolo di spalla, a sei colonne, batteva come un tamburo funebre. Crollata una diga in Cadore. Una fiumana di fango ha travolto il comune di Longarone. Centinaia di morti.

Appena chiusa la prima pagina, mi avevano spedito a casa. Dovevo prendere gli scarponi, la giacca a vento, un sacco da montagna, più la macchina per scrivere. E partire subito, per fare da secondo a un inviato vero, Francesco Rosso. Mi sentivo al di sotto del compito. Anche per questo tremavo e non riuscivo a dormire. Le parole della prima pagina mi colpivano come frecce roventi. Tutte dirette su di me. Rosso, invece, ronfava, il Borsalino sugli occhi. Con il distacco del grande inviato che ha già visto troppo e non s'impressiona più di niente.

All'alba le parole divennero figure pietrificate. Il ponte di Susegana carico di gente atterrita. Il Piave gonfio di un liquido biancastro, la bava di un mostro. Un paese: Faè, con le prime macerie. Il ponte sul torrente Maè, diretto al Piave. Attorno al ponte, cumuli di terra. Ma non si trattava di fango: erano cadaveri. Gente morta e denudata dalla ferocia dell'acqua.

Anche la ferrovia era scomparsa. Binari divelti, traversine spazzate via. Ecco il paese di Pirago. Un campanile e altre rovine. Di qui in poi, niente automobile. Ma non c'era la statale 51 per Cortina? C'era fino a ieri sera, adesso esisteva soltanto una pista di pietre e di fanghiglia. Francesco Rosso ritornò a Belluno. E io andai avanti. Camminavo leggero, in compagnia della paura. Un taccuino nella tasca della giacca a vento. E due biro.

Nell'andare, incontrai la squadra del "Giorno". Era partita da Milano, con qualche ora di vantaggio su di noi, e stava già tornando da Longarone, sempre a piedi. Giorgio Bocca ingrugnato. Franco Nasi sgomento.

Guido Nozzoli con la faccia scura e i pantaloni infilati in stivali da cowboy.

Nozzoli, un romagnolo tarchiato che aveva fatto il partigiano nelle Garibaldi, fu l'unico a rivolgermi la parola. «Quanti anni hai?» mi chiese.

«Ne ho appena compiuti ventotto.»

«Allora tu la guerra non l'hai fatta. Vai avanti e la vedrai.»

La guerra non era il crollo della diga del Vajont. La diga la scorsi subito, come la si scorge ancora oggi, quarantasette anni dopo. Stava sempre al suo posto. Intatta al centro della gola. Uno scudo enorme, dalla potenza disumana. Un arco superbo, brillante nel sole. A cadere era stato il monte Toc, alle sue spalle. Crollando nell'invaso, aveva creato un'ondata colossale, precipitata su Longarone. Un affare di qualche minuto. Risultato: mille morti, forse duemila.

Ecco il primo terremoto che vidi. Tutto artificiale. Provocato dalla razza umana. O per essere precisi dalla Sade, la Società Adriatica di Elettricità. Il motivo era il solito: il profitto, la sete di guadagno. La Sade doveva cedere l'impianto all'Enel, nato da poco. Voleva molti soldi e doveva dimostrare che l'impianto era perfetto.

Per questo, giorno dopo giorno, aveva riempito d'acqua l'invaso della diga. Un'operazione rischiosa perché il monte Toc minacciava di sfaldarsi. Molta gente era in allarme. Ma la Sade se ne sbatteva degli allarmi. Aveva deciso di andare avanti. Sino a provocare la strage.

Al Vajont c'era una persona che aveva capito per tempo quanto poteva accadere. Una giornalista coraggiosa, la corrispondente da Belluno dell'"Unità": Tina Merlin. Nell'ottobre 1963 aveva 37 anni, era una donna alta, snella, bionda, dalla bellezza semplice e schietta.

In tanti articoli aveva spiegato che la Sade andava

fermata. E soprattutto che bisognava bloccare l'impianto che si colmava d'acqua. L'avevano denunciata ed era finita in tribunale, accusata di fare dell'allarmismo sconsiderato.

Ma in quell'epoca Tina contava poco nel firmamento della carta stampata. I big dei quotidiani stavano quasi tutti concentrati all'Hotel Cappello di Belluno e non sapevano nemmeno chi fosse la Merlin. Oppure, se lo sapevano, se ne infischiavano per un insieme di motivi che è giusto rammentare.

Per cominciare era una donna. E allora la cupola informativa italiana risultava tutta maschile, a parte il caso di Oriana Fallaci, ritenuta un'intrusa e una rompiscatole nervosa. Poi non era un inviato speciale, bensì una semplice corrispondente di provincia. Infine scriveva per un giornale di partito, per di più comunista.

Nei confronti di Tina, dunque, esisteva una triplice barriera: maschilista, di rango professionale e di avversione politica. Certi grandi inviati erano implacabili nel confermare questo apartheid. E accettavano a malapena, e a denti stretti, che qualcuno del loro rango si dichiarasse comunista o di sinistra. Come Nozzoli, un'eccezione alla regola.

Messe insieme, queste star diventavano insopportabili. Davano vita a squadre tronfie, spocchiose, drogate dal loro primato di copie vendute. E la buttavano sempre da una parte sola: contro i rossi che da molte regioni accorrevano a Longarone.

Li rammento bene certi dialoghi inchiodati a una faziosità ottusa. Sentivo dire: «Stanno arrivando i sindaci emiliani del Pci e tanti agit-prop comunisti. Ma che ci vengono a fare a Longarone?».

Provavo a rispondere: «Vent'anni fa, molti di loro sono stati partigiani da queste parti. La gente del posto li ha sfamati e protetti. Come potrebbero non venire qui nei giorni del Vajont?».

Però la spiegazione di un collega giovane, e ancora lontano dalla prima fila, non li convinceva per niente. Replicavano: «Balle. È soltanto propaganda. Ne approfittano per incitare all'odio politico. Si meritano una risposta: oggi andiamo a rompere i coglioni ai comunisti di Longarone!».

E ci andavano davvero, anche se l'impresa non era per niente facile. A Longarone chi aveva salvato la pelle tirava le pietre ai giornalisti. Ce le tiravano tutti, rossi, bianchi e neri.

Avevano piantato un'infinità di cartelli su quel deserto lunare che era stato il loro paese. Un cartello per ogni casa dissolta dall'ondata. E ciascuno recava il nome della famiglia scomparsa. Gli scampati ci urlavano: «Non potete stare qui! In questo posto c'erano i miei parenti. Ve ne dovete andare. E andate all'inferno!».

L'astio dei superstiti verso i giornali si attenuò soltanto quando a Longarone arrivarono i big politici, calati da Roma. La rabbia s'indirizzò verso di loro. Il primo a farne le spese fu Fiorentino Sullo, 42 anni, democristiano e ministro dei Lavori pubblici. Lo ricordo grasso, sudato, il fazzoletto premuto sulla bocca con le mani femminee. In Irpinia era un ras, il capo di una squadra di giovanotti bianchi, primo fra tutti Ciriaco De Mita, che poi lo avrebbero scaraventato da cavallo.

Quindi atterrò sul deserto di Longarone il presidente del Consiglio: Giovanni Leone, 55 anni. Era il capo di un governo tutto democristiano, un ministero balneare destinato a durare neanche cinque mesi, per poi cadere all'inizio del novembre 1963.

Piccolotto, vestito di nero, l'aspetto dell'avvocato che si trova alle prese con una causa indifendibile, Leone era affranto, ma soprattutto atterrito. Captava l'odio dei superstiti. E cercò di attenuarlo offrendo agli scampati una promessa in cinque parole: «Gente del Vajont, avrete giustizia!». Ma molta di quella gente gli replicò inferocita: «Assassino!».

Il presidente del Consiglio fu messo in grado di capire subito che aveva di fronte una catastrofe annunciata. A gridarlo erano tutti i sopravvissuti che lo circondavano. Una giovane signora veneziana gli raccontò, piangendo: «Mia madre è morta qui, onorevole. Durante l'estate era venuta in vacanza a Venezia, da me, e non voleva ritornare a Longarone. Mi ripeteva sempre: ho paura di fare la fine del topo! Purtroppo l'ho convinta a partire».

Era il venerdì 11 ottobre, due giorni dopo il disastro. Nel pomeriggio, un grande elicottero militare americano portò Leone al paese di Erto, reso inabitabile dalle frane. Per non ripetere l'esperienza di Longarone, il capo del governo andò a rinchiudersi dentro il municipio. Al riparo dai giornalisti e dai superstiti. Poi se ne tornò a Roma, senza più farsi vedere al Vajont. Lasciando nell'aria un sentore di promesse mancate, come poi dirò.

Per ultimo comparve il capo dello Stato: Antonio Segni. Aveva 72 anni, un signore magrissimo, diafano, il volto scarnito. La domenica 13 ottobre gli trottavano al fianco il ministro dell'Interno, Mariano Rumor, quello della Difesa, Giulio Andreotti, e quello della Sanità, Angelo Raffaele Jervolino. Tutti figli della Balena Bianca.

Dalle cronache politiche di Vittorio Gorresio avevo imparato che Segni era un uomo sospettoso, diffidente, sempre irritato, pronto alla battuta beffarda. Ma quel giorno sembrò a tutti noi il fantasma incupito di se stesso, capace soltanto di piangere. A sorreggerlo c'era la moglie Laura. Gaetano Tumiati lo descrisse sulla "Stampa" così: "Un viso paurosamente esangue, permeato di una mestizia tanto profonda da superare i limiti stessi dell'angoscia".

Se il monte Toc fosse precipitato nel bacino della diga trent'anni dopo, i politici sarebbero stati linciati. Come l'incarnazione di un potere impotente che non aveva fatto nulla per impedire la strage. Ma in quell'ottobre si limitarono a insultarli o a circondarli con un muro di gelo.

Non conosco se anche Segni, Leone & C. ritenessero la presenza dei comunisti a Longarone una manovra politica. Ma penso di sì. Del resto, in parte era anche questo: la voglia di usare il disastro per colpire la Democrazia cristiana. Ma la replica della Dc non andò per il sottile.

Il 19 ottobre la Balena Bianca affisse in tutta Italia un grande manifesto con un titolo che urlava: *Sciacalli*. Nel testo si leggeva: "Sulla sciagura del Vajont il Partito comunista ha imbastito una spregevole speculazione politica... I comunisti inviano i loro agit-prop per attizzare sotto le macerie il fuoco dell'odio e della sovversione. Additiamo al disprezzo del paese gli sciacalli comunisti".

Come succede sempre ai manifesti dei partiti, anche questo servì a poco. Convinse soltanto chi era già convinto. E poi presentava un difetto. I democristiani erano i padroni d'Italia. Potevano fare e disfare come gli pareva e piaceva. Ma sulla spianata fangosa di Longarone risultavano soltanto degli sconfitti. Non avevano saputo prevenire il disastro. Non avevano dato ascolto agli allarmi di chi temeva il peggio. Si erano arresi agli interessi di un colosso industriale.

Era una Caporetto infame per un partito sempre al governo dalla fine della guerra. Nei giorni che rimasi al Vajont per "La Stampa", incontrai molti che dicevano: «La Sade ha pagato i democristiani perché le lasciassero fare i suoi porci comodi. Loro hanno incassato milioni. E qui la gente è morta». Qualcuno mi chiedeva: «Perché non lo scrivi sul tuo giornale?». Ma non esistevano prove. E non potevo farlo. Infatti non lo scrissi.

Poi i morti vennero alla luce. Strappati dal fango grazie al lavoro degli alpini di leva del Battaglione Pieve di Cadore. Però di molti scomparsi non si trovò più traccia. L'ondata li aveva annullati, dissolti.

Ricordo la storia di un giovane tecnico della mia città che lavorava nel cementificio di Castellavazzo. Con la moglie e due figli piccoli abitava nel centro di Longarone. Di loro non si seppe più nulla.

La moglie di quel tecnico era la sorella di una giovane commessa di mia madre. Me ne resi conto quando vidi questa ragazza nella grande stanza della prefettura di Belluno dove venivano raccolte le fotografie e le schede dei cadaveri non ancora riconosciuti. Tra quelle immagini orribili, lei cercava qualche traccia della sorella, del cognato e dei due nipoti. Quando la toccai su una spalla, si voltò piangendo. Mi abbracciò e mi disse: «Giampaolo, sto morendo anch'io».

Al processo del Vajont, tenutosi al tribunale dell'Aquila, ci spiegarono che i morti e gli scomparsi erano quasi duemila: 1899. Il giudizio terminò il 16 dicembre 1969, quattro giorni dopo la strage di piazza Fontana. Degli otto imputati principali, cinque furono assolti e tre ebbero pene lievi.

Nel collegio di difesa della Sade chi c'era? L'avvocato professor Giovanni Leone. Autore di una memoria scritta e firmata dal politico che a Longarone, come capo del governo, aveva garantito: «Gente del Vajont, avrete giustizia!».

5
Il pio Mariano

Eravamo nella seconda metà degli anni Ottanta e avevo passato la giornata dentro la bolgia di un congresso della Dc, al Palasport di Roma. Nel mio box a "Repubblica" stavo mettendomi a scrivere la solita pagina quando mi cercò Gianni Rocca, l'altro vicedirettore di "Barbapapà" Scalfari. Sorrideva e disse di avere un messaggio per me.

«Un messaggio di chi?» domandai. Ero un po' seccato, sapevo di essere in ritardo e dovevo cominciare una lunga cronaca sulla convention della Balena Bianca.

«Di Rumor. Te lo ricordi? Ti chiede di citarlo nel tuo servizio. Ci tiene molto perché nessuno parla più di lui.»

Alzai le spalle, annoiato: «Citarlo per cosa? Che ha detto di speciale?».

Gianni teneva in mano una notizia di agenzia e me la lesse: «A margine del congresso democristiano, Rumor ha dichiarato: "Noi dorotei siamo come gli alberi della foresta amazzonica: più ne tagliano, più ne crescono". Che ne dici?» mi domandò.

Esclamai: «Fantastico! È un non-sense totale. Da folclore tardodemocristiano. Dammi la battuta di Rumor. La metterò nel pezzo».

Poi domandai a Gianni: «Queste parole sono uno sfoggio di humour nero, oppure Rumor crede davvero a quel che dice?».

Lui si strinse nelle spalle: «Non saprei. Ma una cosa è certa: questi democristiani sono anche imbattibili umoristi!».

In altri tempi le parole di Rumor sarebbero finite in

un titolo di prima pagina. Ma quei tempi erano passati. Il pio Mariano non contava più niente. Le regole spietate della lotta politica lo avevano spinto fuori dal palcoscenico. E il suo allievo più caro, Toni Bisaglia, aveva fatto di tutto per mandarlo al tappeto.

Poi il destino si era messo di mezzo. Come racconterò più avanti, il potente Bisaglia era morto in circostanze assurde, cadendo in mare dalla barca della moglie, davanti a Portofino. Rumor gli era sopravvissuto e parlava ancora.

Quanto aveva parlato Rumor negli anni fortunati! Prima come gran capo doroteo, poi da segretario della Dc e infine da presidente di ben cinque governi. Aveva un'oratoria colta, rotonda, levigata, appena un tantino ampollosa. L'accento vicentino le donava una musicalità speciale, che la rendeva perfetta.

Nessuno dei big dicì parlava come lui. Lo ascoltavo nei congressi o in Parlamento e la sua voce mi avvolgeva con la morbidezza di una stola prelatizia. Mi sembrava di tornare ragazzino, quando da chierichetto nel Duomo della mia città ero affascinato dall'oratoria del nostro vescovo, monsignor Giuseppe Angrisani, grande predicatore.

Ma Angrisani aveva spesso un tono combattivo. Per di più, invece della "u" usava la "v". Diceva «vomini!» invece di "uomini!". E ogni volta sussultavo, tra l'ammirato e l'impaurito. Immaginando il mio vescovo alle prese con tedeschi, fascisti e partigiani, come era accaduto più volte durante la guerra civile. Riuscendo a liberare ostaggi, impedire rastrellamenti e fermare azioni sconsiderate di guerriglia, armato soltanto di quella vocale.

In apparenza, Rumor era più mite di monsignor Angrisani. In quanto generalissimo dei dorotei, non era il tipo di politico che potesse piacermi. Ma la sua oratoria mi calmava se ero irritato. Mi cullava se mi sentivo inquieto. Mi rendeva meno pungente se ero pronto a scrivere un pezzo da carogna. Insomma non aizzava il lato sarcastico del mio lavoro di cronista.

Lo vedevo come l'hanno visto quasi tutti i suoi biografi. Un professore di letteratura italiana e latina al Liceo classico Pigafetta di Vicenza, che la politica aveva distolto dal suo vero mestiere. Per farne un campione della casta partitica nella Prima Repubblica, ma diverso da tanti altri big. Un uomo affabile, educato, curiale, timido, molto timido. Ma anche di sostanza che poteva rivelarsi aspra. Un perfetto uomo-pesca: tenero di fuori, duro dentro.

Rumor era entrato in Parlamento nell'aprile 1948, a 33 anni, dopo essere stato il più giovane eletto all'Assemblea costituente. L'avevo visto per la prima volta a Longarone, nell'ottobre 1963.

Da ministro dell'Interno, stava al fianco del premier, Leone. E anche lui si era beccato gli insulti dei sopravvissuti alla catastrofe del Vajont. Senza reagire e mostrando soltanto un viso coperto di rossore. Ma la sua figura non mi aveva colpito. E credo di averlo citato soltanto di sfuggita nelle mie cronache per "La Stampa".

Eppure in quel momento Rumor era un democristiano ben più potente del suo presidente del Consiglio. Nel marzo 1959 aveva messo insieme la corrente centrale della Dc: quella di Iniziativa democratica, più nota come i Dorotei, perché nata nel convento romano che custodisce le spoglie di santa Dorotea. Fu l'inizio di un percorso politico che avrebbe condotto il professore del Pigafetta ai vertici della politica italiana.

In quel tempo, un giornalista giovane che voleva prepararsi una carriera limpida nei quotidiani aveva un dovere su tutti: imparare a conoscere bene il terreno sul quale intendeva muoversi. La mia speranza era di fare l'inviato di politica interna. Per questo leggevo libri, riviste e giornali, prendevo appunti, ritagliavo articoli, mettevo in piedi un archivio. Dove la busta “Rumor Mariano” stava accanto a molti altri faldoni dedicati ai politici italiani più in vista.

Cominciai a seguire Rumor soprattutto quando divenne segretario della Dc. Era il gennaio 1964 e a lui toccò la carica che era stata di Aldo Moro. Obbligato a dimettersi dalla poltronissima di Piazza Sturzo per dar vita al suo primo governo di centrosinistra. Che infatti nacque nel dicembre 1963. In realtà, Moro non si sentiva per niente costretto a quel gesto. E aveva messo in scena una delle contese ricorrenti nel mondo della Balena Bianca.

Moro e la sua truppa sapevano che Rumor mirava a guidare la Dc. Al punto di rifiutare un posto da ministro nel governo dell’amico Aldo. Allora i morotei, pur appartenendo alla corrente dorotea, cercarono di bloccare l’ascesa dell’amico Mariano al vertice del partito. E sperarono di riuscirci grazie a una manovra che non poteva essere più democristiana: con la lama del pugnale avvolta nel velluto.

Il piano dei morotei puntava a protrarre la segreteria di Moro sino al congresso della Dc, previsto per il settembre. Lì avrebbero fatto eleggere segretario Benigno Zaccagnini, legatissimo a Moro. Ma non avevano messo in conto la sostanza dura dello zitellone di Vicenza. Del quale Indro Montanelli scrisse: “Rumor è rimasto scapolo per impalmare la Dc, l’unica moglie che gli convenga”.

Una volta superata l’ostilità di Moro e diventato segretario della Balena Bianca, Rumor incontrò subito nuovi ostacoli. Tanto da far nascere la leggenda che Mariano sarà pur stato pio, ma non era per niente fortunato. Con il lessico in uso oggi, qualche giornale avrebbe fatto un titolo irridente: *La sfiga del Vicentino*. Allora nessun quotidiano osò tanto. Ma è certo che la iella bussò subito all’uscio di Rumor.

Alla fine del giugno 1964, il primo governo Moro andò a gambe all'aria per una questione di fondi alla scuola privata, una cosa da nulla, appena 146 milioni di lire. Rumor dovette darsi da fare per far nascere il Moro 2, sempre di centrosinistra, che vide la luce negli ultimi giorni di luglio.

Quindi, sempre in luglio, maturò la leggenda del presunto colpo di Stato del generale Giovanni De Lorenzo, comandante dei carabinieri. Un golpe inesistente, ma che tre anni dopo fece la fortuna dell'"Espresso" con la famosa immagine del tintinnar di sciabole. Il 7 agosto, il capo dello Stato, Segni, fu colpito da una trombosi cerebrale. Il 21 agosto, a Yalta, morì Togliatti. Segni si dimise il 6 dicembre. E alla fine dell'anno ci fu l'elezione del nuovo presidente, Giuseppe Saragat.

In mezzo a questi frangenti, Rumor venne convocato all'improvviso da un signore al quale non si poteva dire di no: Paolo VI. Il pontefice lo ricevette alle nove di sera del 6 settembre 1964, a Castelgandolfo dove stava terminando le vacanze. Lì per lì di quel colloquio, "riservatissimo", non si seppe nulla. Ma oggi ne sappiamo parecchio, grazie al racconto che proprio Rumor ci ha lasciato.

Lo si legge nelle sue *Memorie (1943-1970)*, pubblicate nel 1991 da Neri Pozza. È una testimonianza unica di un evento senza precedenti né repliche successive: il faccia a faccia tra due potenze, il pontefice e il segretario della Dc. Lascio al lettore decidere quale delle due prevalesse sull'altra.

Dopo averlo fatto sedere di fronte a sé, Paolo VI donò a Rumor la medaglia del Concilio e un rosario di madreperla. Poi espose subito la propria opinione sulla Dc e sui difetti che il partito presentava. Erano più di una le cose che al pontefice non piacevano della Balena Bianca. E nell'ordine riportato da Rumor si trattava delle seguenti.

Per prima veniva l'ostentato distacco della Dc dal mondo cattolico, che per questo era perplesso nel collaborare con il partito. Per seconda c'era la divisione interna alla Balena, con la tendenza delle correnti minori a imporre individui "errati", vale a dire senza meriti. C'era poi la prematura apertura ai socialisti, un guaio che impediva ai cattolici di impegnarsi con entusiasmo in favore della Dc. Nonostante tutto, Paolo VI si diceva "lieto se lo sforzo dei cattolici politici italiani poteva aumentare".

A quel punto il boccino passò a Rumor. Nelle memorie si legge: "Dissi che ero commosso sentendo nelle parole del Santo Padre tanta amabile preoccupazione. E aggiunsi di ritenere giusti alcuni rilievi che egli aveva fatto". Secondo il pio Mariano era vero che la Dc soffriva di una grande divisione fra popolari e radicali. Questi ultimi non avevano idee, ma orgoglio intellettuale, ambizioni politiche "e un carrierismo spesso allucinato". Rumor si riferiva alle correnti di sinistra della Dc. E aggiunse che le divisioni "travagliavano il partito e la proporzionale le aveva accentuate".

La parola tornò a Paolo VI che replicò a Rumor: "La diagnosi è esatta, adesso occorre la terapia. La esorto a comandare, a essere un capo, a far sentire il suo leaderato. Vinca le tentazioni: lo sgomento, il fastidio, l'eccesso di umiltà. Faccia sentire la sua voce che esorta all'unità: cacci via qualcuno. Ho sentito alcuni suoi discorsi alla televisione. Mi piacciono per lo spirito di persuasione, di fiducia e di forza che infondono. Noi le saremo vicini".

"La esorto a comandare. Cacci via qualcuno!" Per dirla alla buona, Paolo VI la faceva un po' troppo facile, almeno per uno come Mariano. Ma Rumor era un tipo paziente. E soprattutto conosceva meglio di chiunque la regola numero uno della Balena Bianca.

La regola diceva: per contare nel partito e nel paese, devi disporre di una corrente al massimo della forza. Consapevole di far bene, e di tutelare il proprio interesse politico, Rumor si dedicò a quest'opera. Con una tenacia e un'intelligenza che dobbiamo ammirare.

All'inizio, i dorotei erano soltanto un insieme di potentati locali. Rumor comandava sul Veneto. Flaminio Piccoli sul Trentino. Arnaldo Forlani nelle Marche. Antonio Gava in Campania. Emilio Colombo a Potenza. Segni in quel di Sassari. Paolo Emilio Taviani a Genova. Moro in Puglia. Nino Gullotti a Messina e in Sicilia.

In seguito, incontreremo alcuni di questi ras. Pur diversi tra loro, erano tutti consapevoli di una verità: il dominio su un'area del paese garantiva consenso sociale, voti, posti in Parlamento e affari, per chi aveva la vocazione a trarre vantaggi economici dalla politica.

Voglio subito dire che Rumor non apparteneva alla congrega dei democristiani affaristi e tangentari. Ma era molto attento al potere. E si rese conto della necessità di federare la pletora degli staterelli dorotei per farne una struttura efficiente al servizio del partito e di chi doveva guidarlo.

Ci riuscì, sia pure non del tutto. Anche perché dentro i singoli potentati si aprì quasi subito una lotta a coltello per la supremazia interna. Una lotta che vedeva dorotei contro dorotei. Una contesa spesso feroce, sotto la crosta della bonomia democristiana. Che imponeva di chiamarsi amici, "l'amico Mariano", "l'amico Flaminio", "l'amico Arnaldo", pur seguitando a farsi la guerra. Un po' come accadeva nel Pci, un'altra chiesa politica dove si sprecava di continuo la parola "compagno", con il sorriso sulle labbra e la rivoltella pronta a sparare.

Devo fare un esempio? Riguarda proprio l'isola dorotea più vasta fra le tante sparse per l'Italia: il Veneto. Un caso che studiai con attenzione in una serie di articoli per il "Corriere della Sera" di Piero Ottone. E quando m'imbarcai in una lunga ricerca per scrivere un libro che poi citerò: una biografia di Bisaglia, uscita nel giugno 1975.

Certo, a metà degli anni Sessanta, il reame doroteo veneto era molto grande, ma anche molto affollato di capi e di sottocapi. In cima alla piramide stava Rumor. Dopo di lui veniva Piccoli, forte nel suo sottoreame di Trento. Quindi Mario Ferrari Aggradi, Bisaglia, Giovanni Spagnolli, anche lui trentino, e il padovano Luigi Carraro. A costoro andava aggiunto Luigi Gui, poi passato nella corrente di Moro.

Ogni volta che si doveva formare un governo, l'affollamento doroteo nel Veneto produceva un macello. Troppi aspiranti per pochi posti. C'era sempre qualcuno dei veneti che doveva essere sacrificato. Per non provocare le proteste degli altri potentati dorotei, come quello di Gava a Napoli o di Gullotti in Sicilia.

Se non volevano finire nell'angolo, i più giovani dei sottocapi veneti dovevano farsi largo. E come succede nelle sale gremite, l'unico modo per riuscirci era lavorare di gomito, senza riguardi per nessuno degli amici di corrente. Con un solo traguardo in mente: raggiungere la prima fila delle poltrone. E di qui tentare la conquista di un posto in Parlamento, poi di un incarico da sottosegretario, infine uno da ministro.

Si mosse così Bisaglia, una tigre politica bianca. Capace di azzannare chiunque, anche il suo padrino, il pio Mariano. Di lui racconterò in seguito. Per ora annoto che anche i figli di santa Dorotea erano destinati a dividersi. Ma prima di quel momento, Rumor si trovò ad affrontare un'altra prova, la più dura. Quella di governare il paese per cinque volte. E in frangenti da far tremare le vene ai polsi.

Parte seconda

6
Governi e bombe

I tormenti di Rumor crebbero a dismisura quando diventò capo del governo. Dalle stanze di Palazzo Chigi, fu costretto a fronteggiare la crisi aperta dalla strage di piazza Fontana, il 12 dicembre 1969. E a proposito di quel giorno, fra i tanti enigmi ancora irrisolti, ne esiste uno sulle reazioni del pio Mariano alla notizia della bomba esplosa a Milano, dentro la Banca nazionale dell'Agricoltura.

L'enigma emerge da due testimonianze contrapposte. Una è dello stesso Rumor. L'altra è di Toni Bisaglia, il suo allievo prediletto, deputato democristiano e sottosegretario alla presidenza del Consiglio.

L'unico dato comune ai due racconti riguarda le condizioni di salute del premier. Da un paio di giorni, Rumor era costretto sotto le coperte da un'influenza micidiale. Con febbre alta, tosse e un tremendo mal di capo. Fu in quel letto di dolore, nell'abitazione romana di via Kenia, che Mariano ricevette la notizia dell'attentato alla banca. E della presenza di altri ordigni a Milano e a Roma, per fortuna inesplosi, tranne uno.

Qualche anno dopo, nel 1975, Bisaglia mi raccontò la sua versione della storia. Quel pomeriggio, non appena saputo della strage a piazza Fontana, Toni si precipitò a casa del presidente e lo informò dell'attentato. Mariano ne fu tanto sconvolto da apparire incapace di una reazione.

Bisaglia gli disse che doveva alzarsi dal letto e correre subito alla Rai per parlare al paese dalla tv. Ma il principale nicchiava. Si sentiva confuso e impotente. In grado soltanto di mormorare che voleva dimettersi dall'incarico di premier.

Fu Bisaglia a scuoterlo. Lo obbligò ad alzarsi e a vestirsi. Poi lo trascinò nella berlina presidenziale che lo aspettava sotto casa. Quindi lo condusse in via Teulada, negli studi del telegiornale. E qui il premier, sempre distrutto, riuscì a trovare le parole giuste da rivolgere all'Italia.

La versione di Rumor è parecchio diversa. La si può leggere nelle sue memorie. Il personaggio di Bisaglia scompare. Al suo posto c'è il ministro dell'Interno, Franco Restivo, democristiano di Palermo, che lo informa della strage.

Mariano è sconvolto, ma non scioccato, né incapace di reagire. E infatti esclama: «Ci siamo! Questo è l'assalto al potere per opera del terrorismo!». Poi dispone che il Consiglio dei ministri venga convocato alle 21,30 di quella sera. Infine, incurante della febbre e della tosse, balza dal letto e si precipita alla Rai.

Arrivato in via Teulada, decide di parlare al telegiornale. Al conduttore, Mario Pastore, viene chiesto di tirare per le lunghe il notiziario. Rumor, assistito dal suo capo ufficio stampa, Pier Vincenzo Porcacchia, si mette a scrivere il testo del messaggio che poi leggerà in diretta, con grande sicurezza.

Il pio Mariano chiede agli italiani di riconoscersi nella Costituzione e nella legge: «Questo io vi domando, affinché gli assassini siano isolati nella loro vergogna e possano essere perseguiti dall'autorità dello Stato. La sola che assicuri a tutti la convivenza civile».

Quella sera, a Milano, stavo scrivendo il mio primo articolo su Piazza Fontana. Ero arrivato alla Banca dell'Agricoltura mezz'ora dopo la strage. Convinto, come tutti, che fosse scoppiata una caldaia e non una bomba. Poco prima delle otto ero tornato alla sede della "Stampa", in piazza Cavour. Anche lì c'era un televisore, acceso in permanenza.

Dunque avrò di certo sentito il messaggio di Rumor. Però non lo rammento. Un blackout totale. Per quanto mi sforzi, non ricordo neppure la faccia del premier. E nemmeno il suono della sua voce, che pure mi attraeva sempre.

Sarà stato quello di un premier molto teso, affannato, alle prese con un atto di terrorismo senza precedenti in Italia. E in apprensione per le conseguenze politiche della strage. Ma nel mio piccolo anch'io ero in affanno perché non mi ero mai trovato di fronte a un mattatoio come quello che avevo visto in piazza Fontana.

Facciamo un passo all'indietro di un anno e mezzo. Rumor era arrivato a Palazzo Chigi nel pieno di un sommovimento culturale che oggi definiamo con una parola sola: il Sessantotto.

Iniziato sul finire dell'anno precedente, il terremoto si era diffuso in tutte le università italiane e poi nelle scuole medie superiori. La borghesia vedeva andare in piazza i suoi figli. E non li riconosceva più. Spaventata da tutte quelle bandiere rosse sventolate nei cortei e appese all'ingresso di migliaia di istituti.

Pure il Veneto bianco era percorso da folate di rabbia. Il 18 aprile 1968, a Valdagno, la statua del vecchio Gaetano Marzotto venne abbattuta e cadde a terra in frantumi. Alla Zoppas c'erano picchetti duri. Alla Fiera di Verona gli agricoltori della Coldiretti lanciavano cartoni di latte contro il loro presidente, Paolo Bonomi, e contro Restivo, il ministro dell'Interno.

Anche per questo, il 18 maggio 1968, quando si andò a votare per il nuovo Parlamento, guidata da Rumor ancora segretario del partito la Dc stravinse. Conquistando dodici milioni e mezzo di voti, con una percentuale di suffragi mai ottenuta: il 39,1 per cento.

I socialisti unificati nel Psu ebbero un tracollo. Il loro risultato, 14,5 per cento, era inferiore alla somma dei voti raccolti dal Psi e dal Psdi cinque anni prima. I comunisti ebbero un buon risultato, il 26,9 per cento, ma restarono confinati all'opposizione.

Era il trionfo dei dorotei che, tuttavia, avevano sperato in un bottino più grande. A Rumor & C. bruciava il successo del Psiup, appoggiato dal Movimento studentesco, e il 30 per cento raccolto al Senato dalla lista tra Pci, Psiup e indipendenti di sinistra. Di chi era la colpa? La maggioranza della Dc pensò di addossarla a Moro e al suo terzo governo di centrosinistra. E così, all'inizio di giugno quel ministero cadde.

Venne messo sulla pista di lancio un governo di emergenza e tutto di democristiani, affidato a Leone. Il professore non voleva accettare l'incarico. Ma Rumor gli spiegò che bisognava dar tempo al Psi e al Psdi di riprendersi dalla botta elettorale. E Leone alla fine accettò, per le pressioni dell'amico Mariano, di Piccoli e di Forlani. Però non era per niente contento. Borbottò a Rumor: «Il mio destino è di fare il carro attrezzi del centrosinistra».

L'incarico a Leone lo diedero poco dopo la metà del giugno 1968. E ci volle un mese prima che ottenesse la fiducia. Anche questo ministero si trovò sotto la tempesta del ribellismo giovanile. Fu un'estate rovente, non soltanto in Italia. In agosto le truppe del Patto di Varsavia occuparono Praga e i carri armati sovietici decretarono la fine dell'illusione riformista di Dubček.

Leone tirò avanti sino al novembre di quell'anno. Poi gettò la spugna, proprio alla vigilia del Consiglio nazionale della Dc. Per Rumor era l'inizio di un altro guaio da risolvere. Un guaio che raddoppiò subito quando, il primo giorno di quel Consiglio, Moro annunciò che lasciava i dorotei per fondare una sua corrente.

La Balena Bianca era abituata alle sorprese che lei stessa si costruiva, tutta da sola. E si muoveva come fanno i grandi cetacei, senza tener conto dell'ambiente che li circonda. La decisione di Moro lasciò di stucco Rumor, capo del correntone doroteo. Mariano s'incavolò di brutto. Ma come? Lui vedeva l'amico Aldo quasi tutti i giorni, però il visir pugliese si era ben guardato dal dirgli alcunché.

"Non credevo alle mie orecchie!" scriverà Rumor nelle memorie. Per poi aggiungere, nel suo stile soffice: "Ero allibito e irritato". Ma era anche deciso a non prenderla alla leggera. Infatti, il 20 novembre, il giorno dell'annuncio che Moro aveva aperto una sua ditta, Rumor si dimise da segretario della Dc.

Lo fece con una lettera inviata al vecchio Scelba, presidente del Consiglio nazionale del partito. Quattro giorni dopo ritirò la lettera, ma soltanto perché sapeva che lo attendeva un'altra croce: fare il suo primo governo al posto di quello ormai defunto di Leone. E la Dc venne guidata da un altro doroteo, il trentino Piccoli.

Se dobbiamo credere alle sue memorie, Rumor non aveva nessuna voglia di andare a Palazzo Chigi: "Era dura per me l'idea di fare il presidente del Consiglio!". Come non capirlo? L'Italia era un formicaio impazzito. Eccitato da tre maledette "c": caos, cortei, contestazioni.

Durante le trattative, il 2 dicembre ci fu l'eccidio di Avola, in Sicilia. In quel comune del Siracusano, era in corso uno sciopero di salariati agricoli per ottenere la parità delle retribuzioni nella provincia. La polizia sparò sui dimostranti. Due braccianti vennero uccisi e cinquanta rimasero feriti.

Rumor esitava ad accettare l'incarico di formare un governo. Poi si convinse, "con molta tristezza", per le pressioni della corrente. E per l'incitamento di Saragat, il capo dello Stato, che voleva a tutti i costi un ministero guidato dal leader democristiano. Quando Mariano salì al Quirinale e gli presentò la lista dei ministri, il presidente della Repubblica lo abbracciò dicendogli: «Saluto in te un uomo!».

Il primo governo Rumor era di centrosinistra e aveva come vicepresidente il socialista Francesco De Martino, segretario del Psi. Ottenuta la fiducia delle Camere tra il 18 e il 23 dicembre 1968, Rumor ritornò subito nella sua città. Era il primo vicentino a diventare presidente del Consiglio. E la vigilia di Natale venne festeggiato con un grande corteo di amici e tifosi. Lungo corso Palladio ci fu un'unica, microscopica contestazione: un uovo marcio lanciato da una finestra mai identificata.

Quasi nessuno ci fece caso. Ma Rumor, così dicono, lo considerò un piccolo segno premonitore. Certo, a Palazzo Chigi anche lui non avrebbe avuto la vita facile. Infatti pochi giorni dopo, la notte del Capodanno 1969, a Marina di Pietrasanta, in Versilia, davanti al dancing della Bussola, la polizia sparò per bloccare un corteo di Potere Operaio che contestava i clienti del locale. Ci fu un ragazzo ferito in modo grave: Soriano Ceccanti.

All'inizio di quell'anno, nei giornali si cominciò a dire che Rumor temeva l'esplodere di un conflitto fra sinistra e destra. E aveva paura di fare la fine di Luigi Facta, l'ultimo premier dell'Italia liberale prima dell'avvento di Mussolini. In realtà i guai gli arrivarono dai socialisti unificati. In luglio si divisero. E la scissione obbligò Rumor a dimettersi.

Il pio Mariano si rimise all'opera. E verso la metà di agosto varò il suo secondo governo. Questa volta era un monocolore democristiano, un carrozzone disordinato che piaceva ben poco allo stesso conducente. Rumor lo riteneva un gabinetto "geneticamente debole". Per di più "lasciato alla deriva da coloro che avrebbero dovuto sostenerlo". E capace di procurargli così tante angosce da definirlo "un palo di tortura".

La debolezza del governo risultava anche più grave se la si paragonava al disordine che stava imperversando in Italia. Quando arrivò l'autunno, il futuro si annunciò sempre più fosco.

Nelle memorie di Rumor, c'è una curiosa annotazione tra il meteorologico e il politico. Mariano ricorda che il tempo continuava a essere splendido: mai un giorno di pioggia, soltanto giornate di sole, accidenti! Insomma le condizioni adatte per moltiplicare i cortei e le manifestazioni di piazza.

Ma Rumor era un uomo saggio, il contrario del politico grintoso. Non voleva altre sparatorie della polizia sui dimostranti. Aborriva la mano dura. Sapendo bene che avrebbe avuto un unico risultato: eccitare i violenti. Per questo ordinò a Restivo, di nuovo ministro dell'Interno, di evitare il muro contro muro. E se non fosse stato possibile, che il muro dello Stato fosse almeno di gomma molto elastica.

Purtroppo l'irreparabile stava in agguato. La mattina del 19 novembre 1969, a Milano, durante uno sciopero generale per la casa, una banda di violenti rossi assalì la polizia, in via Larga. C'ero anch'io in quella strada, nella mia veste di inviato della "Stampa". Ed ebbi sotto gli occhi una battaglia condotta con armi micidiali: i tubi d'acciaio strappati a un cantiere.

Un giovane poliziotto, Antonio Annarumma, morì trafitto da una di quelle lance. Fu una tragedia per tutti. Nella notte, i colleghi dell'agente ucciso arrivarono al limite dell'ammutinamento. Rumor volò a Milano per rendere omaggio al caduto e visitare i poliziotti feriti. Poi decise di fare una mossa che nessuno si aspettava.

Disse al prefetto, Libero Mazza: «Lei e io dobbiamo andare in piazza del Duomo, da soli, senza scorta». Il prefetto gli spiegò che il clima politico di Milano non era il più adatto all'impresa. Ma Rumor replicò: «Bisogna dare un segnale di fiducia alla città».

Arrivati in piazza della Scala, scesero dall'auto e cominciarono a passeggiare da soli in Galleria. Rumor volle anche fermarsi a prendere un aperitivo al Bar Zucca, sul limitare di piazza del Duomo. Nessuno li contestò. Anzi, più di un milanese fermò Rumor e gli strinse la mano, dicendogli: «Bravo! La città è con lei».

Poi arrivò il pomeriggio terribile di Piazza Fontana. Rumor ritornò a Milano per partecipare ai funerali delle vittime. Era il lunedì 15 dicembre, tre giorni dopo la strage. Ricordo una mattinata cupa, sotto un cielo color del piombo.

Verso mezzogiorno, sulla piazza del Duomo si distese un velo nero, quasi che l'aria si fosse vestita a lutto. Per vincere quel buio innaturale, il municipio fu costretto ad accendere tutti i lampioni che circondavano la basilica.

Rumor entrò in Duomo da una porta laterale. Ma concluso il rito funebre, non volle sottrarsi alla folla. Uscì dalla porta centrale e sostò a lungo sul sagrato. Lo vidi bene, da vicino. Era terreo e muoveva le labbra come se stesse recitando una preghiera per i poveri morti nell'attentato alla banca. Chiuso nel cappotto nero, mi sembrò piccolo rispetto all'immensità della piazza, stracolma di folla silenziosa. Nessuno lo insultò, né cercò di aggredirlo.

Dopo la strage di piazza Fontana, il monocolore di Rumor non poteva durare a lungo. Passarono un paio di mesi e quel governo morì. Nel marzo 1970, il leader doroteo formò il suo terzo gabinetto, un quadripartito di centrosinistra. Però all'inizio di luglio si dimise di nuovo, proprio alla vigilia dell'ennesimo sciopero generale. Spiegando che nel caos di quel tempo era impossibile governare.

Nei giornali ci dicemmo che erano le prime dimissioni di protesta nella storia della Repubblica. Decidendo di lasciare Palazzo Chigi, nonostante disponesse di una maggioranza robusta, Rumor mandava un messaggio all'Italia moderata. Il messaggio diceva: in questo caos, con il superpotere dei sindacati e in un clima quasi eversivo, testimoniato da scioperi ininterrotti, è impossibile qualunque azione di governo, per questo me ne vado.

Il pio Mariano cedette il passo a un altro ministero di centrosinistra, guidato dal doroteo Emilio Colombo. Il ras di Potenza si mise subito a blandire i sindacati. Ma si trovò alle prese con una novità pericolosa: la lunga rivolta di Reggio Calabria, guidata dalla destra dei "Boia chi molla" che chiedevano per Reggio il rango di capitale della regione.

Tuttavia il Padreterno doveva aver condannato Rumor a governare. Nel luglio 1973, caduto Colombo, formò il suo quarto ministero e nel marzo 1974 il quinto e ultimo. Durò fino all'ottobre 1974 e lì si dissolse, travolto dalla sconfitta della Dc sul divorzio.

Di solito si colloca in quel momento l'inizio della fine per Rumor o, almeno, per la sua vicenda politica. Ma qualcuno sostiene che il vero declino politico risalga al sequestro di Moro, nel marzo 1978. Dimenticando i vecchi dissapori, Mariano aveva lasciato i dorotei per aderire alla corrente del leader pugliese. Un trasferimento inevitabile anche per l'incalzare dell'allievo Bisaglia, ormai padrone del Veneto bianco.

Gli ultimi anni di vita furono molto amari per Rumor. Si sentiva abbandonato dalla Dc, il partito al quale aveva dedicato tutta la vita. Morì il 22 gennaio 1990, all'ospedale San Bortolo di Vicenza, per infarto. In giugno avrebbe compiuto 75 anni. Quando venne aperto il testamento, si scoprì che non aveva lasciato quasi nulla.

7
Chi tratta, non spara

Era uno dei padroni d'Italia. E anche uno dei vincitori della guerra civile. Come padrone non aveva patrimoni, né robusti conti in banca. Ma era pur sempre uno dei dieci uomini che nel paese contavano più di chiunque. Parlo di Luciano Lama, dal marzo 1970 segretario generale della Cgil. Il sindacato che aveva dato, sia pure non da solo, così tanti problemi a Rumor da indurlo a dimettersi da premier nel luglio di quell'anno.

Alberto Ronchey, arrivato alla direzione della "Stampa" nel dicembre 1968, era molto attento a quel che accadeva nel movimento sindacale. Lo diventò ancora di più nel settembre 1969, quando lo sciopero dei metalmeccanici per il rinnovo del contratto aprì la stagione che poi venne chiamata dell'autunno caldo.

"La Stampa" aveva alle spalle l'impero Fiat. E i dirigenti dell'impero vedevano il sindacato come il fumo negli occhi. Il loro nemico numero uno era la Cgil, ritornata in piazza dopo le sconfitte subite a Torino negli anni Cinquanta, per opera di Vittorio Valletta. Ronchey lo sapeva, ma sapeva anche che molti operai della "Feroce" erano lettori del suo giornale.

Per rammentarlo, gli bastava dare un'occhiata a una foto che campeggiava nel suo ufficio. Si vedevano cinque o sei tute blu in sciopero, sedute sul tetto di un capannone. E che cosa facevano gli scioperanti? Leggevano un giornale. Ma quel giornale non era "l'Unità", bensì "La Stampa", che le sinistre torinesi chiamavano la "Bugiarda".

Quando l'autunno caldo si spense, Ronchey decise

di stampare una serie di articoli destinati a non piacere per niente al comando supremo della Fiat. Lo scopo era di raccontare al pubblico della "Stampa" chi fossero i leader dei tre sindacati e i dirigenti delle tre organizzazioni dei metalmeccanici. Tutti personaggi emersi nella stagione rovente delle lotte operaie. Però poco conosciuti nel modo di pensare e nelle storie private.

La decisione di Ronchey era dettata anche da un proposito non confessato. Voleva dimostrare al vertice della Fiat che alla "Stampa" esisteva un unico potere: quello del direttore, il suo. Come era sempre accaduto nei lunghi anni della direzione di Giulio De Benedetti. Certo, i tempi erano cambiati. Tuttavia gli usi e i costumi nei rapporti con la proprietà restavano gli stessi.

Ronchey mi chiamò e mi disse: «Voglio fare una cosa che qui non è stata mai fatta: dedicare una serie di ritratti al "nemico". Immagino degli articoli ampi, da pubblicare nella terza pagina, con un titolo vistoso e una grande fotografia di ogni capo sindacale. Ti piacerebbe scriverli?». Gli risposi subito di sì.

Cominciai l'inchiesta nel maggio 1971 dai capi dei metalmeccanici e la conclusi all'inizio di giugno incontrando Lama. Ed è proprio di lui che adesso voglio parlare.

Andai a trovare Lama in un'ora proibita per qualunque politico: le 7,45 del mattino. Nel palazzone di corso d'Italia a Roma, aveva l'ufficio all'ultimo piano. Una stanza vasta e spoglia. Dominata da un legnoso Di Vittorio a carboncino, appeso alla parete. Ma illuminata da un bel sole che entrava dalla terrazza e accendeva i platani di corso d'Italia.

Lama aveva 50 anni, un uomo alto, prestante, bello. Scoprii subito che era un conversatore facondo, con una calda parlata romagnola. Era anche contento di incontrarmi. Mi disse di aver letto i miei pezzi sugli altri leader sindacali: «Ho trovato i ritratti piacevoli e, soprattutto, molto realistici. È stato bravo a non lasciarsi infinocchiare da qualcuno di loro, i volponi».

«Chi è un volpone?» gli domandai.

Lama rise e mi puntò contro la pipa: «Non credo di essere una volpe, ma non sono uno sciocco. Decida lei, visto che li ha interrogati e poi descritti...».

Gli chiesi di raccontarmi qualcosa del compagno Lama. E la prima sorpresa fu di scoprire che agli inizi della carriera sindacale lui era socialista, non comunista. «Lo sapeva? Immagino di no. Ma allora devo raccontarle di me fin dal principio. Ossia quando ritornai a Forlì dopo aver fatto il partigiano.»

Era la fine del 1944. Lama, classe 1921 e figlio del capostazione di Forlimpopoli, aveva fatto la guerra per bande prima nella vallata del Savio e poi nella Bassa forlivese. Partigiano come lui era il fratello minore Lelio, studente in Agraria. Ma Lelio ci aveva rimesso la pelle in quel di Stia, nell'Aretino. Ferito in combattimento dai tedeschi che salivano da Arezzo, era stato catturato e subito fucilato.

Dopo la Liberazione, a Forlì c'erano tre cariche da distribuire ai partiti: il sindaco, il prefetto e il segretario della Camera del lavoro. La prima andò al Pci, la seconda al Partito d'azione e la terza ai socialisti. Il Psi ci spedì Lama che così iniziò, quasi per caso, la sua vita nel sindacato.

Tra Forlì e Rimini, la Cgil poteva contare su un gran numero di organizzati: centoquindicimila. Il socialista Lama cominciò a occuparsene. Aveva 23 anni e lavorava tenendo il mitra dietro la porta. Attorno a lui c'era la Romagna caldissima di quei giorni. Con la riscoperta della libertà, l'asprezza del conflitto di classe, le vendette sui fascisti sconfitti. E un clima di passione politica vissuto in un modo tanto radicale da indurre il giovanissimo Luciano a rinunciare alla tessera socialista per quella del Pci.

Era il maggio 1946. Un anno dopo, Lama lasciò Forlì per trasferirsi a Roma. Era stato scelto come vicesegretario della Cgil. Il numero tre della corrente comunista, dopo Giuseppe Di Vittorio e Renato Bitossi. Il primo aveva 55 anni. Il secondo, un ex operaio fiorentino, 48. Luciano era di gran lunga il più giovane: 26 anni.

Fu quasi fatale che Lama diventasse il pupillo di Di Vittorio, segretario generale della Cgil. Il leader pugliese lo voleva sempre con sé. Un giorno del 1947, andò a Cerignola, il suo paese natale, dove i braccianti avevano gettato dalla finestra due agrari. Accanto a lui c'era Luciano.

Al vedere quel giovanotto alto e bello, le donne del posto lo credettero il figlio di Di Vittorio. E cominciarono a baciare la mano anche a lui. Intimidito, Lama disse al principale: «Spiegaglielo che non sono tuo figlio». Ma Di Vittorio finse di non aver sentito. Allora Luciano continuò a insistere: «Per favore, digli che non sono tuo figlio!». Finché Di Vittorio si voltò seccato, borbottando: «Perché? Ti dispiacerebbe esserlo?».

Chiesi a Lama: «Che cosa deve a Di Vittorio?».

Lui mi rispose: «Prima di tutto i ferri di un mestiere non facile. Poi il coraggio di affrontare la realtà, anche quella che non ti piace. Poi ancora lo sforzo costante di non appagarsi della superficie, ma di vedere che cosa c'è sotto i problemi da risolvere. In questo Di Vittorio era persino spietato. Infine ho imparato da lui l'abitudine a pensarci su, a ragionare, a non essere frettoloso nei giudizi. Ma ad avere poi il coraggio di esprimerli anche controcorrente».

L'altro maestro fu Bitossi. Era un esperto di trattative, abilissimo e tenace. Lama imparò da lui i segreti del negoziato. Dimostrando presto di avere tutti i numeri per primeggiare, soprattutto quelli di attitudine mentale. Se il verbo di tanti sindacalisti era "combattere", quello di Lama era "trattare". E al termine del nostro incontro, mi consegnò un motto che non ho più dimenticato: "Chi tratta, vince".

Alla Cgil le conoscevano bene quelle tre parole. Un intellettuale del sindacato mi aveva avvertito: «Lama è molto meno rivoluzionario di quel che sembra. Per lui il momento della trattativa è fondamentale. Di fronte a qualsiasi problema, Luciano dice: discutiamo, trattiamo. La sua è una filosofia innata della contrattazione».

Lama mi spiegò con semplicità i cardini di questa filosofia. Il primo recitava: il compromesso è il fine dell'azione sindacale. Il secondo diceva: ciò che si ottiene con il compromesso è soltanto il frutto di un rapporto di forze fra le due parti. Il terzo, fondamentale, affermava: conta la certezza che a una conclusione di solito si arriva, sia pure nell'ambito di quel rapporto di forze.

Dissi a Lama: «Ho l'impressione che la sua filosofia sia entrata un po' in crisi con l'autunno caldo. Adesso la base sindacale vuole contare anche nel momento della trattativa. Per questo, fare il mediatore è diventato più difficile di quando a trattare erano soltanto i vertici del sindacato...».

«È vero» ammise Lama. «Ma io non rimpiango quel tempo. Sono convinto che la partecipazione dei lavoratori sia essenziale alla vita del sindacato. E l'abbia arricchita di molto, anche se ha reso più difficile la mediazione.»

Gli replicai: «Caro Lama, non mi offra la solita formuletta sulla base e sul vertice. Sento puzza di propaganda».

Lama era anche un incassatore. E con un gran sorriso, mi rispose: «Allora le aggiungo che io sono pure convinto che il sindacato deve dirigere. Non può essere una spugna incaricata di assorbire l'acqua che viene su, ha capito? Se è rossa, è rossa. Se è bianca, è bianca. No, non può essere questo il sindacato. Il sindacato è una struttura costruita dai lavoratori che, nella sua esperienza, produce valori da consegnare ai lavoratori nel momento di decidere.

«Poi decidono loro» continuò Lama. «Ma devono conoscere quel che pensa il sindacato. Non debbono essere abbandonati a se stessi, perché possono anche sbagliare. Certo, anche i lavoratori sbagliano!» Non chiesi a Lama se gli fosse piaciuto l'autunno caldo. Sapevo che non gli era piaciuto per niente. Quel poco che allora conoscevo di lui, mi faceva intuire che non gli andavano a genio una serie di comportamenti. Il disordine. L'inconcludenza rabbiosa. Il ribellismo. Il vizio, pericoloso e sterile, di giocare alla rivoluzione. Infine, lo aveva appena detto lui: «Anche i lavoratori sbagliano!».

Del resto, se gli avessi posto quella domanda, la risposta sarebbe stata scontata. Era pur sempre il segretario generale della Cgil. E non poteva confessare a un giornalista, per di più della "Stampa", certe verità.

Il giudizio di Lama sull'autunno caldo lo deduco da quel che capitò in seguito. Quando emersero i nipotini cattivi dell'intransigenza sindacale, con la loro visione esasperata della lotta di classe. Sto parlando degli antagonisti, i balordi di Autonomia Operaia. Protagonisti di una nuova stagione di violenza, in un anno di fuoco: il Settantasette.

«Non parlarmi del Settantasette!» mi disse Lama nel marzo 1987, mentre stavamo registrando un libro intervista, poi pubblicato da Laterza. La sua bella faccia da sessantenne impetuoso e sereno era scheggiata da una smorfia di disgusto: «Fu un anno miserabile e sporco di sangue. E poi, per me, cominciò come sai...».

Gli dissi: «Già, il tuo giovedì nero, il 17 febbraio 1977. Eri andato alla Città universitaria di Roma per una manifestazione sindacale sulla riforma degli atenei e la disoccupazione giovanile. Ma durante il comizio ti aggredì una banda di autonomi. Distrussero il palco e ti obbligarono a ritirarti».

«Sì, c'ero andato di mia iniziativa» raccontò Lama. «Però nessuno dentro la Cgil e il Pci mi aveva sconsigliato. Anzi, Enrico Berlinguer mi aveva detto di farlo, perché era preoccupato quanto me del disordine e della violenza che stavano dilagando nelle aule della Sapienza.

«Poi, quando successe tutto, i miei compagni un po' mi mollarono. Qualcuno mi accusò di aver compiuto un passo falso. Giancarlo Pajetta mi spiegò che m'ero mostrato incauto e che la mia mossa era stata avventata. Insomma, non ho avuto la solidarietà schietta e affettuosa che mi aspettavo. Ho avvertito del gelo e mi ha fatto male.»

Domandai: «Che cosa ti disse Berlinguer dopo l'aggressione?».

«Ci incontrammo alle Botteghe Oscure. Mi chiese come erano andate le cose e glielo raccontai. Ascoltò in silenzio, poi replicò: "Va bene". Nient'altro. Enrico era un tipo schivo, qualche volta anche freddo. Però quando ti dava una prova d'affetto si capiva che era sincera. Quel giorno non mi diede nulla.»

Gli chiesi ancora: «Che cosa pensi di quella giornata?».

Lama non ebbe esitazioni: «Che era stata utile. Aveva svelato che, dentro le bande di Autonomia Operaia, stava covando qualcosa di molto pericoloso. E la mia presenza all'università era servita a far vedere con chiarezza questo rischio a tanta gente, soprattutto ai lavoratori iscritti al sindacato».

Con un sospiro di rammarico, Lama continuò: «Troppi, nella Cgil e nel Pci, pensavano che il movimento del Settantasette fosse più o meno simile a quello del Sessantotto. Ma non era così. Stava emergendo un grumo di disperazione, d'impotenza e di violenza, fine a se stesso».

Il saggio Lama seppe vedere prima di altri il pericolo che minacciava di travolgere l'Italia del 1977. Un paese sopraffatto da un doppio assalto: quello del terrorismo selettivo delle Brigate Rosse e quello del terrorismo di piazza, manovrato da Autonomia Operaia.

Fu la sconfitta sul campo dei vincitori della guerra civile. Trent'anni prima, avevano avuto la meglio sul fascismo di Mussolini. Ma adesso venivano ritenuti fascisti da una quota importante dei giovani di sinistra. Decisi a iniziare una nuova lotta armata contro i partiti di governo, il Pci e il sindacato. Attuando una folle inversione dei ruoli che stordiva i vecchi vincitori.

Il giorno successivo all'assalto degli autonomi all'università di Roma, si rifecero vive le Brigate Rosse. A Torino fu gambizzato Mario Scoffone, dirigente del personale alla Fiat di Rivalta. Ventiquattr'ore dopo, la stessa sorte toccò a Bruno Diotti, caporeparto della Fiat Mirafiori. E lo stesso 19 febbraio, a Milano, sulla provinciale che conduce a Rho, un terrorista uccise un brigadiere della polizia stradale, Enzo Ghedini, che lo aveva fermato per un controllo. Non trascorse un mese e, di nuovo a Torino, il 12 marzo le Br assassinarono un brigadiere della polizia, Giuseppe Ciotta.

La Torino del 1977 era una città straziata dagli agguati e dalle rivolte di strada, ma non era l'unica a esserlo in Italia. Il giorno prima dell'imboscata a Ciotta, la polizia di Bologna era stata costretta a intervenire all'università, dove gli autonomi avevano aggredito degli studenti di Comunione e Liberazione. Negli scontri, venne ucciso un militante di Lotta Continua, Francesco Lorusso.

Il 13 marzo ci furono cortei di protesta e incidenti pesanti. Nel centro di Roma migliaia di manifestanti, al seguito di Autonomia, la fecero da padroni. Con ore di guerriglia urbana, che videro il saccheggio di negozi, alberghi, bar e due armerie.

Chi ruba fucili e pistole poi le usa. Nove giorni dopo, sempre a Roma, fu ucciso l'agente Claudio Graziosi. La guerriglia dilagò per il quartiere di San Lorenzo. Molotov, barricate, sparatorie. Un poliziotto, Settimio Passamonti, venne colpito a morte e un altro rimase ferito in modo grave. Sul posto fu lasciato un cartello che diceva: "Qui c'era un carruba, il compagno Lorusso è stato vendicato".

Ricavo questo dettaglio da un libro ricco di notizie: *Una sparatoria tranquilla. Per una storia orale del Settantasette*, pubblicato nel 1997 da un editore romano di sinistra, Odradek. Soltanto la nuda cronologia degli eventi di quell'anno occupa cinquantacinque pagine.

Leggerle ci rivela che abbiamo dimenticato tutto. A cominciare dai nomi dei morti. Di qualcuno, forse, conserviamo un ricordo vago. Come di Giorgiana Masi, una studentessa di 19 anni, uccisa da un poliziotto in borghese il 12 maggio, durante una manifestazione dei radicali per l'anniversario del referendum sul divorzio. Ma chi rammenta come morì, due giorni dopo, il sottufficiale di polizia Antonio Custra?

Eppure la fine di questo brigadiere di 25 anni è stata fissata in una foto famosa. È quella del guerrigliero urbano che in una strada del centro di Milano punta la rivoltella su un bersaglio. Era il 14 maggio, giorno del corteo per l'uccisione della Masi. Un gruppo di autonomi armati di molotov e di pistole cominciò a tirare sulla polizia, fra il panico dei passanti. Custra fu assassinato così.

Oggi viviamo sotto l'incubo del terrorismo islamico. Ma in quell'anno eravamo alle prese con un terrore autarchico, tutto nostro. Il 28 aprile, ancora una volta nel mattatoio di Torino, le Br assassinarono l'avvocato Fulvio Croce. Era un galantuomo di 76 anni, presidente dell'Ordine degli avvocati. Doveva designare i difensori d'ufficio per i brigatisti da giudicare. Lo uccisero per impedire il processo.

Nel raccontare per i giornali molti di questi delitti, m'imbattei nel consenso che il terrorismo brigatista suscitava in aree della società estranee al suo lavoro criminale. Qui dovremmo addentrarci nei bassifondi della faziosità italiana. Dove si muovono le pulsioni oscure che spesso accompagnano quelle più scoperte, e lecite, della passione politica.

Lo si vide il 2 giugno 1977, quando le Brigate Rosse ferirono, nel cuore di Milano, Indro Montanelli. Il direttore del "Giornale nuovo" non era ancora considerato un alleato dalla sinistra. Così, quando venne gambizzato, furono in tanti a esultare: «Ben fatto, quel destrone se l'è cercata!».

Non fu possibile dire lo stesso, di nuovo a Torino, per Roberto Crescenzio, vittima di un corteo di Lotta Continua seguito alla morte di Walter Rossi, uno studente ucciso dai fascisti a Roma. La coda di quel corteo scagliò delle molotov contro un bar di via Po, l'Angelo Azzurro, ritenuto a torto un covo di neri.

Roberto, uno studente lavoratore di 22 anni, era capitato per caso nel locale. Morì per le ustioni. In ospedale era lucido e soffriva. Fece in tempo a chiedere al sindaco di Torino, Diego Novelli: «Perché mi obbligano a crepare in questo modo?».

Chi non riuscì a dire nulla fu Carlo Casalegno, un altro dei nostri morti, straziato dalle rivoltellate brigatiste il 16 novembre. Il giorno successivo, a Genova, le Br spararono a Carlo Castellano, un dirigente dell'Ansaldo. Lui riuscì a salvarsi, ma attraversò una lunga via crucis.

Ecco, Lama si oppose a tutto questo. Posso dirlo perché sono stato un testimone del suo coraggio. Per averlo seguito in molte circostanze. E per aver scritto tanto sulla sua fatica di leader della Cgil. Non smentì mai il suo motto: "Chi tratta, vince". Aveva ragione lui. Ma quanti vorranno capirlo?

8
Pierre il cattivo

«Com'era la nostra casa di Castelleone? Non ci vuole molto a descriverla» mi garantì Carniti. «Noi eravamo in otto e c'erano due stanze: una per viverci, l'altra per dormire. Mio padre, Francesco, era operaio metalmeccanico alla Olivetti di Crema. Mia madre faceva qualche lavoro stagionale, ma c'erano dei problemi...»

Domandai: «Avete tirato la cinghia?».

Carniti mi regalò un sorriso ironico: «Diciamo che abbiamo fatto la fame, è più realistico. Nel 1945 un mio fratello e una mia sorella sono andati in sanatorio per denutrizione. Io avevo 9 anni, sono nato nel settembre 1936, e non mi è toccato andarci perché da piccolo già avevo l'energia dei cattivi.

«E adesso» concluse sardonico, «non mi domandi quale sia stato il mio primo incontro con la realtà che chiede aiuto al sindacato. Io dentro questa realtà ci sono nato. Bastava che mi guardassi attorno, nelle nostre due stanze.»

Quando andai a trovarlo nel maggio 1971, a Roma, Pietro Secondo Carniti, detto Pierre alla francese, aveva attorno l'ufficio spoglio di segretario generale dei metalmeccanici della Cisl. Mi resi subito conto che intervistarlo era facile e difficile nello stesso tempo. Se gli chiedevo del sindacato, parlava con la velocità di un rapido. Se doveva dire di se stesso, la musica cambiava.

Pierre raccontava adagio, con le pause dei timidi aggressivi. Anzi, sulle prime non intendeva raccontare nulla. «Lei vuole fare del colore sui boss del sindacato» mi rimproverò. «Il personaggio ne esce mitizzato. E chi legge può ritenere che i leader sindacali siano tali o per fortuna o per doti eccezionali. Invece non è vera né l'una né l'altra cosa.»

Gli replicai che, proprio per questo, la vicenda umana di chiunque non è mai una faccenda di colore giornalistico. Ma lui seguitò a scrutarmi poco convinto. Aveva una bella faccia da contadino padano. Sguardo che ti bucava. Sopracciglia foltissime. Capelli tagliati a spazzola o all'umberta, come dicevano le nostre madri quando ci portavano dal barbiere e gli intimavano: alzo abbattuto!

Di facce uguali a quella di Carniti se ne incontravano tante, andando da Milano verso il Po. Bastava procedere lungo stradoni diritti e filari di pioppi, sino alla gran luce che si apriva dietro gli argini del fiume. Pierre era cresciuto qui, fra l'Adda e l'Oglio. A un passo stava Soresina, dove Guido Miglioli, il sindacalista cattolico, aveva predicato alle leghe dei braccianti bianchi.

Nel Settanta la pianura era sempre splendida, ma non per chi doveva camparci. Dentro cascinali grandi come fortezze, esistevano ancora tante stanze come quelle dell'infanzia di Carniti. Niente luce elettrica. Pavimenti in terra che a forza di spazzarli con le scope di saggina diventavano concavi. L'umidità a gonfiare i muri. I cessi sul fondo di cortili fangosi.

Pierre ricordava poco della guerra. E anche della scuola, che per lui si era conclusa alla terza media. Mi disse: «La scuola è passata come un periodo qualunque dell'infanzia. No, non ero il primo della classe. E non ho mai voluto esserlo, mi sembrava stupido».

E i libri letti? Pochi e quelli soliti che si trovavano anche nelle case povere. Come *Senza famiglia* di Hector Malot, un romanzo d'appendice tristissimo. Poi cominciò la scoperta del mondo sui rari giornali che i Carniti potevano permettersi. Soprattutto "L'Italia", il quotidiano cattolico che il papà portava a casa ogni tanto.

I ricordi più netti risalivano al dopoguerra delle lotte nelle campagne. C'erano scioperi durissimi, anche di cinquanta giorni. Un apprendistato veloce per Pierre che, ancora ragazzo, iniziò a collaborare con la Cisl. «Facevamo i picchetti contro i crumiri. E pure altre cose. Ma queste è bene non dirle» concluse sorridendo.

Osservai: «Perché no? È passato così tanto tempo...».

Allora mi parlò di argini tagliati per allagare le colture. E di pali di ferro piantati nei campi per bloccare le mietitrebbia. Pierre ebbe uno dei suoi scatti: «Lo sa che erano lotte della disperazione, della miseria? Bisognava usare la testa, ma anche il cuore».

«E adesso lei che cosa usa?»

«Se il sindacato usasse soltanto la testa, molte cose non si farebbero. Tentare l'impossibile è l'unica strada per fare il possibile. Conosce la faccenda del calabrone? Per il rapporto fra il peso e le ali, non potrebbe volare. Ma siccome lui non lo sa, vola lo stesso. A nostro favore c'è un imponderabile. Viene dalla volontà e dall'esigenza di cambiare le situazioni ingiuste.»

Una volta messo in moto il cuore, la Cisl insegnò a Carniti in che modo servirsi della testa. Pierre mi raccontò: «Ormai lavoravo, a 14 anni ero il fattorino in una tipografia. Poi diventai commesso di una cooperativa, prima a Castelleone e quindi a Cremona. Fuori dal lavoro, stavo in un gruppo di giovanissimi che studiavano i problemi dell'affittanza agraria. Tiravamo al ciclostile degli opuscoli. E andavamo a discutere con i salariati delle cascine».

Era il 1955, Pierre aveva 19 anni. I dirigenti della Cisl notarono il suo attivismo intelligente. E gli proposero di frequentare la scuola del sindacato bianco, a Firenze. Lui disse di no, preferiva restare nella Bassa, un mondo che ormai conosceva bene. La Cisl gli rinnovò l'invito nel 1956. Lui accettò.

«Fu un anno importante» mi raccontò Carniti. «Però non per la scuola.» Il ventenne Pierre la contestò subito. Ma soltanto per studiare di più. Si fece un suo personale programma di letture, incentrato sull'economia politica e la storia del movimento operaio. E per mesi e mesi lo seguì con una costanza ferrea.

In questo modo, nelle tre villette della scuola, verso Fiesole, visse un'esperienza irripetibile. La Cisl gli dava 65 mila lire al mese da mandare alla famiglia e 10 mila per sé. Era pagato per fare quello che voleva. Ossia leggere, leggere e leggere per nove, dieci, undici ore al giorno.

Furono le prime e ultime letture pianificate della sua vita. Alla scuola di Firenze, Carniti ci ritornò nel 1959-60 per un corso di contrattazione aziendale. Ma ormai la sua esistenza stava svoltando, sia pure sempre dentro la formidabile gabbia di matti del sindacalismo cislino.

Pierre iniziò la vita di trincea nei metalmeccanici bianchi, alla Fim-Cisl di Milano. Battaglie nelle aziende. E anche dentro il sindacato, dove, mi disse, «c'era incoerenza fra linea politica e prassi, quest'ultima rinunciataria». Dopo uno scontro con i dirigenti, il giovanotto scaldato di Castelleone venne spedito al confino in una zona grigia per la Cisl: Legnano, sempre in provincia di Milano.

«Che cosa succedeva a Legnano?» gli domandai.

«Nel Legnanese si lottava poco. Alla Franco Tosi da otto anni non c'erano lotte, neanche a cercarle con il lanternino. Dopo quattro mesi che ero lì, abbiamo fatto l'occupazione della fabbrica!»

E con un sorriso di scherno aggiunse: «La dirigenza dei meccanici della Cisl, la Fim, diceva che lì non si poteva lottare. Gli abbiamo dimostrato il contrario. A quel punto tentarono di non farmi più tornare a Milano. Si preparava il congresso della categoria e avevano paura del nostro gruppo. Io a Milano ci ritornai, dicendo ai capi della Fim-Cisl: cacciateci pure, se ne avete il coraggio».

Non li cacciarono e i giovani falchi vinsero il congresso milanese. Un anno dopo, nel 1962 a Bergamo, vinsero anche quello nazionale. Fu l'inizio di un percorso verso la Fim degli anni Settanta. Segnato dalle vicende di Carniti. Dal 1964 al 1967 uno dei segretari nazionali a fianco di Luigi Macario. Nel 1968 segretario confederale della Cisl, incarico che Pierre lasciò dopo un anno, «perché non c'erano le condizioni di omogeneità politica e la burocrazia mi soffocava».

Infine il penultimo passo in avanti nella carriera. Nel marzo 1970, un anno prima del nostro incontro, Carniti divenne segretario generale dei 268 mila metalmeccanici della Fim, la categoria più combattiva e ribelle della Cisl. Pierre doveva ancora compiere i 34 anni. Un miracolo, visto con gli occhi di oggi. Quando nella politica come nel sindacato domina sempre il capello grigio o addirittura bianco.

Pierre mi ordinò di non usare la parola "carriera". Lo faceva imbestialire. Soprattutto se pronunciata a Roma. Il perché me lo spiegò uno dei segretari nazionali della Cisl, il genovese Nino Pagani: «A Roma devi stare attento a dire che fai il sindacalista, perché la gente pensa subito ai soldi!».

Carniti mi confessò di odiare Roma: «È una città di gommapiuma, dove si perde il senso della realtà. Spero che il sindacato unitario dei metalmeccanici, la Flm, avrà il buon senso di trasferire la propria sede a Milano».

«A proposito dei soldi, quanto rende gestire il potere sindacale?» domandai a Carniti.

«Io guadagno 250 mila lire al mese, tutto compreso. La stessa cifra guadagnano i segretari nazionali della Fim. Chi ha entrate diverse, come gettoni di commissioni o altro, ha l'obbligo di versarle nella casa dell'organizzazione.»

Pierre sorrise beffardo, forse pensando a qualcuno: «È importante che i dirigenti sindacali non prendano stipendi troppo elevati. Al di là di certi livelli, rischi di appartenere a un'altra classe, di non avere più nozione dello schieramento in cui vivi. Diventi burocratico e paternalista nei confronti dei tuoi bravi operai…».

«Ce ne sono nella Cisl di personaggi così?»

Lui ringhiò: «Ce ne sono, ce ne sono. Ma non è una prerogativa soltanto della Cisl. In tutti i sindacati italiani trovi elementi che utilizzano la loro attività come una professione qualunque. Dalla quale ricavare il massimo dei vantaggi, anche materiali».

«Per lei, invece, che cosa è vivere nel sindacato?»

Carniti non ebbe esitazioni: «Per me è una milizia politica, una scelta di classe».

Le scelte si pagano. Carniti conduceva una vita modesta. La moglie Mirella, una ragazza di Cremona, sarebbe tornata a lavorare da impiegata non appena il figlio fosse cresciuto. Il bambino era stato chiamato Pierre come il padre.

Mirella aveva spiegato al marito: «Tu non ci sei mai. E quando ci sei non parli. E se ti chiamo non rispondi. Almeno il piccolo Pierre mi risponderà».

Carniti mi raccontò che anche i rari momenti di riposo erano compressi sotto una tensione impossibile da scaricare: «È così. Non penso che al sindacato. Mia moglie dice che parlo da solo. Mangio pochissimo. Non riesco a leggere più nulla che non riguardi il lavoro. L'ultimo romanzo l'ho avuto tra le mani anni fa: era *Pane e vino* di Silone».

Un amico mi aveva spiegato che Carniti non era un teorico alla Bruno Trentin, il segretario della Fiom, i meccanici della Cgil. Ma non avvertiva complessi d'inferiorità: «Intanto ha un enorme intuito. Poi a Milano ha un gruppo di amici, come Bruno Manghi e Tiziano Treu, che gli hanno dato e gli danno molto. Attorno ha i quadri della Fim di cui parla con orgoglio. Anche se li riconosce troppo carichi di un integralismo corporativo che a volte può essere un errore politico».

Ma la vera forza di Carniti era Carniti. Con la lucida rabbia di un leader che ha sofferto la povertà. L'intelligenza ansiosa. La grande forza interiore. Tutte qualità che gli avevano regalato un'ulcera duodenale a 23 anni. Un'ulcera mai guarita, e non solo per le trenta sigarette Pall Mall al giorno. Ma soprattutto, a sentire i suoi critici, per aver coltivato il proprio carattere spigoloso. Sino a costruire il mito di un Carniti che dice sempre e soltanto "no".

Di queste accuse Pierre rise con me, un po' sprezzante. Allora gli proposi: «Facciamo insieme il suo identikit?».

Cominciammo dalle qualità. Aveva grinta, tenacia, rude realismo, una volontà che non si scoraggia mai, la capacità di sentirsi coinvolto sino in fondo in tutte le cose che fa, l'intransigenza, il gusto di andare sempre avanti, l'amore per la coerenza e le posizioni nette. Carniti ammise: «Anche dentro il sindacato tendo a radicalizzare i confronti. Perché i propositi di ciascuno siano ben chiari».

E i difetti? Avevo pronta una scheda che lui ascoltò senza contraddirmi. Carniti era caparbio, insofferente di chi non capisce al volo, settario, distruttivo, brutale con gli avversari, capace di ridicolizzarli e di offenderli. Poi uno dai rancori lunghi, tanto profondi da guastare i rapporti umani.

Infine c'erano le sue famose furie improvvise, a freddo, che gli salivano alla gola, impossibili da trattenere. Pierre convenne che era così: «È accaduto anche durante certe trattative. Quando volevano farmi credere che Gesù Cristo era morto di freddo e invece era per un'altra malattia».

Più difficile si rivelò tracciare il suo profilo politico e ideologico. Ci provammo insieme. Cattolico non lo era quasi più. Estremista? Ma andiamo! Carniti mi disse, ridendo: «Nessuno ci crederà, ma se mi paragono alla Fim sono di estremo centro. Qui c'è gente assai più scatenata di me».

Gli chiesi se avesse un modello di società. Scosse il capo, borbottando: «Sarebbe un discorso elusivo, un trastullarsi in cose astratte». Mi offrì parole secche sui partiti politici: «Sono vecchi. E con una propensione limitatissima a mettere in discussione se stessi».

Avevo sul taccuino un ritratto raccolto da un suo collega della Cgil: «Pierre è un pragmatista ideologico. Con simpatie per "il manifesto", unite a molte critiche. Il Movimento studentesco gli è piaciuto, magari con un po' di Cina e di anticomunismo fraterno».

Lui mi spiegò: «Il sindacato è il punto più concreto di lavoro politico per cambiare questa società che non va, non va affatto!». Lo disse senza dissimulare il pessimismo sul futuro.

Gli domandai: «Che cosa teme di più?».

Pierre si prese qualche istante per riflettere. Poi rispose: «Temo più di tutti la violenza dello scontro di classe. L'aggressione moderata che sta emergendo. E che rischia di avere dai lavoratori una risposta non unitaria, fra la passività della gente e un'esplosione di rabbia ogni tanto».

Mi descrisse questa paura con lucidità e amarezza. Mentre la sua giovane faccia contadina si rabbuiava. E di colpo sembrava molto più vecchia.

A ripensarci oggi, Carniti non avvertiva la discesa in campo di un mostro con la stella a cinque punte: le Brigate Rosse. Ma come dicevano i nostri vecchi, nessuno nasce indovino. Del resto, tanti altri capi sindacali si mostrarono ciechi più di lui.

Negli anni Ottanta, si dimise dall'ultimo incarico,

quello di segretario generale della Cisl. Poi, nell'autunno del 1985, Marco Pannella e Bettino Craxi lo proposero come presidente della Rai. Lui ci credette fino a un certo punto. Infatti disse, ironico: «Lo smoking non me lo sono comprato». E nel febbraio 1986 lasciò perdere.

Mi chiedo che cosa pensi oggi della notte che avvolge i partiti italiani. Posso immaginarlo. Carniti non ha mai amato la casta dei politici. Però non credo che gli sarebbe piaciuto un governo fatto dai sindacati. Anche loro sono alla canna del gas. Stanno chiusi nei bunker costruiti con le tessere. Occupati da dirigenti immutabili. E vagano a tentoni nel buio.

9
Spranghe a Milano

All'inizio degli anni Settanta c'era a Milano un giovane estremista che dava molto fastidio ai sindacati e ai partiti di sinistra. Era un politico abile, ma negava di esserlo. Era rosso, ma di un rosso molto diverso da quello di comunisti e socialisti. Non disponeva di un apparato tradizionale, ma alle spalle aveva un caos molto ben organizzato, che lo aiutava e lo sosteneva.

Sto parlando di uno studente umbro, perennemente fuori corso. Che per un po' di anni fu l'ospite fisso delle prime pagine di molti giornali. Raccontato, omaggiato, vilipeso, esaltato e combattuto da tanti cronisti. Compreso il sottoscritto che su di lui, Mario Capanna, si esercitò in decine di articoli per "La Stampa" di Ronchey. Vogliamo vedere che tipo era?

Bisogna cominciare dicendo che se Capanna diventò Capanna, il merito, o la colpa, fu di un bravo professore: Pietro Castaldo, preside del Liceo classico Plinio il Giovane a Città di Castello, in provincia di Perugia.

Correva l'anno 1960. In quell'istituto esisteva una classe con uno scoraro di rara virtù. Era un ragazzino lungo, magro e pallido, pendolare fra la città e la frazione di Badia di Petroia, dove aveva visto la luce il 15 gennaio 1945. Bravo allievo, leggeva già testi di filosofia, ma qualche volta lavorava da meccanico per biciclette nell'officina dei fratelli. Ecco il Capanna, allora quindicenne. Buon ragazzo e soprattutto, per convinzione e per pratica, buon cattolico.

Mi raccontò Capanna: «Un sabato andai a Roma, per un convegno del nostro movimento giovanile. Al ritorno in classe, avrei potuto escogitare una bugia, che ero stato indisposto o avevo dovuto lavorare con i miei fratelli. Però mi ero riproposto di non mentire mai e così raccontai del raduno dei giovani cattolici. Ma il professor Castaldo si arrabbiò. Cominciò a gridare che quelle non erano cose serie, bisognava studiare e basta. Morale: tre giorni di sospensione».

Negli anni successivi, per quella sanzione il Liceo Plinio il Giovane sarebbe stato occupato. Invece non accadde niente. Mario continuò a studiare: una scelta non facile per una famiglia povera come la sua. Con un papà meccanico morto prestissimo e la mamma costretta a tirar su da sola cinque figli.

Ma il ragazzo aveva incontrato una santa protettrice. Era la maestra con il motorino che ogni giorno saliva a Badia per insegnare alle elementari. Fu lei a dire alla vedova Capanna: «Mario non può finire all'officina. È il più bravo dei miei scolari. Se non lo farete studiare, vi macchierete di un gran delitto!».

Il ragazzo fece un brillante esame di ammissione alle medie. Poi frequentò il ginnasio e il liceo con voti strepitosi. Era un fulmine in greco, ma soprattutto eccelleva nella speculazione teorica. Tanto che il vescovo di Città di Castello, monsignor Luigi Cicuttini, si dilettava a filosofare con questa pecorella del suo ovile. Che forse mostrava già qualche punta polemica, ma restava pur sempre dentro l'ortodossia.

Dopo aver stravinto l'esame di maturità, Capanna avrebbe voluto studiare filosofia a Perugia. Ma le 360 mila lire del presalario non bastavano a mantenerlo fuori casa per tanti mesi. Allora il vescovo Cicuttini gli disse: «Vai alla Cattolica di Milano. La c'è l'Augustinianum, sarai uno dei convittori di quel collegio».

Ragazzo di campagna, Mario arrivò in quell'incubatrice di teste d'uovo. Le regole erano severissime. Per restare nel collegio occorrevano medie alte e quella di

Capanna sfiorava il trenta. Ma con lo studio emersero i primi, timidissimi accenni contestatari. Gruppi di lavoro poco ortodossi. La polemica pubblica sul divorzio con il cattedratico di Dottrina e morale cattolica. Poi la rivolta contro l'aumento delle tasse. Quindi una prima occupazione dell'ateneo. Infine una seconda e la cacciata dalla Cattolica.

Era il 16 dicembre 1967. Con due compagni, Capanna approdò all'isola rossa dell'Università statale milanese, collocata proprio al centro della metropoli, in largo Richini. Lui mi raccontò: «L'accoglienza fu gelida. I capi studenteschi ci squadravano con certi occhi!».

Era fatale che fosse così. I transfughi della Cattolica avevano la fama di essere attivisti sfrenati, lucidi, rigoristi, capaci di una spaventosa resistenza negli interminabili dibattiti. Alla base degli studenti, invece, Capanna piacque subito. Fu un colpo di fulmine. Poi rinnovato, anno dopo anno, dalle matricole in arrivo.

Chi comprese prima di tutti che quel ragazzo era speciale fu un assistente della Statale, Luca Cafiero, destinato a diventare il cardinal Mazarino del Movimento studentesco: «Me ne accorsi non appena Capanna prese il microfono per parlare in un'assemblea. Aveva un linguaggio che andava diritto alle cose, tribunizio, ma non retorico. E poi c'era in lui una forte carica umana, e nello stesso tempo una capacità da leader autentico. Insomma, Mario era un gran simpatico. E tutti sorrisero».

Chi sorrise un po' meno fu Milano. La città conobbe Capanna la sera del Sant'Ambrogio 1968. Nella nebbia condita di smog, il teatro della Scala era una fortezza assediata. Difesa da reparti di poliziotti in assetto antisommossa. Lo stesso schieramento proteggeva Palazzo Marino, la sede del comune, sull'altro lato della piazza.

Capanna si presentò con barba, megafono e mantello a ruota. Era una "prima" tempestosa, contestata per il lusso messo in mostra. Il sovrintendente Ghiringhelli trepidava nel foyer. Sopra le toilette delle signore volavano uova marce. L'indomani si lessero sui giornali cronache di guerra. E nei salotti cominciarono a chiedersi: "Ma chi è questo Capanna?".

L'assalto alla prima della Scala segnò l'inizio dell'annata migliore di Mario: il 1969. Ormai leader incontrastato della Statale, scoprì la lotta alla società opulenta e al consumismo. Poi bloccò la Rinascente. Quindi prese di mira uno dei simboli di Milano: la Fiera. Marciando incolonnate lungo i bastioni, le sue truppe scandivano: «Fiera campionaria – fatica proletaria!».

Nel marzo 1969 ci fu il boom mediatico del caso Trimarchi. Ossia a spese del professor Alberto Trimarchi, docente di Diritto privato alla Statale. Un caso odioso, con quel giovane insegnante sequestrato e vilipeso in quanto "piccolo borghese osceno". Capanna venne arrestato, si fece un po' di San Vittore, poi comparve in giudizio con un gruppo dei suoi.

Raccontai il processo per "La Stampa". Lui sostenne bene la parte del leader. Non negò di essere il primo dei responsabili. Parlava sicuro, spedito, un po' da furbo tromboncino. L'odiata giustizia borghese lo condannò, ma non lo tenne in carcere. Nell'andarsene a casa, Mario si rivolse alla nostra schiera di cronisti e scandì: «Partite pure per le vacanze, grazie ai soldi dei vostri padroni. Ci rivedremo in autunno».

L'autunno venne e fu durissimo. La lotta nelle fabbriche. L'assassinio dell'agente Annarumma. La strage di piazza Fontana. Capanna andò al funerale del poliziotto ucciso. Disse: «Volevo testimoniare che il Movimento studentesco aveva le mani pulite. Gli assassini non vanno ai funerali delle loro vittime».

Quando entrò nella chiesa di San Carlo, in corso

Matteotti, i fascisti accorsi in massa alle esequie del poliziotto lo riconobbero e cominciarono a pestarlo. A salvarlo furono gli agenti del commissario Luigi Calabresi. Un piccolo guaio per Capanna. Con un seguito di polemiche nel fortino della Statale. Lui fece un'autocritica parziale: «La mia è stata una scelta errata perché di tipo individualistico, ma non una guasconata».

Dopo Piazza Fontana, si aprì l'epoca dei cortei "contro la repressione". Serpentoni anche di quarantamila giovani. Schieramenti definiti unitari, ma in realtà dominati dal Movimento studentesco. Proteste contro tutto e tutti, che a volte si mutavano in vere e proprie battaglie di strada. Dove poteva scapparci il morto.

Capanna divenne un "compagno di piazza" gradito e ricercato anche dai disprezzati riformisti. Il Pci iniziò a guardarlo con rispetto. Qualche salotto della sinistra chic si decise ad aprirgli le porte. E il messalino mondano di "Milano chi" confermò la sua promozione sociale. Ritraendolo accanto al sindaco socialista Aldo Aniasi, al poeta Eugenio Montale, ad Adriano Celentano e a Umberto Eco.

Per la verità, non erano omaggi che Capanna gradisse. Da cattolico era diventato un marxista-leninista. Gli importava soltanto l'azione tra le masse, anticamera della rivoluzione proletaria in Italia. Aveva grandi speranze. E nella giungla dei gruppetti rossi si muoveva come un piccolo Tarzan, brillante e spaccone. Cercava collegamenti con altre università. Si mise a viaggiare. E prese a querelare i nemici borghesi. Primo fra tutti Indro Montanelli.

Poi, com'era fatale, anche per Capanna arrivò il riflusso. Nel suo movimento cominciarono ad apparire le prime crepe. Qualcuno dei vecchi che "avevano fatto il Trimarchi" prese altre strade. Il 19 gennaio 1971, in un'assemblea alla Statale, per la prima volta venne messo in minoranza. Mario comprese di non essere più un leader assoluto. Ma da umbro astuto fece buon viso a cattivo gioco.

Nei cortei dell'antagonismo rosso, noi cronisti cominciammo a sentire degli slogan contro di lui e il suo spindoctor: "Capanna buffone – Cafiero mascalzone". Gli avversari lo accusarono di destrismo, di opportunismo, di essere la quinta colonna del Pci dentro l'università.

Lui replicò sparando contro gli avversari tutti gli altri "ismi" della polemica extraparlamentare. Fu una sarabanda di parole che allora andavano di moda nel mondo della politica fatta da pochi che però sembravano tanti: frazionismo, spontaneismo, parafascismo.

Capanna poteva contare sulla simpatia umana che suscitava anche tra quanti non la pensavano come lui. E sul proprio genuino carisma di capo. Da cronista lo osservavo e mi dicevo: Mario è nato per imporsi sulla massa, per distinguersi, per comandare. Eppure queste qualità non gli servirono a evitare la fase della decadenza.

Nel 1971 altri viceleader lo abbandonarono. La sua base si restrinse. Dai ventimila seguaci abituali, si ridusse a tre, quattromila. Il Movimento studentesco diventò un gruppo come tanti. Poi un gruppetto sempre più ristretto, burocratizzato, fanatico.

Nelle assemblee alla Statale cominciammo a sentire grida senza vergogna. Un esempio? «Viva Berija!», il ministro dell'Interno staliniano, un assassino sadico. Qualcuno, più esplicito, iniziò a inneggiare alla Ghepeu, la polizia politica sovietica.

Le truppe rimaste a Capanna non tolleravano più nessun dissenso. E le rappresaglie si fecero isteriche. Un giornalista di sinistra si risvegliava dopo un lungo flirt con il Movimento? Un corteo gli venne subito organizzato sotto il suo ufficio. Un cronista dell'"Avanti!"

osava analizzare i guai dei "capannei"? Gli fecero sapere: «Prova a entrare alla Statale e vedrai».

E alla Statale, ridotta a un bunker dell'estremismo rosso, cominciarono a dominare i Katanga. Venivano chiamati così i membri del servizio d'ordine. Erano un centinaio, suddivisi in squadre di dieci, che avrebbero dovuto difendere l'ateneo dagli assalti dei neri. La loro arma preferita era una grossa chiave inglese, marca Hazet. E il loro slogan diceva: "Hazet 36 – fascista dove sei?". In realtà presero a pestare un po' tutti, a cominciare dai gruppi concorrenti.

"La spranga è al potere" scrisse la "Rivista anarchica", raccontando quel che avveniva alla Statale: "Il Movimento studentesco ha organizzato una mini-Ghepeu che mette in scena una grottesca riedizione dei metodi staliniani: aggressione fisica e poi calunnia".

A Milano, in quel tempo, pestavano con furia anche i fascisti, padroni di piazza San Babila. Ma chi aveva creduto in Capanna, e nel mito libertario che lo circondava, assisteva allibito alle imprese dei Katanga. Pronti a picchiare un nero, ma anche il sindacalista socialista o lo studente ebreo.

Poi emerse la storia di Sergio Ramelli. E persino i più increduli furono costretti a convincersi di una verità: come l'apprendista stregone, il bravo figliolo di Città di Castello aveva creato, certo non da solo, un mostro che non era più in grado di controllare.

Smilzo, un po' capellone, diciannove anni ancora da compiere, figlio di un esercente di bar, Ramelli studiava al Molinari, quinto anno da perito chimico. Era una scuola famosa, diventata ingovernabile all'inizio degli anni Settanta. Tremila allievi. Scioperi a catena. Assemblee a non finire.

Lì tutto accadeva sotto il dominio di Avanguardia

Operaia, poi di Lotta Continua e del Movimento studentesco. In quella base rossa, Ramelli era un diverso, ossia un fascista. Nell'autunno 1974 aveva preso la tessera del Fronte della gioventù missino. Non era un picchiatore, si limitava ad attaccare manifesti.

Al Molinari fu presto individuato. Cominciarono a minacciarlo. Un suo tema in classe sulla Resistenza finì su un dazebao, con accuse pesanti. I gruppetti rossi lo processarono durante un'assemblea e ne decretarono l'espulsione dalla scuola.

Sergio aveva paura, ma non volle fuggire dall'istituto. Una mattina vide scritto sul muro del Molinari: "Ramelli fascista – sei il primo della lista". A casa gli arrivavano minacce telefoniche. Il fratello Luigi, scambiato per lui, venne malmenato. Era il febbraio 1975. Il padre decise di iscrivere Sergio a una scuola privata. Ma i picchiatori rossi lo tenevano d'occhio. E stabilirono di stangarlo.

Accadde il giovedì 13 marzo 1975, verso le tredici. Ramelli stava rincasando dalle lezioni. Aveva appena chiuso il lucchetto del motorino, all'angolo fra due strade, quando lo aggredirono. Erano in sette contro uno. Impugnavano spranghe di ferro e grosse chiavi inglesi. Ci dettero dentro e gli sfondarono il cranio.

Il ragazzo fu operato al Policlinico. Cinque ore d'intervento per ricostruirgli una parte della calotta cranica. Sembrò riprendersi, articolava qualche parola. Gli chiesero se avesse riconosciuto gli sprangatori, ma rispose di no. Peggiorò di nuovo. Poi cominciò una lenta discesa verso il nulla. Quarantasette giorni di coma. Morì il 29 aprile.

Dieci anni dopo, seguendo una pista emersa dalle testimonianze di qualche pentito, gli inquirenti individuarono gli assassini di Ramelli. Avevano fatto parte del servizio d'ordine di Avanguardia Operaia. Cinque finirono in carcere. Altri quattro vennero arrestati per un pestaggio pesante in un bar. Tutti erano diventati adulti. Se non sbaglio, due o tre di loro facevano il medico. Qualcuno apparteneva a Democrazia proletaria.

Nel 1985, Capanna era il segretario di questo partito. Da extraparlamentare era diventato parlamentare. Sei anni prima, con il voto del giugno 1979, l'avevano eletto in Europa. Nel 1983 diventò deputato nel Parlamento italiano, per Democrazia proletaria. E nel giugno 1987 sarebbe tornato alla Camera con i Verdi.

Quando presero gli assassini di Ramelli, nel settembre 1985 Capanna si scagliò contro l'inchiesta con un torrente di parole. Ricordo che disse: «Si vogliono criminalizzare vent'anni di lotte studentesche e operaie. La mobilitazione antifascista di quel tempo è troppo importante per poter essere lasciata stravolgere da un'inchiesta giudiziaria».

Potrei citare altre verbosità di Capanna. Ma non ne vale la pena. Un vincitore sconfitto anche lui? Credo di sì.

10
Servi di Mancini!

All'epoca della spranga trionfante, esplose una rivolta del tutto estranea ai Katanga della Statale di Milano. La sommossa partì da una città del Mezzogiorno, Reggio Calabria, un pianeta lontano anni luce dalle nebbie ambrosiane. E poi era una rivolta di destra, guidata da un capopolo di destra: il sindacalista Ciccio Franco, che in seguito sarebbe stato senatore del Msi per ben cinque legislature.

L'obiettivo dei rivoltosi era ottenere che Reggio diventasse la capitale della Calabria. Le regioni avevano visto la luce da poco. E nel giugno 1970 si erano tenute le prime elezioni per decidere il colore politico delle giunte.

I tumulti reggini iniziarono un mese dopo, il 14 luglio. Avevano l'obiettivo di strappare a Catanzaro il ruolo di capitale regionale. Ma a mio parere erano anche lo sfogo di tante frustrazioni che ribollivano nella pancia del Sud. Per la povertà, per la mancanza di lavoro e di speranze, per la supremazia economica, sociale e culturale del Nord.

Lavoravo per "La Stampa" e Ronchey mi mandò a Reggio perché raccontassi quel che stava accadendo. Ci rimasi per settimane, a periodi alterni, sino all'inizio del 1971. E vissi la mia prima e unica esperienza di cronista di guerra. Una guerra per modo di dire, anche se ci furono dei morti. Eppure di quel tempo mi è rimasto un ricordo più comico che drammatico. Di lì nacque un incontro con un leader politico che non avevo mai descritto da vicino.

Il ricordo ha per sfondo l'uscita mattutina degli inviati dei giornali dall'unico albergo rimasto aperto a Reggio. Ad accoglierci fuori dall'hotel stava in permanenza un comitato di ricevimento, non più di una decina di signori, che ci salutava in tono beffardo: «Ecco i cornuti! Ecco i servi di Mancini! Escono i grandi scrittori che devono diffamare la rivolta!».

Veniva poi uno sfottò personalizzato, diretto a questo o quel giornalista. E siccome ero ritenuto, a torto, più scrittore degli altri colleghi, a me toccava uno sberleffo speciale: «Dottore Pansa, avete perduto una virgola! Chiedete a Mancini che ve ne comperi una nuova».

Mancini, sempre Mancini! Quando la rivolta di Reggio era finita da un pezzo, e io stavo al "Corriere della Sera", decisi di andare a trovarlo. Piero Ottone mi aveva chiesto una serie di articoli sui padroni delle città italiane. In quell'inchiesta non poteva mancare un big come il socialista Giacomo Mancini. Il padrone politico non certo di Reggio, ma di gran parte della Calabria e della sua Cosenza.

Incontrai Mancini verso la metà del novembre 1973, nella bella casa di campagna, all'Aria Rossa di Malito, sulle montagne di Cosenza. In quel momento aveva 57 anni. E pur non essendo più il segretario nazionale del Psi, non era per niente un politico nell'angolo. Lo trovai brusco, ironico, polemico, persino spavaldo. Insomma il Mancini di sempre.

«I padroni delle città... Di chi ha scritto, finora?» mi domandò subito.

Risposi: «Di De Mita, di Gioia, di Gullotti».

«Bella compagnia! Tutta di meridionali come me» ringhiò lui. E subito aggiunse, freddo: «Io però non sono il padrone di Cosenza. Sono l'esatto contrario. E faccio un addebito al suo giornale per questa impostazione balorda, razzistica, che mi suscita rabbia anche quando è rivolta alla Dc. Le grandi decisioni per il Sud si prendono al Nord. Al Sud ci sono soltanto padroni con possibilità limitate. Dei mezzi padroni.»

«Eppure persino nel Psi si dice che lei abbia la mentalità del califfo» gli obiettai. «E che sia prepotente e vendicativo.»

Mancini sorrise un po' teso: «Eh, il cliché è stato ben preparato. Sono bravi i manipolatori! Prima mi hanno dipinto come un dissoluto, poi come un ladro, e adesso sono diventato un vendicativo. Presto diranno che i miei figli sono stati arrestati con la droga in tasca».

In verità, un po' di compagni di Mancini, socialisti di una corrente opposta alla sua, ma pur sempre socialisti, dicevano anche altre cose, spesso irriferibili. Però nessuno di loro, tutti legati a Francesco De Martino, segretario nazionale del Psi, desiderava firmarle.

Mi intimavano: «Stampi quello che le diciamo, però non faccia il nostro nome». Sfogliavo sconcertato le pagine del mio taccuino e rileggevo ciò che avevo raccolto: le testimonianze di un odio sfrenato. Neppure tra i democristiani di Palermo m'ero imbattuto in una guerriglia verbale tanto feroce.

Per capirci qualcosa, dovevo ritornare indietro nel tempo. Mancini era diventato ministro dei Lavori pubblici nel 1964. Prima era stato alla Sanità e in soli quaranta giorni aveva saputo far adottare il vaccino di Albert Sabin contro la poliomielite.

La stessa decisione mostrò in Calabria per le opere pubbliche. Da un secolo lo Stato aveva grandi debiti verso la regione e lui stabilì che si doveva pagarli. Mi spiegò: «Non mi sono mosso seguendo le richieste minime, comune per comune. Ma secondo un disegno preciso: rompere l'isolamento della Calabria e fra zona e zona del suo interno».

Mancini agì con rapidità. Voleva che i lavori si facessero e subito. Era brutale, impaziente, non dava tregua. Mi disse: «Lei può anche non pubblicare la verità, però deve conoscerla. Ho cercato di non essere come i vecchi padroni del Mezzogiorno. Da una parte costruivo un contropotere democratico. Dall'altra tentavo di rompere un cerchio di omertà, un muro di bugie interessate e pietose. Per far capire che i mali del Sud andavano attribuiti anche alla classe dirigente meridionale. Prima di me, il Mezzogiorno era un cimitero di opere non ultimate. Io ho dato la prova che alcune cose si potevano fare e nel tempo giusto».

Regnando Mancini, la Calabria accennò a cambiare faccia. Ma cambiò faccia anche il Psi. Partito di operai e di contadini, cominciò a sostituirsi alla Dc come porto efficiente e sicuro per ceti differenti. Borghesia burocratica, legata agli interventi ministeriali. Borghesia professionale, di ingegneri, tecnici e costruttori. Gruppi finanziari non soltanto regionali. E clientele. Tutte destinate a dar vita a quello che gli avversari chiamavano il Califfato manciniano, il Granducato di Calabria.

«Clientele? Ecco una favola senza fondamento, che va provata» mi replicò Mancini. «Ho sostenuto tutti i sindaci della regione, senza mai chiedergli che tessera avessero. Sono l'unico uomo del Sud che non abbia compari d'anello o di battesimo. Non ho mai fatto una politica di assunzioni. Certo, a qualcuno ho dato un lavoro, nel Genio Civile o all'Anas. Ma si tratta di vedere la misura dei miei interventi.»

A Cosenza avevo sentito voci diverse. Assunzioni a catena di cantonieri e di uscieri. Mancini nuovo santo in paradiso. Un santo spocchioso, che amava inaugurare le opere pubbliche in pompa magna. Un santo che mirava a creare un proprio partito.

Un partito potente e prepotente, l'azienda personale di Mancini.

Mi dicevano: «Non potevi arrivare a nessun posto di lavoro senza Mancini. La stessa Dc chiedeva a lui chi doveva assumere. Il socialismo? Scomparso. Imperava il mancinismo».

Il momento trionfale del mancinismo fu la campagna elettorale del maggio 1968. Migliaia di manifesti con il volto del Califfo. Centinaia di migliaia di facsimile della scheda con la croce sul suo nome. Coccarde di ogni tipo, ma con un solo slogan: "Io voto Mancini". Carrettate di dischi con un suo discorso.

Il tutto maneggiato da un apparato che non era quello del Psi e raggiungeva gli elettori scavalcando il partito. Un apparato zeppo di funzionari dello Stato, uomini dalla fedeltà assoluta. Distaccati presso le segreterie particolari del ministro. E all'opera in tutta la regione. Con l'unico obiettivo di fondare, a suon di voti, il mito del nuovo salvatore della Calabria.

Fu un successo clamoroso. Nelle quattro elezioni precedenti, Mancini non era mai arrivato alle 30 mila preferenze. Quell'anno ne conquistò di colpo 109 mila, un numero enorme rispetto ai 174 mila voti andati al Psi.

Lui mi spiegò: «Nel Mezzogiorno la personalità del politico conta più che al Nord. E poi nei quattro anni precedenti avevo realizzato in Calabria opere di cui si parlava da un ventennio. Infine tenga conto di un ceto medio disilluso, che passava da un'infatuazione all'altra. Ed era convinto che io avessi risolto tutto».

Gli dissi: «A Cosenza mi hanno raccontato che lei ha speso una montagna di soldi per la campagna elettorale».

Mancini alzò le spalle: «Bugie. Ho stampato qualche manifesto più degli altri. E ho inciso un disco con un mezzo discorsetto, costava appena qualche lira».

«Quella campagna costò un miliardo» sostenevano i socialisti legati a De Martino. A pubblicare per prima quella cifra era stata “l’Unità” nel luglio 1968. In due articoli: *Mancini e i suoi sudditi* e *Tutti gli uomini del Califfo*.

Il giornale del Pci raccontava di una kermesse elettorale “di tipo laurino”, ossia simile a quelle dell’armatore Achille Lauro, sindaco di Napoli e big della destra. Fondata su un cocktail di forze attirate dal clientelismo manciniano e dalla pratica di sottogoverno mutuata dalla Dc. Con un po’ di populismo e di tecniche mediatiche all’americana. L’“Avanti!” replicò sdegnato con un corsivo: *Gli abbagli dell’inviato del Pci*. E tutto sembrò finire.

Invece si era soltanto al principio di una nuova offensiva contro Mancini. Punto di partenza: le aste truccate dell’Anas. Punto di arrivo: “Mancini il ladro”. Lui me la spiegò così: «Quando i sottofondi del Mezzogiorno si mettono in moto, quando si muovono gli impotenti, i falliti, le mezze calzette, allora i morsi vengono. E io ne ho avuti tanti, per la politica che ho fatto dentro e fuori la Calabria».

Con un sospiro ringhioso, Mancini continuò: «Contro di me si sono scatenate forze importanti. Un politico legato alle clientele avrebbe alzato le mani, si sarebbe arreso. Io me ne sono strafregato. Non mi sono mai fatto ricattare. Eppure di ricatti me ne hanno fatti. E non parlo della stampa fascista».

Gli dissi: «Anche molti suoi compagni di partito, a Cosenza, sono durissimi con lei».

«Lo so, certo che lo so» replicò lui a voce bassa, quasi parlando con se stesso. «La lotta contro di me all’interno del Psi non è stata molto diversa da quella che mi ha fatto “Candido”, il giornale del fascista Giorgio Pisanò.»

«Parla soltanto di Cosenza o anche di Roma?»

«Be’, questo è un discorso che farò un’altra volta. È un capitolo che lascio in eredità a mio figlio Pietro perché ci rifletta… Quando un partito si frantuma in gruppi, i posti vanno ai più rissosi. Ma io non litigo. Io subisco. Se fossi stato quello che dicono, avrei bloccato certe ascese. Invece non ho bloccato niente. Non si sono certo allargati i cimiteri per la mia azione politica.»

Nel Psi di Cosenza, tuttavia, erano parecchi quelli che si ritenevano scampati «ai killer politici di Mancini». Riversavano sul mio taccuino le accuse più sbalorditive e sempre anonime. A sentire i tifosi di De Martino, i manciniani erano «specializzati nella menzogna». E del Califfo dicevano: «Ha vissuto tanti anni mandando il galoppino di turno a darti la sciabolata nella schiena. E mo', grazie a Dio, mo' è finita!».

Iniziata con la campagna di "Candido", la fine del mancinismo fu resa più veloce da altri eventi. La perdita del ministero dei Lavori pubblici. O la sommossa di Reggio, esplosa mentre Mancini era segretario nazionale del Psi. Nel frattempo si avvicinava un'altra tornata elettorale, quella del maggio 1972.

«Se avessi avuto l'angoscia del voto di preferenza» mi garantì Mancini, «durante i fatti di Reggio mi sarei buttato anch'io nel casino. Avrei fatto come certi colleghi della Dc e del Psi che davano ragione a tutti!»

Però capiva di essere in difficoltà. E al voto del 1972 andò molto agguerrito, ripetendo lo schema faraonico del 1968. Mi disse: «Storie. Non è vero niente. Soltanto qualche opuscolo per replicare a chi mi diffamava».

I demartiniani sostenevano il contrario: «Una campagna elettorale da satrapo. Carovane di cantanti. Patacche. Cianfrusaglie. E le intimidazioni di cui è meglio tacere, per non doverci ancora vergognare».

Mancini perse. Il suo concorrente diretto, Francesco Principe, sottosegretario alle Partecipazioni statali e legato a De Martino, mantenne le proprie 50 mila preferenze. Il Califfo, invece, scese da 109 a 65 mila. I suoi uomini vennero sconfitti: nessuno entrò o tornò in Parlamento.

«Era un calo previsto e non temuto» mi garantì Mancini, alzando le spalle. «Il prezzo pagato per una politica coraggiosa, di rottura, più a sinistra. So bene che cosa dicono i miei avversari interni: finito il ministero, finite le clientele. Ma non è per niente così. Creda a me, non a loro.»

Già, a chi credere in quel novembre del 1973? Come constatavo di persona, il Psi in Calabria era un partito semidistrutto, che andava in malora. Anche nelle piccole sezioni, spesso i partiti erano due: uno di Mancini, l'altro di Principe. «Bisogna trattare con entrambi. E anche metterli d'accordo» mi soffiavano, sornioni, i capi locali del Pci.

Alla federazione di Cosenza mancava la segreteria, non esistevano dirigenti, gli uffici erano vuoti. I due tronconi del Psi si accusavano di tutto. Di aver impedito il congresso provinciale. Di aver truccato e inflazionato il tesseramento. Di aver manovrato le clientele. Ma anche l'avversario di Mancini, Principe, aveva i suoi clienti. In più, era un uomo di modi spicci, ambizioso, con un gusto vistoso del comando. E se ne infischiava del Califfo.

Il conflitto interno si rifletteva anche sulla carta stampata. Durante gli anni d'oro, Mancini diffondeva nella regione un settimanale prodotto a Roma con dovizia di mezzi: "Calabria oggi". Nel 1973 poteva contare su un quotidiano, "Il Giornale di Calabria". Stampato vicino a Cosenza, era odiato dai demartiniani che lo accusavano di essere al servizio totale del Califfo.

Gli uomini di De Martino sostenevano che il quotidiano era stato regalato a Mancini da Nino Rovelli, ossia dalla Sir. Era il terzo grande dell'industria chimica italiana. E stava costruendo nella piana di Sant'Eufemia Lamezia due complessi industriali. Con un investimento di 250 miliardi di lire e il massimo delle agevolazioni previste per gli insediamenti nel Mezzogiorno.

Mancini negò che il giornale fosse manciniano: «Contesto pure che sia di Rovelli. Bisognava dire che io ero amico dei petrolieri e allora si è inventato Rovelli. C'è una società con diverse quote, non so a chi appartengano, ma non sono nostre». Però i demartiniani insistevano: «Quel giornale distorce l'informazione. È dedito all'esaltazione spagnolesca di Mancini e alla denigrazione dei suoi avversari di corrente».

Il Califfo, ormai semplice deputato, incassava con un sorriso. E se ne stava immobile in poltrona, nella sua splendida casa di campagna. Incurante delle raffiche di bufera che salivano da Cosenza.

Una bufera che gli rimproverava tutto. Il carattere scontroso e iracondo. Il giro delle famiglie altoborghesi. La sua corte "da Borbone dispotico e prepotente". Lo scadente personale politico che usava. Il tentativo di darsi una verniciatura populistico-libertaria, "da Ciccio Franco socialista".

Guardai Mancini, seduto di fronte a me. Un po' appesantito. Il naso lungo e greve. Lo sguardo da gufo intelligente. Poi gli chiesi: «Le ha insegnato qualcosa la bufera?».

Lui mi rispose: «Adesso capisco meglio la lotta politica in Italia. Lotta senza risparmio né quartiere. Partiti lacerati. Soldi, tanti soldi, che dall'industria di Stato e da quella privata penetrano nei partiti. E li rendono schiavi».

Registrai la sua risposta. Poi mi domandai: ma non erano proprio queste le stesse, identiche accuse che rivolgevano a lui?

Parte terza

11
L'Amintore furioso

«Angiolino, dillo, dillo te!»

Angiolino Fanfani, fabbricante di casse da morto e biscugino di Amintore perché erano cugini i babbi, non si fece pregare: «Da bambini stavamo insieme all'asilo. Si giocava e così, non per malizia, tirai una bottiglia in testa all'Amintore. Ebbene, lui non si fece nulla, la bottiglia invece si stroncò...».

Gli astanti cominciarono a sghignazzare. Ma Angiolino li fermò: «Non ridete, grulli! Non è che lui avesse la testa dura. Ell'è che fin da piccino è stato sempre bravo e pieno di buona volontà!».

«Dài, Cicio! Adesso parla te.»

Cicio era Umberto Simonelli, sessantenne, venditore ambulante, di una magrezza stupefacente e con la faccia puntuta. Anche lui aveva una storia da narrare.

«S'era ragazzi e un giorno Amintore mi corbellava dalla finestra di casa. Mi gridava: "O Cicio, o Cicio, vieni qui da me!". "O sta' zitto che ti meno!" gli risposi. E gli tirai un bastoncino in faccia. Lo colsi e l'Amintore s'infuriò. Scese in strada con un martello, me lo scagliò addosso, ma colpì la vetrina del bar dello Svizzero, spaccandola. Lo riempirono di busse. Ma lui non pianse.»

Intervenne un coetaneo di Fanfani: «Certo, l'Amintore è sempre stato orgoglioso e pieno di ambizione. Senta che cosa ha da dire l'Ortolani».

L'Ortolani era il macellaio della Pieve, con la bottega in piazza della Collegiata. Lui mi suggerì: «Non deve sentire me, bensì il canonico don Pietro Cascianini. Anche da piccolo, Cascianini voleva comandare. E diceva a tutti: "Da grande farò il prete". Allora Fanfani, piccolo pure lui, gli replicava: "Io allora farò il vescovo!"».

Era l'inizio di agosto del 1969 e Ronchey mi aveva spedito a Pieve Santo Stefano per sentire che cosa dicevano di Fanfani i compaesani. In quell'estate turbolenta, la Dc si trovava alle prese con gli esiti del Sessantotto studentesco e con i sintomi dell'autunno caldo operaio. Anche il primo governo Rumor era andato in crisi e stava per nascere il secondo, un monocolore democristiano.

Tutto mi sembrò tranquillo a Pieve Santo Stefano, il paese natale di Amintore. Eravamo nell'alta val Tiberina, sull'Appennino toscoromagnolo. Di villeggianti non se ne vedevano. Ma era bastato il ritiro collegiale della squadra di calcio dell'Arezzo, neopromossa in serie B, a fare il pieno nei pochi alberghi.

Inoltre stavano ritornando tutti gli emigranti. E alla Pieve, come aveva scritto Fanfani, erano molti quelli che la vita aveva costretto ad andare lungo il mondo, "per acciuffare un più sicuro avvenire". In loro onore si stava preparando una gara musicale e un incontro di calcio fra l'Arezzo e la Polisportiva Sulpizia. Per i più snob, a Sansepolcro, dove abitava l'avvocato Amelio Fanfani, fratello di Amintore, era previsto un concerto di Ornella Vanoni.

Alla Pieve trovai gente molto cordiale. Con il cronista e, soprattutto, fatto insolito, con il compaesano diventato importante. Domandai il perché. E una signorina mi rispose, con un trasporto quasi amoroso: «Perché Fanfani qui ha molti amici. E li ha perché è simpatico, intelligente, dinamico, la sua testa deve essere un vulcano, dal momento che si ricorda di tutto e di tutti!».

La signorina era Anna Maria Mencherini, merciaia della Pieve, già delegata femminile della Dc e da tempo capogruppo democristiano al comune. Le dissi che se ci fosse stato in paese un Club Amici di Fanfani, come c'era a Milano un Club Amici di Helenio Herrera, l'allenatore dell'Inter, la presidenza sarebbe di certo toccata a lei.

La merciaia si schermì, ridendo: «Per carità, non merito tanto. Ma ogni volta che in paese hanno una questione da risolvere, si rivolgono a me. Ho una corrispondenza fittissima con la segreteria del presidente Fanfani. Guardi: sei lettere soltanto negli ultimi due giorni».

La merciaia rovistò fra i bottoni, le fettucce, i rocchetti di filo, le cerniere. E alla fine, trionfante, pescò le buste. Pescò anche una serie di libri scritti dal senatore. Insieme a pacchi e pacchi di fotografie. Un film interminabile dei rapporti tra Amintore e il paese dove era nato 61 anni prima, il 6 febbraio 1908.

Domandai alla signorina Anna Maria: «Qual è il difetto numero uno di Fanfani?».

Lei esclamò: «Oh, Dio mio!, sa che non lo so? Forse la sincerità. È sempre stato poco diplomatico. Ma con il passare degli anni ha acquistato un poco più di pacatezza».

All'estremo opposto, Fabio Perri, sindacalista della Cgil, mi rispose: «Fanfani è ambizioso». Poi ci pensò sopra e aggiunse: «Tuttavia è onesto». Un altro sinistro mi disse: «Fanfani è un po' altezzoso. Ma forse è il timbro di famiglia...».

Consultai altri trentadue pievigiani, però non raccattai nessuna cattiveria. Non si sbottonò neppure Alfredo Ricci, industriale nel ramo vernici e poeta maledetto della Pieve. Gli chiesi un mottetto sul senatore, un po' di versi politici. Dopo qualche minuto, mi consegnò un foglio con poche righe che iniziavano così: "Noi siam del paese di Fanfani / che appar gigante in mezzo a tanti nani".

Un affetto senza ombre apparenti. Ma che rendeva ancora più complicato leggere nella crisi di governo in atto in quei giorni. Uno mi disse: «Non capisco perché abbiano rimesso in pista Rumor. Se una ditta fallisce, te incarichi ancora chi la dirigeva mentre è andata a picco?». Un altro aggiunse: «Hanno incaricato Rumor perché piaceva a Fanfani. Ma allora perché non mandare al governo l'Amintore?».

«Oh, Dio!, meglio di no» esclamò, turbata, la merciaia Mencherini. «Lo sa anche la mia nipote che questo è un governo di passaggio. Purtroppo, nella Dc ci sono troppe correnti che spingono. E quando una cosa va bene, la buttano giù.»

Al Bar delle autolinee, uno mi chiese: «L'ha mai visto di persona Fanfani?».

Risposi: «Sì, tre o quattro volte, da quando lavoro nei giornali. Ma la prima successe quando ero ancora uno studente».

Fu un incontro fulmineo, però indimenticabile.

Accadde quando frequentavo la terza liceo e dunque doveva essere il 1953. Quell'anno, all'inizio di giugno, si tennero le elezioni politiche. Erano le prime dopo lo scontro del 18 aprile 1948. E la Dc s'impegnò allo spasimo per ripetere la vittoria di De Gasperi sul Fronte popolare. Dico subito che non le riuscì, perché perse quasi due milioni di voti. Pur confermando di essere il primo partito.

Anche nella mia Casale venne annunciato un comizio di Fanfani, che l'anno successivo sarebbe diventato il segretario nazionale della Balena Bianca. Doveva tenere il discorso nella piazza principale della città, quella di Carlo Alberto sul cavallo di bronzo.

Poi il diavolo, ossia il maltempo, ci mise la coda. Pioveva di brutto e l'evento venne spostato al coperto. Ossia al cinema Silvio Pellico, quello dei preti. Dove si proiettavano soltanto film morigerati e definiti "per tutti".

Al Silvio Pellico andai anch'io insieme a un gruppetto di amici. Avevamo fondato il Circolo culturale Piero Gobetti, un club di contestatori misurati, laici e senza soldi. Sempre in conflitto con un gruppo di studenti cattolici, guidati da un sacerdote giovane e molto attivo, don Aldo Ferrarino.

Eravamo al cinema dei preti non per fischiare Fanfani, ma per vederlo. Quel big della Dc lo conoscevamo soltanto in fotografia o nei cinegiornali della Settimana Incom. Poiché seguitava a piovere, eravamo muniti di ombrelli e di impermeabili. Quello che indossavo io era di plastica blu scuro, lungo sino a metà gamba. E nell'atrio in penombra del Pellico poteva sembrare nero.

Siccome Fanfani tardava, i preti fecero suonare per otto volte l'inno della Dc. Come dimenticarlo? "Oh, biancofiore / simbol d'amore / tu sei la gloria / sei la vittoria!" Quando il disco finiva, la platea stracolma di elettori democristiani faceva tremare le pareti del cinema scandendo: «Vita, vita, vita!».

Finalmente Amintore arrivò. Di corsa, trafelato, irruppe a testa bassa nell'atrio semibuio e si trovò di fronte i ragazzi del Gobetti. Vide per primo me. E scambiando il mio impermeabile blu per una veste talare, mi fece un inchino molto formale e mi disse: «Buongiorno, reverendo!». Poi schizzò dentro la sala, accolto da un uragano di applausi.

La faccenda del reverendo mi restò appiccicata addosso per mesi. Gli amici mi sfottevano di continuo: «Buongiorno, reverendo Pansa. Che cosa pensa del comizio di Fanfani?». Alla fine mi stancai. Feci sparire l'impermeabile di plastica blu e chiesi a mia madre Giovanna di comprarmene uno vero, color nocciola.

A Pieve Santo Stefano, mi guardai bene dal raccontare del mio primo incontro con Fanfani. Ma il pomeriggio al Pellico non l'avevo scordato. Quel giorno ebbi sotto gli occhi un Amintore al meglio della forma. Grintoso. Arrogante. Nemico del dubbio.

Ci lasciò tramortiti dalla sua sicurezza. E sotto una grandinata di "Confermo quel che dissi", "Confermo quel che feci", "Confermo i miei ragionamenti di allora", "Io ebbi a dire", "Io dichiarai", "Io ammonii".

Negli anni successivi me lo ritrovai di fronte sempre uguale. Era il vero uomo-simbolo di quella che per mezzo secolo ci sarebbe sembrata l'eternità democristiana. Fanfani, indicato da noi cronisti come il Professore, era ispido, iracondo, schiumante, indisponente. Con la sfuriata facile. Con il gusto di assalire l'avversario, qualunque colore avesse: bianco, rosso, rosa, verde. Talvolta annichiliva gli astanti come un Dio urlante. Talaltra metteva ko l'avversario con giudizi che erano nerbate.

Diceva: «Io sono nato per combattere». E ancora, mostrando tutti i denti: «Il ruolo di segretario combattente mi piace. Che cosa vorreste da me? Che fossi un segretario galante?». Aveva una sconfinata considerazione di sé, un'autostima senza limiti: «Io non solo intendo le ragioni degli altri, ma le prevedo. Al punto che mi domando: che io sappia leggere nella testa della gente?».

Gli piaceva dimostrarsi il più bravo di tutti. Un giorno disse a Enzo Biagi: «Anche se avessi fatto lo spazzino, sarei stato il primo spazzino d'Italia». Di certo godeva d'una memoria diabolica. "Ricordo perfettamente" era la formula introduttiva che amava. A volte, il discorso che ne seguiva grondava di aneddoti innocui: «Ricordo perfettamente un episodio avvenuto il 29 giugno 1959, quando viaggiando da Pagani a Pesaro...».

Più spesso lo sfoggio mnemonico gli serviva da arma politica. Per rammentare agli immemori che lui aveva previsto tutto e anticipato nelle opere tutto. «Le case? Le ho già costruite io con il Piano Fanfani!» «Gli alberi? I cantieri di rimboschimento li ho già fatti io nel

1947.» «La pace? Già nell'ottobre del 1962 concorsi a evitare la guerra atomica.» E concludeva: «Personalmente ho contribuito a far ottenere all'Italia primati non più raggiunti nello sviluppo economico e nella socialità».

Era il Campionissimo dell'Alterigia. Foderato d'immodestia, citava sempre se stesso: «Ribadisco ciò che dissi», «Era giusto l'ammonimento che lanciai all'8° Congresso democristiano del gennaio 1962 a Napoli», «Non sbagliavo nel 1973 ad avvertire che...». A renderlo forte era la convinzione di essere uno strumento della Provvidenza. Spedito dal Padreterno a occuparsi della Balena Bianca e a salvarla.

Raccontava sardonico: «Quando nella Dc hanno qualche problema, mi vengono a cercare. Persino di notte». Lui era pronto a ogni ora: «Non ho mai imposto prenotazioni per il mio consiglio e il mio aiuto. Li ho sempre dati con franchezza e gratis». Una generosità spesso mal ripagata: «La Dc sa eleggere capi efficienti. Ma poi difficilmente li tollera. L'ho sperimentato sulla mia pelle».

Le scottature più pesanti gli venivano dai democristiani di nuova generazione. Lui replicava: «Chi è nato bischero, resta bischero anche se è giovane». Tra i tanti, lo infastidiva soprattutto il giovanotto Ciriaco De Mita, un capo bianco che tra poco conosceremo.

Il motivo era che nel 1975, l'anno nero del Professore, De Mita aveva osato dire: «Fanfani non esiste, non ha capito niente!». Quando Ciriaco perse le elezioni nel 1983, Amintore lo ripagò sferzante: «Se ci cavano le mutande, è perché ci siamo slacciati i bottoni».

Gli facevano orrore soprattutto gli sbottonatori comunisti. Per questo strigliava i dicì dormienti: «Il 18 aprile 1948 è una data a cui ripenso spesso». Al momento giusto, spiegò: «L'eurocomunismo di Berlinguer è una finzione autorizzata da Mosca».

Per risultare ancora più chiaro, ringhiava: «Noi dobbiamo essere il partito della contrapposizione al totalitarismo di sinistra. Il resto è soltanto una stanca litania». Persino le convergenze istituzionali con le Botteghe Oscure lo mettevano in gran sospetto: «Quando la casa brucia, è necessario chiamare i pompieri. Ma non tutti. Soltanto quelli necessari».

Più che un cavallo di razza, era un toro di razza. Ma quando nel giugno 1973, all'età di 65 anni, Fanfani ritornò alla guida della Dc, non seppe prevedere il disastro che lo aspettava. In più non si rese conto che i ras democristiani, ormai, erano abituati a fare come gli pareva e piaceva. E non avevano nessuna intenzione di smettere.

12
Agnelli e il Professore

Fanfani era già stato segretario della Dc dal luglio 1954 al gennaio 1959, per quasi cinque anni. Poi si era dimesso, lasciando la poltrona a Moro. In seguito aveva guidato quattro governi. E nel giugno 1968 era diventato presidente del Senato.

Mentre stava al vertice di Palazzo Madama, gli capitò di scontrarsi a lungo con un giornale e un giornalista importanti. Mettendo in mostra tutto il proprio carattere iroso e il puntiglio che l'aveva distinto sin da bambino.

Eravamo nel gennaio 1971. Alla fine dell'anno, si sarebbe concluso il settennato di Giuseppe Saragat con l'elezione di un nuovo presidente della Repubblica. Il direttore della "Stampa" Ronchey decise di occuparsene per tempo. E affidò a Vittorio Gorresio un'inchiesta di un'ampiezza e un impegno insoliti per le consuetudini frettolose dei quotidiani.

Gorresio, la star della "Stampa" per la politica interna, era un signore di 61 anni, di etnia cuneese, figlio di un generale. Un uomo piccoletto, asciutto, sempre elegante, con i capelli tagliati all'umberta e la erre arrotata. Lui e Ronchey s'intendevano a meraviglia. Erano due laici: Vittorio un liberale e Alberto, 45 anni, un repubblicano.

Il progetto di Ronchey prevedeva che Gorresio scrivesse una sessantina di articoli. Doveva essere un lungo racconto che, partendo dai ritratti dei vecchi presidenti, si sarebbe concluso con il diario dell'elezione di quello nuovo.

L'impresa aveva due scopi. Il primo era di creare la

versione italiana del libro scritto undici anni prima dall'americano Theodore H. White, *The Making of the President*. Il secondo, come ricorderà Gorresio alla fine del suo lavoro, di "saggiare quale misura di libertà ci sia consentita in Italia nell'esercizio di un mestiere che la Costituzione della Repubblica ci garantisce libero".

Nel cuore dell'estate Gorresio aveva già percorso molta strada. Il 21 luglio 1971 pubblicò sulla terza pagina un ritratto del candidato numero uno al Quirinale: *Le vite parallele di Fanfani*. Le notizie sul Professore erano le solite. E anche lo stile di Gorresio era quello di sempre: pungente, ma con garbo da gran signore. Tuttavia emerse un problema. Già irritato per gli articoli precedenti, Fanfani s'infuriò.

L'incavolatura del Mezzotoscano, come veniva chiamato da noi cronistacci, non si poteva prendere sotto gamba. Era un democristiano fra i più potenti. E due anni più tardi sarebbe tornato a guidare la Balena Bianca.

Per di più, Fanfani aveva preteso di sfogarsi non con Ronchey, bensì con l'editore della "Stampa", l'avvocato Giovanni Agnelli. Applicando la vecchia regola di Winston Churchill che diceva: "Io non parlo mai con i giornalisti. Parlo soltanto con le proprietà dei giornali".

L'incontro tra i due big avvenne a Palazzo Madama, nell'ufficio di Fanfani. Il match fu burrascoso. Il Professore urlava, l'Avvocato gli replicava. Dallo studio filtravano nel corridoio voci concitate. Qualche anno dopo, mentre preparavo *Comprati e venduti*, un libro sul potere e i giornali negli anni Settanta, chiesi ad Agnelli di narrarmi com'era andata.

L'Avvocato mi raccontò: «Non appena misi la testa nel suo studio, Fanfani entrò subito in argomento. Ossia sull'articolo di Gorresio che, disse, l'aveva offeso. Stigmatizzò la mancanza di serietà di certa stampa. Spiegò che il momento era grave: occorreva che politici e industriali si rendessero conto delle funzioni e dei compiti comuni che incombevano su di loro. Poi aggiunse che non si poteva rischiare di compromettere posizioni personali per il divertimento di qualche irresponsabile. Non avevo mai visto Fanfani così irritato, la voce alterata. Restai affascinato dalla sua capacità di dar vita a scenate a freddo».

Le posizioni personali da non compromettere erano quelle dell'Avvocato come capo della Fiat. L'irresponsabile era Gorresio, in combutta con Ronchey. Poteva succedere un patatrac. Ma Ronchey difese con fermezza l'inchiesta sulla corsa al Quirinale e ribadì ad Agnelli che Gorresio era il più adatto a scriverla. Poi respinse sdegnato la proposta di levarsi dai piedi Vittorio, inviandolo a fare il corrispondente negli Stati Uniti. E avvertì la proprietà che la serie dei suoi articoli continuava.

Ma Fanfani era un signore che si legava al dito gli sgarbi, o quelli che riteneva tali. E ricominciò a prendersela con Gorresio. Lo fece di nuovo in dicembre, durante le votazioni a Camere riunite per il presidente della Repubblica.

In quel momento le speranze fanfaniane di arrivare al Quirinale stavano tramontando. A raccontare sulla "Stampa" la disfatta del Mezzotoscano c'era sempre Gorresio. La tempesta estiva sembrava dimenticata. Poi, nella terza giornata della maratona elettorale, era il sabato 11 dicembre, nel Transatlantico di Montecitorio, Fanfani s'imbatté nel giornalista.

Il Professore gli andò incontro, "brillantemente ilare" e "tutto esplodente di cordialità". Lo salutò come se fossero vecchi amici. Strillandogli: «Onorevole Gorresio! Be', non ancora onorevole, ma fa lo stesso!».

Nei giorni successivi, nonostante le prime delusioni, vedendo Gorresio alla buvette di Montecitorio, Fanfani continuò a intrecciare con lui dialoghi scherzosi.

Sempre al cospetto di una folla di parlamentari che speravano di veder colare il sangue.

Poi il vento cambiò, e in peggio. Nella Dc le resistenze alla candidatura del Professore diventarono sempre più forti. Fanfani andò "in area di parcheggio". E il suo partito cominciò a votare scheda bianca. Allora le battute scherzose lasciarono il passo a silenzi stizziti e infine a un evidente malumore.

A quel punto entrò in scena, per la seconda volta, l'Avvocato. La sua vocazione filofanfaniana era alquanto blanda o quasi nulla. Ma all'interno dello schieramento Fiat esisteva un gruppo tifoso di Fanfani, annidato quasi tutto nella Fondazione Agnelli e capeggiato da Ubaldo Scassellati. Fu così che l'Avvocato riprese l'aereo e ritornò a Roma, per rendersi conto delle vere possibilità di Fanfani. Soprattutto sul fronte dei partiti laici.

Agnelli incontrò Ugo La Malfa, Giovanni Malagodi e Giuseppe Saragat. Li trovò tutti molto tiepidi nei confronti del Mezzotoscano. Con Saragat l'accoglienza si rivelò quasi gelida. Anzi, dopo il colloquio i socialdemocratici fecero sapere a Forlani, allievo di Fanfani, che non avrebbero mai votato per il Professore.

La sera di venerdì 17 dicembre Agnelli incontrò Fanfani. Gli raccontò con cautela l'esito dell'esplorazione nel giardinetto dei laici. E per indorargli la pillola tentò di spiegargli che il Quirinale era soltanto una battaglia persa all'interno di una carriera che sarebbe stata ancora molto lunga.

Agnelli garantì a Fanfani che molti lo vedevano di nuovo a Palazzo Chigi come salvatore dell'Italia. L'unico in grado di portarla fuori dalle secche della crisi politica, economica e sociale, dopo le tempeste del Sessantotto e dell'autunno caldo. Ma la reazione del presidente del Senato fu glaciale.

Due giorni dopo, la domenica 19 dicembre, uscì sulla "Stampa" la puntata giornaliera del diario di Gorresio. S'intitolava *La strategia del silenzio*. Ed era in gran parte dedicata a Moro. Fanfani s'irritò ancora di più.

Verso mezzogiorno, il Professore vide Gorresio, sempre alla buvette di Montecitorio. E gli ringhiò: «I suoi articoli sarebbero diversi, e più completi, se non venissero censurati!». Poi, rivolto al piccolo uditorio di parlamentari e giornalisti, Fanfani esclamò, teatrale: «Li tagliano i suoi padroni!».

Sfoggiando le erre arrotate, Gorresio gli replicò: «Presidente, non ci sono padroni che mi censurano». Ma Fanfani ribadì: «Certo che ci sono! I padroni si sono messi in mente un certo organigramma in base al quale io dovrei tornare a Palazzo Chigi. Ma io non ci vado! A Palazzo Chigi ci vadano loro, i padroni e i servi!».

Lunedì 20 dicembre, i lettori di Gorresio trovarono questo dialogo sulla prima pagina di "Stampa sera". C'era anche una breve nota in neretto, intitolata *Moderatore supremo?* Il testo, scritto da Ronchey, merita di essere riletto.

Diceva: "Il senatore Amintore Fanfani, candidato alla presidenza della Repubblica, massima funzione moderatrice della nostra vita politica, si è lasciato precipitare ieri in un sorprendente sfogo nervoso nei riguardi di questo giornale. Si è abbandonato ad affermazioni ingiuriose (egli sa bene quanto siano gratuite) contro persone che fanno il loro mestiere. Tale linguaggio, sebbene usato in un momento di estrema tensione, non s'addice a un presidente, anche soltanto del Senato".

Quello stesso lunedì, "alzando il dito ammonitore del maestro di scuola che rimprovera", Fanfani accusò Gorresio di non aver capito nulla. Gli spiegò: «Lei è un cattivo cronista. Intenda bene: ha riportato con esattezza le mie parole, ma ne ha travisato il senso. Le garantisco che non c'era in me nessuna intenzione di alludere a lei, né al direttore della "Stampa". Voi fate il vostro mestiere».

Gorresio gli domandò: «Ma allora, presidente, chi sono i padroni e i servi di cui mi ha detto ieri mattina, con tanto sdegno?». E Fanfani: «Lo so io, certo che lo so! È tutt'altra gente. Voi giornalisti non c'entrate. È tutt'altra gente!».

A chi alludeva il Mezzotoscano? Vallo a capire. Forse ad Agnelli. Forse a qualche gruppo di imprenditori che non lo volevano al Quirinale, impauriti dall'alleanza tra Fanfani ed Eugenio Cefis, da maggio presidente della Montedison. Forse alle correnti democristiane che lo avversavano. E che il 23 dicembre elessero capo dello Stato Giovanni Leone, votando insieme al Pri, al Psdi e al Msi.

Nel frattempo, si erano svegliati l'Ordine dei giornalisti piemontesi e il sindacato della stampa. Ma Fanfani non era tipo da quietarsi al cospetto di qualche documento di protesta.

Il giorno successivo l'elezione di Leone, la vigilia di Natale, il Professore invitò nella Sala gialla di Montecitorio i cronisti che avevano seguito la battaglia per il Quirinale. E qui si lasciò andare a un altro duetto con Gorresio.

Fanfani: «La libertà che i giornalisti reclamano, di criticare i politici, deve sussistere anche per i politici come diritto di criticare i giornalisti».

Gorresio: «Di me non si deve lamentare, presidente. Le sue critiche alla "Stampa" io le ho pubblicate».

Fanfani: «Le ripeto che non ce l'ho con lei né con il direttore Ronchey. Mi riferisco ai vostri pronunciamenti sindacali. Se voi giornalisti reprimete con le proteste la libertà di noi politici, fate un gioco pericoloso. Perché vi sono politici che non chiedono di meglio che seguire il vostro cattivo esempio».

Gorresio, ironico: «Non è lei che temiamo. Lei non è

come Churchill che parlava soltanto con gli editori. Lei sta parlando, e ha parlato, con me».

Fanfani, sollecito: «Figurarsi! Io sono per il dialogo più aperto fra politici e giornalisti. Io sono quello che tempo addietro ha fatto mettere allo studio la possibilità di fare in Italia un quotidiano tutto politico, come è "Le Monde" in Francia. Purtroppo da noi manca. Ma servirebbe a chiarire molte cose della nostra vita pubblica».

A battaglia conclusa, Gorresio raccolse i suoi articoli in un libro per Rizzoli, *Il sesto presidente*, uscito nel febbraio 1972. Indro Montanelli lo recensì sul "Corriere della Sera". Scrivendo che Fanfani aveva chiesto ad Agnelli la testa dell'"irresponsabile" Vittorio.

Il presidente del Senato lo smentì con una lettera al direttore del "Corriere", Giovanni Spadolini: "L'asserzione di Montanelli non ha alcun fondamento. Né in quella occasione né mai, ho chiesto ai direttori e ai proprietari di organi di stampa di prendere misure contro i loro collaboratori che mi avessero criticato".

La faccenda finì lì. Quel che rimane sono le righe scritte da Montanelli nel concludere la recensione al libro di Gorresio. A sentire Indro, Ronchey aveva risposto ad Agnelli che l'allontanamento di Gorresio avrebbe provocato le proprie dimissioni. E l'Avvocato si guardò bene dal prendere una decisione tanto pericolosa.

Morale della favola? Scrisse Montanelli: "Questo conferma la nostra vecchia opinione: che la prevaricazione vince solo quando trova gente disposta a subirla, e che in Italia di questa gente ce n'è molta".

Traduco alla mia maniera: Ronchey era un direttore con le palle. Disse di no all'Avvocato e a Fanfani. Salvando Gorresio e la sua inchiesta sulla battaglia per il Quirinale.

13
Il golpe di Cefis

Nella corsa sfortunata alla presidenza della Repubblica, Fanfani ebbe un alleato potente: Eugenio Cefis, già presidente dell'Eni e da pochi mesi presidente della Montedison.

Cefis stimava molto il Professore. E seguitò a stimarlo anche quando entrambi vennero sconfitti. Trent'anni dopo, intervistato da Dario Di Vico per il "Corriere della Sera", Cefis parlò così di Fanfani, ormai scomparso:

«È una persona che valeva tanto oro quanto pesava. Quando uno usciva da un colloquio con Fanfani, sapeva esattamente che cosa volesse in termini operativi. Con Moro sicuramente no. Per lungo tempo è stato il mio azionista di riferimento nella Dc. Anche se, per il suo caratterino, i nostri rapporti non sono stati sempre rose e fiori. Era più che sveglio, ti faceva capire subito come la pensava. Ho avuto con lui relazioni dialettiche e costruttive».

Quando cominciò la battaglia per il Quirinale, Fanfani aveva 63 anni e Cefis 50, compiuti in luglio. Era un friulano nato a Cividale, un pezzo d'uomo alto un metro e novanta, con il portamento del militare. Da giovanissimo tenente del 2° Granatieri di Sardegna, aveva combattuto in Jugoslavia contro i partigiani comunisti di Tito. Dopo l'8 settembre, andò a fare il partigiano nell'area dell'Ossola e qui incontrò altri comunisti.

Erano quelli della Garibaldi, comandati da Cino Moscatelli. Cefis stava in una formazione cattolica, poi intitolata ai fratelli Di Dio, caduti in combattimento. I garibaldini portavano al collo il fazzoletto rosso con la falce e martello. Cefis e i suoi uomini il fazzoletto blu, con le mostrine tricolori e le stellette del regio esercito.

Disse a Di Vico: «Non può immaginare quante volte abbiamo fatto a botte con le bande di Moscatelli, quando gli aerei americani sbagliavano zona nel lanciare le armi. E i container destinati a noi finivano a loro».

Ho visto Cefis soltanto una volta e di sfuggita a metà degli anni Sessanta, quando lavoravo al "Giorno" diretto da Italo Pietra. Lui aveva la passione per la fotografia e veniva al giornale per stampare le immagini scattate. Era il presidente dell'Eni, e dunque il padrone del quotidiano. Ma arrivava in via Fava, alla periferia di Milano, molto tardi, di solito poco dopo la mezzanotte. Non voleva farsi vedere da nessuno perché amava il segreto, la riservatezza.

La stessa regola era stata imposta al "Giorno". Niente immagini di Cefis, né dei dirigenti dell'Eni sottoposti a lui. E anche niente nomi, in nessun articolo. Era permesso citare soltanto la qualifica aziendale e basta. Chi sgarrava riceveva secche lettere di richiamo dalla direzione. In *Comprati e venduti*, il mio libro sul potere e i giornali uscito da Bompiani nel 1977, ne avevo pubblicata una: "È una dimenticanza grave e incresciosa...".

In Cefis l'amore per il segreto non era soltanto un aspetto del carattere. Mi dirà in seguito un suo assistente: «C'era anche una componente di calcolo astuto. Meno ti esponi, meno parli e meno sarai smentito domani. A sentire lui, il silenzio dava soltanto vantaggi. Anche per questo, in pubblico non parlava mai a braccio, senza un testo già calibrato e soppesato, in tutti i pro e i contro».

Il 3 maggio 1971, lasciato l'Eni, Cefis divenne presidente della Montedison. Il colosso chimico, una grande azienda dal sesso incerto, metà privata e metà pubblica, aveva bisogno di una cura radicale per sopravvivere, risanarsi e potenziarsi. Ma perché Cefis aveva deciso di passare dall'Eni alla Montedison, all'epoca tanto piena di acciacchi?

La spiegazione più convincente l'ha data Donato Speroni. È un eccellente giornalista economico che, ancora molto giovane, dal 1971 al 1973 aveva diretto in Montedison l'ufficio studi incaricato di preparare i testi ufficiali dell'azienda.

Cefis aveva visto con lucidità che i tempi di Mattei erano finiti e che le Partecipazioni statali si avviavano a essere sempre più condizionate dal potere politico. Era già successo all'Eni, dove i partiti di governo, per prima la Dc, pretendevano di comandare. «Sino al punto di decidere persino le nomine dei dirigenti e dei funzionari di rango» racconterà Cefis nel 1993 al pubblico ministero Pierluigi Dell'Osso che indagava sui rapporti fra l'Eni e il mondo politico. Meglio allora puntare su Montedison per trasformarla in un gruppo totalmente privato.

Quel giorno di maggio, il presidente dimissionario, l'ottantenne Pietro Campilli, uno dei padri nobili della Dc, già ministro in ben dieci governi a guida democristiana, con voce tremula, offrì un primo ritratto di Cefis. A beneficio del consiglio d'amministrazione della società, riunito a Milano in Foro Bonaparte, per l'incoronazione del nuovo re.

Campilli disse: «La persona che si proporrà come nuovo presidente è particolarmente indicata per le necessità dell'azienda. Le sue sperimentate qualità manageriali, la sua competenza, lo spirito di immaginazione e di iniziativa che ne caratterizzano l'azione sono, di per se stessi, una garanzia».

Ecco un primo ritratto di Cefis. Ma chi lo conobbe in quel tempo ha dell'altro da aggiungere. Era un uomo di ferro, carismatico, dal grande fascino. Capace di scegliere un obiettivo e di perseguirlo sino in fondo, senza tentennare. Un comandante severo, con molta cura per la sua squadra. Non amava la mondanità e difendeva con pugno ferreo la propria vita privata.

Cattolico praticante, Cefis votava per la Dc. Della Balena Bianca conosceva pregi e difetti. E riassumeva il suo giudizio così: «Sul conto della Dc si può dire tutto. Ma senza lo Scudo Crociato, noi italiani saremmo diventati comunisti».

Gli avversari mostravano anche il lato opposto della medaglia. Cefis amava troppo il denaro e ne aveva guadagnato molto, sino a diventare ricco. Voleva realizzarsi a tutti i costi. Sapeva che per riuscirci bisognava conquistare potere, sempre più potere. Per questo era indispensabile essere molto autoritario. Anche Mattei lo era. Però Mattei era un idealista, Cefis un cinico. Con un'assoluta mancanza di principi.

Cinica, o intrisa di realismo, era pure l'opinione di Cefis sui partiti italiani. Nel luglio 1971, quando stava in Montedison da un paio di mesi, espose al giornalista Gianni Baldi un punto di vista molto netto. Anche se la prima parte del suo giudizio suonava dettata da un buonismo di comodo.

Disse: «La nostra classe politica è una delle migliori, fatta di gente preparata e anche onesta. Quello che non va è il sistema istituzionale, sono i suoi meccanismi che non vanno. E non sarebbe male se qualcosa cambiasse. L'attuale sistema parlamentare, basato sulla legge elettorale proporzionale, è fatto apposta per sbriciolare le forze e impedire maggioranze sicure».

Era già un programma politico. Che è possibile mettere in chiaro così. Legge elettorale maggioritaria. Minore frammentazione in Parlamento. Un solo partito sempre più forte, in grado di migliorare la struttura costituzionale. Sino ad avviarsi verso una repubblica presidenziale.

Il partito da rafforzare era, naturalmente, la Dc. Cefis aveva ottimi legami con la Balena Bianca sin dai tempi dell'Eni. Mattei finanziava tutti i partiti, dicendo: «Per me sono come un taxi. Me ne servo, li pago e poi scendo». A volte la tariffa del taxi era molto alta. E l'incasso andava ai politici di ogni colore, a seconda della loro importanza.

Dopo la morte di Mattei sull'aereo caduto a Bascapè nell'ottobre 1962, il sistema delle mazzette non s'interruppe. La Dc di quel tempo era imbottita di tangenti Eni. Ma anche i comunisti non restavano a bocca asciutta.

Per concludere la trattativa sulla fornitura di gas siberiano, nel dicembre 1969 venne decisa da Cefis, allora presidente dell'Eni, una tangente per il Pci di 12 milioni di dollari. Dopo un versamento al Bottegone di un milione e 200 mila dollari, il resto fu pagato su di un conto svizzero, a rate annuali.

Tuttavia lo Scudo Crociato non poteva essere trattato come le altre parrocchie politiche. E Cefis aveva un riguardo speciale per il partito di maggioranza. Lo prova quel che avvenne nel settembre 1969. In un paesino delle Marche, San Ginesio, un gruppo di giovani dirigenti democristiani, per primi Ciriaco De Mita e Arnaldo Forlani, strinsero un accordo per portare alla guida della Dc la terza generazione del partito.

A Cefis quel tentativo piacque. Poteva svecchiare la dirigenza democristiana e semplificare il caotico sistema delle correnti. Evitando la frantumazione della Balena in un puzzle ingovernabile di gruppi, di gruppetti e di clan. Certo, bisognava dar vita a un grande raggruppamento di maggioranza. Costituito dalla corrente della Base, molto legata all'Eni, e dai fanfaniani giovani.

Lì per lì, il patto di San Ginesio sembrò dare dei frutti. Nel novembre 1969, Flaminio Piccoli lasciò la poltrona di Piazza del Gesù, ad appena dieci mesi dall'elezione. Segretario della Dc divenne Forlani, con al fianco De Mita come vice. Ai due poi si aggiunse Nino Gullotti, un altro dei giovani, anche lui molto legato a Cefis.

Ma San Ginesio non aveva portato fortuna alla Balena. Il correntone dei giovani non nacque. Forlani si rivelò freddo con l'Eni. E così Cefis cominciò a guardare con attenzione a un altro capo democristiano. Meno giovane e già sperimentato nel bene e nel male: Fanfani.

Che cosa apprezzava di Fanfani il presidente dell'Eni e poi della Montedison? Qualcuno allora sostenne che del Professore gli piaceva l'attitudine al comando e l'autoritarismo. Ma chi ha lavorato accanto a Cefis sorride. Lui era molto più autoritario di Amintore. E sapeva bene quanto fosse difficile comandare, nel senso di guidare gli altri verso obiettivi non scelti da loro.

Alla base dei loro rapporti c'era un'opinione precisa di Cefis sul presidente del Senato. Lui riteneva che fosse l'uomo destinato a realizzare le riforme istituzionali necessarie per rendere efficiente il sistema. L'unico in grado di mettere alla stanga politici e burocrati, allo scopo di sveltire le procedure parlamentari. E accelerare l'iter delle leggi.

Nella logica semplificatrice dei grandi manager, Cefis considerava Fanfani una specie di motorino della nostra languente democrazia. O come un geometra operoso e alacre. Dotato della grinta giusta per rimettere ordine nel lavoro malfatto da tanti capomastri impotenti o distratti.

Soltanto più tardi, Cefis si sarebbe reso conto che anche Fanfani, come altri capi democristiani, era uno che parlava parlava, però poteva concludere poco. Ma dopo l'ascesa al vertice della Montedison, sperava ancora molto dal presidente del Senato. E cominciò a pensare di poterlo aiutare nella scalata al Quirinale.

Nel luglio 1971, a colloquio con Gianni Baldi, si spinse a dire: «Escludo la rielezione di Saragat. E penso che il nuovo presidente della Repubblica sarà un democristiano, probabilmente Fanfani. Con lui al Quirinale, qualcosa nel paese potrebbe cambiare. Se Fanfani non ce la farà, alla presidenza andrà una figura minore, di quelle che non danno fastidio a nessuno: un Giovanni Leone, per esempio».

Non appena si seppe che il capo della Montedison puntava sul Professore, nacque una leggenda avvolta nel fumo nero. Diceva: con Fanfani al Quirinale, Cefis tenterà un colpo di Stato. Con l'obiettivo di ricreare in Italia l'accoppiata fra De Gaulle e Pompidou. Secondo un progetto autoritario, neogollista.

Cefis non se ne preoccupò più di tanto. Spiegò che si trattava di una favola inventata dai suoi avversari. Poi aggiunse che parlare di golpe in Italia era immaginare uno scenario da operetta, del tutto ridicolo.

Le nostre forze militari più efficienti erano schierate nel Nordest, sul confine con la Jugoslavia. Trasportarle a Milano o, peggio ancora, a Roma avrebbe richiesto settimane di lavoro. E il segreto, indispensabile per attuare qualsiasi colpo di Stato, sarebbe svanito all'istante.

In seguito Cefis si abbandonò a una constatazione più amara. Nell'intervista a Di Vico disse: «Il motto del nostro gruppo partigiano era "Patria e Libertà". Ho chiesto a tanti dei miei uomini di rischiare la vita per una repubblica democratica. Se avessi saputo che la repubblica sperata sarebbe stata quella di oggi, francamente mi sarei astenuto dal farlo».

Il presidente della Montedison doveva essere davvero convinto che Fanfani ce l'avrebbe fatta. Altrimenti non si sarebbe esposto in modo tanto aperto. Era un lettore attento di Karl von Clausewitz, il teorico militare prussiano. E di lui citava spesso un motto che gli piaceva: "Fare delle guerre inutili, o perse in partenza, è una sciocchezza". O forse si mosse perché confidava nella propria abilità di giocatore di scacchi, il suo passatempo preferito insieme alla fotografia.

È possibile che Cefis avesse promesso il proprio appoggio al presidente del Senato sin dai giorni della scalata alla Montedison, in cambio del suo aiuto nella corsa alla presidenza di Foro Bonaparte. Ma tra i due esisteva un'affinità anche personale e politica.

Fanfani gli sembrava l'uomo più adatto a guidare una repubblica diversa da quella nata nel 1946. Meno soggetta ai partiti, più presidenziale. Inoltre era convinto che il Professore avrebbe ricevuto anche voti provenienti da sinistra, dal Psiup e forse dal Pci.

Fu così che, all'inizio del dicembre 1971, Cefis cominciò la sua personale campagna per Fanfani. Incontrò molti politici e altre persone che riteneva influenti. Rese attivi i propri terminali nella Dc e in altri partiti. Tentò di convincere, o di far convincere, quel pugno di grandi elettori bianchi che non volevano il Professore al Quirinale.

E forse mise in moto anche i senatori e i deputati che, senza tanti complimenti, venivano chiamati "i parlamentari squillo" della Montedison. Erano signori a libro paga del colosso chimico e stavano in tutti i partiti. Il loro compito doveva essere quello di colmare i vuoti prodotti nel fronte fanfaniano dai franchi tiratori democristiani.

Ma neppure Cefis poteva tutto. Tanto meno sul fronte dei giornali. Il presidente della Montedison non aveva ancora iniziato una politica aggressiva nei confronti della carta stampata. In seguito la descriverà così: «Mattei diceva che era meglio comprare giornalisti che giornali. Riteneva così di poter risparmiare. Ma io non mi sono mai fidato dei giornalisti. E ho fatto il contrario».

Nel dicembre 1971 Cefis non trovò un terreno facile nel lavoro sui media a favore di Fanfani. Il "Giorno" non si sbilanciò. Del resto, il direttore, Italo Pietra, era amico del candidato socialista, Francesco De Martino. Anche il "Corriere della Sera", diretto da Giovanni Spadolini, non spese una parola per il presidente del Senato.

Spadolini in seguito mi raccontò: «Nella proprietà del "Corriere" l'unica ad avere una grande simpatia per Fanfani era Giulia Maria Crespi. Lo riteneva l'uomo forte adatto a domare i sintomi di disgregazione della società già affiorati in quel tempo. Per lei, invece, io ero il "Moro del Corriere". Giulia Maria mi chiamava così per lo stile temporeggiatore e prudente che avevo introdotto in via Solferino nell'affrontare le questioni della politica.

«Pure in una certa borghesia milanese, soprattutto negli ambienti industriali ed economici, esisteva uno stato d'animo di sostanziale appoggio alla candidatura di Fanfani» mi disse ancora Spadolini. «Ma pressioni precise e formali non me ne vennero fatte. Del resto, le avrei respinte. Anche verso Cefis non c'era alcuna politica di apertura del "Corriere". Io tenni una linea di estrema prudenza e di estremo rigore. Conoscevo le innegabili qualità politiche del presidente del Senato. Però non lo ritenevo l'uomo adatto a una soluzione cosiddetta di "ordine" per la presidenza della Repubblica.»

Il candidato che Spadolini aveva nel cuore era Moro. Ma non volle sbilanciarsi neppure per lui. Mi spiegò: «Scrissi degli articoli quasi matematici, nei quali formulavo tutte le ipotesi senza sceglierne nessuna. No, Fanfani non mi telefonò mai, né prima né dopo. Ricevetti invece qualche telefonata da uomini della sua corrente, con richieste rimaste senza esito.

«Nei fanfaniani la certezza nella vittoria era assoluta. Davano la sensazione di contare con estrema sicurezza su voti in arrivo anche da sinistra, da comunisti e da socialisti. E qui non so valutare quanto potesse operare l'asse Fanfani-Cefis. A suo tempo, nell'aprile 1955, l'asse Gronchi-Mattei aveva operato in modo forte. Contribuendo a portare Giovanni Gronchi al Quirinale.»

Come ho già raccontato, Fanfani perse la sua guerra e al Quirinale ci andò Giovanni Leone. Cefis l'aveva previsto, sia pure sperando di evitarne l'elezione. Nel suo ufficio alla Montedison, incassò scuro in volto la notizia che il Professore era stato battuto. Poi ebbe un moto di rabbia. Chi stava accanto a lui in quei momenti lo ricorda infuriato e imprecante.

Tutto lavoro inutile, il suo. Per di più Fanfani, convinto di non essere stato aiutato a dovere, gli terrà il broncio per un pezzo. E gli rinfaccerà di non aver fatto abbastanza per sostenerlo. Soprattutto nei confronti del Pci.

Sei anni dopo, nell'aprile 1977, all'improvviso Cefis si dimise dalla Montedison. Limitandosi a dire: «Ero stufo di amministrare le cose degli altri». Si trasferì a Lugano e continuò a lavorare per conto proprio. Andava di continuo a Milano. Circondato dalla solita aria di mistero. E tenuto sempre in gran rispetto, anche perché era provvisto di grandi mezzi finanziari.

Nell'intervista per il "Corriere", Di Vico gli domandò: «È vero che è molto ricco?». Lui rispose: «Faccia i conti lei. Ogni anno pago un miliardo di franchi svizzeri di tasse. E qui in Svizzera bisogna dichiarare sia il reddito che il patrimonio, non si scappa».

Morì a Lugano nel maggio 2004, a 82 anni. Quando la Prima Repubblica aveva tirato le cuoia da un pezzo.

Parte quarta

14
Il mastino di Napoli

Che estate bollente a Napoli, quella del giugno 1970! Al cinema Metropolitan garriva al vento un grande drappo augurale. La scritta strillava: "Giungerai Ancora Vittorioso Alla meta" e le iniziali maiuscole delle prime quattro parole scolpivano nell'aria il casato di Antonio Gava.

Nunzio Gallo cantava per lui nei vicoli di Forcella, Spaccanapoli e Pignasecca. All'inizio e alla fine di ogni comizio riceveva baci, baci, baci e corbeille di rose. Una gigantesca roulotte con tv a circuito chiuso, scortata da una flotta di auto, portava la sua immagine nei paesi della costa.

Fu un'apoteosi. Il giovane Gava, 40 anni da compiere il 30 luglio, divenne consigliere regionale con 105 mila voti di preferenza. Poi, il 13 luglio, fu eletto presidente dell'Assemblea campana. La prima di una lunga serie di cariche anche nel Parlamento nazionale e poi in tanti governi.

Gava fu il primo dei ras democristiani che descrissi da vicino. In quel momento il segretario della Dc era Arnaldo Forlani. Fanfani sarebbe ritornato sulla poltronissima della Balena Bianca tre anni dopo. Ma il professor Amintore conosceva già tutto del suo partito. E la prima cosa che aveva imparato da tempo era di una semplicità elementare: i ras democristiani se ne fottevano del vertice democristiano. Nei feudi che governavano erano loro il vertice, e nessun altro.

Incontrai Gava qualche giorno dopo l'elezione, a pranzo da Ciro a Mergellina. Il golfo di Napoli boccheggiava sotto mazzate di caldo africano. Un traffico convulso strozzava la città. Piazza Plebiscito era lastricata di automobili arroventate. Si udiva soltanto il tam tam dei clacson: senza soste, assordante, implacabile. Pensai che poteva essere la marcia funebre per una città che già allora, quarant'anni fa, stava agonizzando.

Attorno al nostro tavolo ronzavano mosche testarde, respinte con zelo dai camerieri. In compenso, tutto lo staff di Ciro aveva accolto Gava come si accoglie un re. Lo accompagnavano con inchini mentre avanzava a passi rapidi, un tantino pingue, l'aria dell'ecclesiastico di rango, ma di quelli duri e potenti.

Don Antonio aveva un volto fresco e abbronzato. Lo sguardo da gran drittone. I capelli un po' lunghi sul collo. E un sorriso spavaldo e azzannante. Da mastino politico in età verde e dunque ben deciso a sbranare avversari per tanti anni.

Era il quarto degli otto figli di Silvio Gava, democristiano di lunghissimo corso, senatore dal 1948, di continuo ministro. Una famiglia sterminata. «L'altro giorno» mi informò Antonio, «è nato il trentunesimo nipote. Come si chiama? E chi lo sa?»

Anche lui era sposato e aveva tre ragazzi. Dapprima era stato avvocato nello studio paterno, poi era passato all'Università di Napoli, incaricato di Contabilità dello Stato. Precisò: «A titolo gratuito! Lo scriva, lo scriva. Così non potranno dire che ho preso soldi anche di lì». Quindi la politica, a Castellammare di Stabia, a Napoli, a Roma, la corrente dorotea, il partito, la Regione campana.

Nel mangiare triglie ai ferri, mi riassunse un po' annoiato le sue giornate convulse. E mi descrisse, quasi commosso, i sacrifici di un giovane comandante per ritagliare uno spazio ai libri nella battaglia fra i partiti.

Allora gli chiesi: «Professore, ha ancora tempo per lo studio?».

Gava sobbalzò. E prese a balbettare cose molto vaghe. Dove non compariva nessun testo sulla contabilità statale.

Con sadismo, gli domandai: «Mi dica almeno qual è l'ultimo romanzo che ha letto».

Lì per lì, Gava sembrò vacillare. Ma si riprese subito, con una prontezza strabiliante. Mi squadrò con occhi freddi, come per dirmi: "Vieni da Torino per far fesso proprio me?". Poi sibilò, beffardo: «La mia vita è un romanzo. Ci sta di tutto. Ecco, io leggo quella! Per la parte politica è un romanzo di guerra. Fare politica oggi è molto più difficile di quando ho cominciato. È un combattimento all'ultimo sangue».

«Quando ha iniziato a combattere?» domandai a Gava.

Lui mi sorrise: «Da piccolo. Dal momento che lei mi ritiene un capo dalla mano dura, potremmo intitolare il primo capitolo: *L'infanzia di un ras...*».

Per la verità, da scolaro della politica don Antonio non era più un bambino, ma un quindicenne in calzoni corti. Grassottello e repubblicano, lo consideravano il delfino di una famiglia bianca in una Castellammare rossa e rissosa. Visto l'esempio del padre, non poteva che tuffarsi nel mare della Balena Bianca. Si tuffò e prese subito il largo con bracciate poderose e veloci.

A 18 anni, nel 1948, era uno dei capi giovanili della Dc. A 20 stava già nel Comitato provinciale del partito. Poi fu responsabile degli enti locali. A 30 divenne consigliere della Provincia di Napoli e capogruppo. A 31 non ancora compiuti presidente della Giunta provinciale.

Mantenne quell'incarico per otto anni. Quanto bastava per imparare tutto della vita pubblica e conquistarsi uno spazio nel partito. Uno spazio robusto a Roma: membro della direzione dicì e grande elettore della corrente di Rumor & Piccoli. E uno spazio robustissimo a Napoli. La segreteria provinciale per se stesso. La maggioranza assoluta negli organi dirigenti. Un controllo ferreo sulle assemblee elettive.

Mi spiegò, orgoglioso: «Nel Consiglio comunale di Napoli, dei ventotto democristiani sedici stanno con me. E alla Provincia gli uomini di Gava, come direbbe lei, sono tredici su quindici!».

«È tutto merito suo?» gli domandai. «Essere figlio di Silvio Gava non l'ha favorita?»

«Mi ha favorito senz'altro» replicò compunto. «Non avrei ricevuto la formazione ideale che ho avuto...»

Lo fermai: «Intendevo favorito nell'affermazione personale. E nella conquista del potere a Napoli».

Gava rise: «Caro Pansa, oggi viviamo in tempi così duri che appartenere a una famiglia importante è solo di danno in politica. Non saprei dirle se danneggi me o mio padre, ma danneggia, può esserne sicuro. Qualunque cosa fai, l'addebitano al numero uno del clan famigliare. Senza mio padre, sarei già in Parlamento. Non mi sono mai presentato alle elezioni per la Camera perché non si dicesse che sfruttavo il nome di papà...».

Don Antonio mi parlò senza complessi del padre. Silvio Gava non era napoletano, bensì del Nordest: nato nel 1901 a Vittorio Veneto, in provincia di Treviso. Nel 1919 aveva aderito al Partito popolare di don Sturzo e con l'avvento del fascismo si era ritirato nel suo studio legale. Per ritornare alla vita pubblica nel 1943, come rappresentante della Dc nel Comitato di liberazione di Napoli.

Persino gli avversari politici erano concordi su un fatto: il padre l'aveva messo in orbita, ma il giovane Antonio si era fatto strada con le proprie forze. A sentire i nemici, aveva molte qualità. Un lavoratore come pochi, dalla grande resistenza fisica. Intelligente. Con un intuito non comune. Scaltro, guardingo, ma anche deciso. Con molta fiducia in se stesso. Dall'oratoria tribunizia. E spavaldo nell'attacco.

«Antonio Gava ha il fascino del prepotente» mi dissero non soltanto i comunisti, ma pure i democristiani delle altre correnti. E tutti tracciavano il ritratto di un boss moderno. Con uno sfacciato amore per il potere. Il vecchio e il nuovo della politica del Mezzogiorno fusi in una miscela quasi sempre micidiale per chi cercava di opporsi.

«È d'accordo con questo profilo?» domandai.

«Abbastanza» rispose lui, con una smorfia compiaciuta. Poi chiese: «Le hanno detto anche dell'altro?».

«Certo. Mi hanno parlato di un piccolo impero costruito da suo padre e da lei. Mi hanno spiegato che i Gava hanno un potere mai goduto da nessuno dopo l'eclisse dei Borboni. Un potere fondato non soltanto sul partito, ma anche sulla vostra forza economica, le clientele, gli amici fidati, gli aggiornatissimi schedari. E soprattutto il pugno duro.»

Gran gatto di razza, Gava mi ascoltò con gli occhi socchiusi e sorrise: «Lo schedario con i nomi degli amici ce l'ha qualsiasi politico di serie B. Quanto al resto le rispondo con schiettezza. A Napoli nessuno dei centri di potere non elettivi è controllato dalla nostra corrente. Per capirci, intendo il Banco di Napoli, la Camera di commercio, il porto, il quotidiano "Il Mattino". E allora di che parliamo?».

Replicai: «Sono io che le domando: e allora?».

«Allora le dico che la mia forza sta nel consenso popolare, caro Pansa! Lei ha già preso nota di come stanno le cose nel Consiglio comunale e in quello provinciale. E poi io sono forte perché credo nelle cose che dico e in quelle che faccio. La mia forza è nella mia linea politica, nel mio impegno giorno e notte nella Dc, sono un perfetto animale di partito. E poi sta nell'amicizia, nel mio spirito di solidarietà. Io mantengo sempre la parola: ecco il mio segreto!»

Don Antonio rovesciò sul mio taccuino questo fiume di parole. Lanciandomi occhiate di irridente malizia. Era sempre più sicuro di sé, quasi spavaldo. Aggiunse: «Il potere chi ce l'ha deve esercitarlo. Altrimenti contribuisce allo sfascio del paese».

Gli chiesi: «Lei è più amato o temuto?».

Gava sospirò: «Può anche esserci chi non mi conosce. E dunque mi teme per questa fama non vera, e immeritata, che mi circonda».

«Quale fama?»

Mi rispose con cauta furbizia: «Lo ha detto lei poco fa: di boss spregiudicato e pesante. Anche questa etichetta mi deriva dal mio senso del partito. Se si colpisce il partito, io reagisco in modo fermo. Divento un mastino. E mi capita di azzannare. Ma soltanto quando è necessario».

Fra l'aprile e il giugno 1970, nella campagna per le regionali e le provinciali, si rivelò necessario più di una volta. Prima per cacciare dalle liste democristiane gli avversari di corrente. Poi per vincere.

Gli domandai: «È vero che per vincere ha fatto assumere molta gente in aziende pubbliche?».

Gava negò con forza: «Durante la campagna elettorale non ho fatto assumere nessuno. Sfido chiunque a dimostrare il contrario».

«E prima della campagna?»

Lui alzò le spalle, annoiato: «Chi non lo fa in politica? È un costume diffuso. Il clientelismo non l'ho inventato io».

«Qualcuno sostiene che per arrivare alla Regione lei ha speso trecento milioni di lire.»

Don Antonio mi regalò una risata: «Se avessi trecento milioni, mi sarei già ritirato a vita privata!».

Anche se li avesse avuti, non credo che avrebbe rinunciato alla politica per fare l'avvocato. Non ci voleva molta perspicacia per immaginare che don Antonio guardava lontano. La presidenza del Consiglio regionale gli sarebbe servita soltanto da sgabello modesto. Il suo obiettivo vero erano le elezioni politiche. Il progetto era di aspettarle, dimettersi dalla Regione e candidarsi al Parlamento.

Gava mi disse: «Lo sgabello non mi serve. Anche senza l'incarico regionale diventare deputato non mi costerebbe molta fatica. E poi so bene che è meglio fare politica da Roma invece che da Napoli».

Andò davvero così. Due anni dopo il nostro incontro da Ciro, Gava entrò alla Camera. E fu rieletto di continuo in tutte le consultazioni. Nell'ultima, quella del 1992, passò al Senato e divenne presidente del gruppo democristiano di Palazzo Madama. Senza contare gli incarichi ministeriali, in sette governi.

Dall'ultimo, quello di ministro dell'Interno nel sesto governo Andreotti, si dimise anzitempo, nell'ottobre del 1990. Aveva soltanto 60 anni, però era stato colpito da un brutto male.

Il suo potere su Napoli rimase più o meno intatto. Ma nel frattempo in Campania erano emersi altri potentati bianchi. Primo fra tutti quello di Ciriaco De Mita ad Avellino. Un altro ras di pelle dura che adesso descriverò.

15
Manager in Irpinia

«Mi guardi: io sono una delle vittime di De Mita!» esclamò tetro l'avvocato Lorenzo De Vitto.

Lì per lì pensai che mi avessero spedito dall'uomo sbagliato. Forse questo De Vitto era un comunista o un socialista. Macché: era un democristiano, della corrente di Fanfani, consigliere nazionale della Dc e membro del Consiglio regionale della Campania.

De Vitto proseguì, sempre più cupo: «A Napoli conveniva fare di Gava un ras. Però tutto quello che laggiù si addebita a Gava, qui ad Avellino avviene di continuo. In Irpinia, De Mita sventola la bandiera della moralizzazione, ma è il peggiore di tutti. Non solo non consente ai suoi avversari di crescere: non vuole nemmeno che continuino a esistere. La sua corrente, la Base, ha usato nel partito metodi nazisti!».

Domandai: «Avvocato, devo scrivere proprio nazisti?».

«Lo scriva, lo scriva! L'abbiamo scritto anche noi sul nostro giornale!»

De Vitto, un cinquantenne massiccio, dal lamento un po' forzato, tipico dei notabili sconfitti, mi offrì un fascio di copie dell'"Avvenire dell'Irpinia". Gli diedi un'occhiata. Strillavano: "Democrazia hitleriana", "Gestapo", "Metodi alla nazista", "Atti di sopraffazione e pirateria politica", "Picciotti e pezzi da 45". Tutte accuse a carico di Ciriaco De Mita e dei suoi amici.

Lasciai lo studio di De Vitto e al ristorante Il Barone incontrai un altro esponente della Dc. Era un doroteo cinico che ammetteva d'aver bisogno di De Mita. Quindi niente nome.

Mi sussurrò: «La differenza fra De Mita e Antonio Gava? Gava è circondato da una massa di fessi e così tutti danno addosso a lui. De Mita è più intelligente. Usa metodi soffici, manageriali. E attorno a sé ha gente in gamba che depista le responsabilità».

Andai a sentire un dirigente socialista, il professor Giovanni Acocella. Pure lui non aveva dubbi: «La brutalità di De Mita è la stessa di Gava, solo che è coperta da discorsi innovatori». E il professor Italo Freda, capogruppo del Pci nel Consiglio comunale di Avellino rincarò la dose: «De Mita è colto, fa l'avanzato, quando parla in Consiglio ci rifila di continuo Gramsci. In realtà ha razionalizzato in termini moderni le vecchie piaghe della politica nel Mezzogiorno: le clientele e il trasformismo».

L'unica voce dissonante fu quella di un amico di De Mita. Era Gerardo Bianco, deputato dicì da due legislature, un signore di 42 anni, tre meno di Ciriaco. Professore di lettere, aveva un carattere dolce, tanto che lo chiamavano "Topo Gigio". Lui inorridì con calma: «De Mita come Gava? Assolutamente no. È quasi una bestemmia. Tutta la nostra storia dimostra il contrario».

Eravamo verso la fine dell'ottobre 1973. Il direttore del "Corriere della Sera", Piero Ottone, mi aveva ordinato un'inchiesta sui padroni delle città. Lui li chiamava in inglese i "city boss". Pensai di iniziare da Avellino e da De Mita. Ottone mi disse: «Benissimo, comincia di lì».

Ad Avellino pioveva da giorni. Dalle montagne scendeva un'aria tagliente. Lontano, sul Matese, forse cadeva già la neve. L'inverno sembrava calato di colpo su quella città povera, assediata da una provincia in miseria, ferita da contrasti stridenti.

Il basso su corso Vittorio accanto alla sede faraonica

della banca locale. Migliaia di pensionati o di senza lavoro. Le auto a intasare le strade del centro. Condomìni orrendi, costruiti uno addosso all'altro, in un groviglio aberrante.

Non ero mai stato ad Avellino. E cominciai a girare per quelle strade, a salire le scale di quei palazzi, bussando agli usci dei partiti con le mie domande e i miei dubbi. Esisteva ancora il feudo politico? Come si comportavano i neofeudatari del potere? Era vero che avevano due facce, una a Roma e l'altra in provincia? E De Mita poteva essere ritenuto davvero il Gava di Avellino? «Qualsiasi risposta» mi suggerì il doroteo cinico, «deve prendere le mosse dal passato.»

Era esistita una Fase Uno, fra gli anni Cinquanta e i Sessanta. In quel tempo regnava in Irpinia il dicì Fiorentino Sullo. Un monarca assoluto, intelligente, emotivo, bizzoso, trasmigratore di correnti, sempre carico di gelosie e di sospetti.

Con lui lavorava nel partito un gruppo di giovani, ad Avellino chiamati i "Velanzini", dal nome dei cavalli laterali nel tiro delle carrozze. Oppure i "Magnifici Sette". Erano De Mita, Bianco, Salverino De Vito, Antonio Aurigemma, Giuseppe Gargani, Nicola Mancino e Aristide Savignano.

Re Fiorentino gestiva le tessere, il gruppo dei Sette le idee. Idee nuove, quasi eresie per il vecchio notabilato dicì. Parlavano di patto costituzionale e di un nuovo rapporto con i comunisti. Rifiutavano la pratica dorotea del potere e declamavano la necessità di rinunciare alle clientele. Invocavano la nascita di una classe dirigente vera, premessa indispensabile al riscatto del Sud e di quel "Sud nel Sud" che era l'Irpinia.

Mentre il monarca pensava alle opere pubbliche, De Mita e i suoi amici costruirono su quelle idee il loro partito. Giorno dopo giorno, diedero corpo alle speranze di una provincia ipercritica. Sempre in preda al desiderio di cambiare padroni politici perché aveva sempre raccolto delusioni. Affascinata da una minoranza agguerrita, portavoce dell'entroterra campano contro il predominio di Napoli.

Alla fine degli anni Sessanta, quella minoranza diede scacco al re. Fu l'inizio della Fase Due. Il monarca Fiorentino passò di errore in errore e perse la battaglia. Un caso di suicidio politico strisciante. Nel 1973, Sullo non contava quasi più niente ed era avviato a un melanconico tramonto. I Velanzini avevano fatto carriera. E con la loro corrente controllavano con mano dura il feudo politico irpino.

Erano padroni giovani. Padroni che non arrivavano ai cinquant'anni e spesso ne erano molto lontani. De Mita, nato a Nusco nel 1928, in quel momento ne aveva 45 e poteva vantare un curriculum importante: già vicesegretario nazionale della Dc, ministro dell'Industria in carica nel quarto governo Rumor, tre volte deputato, uno spettacolare raddoppio delle preferenze nelle ultime elezioni politiche.

Nei giorni del mio viaggio ad Avellino, Ciriaco stava a Roma. Non lo cercai né mi preoccupai di parlargli. La sua rete di potere in Irpinia stava sotto gli occhi di tutti. E nel mio articolo per il "Corriere della Sera" fui in grado di tracciarne una mappa persino troppo minuziosa: nome per nome, carica per carica. Il poco di più che mi interessava sapere me lo dissero Gerardo Bianco e il segretario provinciale della Dc, Antonio Argenziano.

Quest'ultimo era giovanissimo. E aveva la presidenza della Commissione provinciale di controllo sugli enti locali, un altro posto chiave nella topografia del potere in Irpinia. Governava 22 mila iscritti, per il 68 per cento demitiani. L'ex monarca Sullo poteva contare sul 27 per cento dei tesserati, confluiti nella corrente di Fanfani. Ma la sua forza reale era quasi ridotta a zero.

Aveva ottenuto qualche poltrona, però questa minutaglia non aveva intaccato l'egemonia di De Mita.

Topo Gigio cercò di convincermi che questa egemonia non era soffocante: «Nel partito di Avellino adesso si fa politica, mentre prima non si faceva. Nelle assemblee si discute. E poi la nostra è l'unica provincia del Mezzogiorno dove nelle elezioni interne della Dc non votino anche i morti». Pure il giovane Argenziano tenne con me un profilo basso: «Nella corrente della Base c'è molto dibattito. E De Mita, a volte, è stato messo in minoranza».

I dicì avversari della Base la raccontavano diversa. Il fanfaniano De Vitto scriveva cose di fuoco sul suo giornale: "Il tesseramento non è pulito. Chi non è con De Mita spesso viene tenuto fuori dalla Dc". L'accusa più pesante veniva formulata così: "Se invece di tessere del partito si distribuissero tessere del pane, chissà quanti che non sono della Base sarebbero già morti di fame".

Parlando con me, De Vitto era anche più furente: «In certi comuni, per far fuori gli avversari interni, la Base si è persino alleata con il Pci. Qui c'è la caccia all'uomo, caro Pansa! Qui non si respira. Qui il clima è pessimo, peggio di quello che c'è a Milano con la nebbia e lo smog».

Il doroteo anonimo aggiunse: «In alcune sezioni, due o tre famiglie basiste hanno il controllo dispotico del partito. E il congresso provinciale è stato inflazionato dagli imbrogli».

Non avevo mai incontrato una Dc così frantumata e pervasa da avversioni tanto profonde. Persino dall'interno della Base filtravano voci di dissenso, sia pure deboli e incerte. Davanti al mio taccuino, lo stesso Argenziano difese il proprio gruppo, rifiutando l'immagine del feudo. Però ammise che De Mita aveva «un'autonomia enorme» dentro la Dc.

Un tantino più critico fu il delegato provinciale del Movimento giovanile, Enzo Venezia: «Chi non è allineato con la Base di certo non va molto avanti nel partito. Quelli che criticano sono guardati con diffidenza...».

Poi aggiunse, allarmato: «Mi raccomando a lei! Non mi metta nei guai con il suo articolo. Ogni volta che De Mita mi guarda, sento che diffida di me...».

Non pochi giovani democristiani, basisti anch'essi, osavano di più, almeno nei loro documenti. Parlavano di "piaghe del clientelismo e del trasformismo". Criticavano la gestione del potere fatta dal gruppo di De Mita. Lamentavano la mancanza di quadri intermedi: "Dopo i leader, c'è il deserto".

Più aspre erano le voci che ascoltavo negli altri partiti. I basisti di Avellino avevano "comprato" l'adesione di notabili socialdemocratici e liberali. Subito premiati con incarichi da assessore o da consiglieri comunali.

Lo stesso era accaduto con parecchi uomini di Sullo: «Alcuni sono passati di colpo nelle fila della Base. E così accade che, in molti paesi, a comandare troviamo gli stessi personaggi di venti anni fa».

Come districarsi fra tante opinioni diverse su Ciriaco e il suo clan di fedeli? E in che modo descrivere la pressione politica dei basisti irpini sul territorio del feudo? I marciapiedi di Avellino erano lastricati di pettegolezzi e di voci calunniose senza prova. Eppure qualcosa si poteva intravedere.

All'inizio degli anni Settanta, il feudo irpino affogava ancora nella miseria. La provincia sfornava soprattutto emigrati, disoccupati, pensionati. Delle tredicimila cause pendenti dinanzi al tribunale del capoluogo, ben ottomila riguardavano pensioni per invalidità.

Gli invalidi civili qui erano un esercito. Mi dissero che le commissioni apposite avevano largheggiato nel riconoscimento. Il titolo di invalido aiutava a ottenere un impiego pubblico e, in seguito, la pensione di vecchiaia. Due fortune in quest'area, dove rifiutare un posto di bidello poteva far esplodere una crisi comunale. E dove quasi tutti mi ripetevano: «Con le sue pensioni di fame, l'Inps è la nostra Fiat».

Stracarichi di voti (il 49 per cento nella provincia) e padroni del partito, De Mita e la sua Base erano immersi sino al collo in questa realtà nerissima. Come da sempre accade nel Mezzogiorno, i loro deputati e senatori erano diventati gli intermediari fra il cittadino e lo Stato.

Me lo confermò con cautela lo stesso Argenziano: le sezioni della Dc svolgevano la funzione di uffici di collocamento. Assediate da gente convinta che la Balena Bianca potesse tutto.

Ma di questo nessuno accusava De Mita e i suoi. L'accusa era un'altra, molto pesante per un gruppo politico che a Roma proclamava di essere l'unica, vera sinistra democristiana. L'accusa era di aver manovrato in questa realtà discriminando tra fedeli e infedeli. E soprattutto di aver soffocato l'iniziale carica ideale per seguire la stessa strada del vecchio notabilato.

Lungo questa china s'inciampava in troppe miserie. Assunzioni di bidelli e di impiegati subalterni. Trasferimenti di professori. Incarichi di preside. Concorsi per condotte mediche. Liste di invalidi civili. Aiuti a cooperative per strade interpoderali. Finanziamenti pubblici ad aziende... Certo, piccole cose rispetto ai grandi intrallazzi di altri feudi democristiani. Ma che in questa zona contavano. Tanto da far gridare di rabbia chi si vedeva escluso anche dalle briciole.

Il socialista Acocella riassumeva tutto in una frecciata al curaro: «Avellino è una provincia prigioniera di De Mita. Qui non c'è la democrazia. Qui ogni cosa è decisa da lui o dai suoi amici. Per loro vale una regola sola: comandiamo noi e nessun altro!».

Gli amici di Ciriaco negavano tutto. Gerardo Bianco

sostenne con me: «Il potere è diabolico. E nel nostro gruppo c'è un processo continuo di autocritica per non diventare uno strumento del demonio. Ma in Irpinia la Base non ha mai fatto perno sulle cose che le hanno raccontato».

Quel poco che i demitiani ammettevano veniva attribuito al sistema nel quale tutti i politici erano costretti a operare, soprattutto al Sud. Argenziano, il giovane segretario della Dc, scuotendo il capo mi disse: «Nel Mezzogiorno non possono esistere i profeti disarmati».

Più difficile era ribattere al ritratto di De Mita tracciato dagli avversari. Ciriaco veniva descritto come un abile neofeudatario, preparato, conscio della propria superiorità intellettuale, una virtù che non si curava di nascondere. Un uomo sprezzante, timido-aggressivo, incurante del formalismo dei vecchi notabili: «Macché eccellenza, chiamami Ciriaco, stronzo!».

Un centrocampista che curava il gioco di squadra, metodico, controllore diffidente, attento, cinico e duro. Un lamento diffuso diceva: «De Mita e i suoi amici sono gente che i conti non solo li apre, ma li chiude. Chi si mette contro di loro è finito».

Un potere di ferro, dunque. Per di più esercitato nel deserto. Gava a Napoli aveva dei concorrenti, anche se deboli. De Mita ad Avellino era solo. Anche per questo il suo potere era destinato a durare nel tempo. Nonostante qualche crepa e i mugugni sottovoce che si percepivano pure all'interno della corrente.

Questo scrissi nell'ottobre 1973. E vidi giusto. Infatti Ciriaco durò per altri sedici anni, come avrò modo di raccontare.

La mia inchiesta ad Avellino ebbe un seguito che non avevo previsto. Il "Corriere della Sera" pubblicò l'articolo il 31 ottobre 1973. Il titolo era di quelli secchi: *I giovani manager della miseria.*

De Mita impazzì di rabbia. In un'intervista all'"Espresso" mi definì bandito e miserabile. Poi mi tolse il saluto e anche l'udito. Nel senso che s'impegnò a non rivolgermi più la parola: niente interviste, niente dichiarazioni, niente di niente.

Quando riprese a parlarmi, mi collocò nella categoria dei giornalisti incapaci di comprenderlo. Ossia nel novantacinque per cento dei cronisti che scrivevano di lui. Fu allora che Ciriaco cominciò a farmi tenerezza. Era afflitto dalla sindrome dell'Incompreso. Frequente nei politici che ritengono di avere pensieri alti e non trovano mai interlocutori di livello adeguato.

In ogni intervista si rasentava il dramma. Scrutandomi più infelice che beffardo, Ciriaco sospirava: «Tu non mi capisci. Come puoi pretendere di farmi delle domande?». Forse si sentiva davvero un intellettuale della Magna Grecia. Così l'aveva definito l'avvocato Agnelli.

Era sarcastico e sferzante. Ma anche concettoso e a volte troppo sottile. La sua ricchezza intellettuale prendeva spesso la forma di una matassa difficile da dipanare. Un bel limite in Italia e ancora di più all'estero. Se ne accorse nel giugno 1988, quando andò a un vertice a Toronto come capo del governo.

Il "New York Times" scrisse che gli statisti che lo ascoltavano, la signora Margaret Thatcher per prima, pensavano di avere dei problemi con l'auricolare. Invece era l'interprete di Ciriaco che aveva gettato la spugna.

Lo capivano bene gli amici del cuore. Soprattutto Gerardo Bianco, il dolcissimo Topo Gigio. Lui lo scusava sempre: «In Ciriaco il carattere sopraffà l'intelligenza». Ma il traduttore più fedele era il suo portavoce, Clemente Mastella, un ragazzone di Ceppaloni, provincia di Benevento, tirato su da De Mita come un figlio.

Per addolcire il ricordo di certe arroganze del capo, Clemente ci spediva ogni Natale una scatola di torroncini di Benevento. De Mita preferiva regalare cravatte, accompagnate da biglietti ammonitori: “Un Natale sereno per valutazioni più serene”.

A me la cravatta demitiana pareva sempre orribile. E andavo a cambiarla in un negozio accanto a Montecitorio, dove era stata comprata. Però guai a dirglielo. Ciriaco si riteneva un uomo elegante. Anche quando indossava di mattina doppiopetto gessati che facevano a pugni con la sua faccia sbirola e le basette da gitano.

Certo, era arrogante. Ma la sua superbia mi sembrava accettabile perché paesana. Più o meno tutti venivamo da famiglie povere, con padri operai o sarti che si erano svenati per far studiare i figli. Nelle nostre esistenze c’erano persone o vicende che si assomigliavano.

Riparlerò di De Mita. E adesso smetto per non far pensare ai lettori che io abbia qualche nostalgia di troppo per lui.

16
Le memorie di don Vito

Era un ras anche Vito Ciancimino, sindaco democristiano di Palermo? Non so dirlo con certezza. Dunque risponderò: sì e no.

Il mio primo incontro con don Vito risale alla fine dell'ottobre 1970. Poco più di un mese prima, a Palermo, era stato rapito il giornalista Mauro De Mauro, redattore dell'"Ora", un quotidiano di sinistra. Di lui non si seppe più nulla. Si è sempre pensato che fosse stato preso e ucciso da Cosa Nostra. Dopo quarant'anni c'è ancora un processo in corso, contro dei capi mafiosi. Ma nessuna verità è stata raggiunta.

Il mercoledì 28 ottobre 1970 la mafia si rifece viva a Palermo. Con un nuovo delitto, clamoroso, scenografico, senza precedenti neppure in quella città martoriata. Quattro killer vestiti da infermieri e armati di mitra irruppero dentro l'Ospedale civico e fecero secco un malato nel suo letto. Chi era la vittima? E perché era stato ucciso? Confesso di non ricordarlo più.

Il giovedì 29 ottobre sbarcò a Palermo, in missione speciale, il capo della polizia, Angelo Vicari. Indossava un doppiopetto blu scuro e aveva un'aria solida e rispettabile, sia pure con una punta di sbirresco. Incontrando i cronisti ricordò i suoi trascorsi di prefetto della città e i mafiosi che aveva spedito al confino di Ustica. Poi si perse nel solito bla bla su mafia, polizia, carabinieri, magistratura e potere politico in Sicilia.

C'ero anch'io a quell'incontro, come inviato della "Stampa" di Ronchey. E chiesi a Vicari: «Ci parli dei rapporti tra mafia e politica. L'altra sera a Milano, in un dibattito con Leonardo Sciascia, il presidente dell'Antimafia, il democristiano Francesco Cattanei, ha detto che nelle schede della sua commissione ci sono molti nomi di politici e di amministratori pubblici. Le risulta?».

Vicari si trincerò dietro un sorriso astuto, da grande poliziotto. Poi mi rispose: «Nella lotta alla mafia non abbiamo mai incontrato nessuna difficoltà da parte della politica siciliana. Però posso dirle, come libero cittadino, che condivido le riserve fatte dall'Antimafia sull'elezione del sindaco di Palermo, Ciancimino. E sono convinto che l'Antimafia le scioglierà e chiarirà il proprio pensiero».

Dopo aver lanciato questa bomba, Vicari se ne andò piantando in asso la truppa informativa. Era metà mattina e un bel sole caldo splendeva su Palermo. Ma fu come veder scoppiare di colpo un temporale, con vento furibondo, pioggia a torrenti e grandine.

Noi cronisti ci guardammo stupefatti. E ci dicemmo: cavolo!, il capo della polizia ha dato del mafioso al sindaco Ciancimino! Spiegando che presto l'Antimafia lo metterà sotto inchiesta!

Cercammo subito Ciancimino, ma lui non si fece trovare. I colleghi palermitani ci misero al corrente delle ultime vicende politiche di don Vito. Era stato eletto sindaco due settimane prima, dopo una battaglia feroce. Liti violente dentro la Dc. Dieci franchi tiratori sui quarantacinque voti dello schieramento Dc, Psdi e Pri. I socialisti fuori dalla maggioranza. La giunta ancora da formare. E adesso, su quel bordello, il colpo di cannone sparato dal capo della polizia.

Quando il sole fu al tramonto, senza avvisare nessuno, il sindaco comparve all'Hotel delle Palme dove stavano gli inviati spediti a Palermo per il sequestro di De Mauro. Era un albergo lussuoso che, nelle parti comuni, aveva un arredamento liberty. Il personale sapeva come trattare i giornalisti, sempre invadenti, pieni di pretese, disordinati. E il direttore ci concesse subito una sala per incontrare il primo cittadino di Palermo. Quella intitolata a Wagner, il grande compositore tedesco che si diceva avesse soggiornato alle Palme.

Ciancimino aveva 46 anni e cinque figli. Era piccolo, nervoso, con un viso levantino, ornato da baffetti nerissimi. Teneva in mano un pacco di fotocopie. Ne lesse una, con voce rotta e balbettando. Era il comunicato nel quale spiegava che mai l'Antimafia aveva espresso riserve sulla sua elezione. Per questo, a sentir lui, il capo della polizia era un bugiardo.

Poi si raschiò la gola e continuò a leggere: «A questo punto, il mio disgusto potrebbe indurmi a sbattere la carica di primo cittadino sulla faccia di tutti gli affamati di politica a qualsiasi livello. Non lo faccio perché questo è il primo mese nel quale, finalmente!, i dipendenti del comune il giorno 27 hanno ricevuto lo stipendio con puntualità. Comunque, per soddisfazione pubblica, ho dato incarico ai miei legali di querelare il dottor Angelo Vicari!».

Don Vito piegò in quattro il foglio del comunicato, ci consegnò le fotocopie e fece per andarsene: «Signori miei, è tardi, a casa mi aspettano!». Lo invitammo a fermarsi. Lui fece l'errore di accettare. E nella Sala Wagner prese il via una lunga e convulsa intervista serale, poi diventata notturna.

Per brevità, qui riporterò soltanto le domande rivolte da me a Ciancimino. Penso che bastino per comprendere il clima di quel match.

Gli chiesi: «Che cosa pensa dei rapporti fra mafia e politica?».

Don Vito finse di non aver sentito. E con la mano dietro un orecchio, biascicò: «Come dice? Non ho capito».

Gli ripresentai la domanda: «In Sicilia la politica ha rapporti con la mafia?».

«Non mi risulta!» sparò don Vito.

«Ma c'è qualche esponente democristiano che abbia avuto rapporti con mafiosi?»

Ciancimino mi regalò un sorriso di compatimento: «Nessuno mi farebbe confidenze del genere».

«Crede davvero che nessun politico siciliano abbia avuto contatti con la mafia?»

Lui si strinse nelle spalle: «Non posso né escluderlo né ammetterlo. Lei mi vuole sollecitare giudizi avventati».

Domandai: «La mafia riesce a piegare qualche politico ai propri disegni?».

«Può darsi. Però a me non risulta.»

«Non ha mai sentito nominare don Calogero Vizzini, don Calò, ritenuto il capo della mafia in Sicilia?»

Ciancimino, terreo, mormorò: «Ho letto qualcosa su di lui».

«E Giuseppe Genco Russo?»

«Anche di lui ho sentito parlare...»

«Lo sa che era un mafioso importante?»

«Così dicono.»

«E lo sa che Genco Russo era il segretario della sezione democristiana di Mussomeli?»

Ciancimino, infuriato, esplose: «Se lo dice lei... Io lo sto apprendendo da lei! Ma di questo Genco Russo non m'importa nulla».

Fu soltanto l'inizio di un interrogatorio condotto da un plotone di giornalisti scatenati. Dopo tre ore, eravamo tutti allo stremo. Le domande venivano proposte in un disordine senza più controllo.

A notte fonda, don Vito si alzò di scatto dalla sedia, terreo, i baffetti imperlati di sudore. Tappandosi le orecchie, gridò: «Basta, basta! Io impazzisco! Voi non avete il diritto di massacrare la gente in questo modo!».

Nella Sala Wagner entrarono due signori sconosciuti. Uno si qualificò così: «Sono un amico del sindaco, venuto per tutelare la sua salute». Poi urlò: «La vostra non è un'intervista. È un'aggressione in piena regola!». Quindi arrivò il centralinista delle Palme: «Chiamano da casa Ciancimino. Sono allarmati. Vogliono sapere che cosa sta accadendo».

Don Vito raccattò le sue carte e ne andò, con una frettolosa stretta di mano a tutti. Ma nella hall dell'albergo venne fermato da un altro posto di blocco. Era quello dei cronisti arrivati in ritardo e che volevano sapere della querela al capo della polizia.

Uno di loro ci disse: «Un'ora fa ha telefonato al mio giornale l'onorevole X, preoccupato. Ha chiesto: è vero che Vito sta parlando con gli inviati all'Hotel delle Palme? Poi ha sospirato: che Iddio ce la mandi buona...».

Ma adesso Ciancimino non parlava più. In attesa della sua automobile, stava in piedi nella hall, stravolto, disfatto. Sotto lo sguardo impassibile del portiere di notte.

Tentai ancora una domanda: «Signor sindaco, si augura davvero che Vicari venga condannato?».

Lui trovò la forza per ringhiare: «È ovvio. Sennò a che cosa servirebbe la querela?».

Poi don Vito si svincolò dall'ultimo assedio. E si dileguò nella notte. Una notte dolcissima e infingarda. Come sono quasi sempre le notti di Palermo.

Dopo il match notturno dell'ottobre 1970, non mi occupai più di Ciancimino. Trascorsero ventidue anni. Poi, all'improvviso, don Vito irruppe di nuovo nella mia vita professionale.

Il mercoledì 24 giugno 1992, verso le sei di sera, Maria Antonietta Germano, la segretaria di direzione dell'"Espresso", mi avvertì: «Ho al telefono uno che cerca di te. Dice di chiamarsi Ciancimino. Dalla voce direi che è un giovanotto». Meravigliato le risposi: «Passamelo».

Il giovanotto si presentò: «Sono Massimo Ciancimino, figlio di Vito. Mio padre ha bisogno di parlarle. Abitiamo a Roma, in centro, a un passo da piazza di Spagna, in via di San Sebastianello, a questo numero civico. Può venire domani mattina?».

Fu così che m'incontrai per la seconda volta con don Vito. Era cambiato, ma nemmeno tanto. Portava con sveltezza i 68 anni. Sempre asciutto. Profilo arabo. Dentatura, o dentiera, perfetta. Sorriso tagliente. Corta barba bianca. Quasi un sosia dell'attore Arnoldo Foà.

Don Vito si muoveva a scatti, nel grande appartamento arredato con pochi mobili. Seduto in poltrona. Alzato. In giro per il soggiorno. Di nuovo seduto. Le braccia erano sempre in moto. Con le mani che fendevano l'aria. A sottolineare parole, concetti, espressioni del viso.

E poi che grinta! Una grinta da capo. Da uno abituato al comando. Che tagliava corto. Che non amava essere contraddetto. Che sapeva tutto e leggeva di tutto. Infatti sul pavimento del soggiorno c'erano pile di giornali. E tanti libri. Compreso il mio *Regime*, uscito l'autunno precedente.

«Proprio per questo libro le ho chiesto di venire da me» mi spiegò don Vito. «A pagina 129 lei racconta di un deputato democristiano di Milano che alle elezioni del 1987 si era comprato da una lobby cattolica 15 mila voti di preferenza. A 60 mila lire l'una, spendendo 900 milioni. Vorrei sapere chi è.»

Mi misi a ridere: «Come può pensare che glielo dica, Ciancimino? E comunque non le servirebbe saperlo. Quel parlamentare è morto».

Don Vito fece una smorfia di delusione: «Morto? Credevo fosse l'onorevole X che è vivo e mi attacca di continuo. Se era lui, gli avrei scritto una letteraccia!».

Osservai: «Vedo che legge molti libri. Non ha mai pensato di scriverne uno?».

Ciancimino mi scoccò un'occhiata sorniona: «Lo sto già scrivendo. Sono le mie memorie. Ho chiesto consiglio a uno del mestiere. Mi ha detto che non devo superare le 250 pagine. Ma io sono già oltre le 300. E non ho ancora finito.

«A maggio, quando hanno ucciso il dottore Falcone» continuò, «mi ero deciso a interromperlo, a non scrivere più niente. Poi ho visto alla televisione il dottore Borsellino che parlava in una chiesa di Palermo. Sa che cosa diceva? Chi ha criticato Falcone, oggi non ha più diritto di parola...»

Don Vito si alzò di scatto e prese a muoversi per il grande soggiorno in quel suo modo curioso, da pupazzo meccanico. Continuò: «Allora mi sono infuriato. Come? Io non dovevo avere più diritto di parola solo perché avevo detto che Falcone era un uomo che voleva il potere attraverso la nascita di una Superprocura, guidata da lui? Così ho continuato a scrivere. Adesso non mi preoccupo più del numero delle pagine. Poi un editore lo troverò. Con più facilità in America che in Italia».

Parlammo delle uccisioni di Salvo Lima e di Giovanni Falcone, avvenute quell'anno. Paolo Borsellino era ancora in vita: sarebbe stato assassinato ventiquattro giorni dopo il nostro incontro. Chiesi a Ciancimino: «Lei non ha paura di essere ammazzato?».

Don Vito si fece livido. E s'immerse in un lunghissimo silenzio. Poi mi replicò, secco: «Lei ha visto dove sto. Qui non ci sono guardie. Io non vivo protetto. Come ci è entrato lei, in questa casa può entrare chiunque. No, non ho paura di morire. Ho paura di fare una brutta morte, di morire male. Ma di una cosa sono sicuro: il giorno che decideranno di uccidermi, manderanno qualcuno così abile con la pistola che non me ne accorgerò neppure».

Alla fine dell'ottobre 1992, Ciancimino mi chiese di ritornare a trovarlo: doveva farmi vedere una cosa. Andai di nuovo in via di San Sebastianello. E lui mi presentò il suo libro finito.

Sulle prime aveva immaginato di intitolarlo *Prometto di non commettere più reati*. Poi si era deciso per un titolo più secco: *Le Mafie*. Per dire che esisteva, sì, la mafia storica, ma c'erano pure la mafia politica e quella giudiziaria.

«Vorrei che lei lo leggesse, questo manoscritto» mi disse. «Però deve venire a leggerlo qui da me. Quando vuole. Con i tempi che stabilirà lei.»

Gli replicai: «Lei mi chiede una cosa assurda. Sto tutto il giorno in redazione e non posso regalarle neppure un'ora di tempo. Se ci tiene al mio parere, deve consegnarmi il manoscritto. Lo leggerò al giornale».

Lui mi rispose: «Ci penserò».

Trascorsero una ventina di giorni e la sera del 18 novembre don Vito venne in via Po. Faceva freddo, soprattutto per uno abituato a vivere nel clima di Palermo. Se non ricordo male, indossava un bel cappotto di cammello con un grande collo di astrakan. Mi ricordò uno di quei cantanti lirici che vogliono difendersi dai raffreddori e dai cali di voce.

Mi aveva portato il manoscritto e si fermò a chiacchierare con Antonio Padellaro e con me. Era il Ciancimino di sempre: pimpante, grintoso, loquacissimo e molto orgoglioso del suo libro. Tuttavia non si faceva illusioni sulla possibilità di pubblicarlo in Italia: «Come scrittore sono sconosciuto. Nessun editore vorrà saperne. Ma io lo farò stampare in America».

Tenevo la tv accesa, in quel momento mostrava Tommaso Buscetta, il grande pentito, interrogato dall'Antimafia. A don Vito quello spettacolo bruciava. Incavolato, ringhiò: «Stanno perdendo il loro tempo. Sono io quello che debbono sentire!». Mi folgorò un pensiero beffardo. Ciancimino era un italiano perfetto, vedeva uno in tv e si domandava: perché lui sì e io no?

Lessi *Le Mafie*. Non era scritto male e aveva un suo ritmo. Certe pagine bruciavano di una rabbia che le rendeva avvincenti. Ma non era un libro vero, bensì un lungo memoriale politico, giudiziario e umano. Scritto da un signore che si riteneva nel mirino senza colpa e perseguitato da troppi poteri.

Come tutti gli autori, don Vito era ansioso di sapere che cosa pensassi del suo lavoro. E cominciò a telefonarmi all'"Espresso" per rendersi conto se la mia lettura procedeva.

A volte la sua chiamata mi arrivava mentre scrivevo o partecipavo a una riunione. Allora gli facevo dire: «Mi richiami il giorno tale». E lui, pignolo: «A che ora?». Gli rispondevo: «All'ora tale». Puntuale come un postino svizzero, Ciancimino richiamava nel giorno e nell'ora che gli avevo indicato, spaccando il secondo.

A lettura conclusa, avrei dovuto dirgli che *Le Mafie* non era un libro facile da piazzare. Ma non ne ebbi il tempo. La mattina di sabato 19 dicembre 1992, don Vito venne arrestato un'altra volta. Gli inquirenti dissero: «Aveva chiesto la restituzione del passaporto e intendeva scappare all'estero».

Vero? Falso? Non ho mai creduto che Ciancimino pensasse a una fuga. Lo dico così, senza sapere nulla, per istinto. E non ci credo ancora oggi. Comunque don Vito ebbe altri guai giudiziari. Poi morì di morte naturale alla fine del 2002, a Roma. Aveva 78 anni.

17
Sangue sullo smoking

Salvo Lima lo vidi per la prima volta a Palermo il 31 ottobre 1970, due giorni dopo la dura nottata di Ciancimino. Era già deputato della Dc, eletto nel 1968. La sua era stata una vittoria trionfale per un novizio della Camera. Con un bottino di 80 mila voti, appena 333 in meno del primo eletto, il ministro Franco Restivo.

Lima aveva battuto big democristiani come il doroteo Calogero Volpe, il fanfaniano Giovanni Gioia e il vecchio Bernardo Mattarella, parlamentare da cinque legislature. Nello stesso tempo si era deciso a compiere la scelta della sua vita, lasciando i fanfaniani per arruolarsi nella parrocchia di Giulio Andreotti.

«Voglio passare alla tua corrente» aveva detto al capo parrocchia. «Ma poiché sono chiacchierato, sia pure senza colpa, non voglio crearti problemi. Prima di accettarmi, informati su di me presso la Commissione antimafia.»

L'amico Giulio si era informato. Poi aveva risposto a Salvo: «Va tutto bene. Puoi venire con me». Salvo era stato decisivo. Il suo pacchetto di tessere siciliane aveva consentito al gruppo andreottiano di passare dalla serie B alla serie A. Da feudo romano-laziale a corrente nazionale. Un aiuto che Andreotti non avrebbe più scordato.

Quando lo incontrai, Lima aveva 42 anni. Era di forme massicce, contenute un po' a fatica in un doppiopetto grigio chiaro, tagliato da un ottimo sarto. Ma fu il suo viso a colpirmi. Un profilo greve e imperioso, da centurione abituato a ogni trincea. Capelli già bianchi, cortissimi. E occhi da giovane belva. Occhi davvero belli. Di un verde intenso. Con uno sguardo insieme penetrante e sfuggente. Capace di trasmetterti un gelido messaggio: stammi alla larga, tu che sei un mio avversario...

Lo vidi per caso nella hall dell'Hotel delle Palme. Sapeva tutto del nostro match con Ciancimino. Ma accettò di rispondere a qualche domanda. Di malavoglia e dopo un avvertimento: «Guardi che io non sono come l'amico Vito. Voi giornalisti gli avete teso una trappola. E lui ci è cascato. Io sono di un'altra pasta. Dunque non creda di fregarmi».

Gli chiesi: «Non ha mai ricevuto voti mafiosi?».

Corazzato di gelo ostile, Lima replicò: «Nel mio servizio in politica ho avvicinato migliaia di persone, com'era fatale che avvenisse. Ma non ho mai avuto coscienza di avvicinare mafiosi. Né di operare nel male».

Domandai: «Se è così, perché girano tante voci sul suo conto? Lei è l'uomo politico più chiacchierato di Palermo».

Lui non si scompose: «Forse perché sono stato il segretario provinciale della Dc. E perché ho fatto il sindaco della città per sette anni. Un sindaco dinamico, qualificato politicamente. In Sicilia spesso basta questo per essere definito mafioso. Il mio vicesindaco, Rocco Gullo, mi ripeteva sempre: Salvo, perché ti affatichi tanto? Più fai e più sarai attaccato...».

A quel punto si alzò dal divano. E mi domandò: «Lei intende farmi delle altre domande?».

«Se è possibile, certamente sì. Avrei molte cose da chiederle.»

Lima scosse la testa: «Mi dispiace, ma non ho tempo di parlare con lei. Mi aspettano impegni importanti che non posso rinviare».

Mi strinse la mano e se ne andò. Aveva una stretta forte, ma fredda. La palma e le dita erano gelide. Come l'occhiata che mi regalò nel congedarsi.

Lo stesso freddo distacco Lima dimostrò anni dopo, alla Festa nazionale dell'Amicizia, organizzata dalla Dc a Viareggio. Era il 10 settembre 1982. Sette giorni prima, il generale Carlo Alberto dalla Chiesa era morto con la moglie a Palermo, sotto una tempesta di proiettili sparati da un commando mafioso.

Circondato dai giornalisti, Lima fu costretto a rispondere a un po' di domande. Del generale Dalla Chiesa disse: «Era una simpatica persona. Ma tra noi non parlavamo mai di mafia. Dal generale ci aspettavamo che ci consentisse di uscire fuori di casa la sera, senza paura». «Che cos'è la mafia? Se lo sapessi con esattezza, lo direi al magistrato.» «Il sacco urbanistico di Palermo? Quale sacco? Palermo è l'unica città italiana dove non esiste speculazione edilizia. È una città pulita che non si fa chiacchierare addosso.»

Nel novembre di quell'anno, fu annunciato un convegno democristiano sul pericolo mafioso. Lima replicò: «Nella Dc non ci sono buoni e cattivi, come scrivono sempre i giornali. È una contrapposizione strumentale. A questa manovra si presta qualche democristiano pentito. Ma qui in Sicilia i pentiti non servono».

Doveva sembrargli un pentito anche Giuseppe Azzaro, deputato dicì di Catania, che denunciava i comitati d'affari e le pressioni della mafia sul partito. Lima disse di lui: «È stato preso da ansie di protagonismo. Ma così criminalizza l'intera Sicilia».

Poi enunciò due concetti che facevano a pugni con quanto accadeva tutti i giorni. Affermò: «Non credo che la mafia condizioni molto la politica. Le cosche fanno gli affari propri. Non c'è simbiosi». Poi aggiunse: «Le tangenti ai politici? Una corrente può mantenersi anche senza soldi. Non ci vuole molto denaro per essere eletti e fare politica».

E infine, con sublime impudenza, Lima ci regalò questa massima, recitata in tono solenne: «Importa poco vincere le elezioni quando ci sono risposte da dare sul piano morale e spirituale alla Sicilia e ai giovani».

A difendere Lima c'era sempre lo scudo roccioso di Andreotti. Alla Festa dell'Amicizia di Viareggio, mi capitò la fortuna di un faccia a faccia televisivo con il grande Giulio. In seguito lo racconterò. Ma voglio ricordare subito la risposta che lui mi diede su Lima.

Andreotti mi garantì: «Lima ha fatto il proprio dovere contro la mafia. In Sicilia è rispettato e lodato». E pochi giorni dopo, nel corso di un incontro a Palermo, aggiunse: «Voi democristiani di Sicilia siete forti. Per questo dicono male di voi. Respingiamo il falso moralismo di chi ha la bava alla bocca mentre rafforzate le vostre posizioni a ogni elezione».

Da anni e anni, Lima era talmente forte da permettersi di essere tutto. Di destra. Di sinistra. Contro i comunisti. Per l'apertura ai comunisti. In questo si rivelò il migliore allievo del suo maestro, Andreotti. E come Giulio fu, su scala regionale, il simbolo dell'eternità di un potere che non conosceva sconfitte. Anzi, che nel cambiare delle mode politiche non passava mai di moda.

Quando divenne sindaco di Palermo Leoluca Orlando, un democristiano diverso dagli altri, gli andreottiani si rivelarono i suoi avversari più tenaci. Ma Lima seguitò a tacere. Al punto che un'intervista con lui s'era trasformata in uno scoop che nessun giornalista riusciva a fare.

Poi lo scoop lo fecero due inviati abili e tenaci: Marco Sassano del "Giorno" e Giuseppe Zaccaria della "Stampa". Il 6 settembre 1988 raccolsero il verbo di Lima a proposito della mafia, che lui adesso chiamava "il fenomeno".

Lima spiegò: «Le diffamazioni contro la Sicilia e Palermo sono ormai talmente tante che quando la gente arriva qui rimane piacevolmente sorpresa». Quindi aggiunse, pensoso: «Il fenomeno della mafia è certamente ostativo a qualunque sviluppo armonioso della nostra economia».

Allora gli chiesero se bisognava spingere al massimo la lotta antimafia. Ma Lima si allarmò. Occorreva distinguere fra antimafia e antimafia. Infatti esisteva anche l'Antimafia biasimevole. A sentir lui, si trattava soltanto «di una lotta politica che finiva per essere una lotta incivile».

A quel punto gli venne ripresentata l'eterna domanda sui rapporti tra mafia e politica. E Lima si scatenò: «Da tutti i politici che s'interessano del problema, e che da anni continuano a intervenire, non ho mai sentito nulla di serio contro la mafia, quella vera… Vedo molti polemizzare alla ricerca di connessioni tra Cosa Nostra e politica, con un accanimento che finisce per proteggere la mafia… Il problema serio è combatterla, non cercare scheletri negli armadi degli altri, dove poi non si trovano!».

La conclusione di Lima fu surreale: «Sapete che cosa vi dico? Credo che di scheletri qui a Palermo non ne nasconda proprio nessuno. Se cerchiamo negli armadi, troveremo soltanto abiti da sera. Sì, questa è la mia risposta».

Ma a Palermo c'era qualcuno che, tra gli smoking, nascondeva pistole e mitragliette. E queste armi vennero tirate fuori per uccidere il viceré andreottiano di Sicilia.

La mattina di giovedì 12 marzo 1992, Lima uscì dalla casa di Mondello al volante della propria auto. Come sempre, viaggiava senza scorta. La vettura non era di quelle blindate. E lui non aveva l'abitudine di portare con sé una rivoltella, come facevano altri politici. Insomma, era un bersaglio facile da colpire perché indifeso. O difeso soltanto dal proprio potere.

Salvo vide i due killer con le armi in pugno. E comprese che si trovavano lì per ucciderlo. Fu tanto svelto da uscire dall'auto e tentar di fuggire. Si nascose dietro un cassonetto dell'immondizia. Ma i due killer lo raggiunsero e gli spararono senza risparmio. Lima morì riverso sulla strada. In gennaio aveva compiuto 64 anni ed era al suo terzo mandato come deputato europeo.

Qualche mese dopo, nel mio primo incontro con Ciancimino, gli chiesi di parlarmi di Lima. Lui lo conosceva bene. Sapeva che tipo di uomo era. E forse poteva dirmi perché l'avevano assassinato.

Don Vito s'immerse in una delle sue lunghe riflessioni. Poi mi rispose: «Lima era un capo vero. Una persona molto equilibrata e cauta. Con il passare degli anni, la sua cautela era diventata ancora più grande. Non ce lo vedo, Salvo, a pestare i calli a qualcuno. Nemmeno per sbaglio.

«Lima era il punto di equilibrio della politica in Sicilia. Nella Dc dell'isola la sua corrente contava soltanto per il 20 o il 25 per cento» continuò Ciancimino. «Però era stabile, un blocco compatto. Lo era perché comandava lui e soltanto lui. La sinistra democristiana, invece...»

Don Vito mi offrì una smorfia di moderato disprezzo: «Nella sinistra democristiana sono tutti sottufficiali: Calogero Mannino, Sergio Mattarella, Vito Riggio, e tutti pretendono di comandare! Lima no. Lima era il capo. Un capo vero. Ci eravamo parlati di recente, poco prima che lo ammazzassero, e lo era ancora il capo».

Chiesi a Ciancimino: «Lei pensa che Lima sia stato ucciso per colpire Andreotti?».

Con le occhiate, più che con le parole, don Vito mi fece capire che la pensava esattamente così. Provai a insistere: «Ma chi lo ha ucciso?».

Ciancimino si strinse nelle spalle: «Salvo non si guardava. Non aveva la scorta. Non girava armato. Era tranquillo. Si sentiva in pace con tutti. E così chiunque poteva ucciderlo. Ma stia attento: la decisione di ucciderlo non poteva essere presa da chiunque. Certo, i due killer forse appartenevano a una famiglia mafiosa. Però non credo che sia stata la mafia a volerlo ammazzare».

Non mi fu possibile strappargli di più. Per ritornare alla politica da palcoscenico, il cadavere di Lima venne usato dalla Dc ancora per un po', in vista del voto del 5 aprile 1992. Poi, siccome non era di utilità a nessuno, e poteva diventare ingombrante per qualche potente democristiano, non se ne parlò più.

All'inizio di maggio il fratello di Salvo, Beppe Lima, per decenni direttore dell'Ospedale civico di Palermo, spiegò a Felice Cavallaro, del "Corriere della Sera": «Palermo digerisce tutto. Noi siamo fatti così: indifferenti e cinici».

Cavallaro gli ricordò com'era visto da molti suo fratello Salvo: «Abbiamo scritto che era l'anello di mediazione fra società legale e illegale...».

«Fissarii comu li trona!», fesserie come tuoni, replicò quell'omone. Con gli occhi stanchi, ridotti a fessure umide e rosse.

Parte quinta

18
Nel feudo di Palermo

Com'era un leader fanfaniano mentre Fanfani ritornava a guidare la Dc? Per capirlo, nel novembre 1973 andai a Palermo a incontrare Giovanni Gioia, già ministro delle Poste e in quel momento ministro per i Rapporti con il Parlamento.

Gioia aveva 48 anni. Era un signore atticciato. Con occhi a biglia, chiari e freddi. La mascella quadrata. Le labbra carnose. Nel salotto di casa vestiva un doppiopetto nero, gessato. Simile a quello del professore tedesco nel film *Giungla d'asfalto*.

Mi squadrò con severità. Ma come gli chiesi di Fanfani, le sue biglie si accesero. E, quasi a mettere le cose in chiaro, volle dirmi subito: «Sin dal primo momento ho pensato che Amintore avrebbe lavorato, sempre ed esclusivamente, nell'interesse del nostro paese!».

Le parole erano da volantino, ma Gioia mi sembrò sincero. Conosceva Fanfani da un ventennio e l'amava con un culto quasi maoista. Il ministro era giovanissimo quando, nel primo regno di Fanfani, con una pattuglia di fedeli iniziò lo sgombero dei vecchi notabili dicì di Palermo e la costruzione del partito secondo modelli aretini.

Fanfani lo premiò, chiamandolo a Roma come capo della propria segreteria politica. Era il 1956 e Gioia, che aveva 31 anni, rimase in quell'incarico per un triennio. Un tirocinio fatto di lavoro bestiale, sempre inchiodato alla scrivania, che gli valse il titolo di "Culo di piombo".

Poi ritornò a Palermo, più fanfaniano di prima, più fanfaniano di Fanfani. E tale rimase. In una terra di migrazioni politiche, lui non cambiò mai corrente. «A me nessuno ha mai osato nemmeno propormelo» sibilò fra i denti.

La lealtà, dunque, era la prima dote del ministro Gioia. Le altre andavano cercate in un carattere difficile da sondare. Chi lo conosceva bene me ne fornì un elenco minuzioso. Memoria di ferro. Mostruosa resistenza alla fatica. Tenacia nello studiare a fondo i problemi. Testardaggine. Capacità d'incassare, ma anche di vendicarsi.

Testardo e vendicativo lo era già da giovane. Giocava bene a pallone, arrivò a essere una delle riserve del Palermo, un'ala destra tignosa che si batteva con cattiveria e accanimento. Il terzino avversario lo massacrava di calci. Lui resisteva, resisteva e poi restituiva: «Un'ora ho giocato per darti 'stu cauciu!».

Gioia rise, sempre gelido: «È vero. Ho le gambe rovinate dalle cicatrici, il regalo dei difensori a un attaccante. E mi scusi se non voglio mostrargliele».

Osservai: «Adesso le cicatrici politiche le portano gli altri, dentro e fuori la Dc».

Lui nicchiò: «Mi sta dicendo che sono un duro? Forse lo sono, ma nel senso di deciso. Se devo fare una cosa, la faccio. Se per risolvere un problema devo far cadere un governo regionale, be', lo faccio cadere. È avvenuto così per la Palermo-Catania. Ma non lo scriva, ci sono ancora dei vivi».

Parlava a frasi brevi, con tentativi di sorriso. «Ha visto il sorriso di Gioia?» mi domandò il giorno dopo Alberto Alessi, giovane consigliere comunale dicì ed esponente della Base. «È un sorriso indefinibile, a denti stretti, sotto uno sguardo vitreo, fecondativo di pensieri strani...»

«Ha imparato da poco a sorridere» lo scusavano gli amici. E aveva imparato da poco a parlare, almeno con i giornalisti. Mi dissero che ero uno dei primi a intervistarlo. Con me si mostrò gentile, quasi cordiale. Ma compresi che faceva molta fatica a esserlo. Era un colloquio che doveva costargli molto. Perché rendere conto di sé al prossimo? Per di più a un tizio che poi ne avrebbe scritto su un giornale?

Del resto, Gioia era un tipo umano al tempo stesso semplice e complesso. Me lo dipinsero così. Freddo. Chiuso. Solitario. Scostante. Diffidente. Costruito su vecchi modelli culturali. Corazzato di uno snobismo vecchia maniera, con radici altoborghesi.

E infine una vita privata monacale, la casa, la moglie, i quattro amatissimi figli, letture recenti della sera: una *Storia dei musulmani di Sicilia* e *I Beati Paoli*. Mondanità? Niente. Svaghi? Niente. Hobby? Niente. Tranne uno: il potere.

Ecco, eravamo arrivati al vero Gioia, padrone di Palermo. Il centro del suo potere, il cuore del suo feudo era il partito. Perché doveva essere così? Perché lo voleva Roma, ovvero il sistema che reggeva la Dc.

A Roma la forza dei capicorrente nazionali veniva dal numero delle tessere di cui disponevano. Ma le tessere si raccoglievano in provincia. Grazie al lavoro dei feudatari, i capicorrente locali.

Era qui che entrava in funzione un sottosistema che, al tempo stesso, degradava ed esaltava la figura del feudatario. La degradava perché faceva del leader locale un ascaro, o al massimo un proconsole. Forte non per il suo contributo al dibattito politico. Bensì per il numero di iscritti, ossia di tessere, che portava all'ammasso nazionale della corrente.

In cambio, il feudatario otteneva da Roma un sostegno concreto alle proprie posizioni di potere in provincia. E riceveva un'investitura che, a sua volta, avrebbe messo a frutto per rafforzarsi nel feudo.

Era la situazione di Gioia a Palermo e nell'area provinciale palermitana. Qui la Dc aveva 49 mila tesserati. Di questi, il 42,7 per cento, vale a dire più di 21 mila, era di Gioia, ossia di Fanfani.

Su come Gioia e i suoi avessero costruito una maggioranza blindata, le altre correnti democristiane mi dissero cose durissime. A Palermo la tessera del partito era un titolo al portatore che poteva essere consegnato a chiunque. A parenti stretti dei galoppini fanfaniani. A persone morte da tempo. A vivi pescati a caso sull'elenco del telefono o nelle liste delle mutue. Un piccolo esponente doroteo mi spiegò: «Quanti sono gli iscritti alla Dc che non sanno di essere iscritti? Qui sono molti, moltissimi!».

L'invettiva più pesante la ascoltai da Alberto Alessi. Figlio dell'avvocato Giuseppe, uno dei fondatori della Dc, aveva 34 anni. Era un biondo dal ciuffo normanno, con mani nervose da pianista e l'irruenza dei giovani che si ribellano a un potere soffocante: «Nel nostro partito il tesseramento è fasullo, fraudolento. E così, di gradino in gradino, si può affermare che il segretario nazionale del partito è al vertice di una serie di fraudolenze metodologiche. In altre parole, il segretario è un bluff.

«Infatti chi lo vota a Palermo?» si domandò. «Sempre gli stessi, da vent'anni. Hanno visi stanchi, meschini! Debbono votare cinquanta volte. Debbono entrare nella sezione, votare, uscire, e poi entrare di nuovo, rivotare, riuscire...»

Alberto Alessi era infuriato: «Fanfani vuole davvero rinnovare la Dc? E allora cominci da Palermo. Venga a fare un giro quaggiù e ci convochi tutti! Noi crediamo alla buonafede di Fanfani. E quindi lo preghiamo di venire a Palermo. Non per distruggere qualcuno. Ma per vedere che cos'è il partito, il suo e il nostro partito, in questa città».

Le facce nuove venivano guardate con sospetto. E spesso non riuscivano neppure a iscriversi al partito. Mi raccontò il suo caso Vito Riggio, 26 anni, assistente di Diritto amministrativo all'Università di Palermo: «Voglio entrare nella Dc. In gennaio ho fatto domanda al segretario di sezione, un fanfaniano, un uomo di Gioia. Siamo a novembre e non ho ancora ricevuto una risposta. In città c'è un gruppo di duecento operai metalmeccanici: anche loro vorrebbero la tessera, ma non riescono ad averla!».

A volte chi cercava di iscriversi non trovava neppure la sezione. A Palermo non poche sedi dicì esistevano soltanto sulla carta. Se c'erano davvero, spesso avevano dirigenti inamovibili da sempre. Quando era un fedelissimo di Gioia, Vito Ciancimino rimase commissario del comitato cittadino del partito per sedici anni. Poi venne sostituito da Gioia in persona.

Inamovibili e protervi. In un esposto ai probiviri romani sul "sempiterno gruppo dirigente palermitano", Alessi lamentava una serie di comportamenti inammissibili: "L'ostentata violazione del diritto altrui. Il pestaggio di qualsiasi norma statutaria. L'irrisione del metodo legalitario. La prevalenza della propria volontà, e del proprio interesse, su ogni norma scritta e di costume".

Queste piaghe diventavano ferite in cancrena quando le sezioni celebravano i loro congressi. Compravendita di voti con denaro o favori. Trattative rabbiose fra le correnti. Un mercato nevrotico con la spartizione dei risultati prima ancora della conclusione delle assemblee sezionali. In molte sezioni i soci non venivano convocati. E se c'erano non votavano o lo facevano in modo irregolare.

Le minoranze erano costrette a difendersi con l'espediente che mi descrisse Lillo Pumilia, 37 anni, deputato di Forze nuove, la corrente di Carlo Donat Cattin: «Quando si svolgeva un'assemblea di sezione, si mandava uno dei nostri. Lui diceva al segretario: o dai una quota dei voti anche a noi, o faremo dichiarare non valida questa riunione».

"Politica", il periodico nazionale della Base, a proposito della Dc palermitana parlava di "truffa scandalosa". E scrisse: "A sessant'anni di distanza dalla concessione del suffragio universale, ai democristiani siciliani non è stato ancora garantito il diritto di voto. Per loro votano i capi delle clientele, come ai tempi di Giolitti".

La colpa di tutto veniva addossata al capo della clientela più forte, Gioia. La maggioranza nel partito era sua da vent'anni. Sua dal 1954 anche la carica di segretario provinciale. La sequenza dei nomi diceva tutto: Lo Forte, Lima, ancora fanfaniano, Gioia, Lima, Muratore, di nuovo Gioia. Nel novembre 1973 la poltrona era ritornata a Giacomo Muratore, un fedelissimo, chiamato "l'altoparlante del ministro".

Alle accuse Gioia aveva sempre reagito come un vero feudatario: con il silenzio, sdegnando il confronto e la replica. Anche nel suo salotto, durante il nostro incontro, il ministro ascoltò impassibile quel che avevo raccolto sul mio taccuino. Sempre a bocca chiusa, immobile, lo sguardo gelido.

Poi si decise a parlare, ma di malavoglia, propria di chi non è mai stato obbligato a discutere. E la difesa mi sembrò maldestra: «Se il tesseramento è inflazionato, la colpa sarà di qualche segretario di sezione... La mia corrente? Abbiamo le mani pulite, non siamo responsabili di traffici con le tessere... Sono venuti da Roma gli ispettori del partito e gli ho detto: indicatemi dove il tesseramento è falso e io lo sconfesso. Mi hanno risposto: se c'è qualcosa che non funziona, ve lo comunicheremo. Non mi hanno comunicato nulla».

Ma qualcosa da comunicare gli avversari interni di Gioia ce l'avevano. L'esponente doroteo mi disse: «Le conseguenze di questa gestione del partito a Palermo stanno sotto gli occhi di tutti. A Palermo la Dc è spenta, in decadenza paurosa, ridotta a una bottega elettorale. Dove stiamo tutti, ma campiamo male, nell'immobilismo più assoluto».

Un partito-palude che serviva a coprire altre paludi. Me lo spiegò il deputato Pumilia: «È accaduto con Napoli. Gava ha chiesto aiuto a Piccoli. E Piccoli ha detto a Fanfani: sta bene, se tu apri il capitolo Napoli, noi apriremo quello di Palermo. Così tutto finiva lì».

Era stato Gioia a trarre il maggior vantaggio da questa paralisi fondata sul ricatto. Dopo aver infeudato il partito, il ministro era passato a infeudare Palermo. Da anni erano uomini suoi il sindaco, il presidente della Provincia, un battaglione di assessori. A cominciare da quello regionale agli enti locali, coperto dal fedele Muratore: una poderosa macchina di sottogoverno, un "rubinetto" per l'intera Sicilia.

E poi una fitta serie di amici al vertice o nei gangli vitali di tanti centri di potere: il Banco di Sicilia, il porto, l'Ospedale dei bambini, l'Ospedale psichiatrico, le aziende dei trasporti urbani, del gas, dell'acquedotto, della nettezza urbana. L'Ente di sviluppo agricolo era infeudato attraverso il controllo del personale. Così come a capo del personale al comune di Palermo c'era il segretario della sezione dicì "Toniolo", un fanfaniano come il suo predecessore.

Sempre "Politica" aveva riferito il giudizio di Alessi e di un suo collega di corrente: "Chi è violento dentro il partito, lo sarà anche fuori, nella gestione della cosa pubblica".

Mostrai a Gioia quell'articolo. Ma lui non si scompose: «Lo conosco. E conosco anche i due amici che lo hanno ispirato...».

Dissi al ministro: «Mi piacerebbe sentire una sua replica».

Gioia alzò le spalle, annoiato: «Io di violenti nel partito non ne ho mai visti. Quella della Base è una corrente piccola che a Palermo non conta niente. Sono incapaci di trovare consensi. E allora si vendicano scrivendo».

Gli replicai: «Eppure non soltanto loro dicono che la sua struttura di potere ha prodotto il mostro della Palermo di oggi».

Lui rispose, con la calma gelida di sempre: «Parlare di mostro è un'assurdità. Non esistono mostri di nessun tipo a Palermo. Forse ci sarà qualche manchevolezza. Ma tutto quello che potevamo fare l'abbiamo fatto. Nella legalità e nello spirito cristiano».

Non potevo aspettarmi altro da un city boss sempre più potente. Del resto a Gioia non importava nulla di quello che avrei scritto. Certo, il mio articolo sarebbe uscito su un importante giornale del Nord, ma i lettori lo avrebbero subito dimenticato.

Gli dissi ancora: «Molti temono che lei voglia ritentare l'alleanza con il suo vecchio amico-nemico Lima, passato con Andreotti. Mi hanno spiegato che se il dispotismo di Gioia tornerà a legarsi con l'efficientismo di Lima, Palermo sarà sistemata per i prossimi dieci anni».

Gioia mi scrutò senza dire più niente. Facendo un gesto con la mano destra, come a scacciare un piccolo insetto fastidioso.

E Palermo che cosa diceva? Palermo taceva. Era una città in crisi paurosa. Scampata chissà come al colera. I sottoproletari andavano all'assalto di centinaia di alloggi vuoti. Mentre una borghesia stanca e menefreghista scopriva di colpo, con terrore, che i propri figli si drogavano.

Una città che sembrava far suo un antico detto, cinico e rassegnato: «U monacu futti e u cunventu paa». Il monaco fa i comodi suoi e il convento, la comunità cittadina, paga.

«Così va la vita nei feudi» commentò il giovane Alessi. Poi mi chiese, un tantino ansioso: «E Gioia, che ha detto di me Gioia?».

19
Il Doroteo e il Padrino

Nel settembre 1972, Alberto Ronchey mi spedì di nuovo in Sicilia per scrivere articoli sulla mafia. Prima di congedarmi, disse: «Dovresti cercare Giuseppe Genco Russo. Pare sia stato uno dei capi mafiosi dell'isola, un padrino importante. Sta in provincia di Caltanissetta e mi piacerebbe pubblicare un suo ritratto».

Arrivato a Caltanissetta, pensai di andare a trovare un parlamentare democristiano della zona: Calogero Volpe, molto al corrente delle faccende siciliane. Abitava in una masseria di Montedoro ed era stato il sindaco di quel comune. Si arrivava da lui prendendo la strada per San Cataldo e Serradifalco. Per poi viaggiare lungo percorsi franosi e splendide montagne selvagge.

Volpe era un medico di 62 anni e aveva alle spalle una lunga carriera nella Dc. Deputato alla Costituente, era stato eletto alla Camera per ben sette volte. Aveva fatto il sottosegretario in un paio di governi. Ma soprattutto era un big della corrente dorotea, uno di quelli potenti in Sicilia per influenza politica e consenso elettorale.

Prima di partire da Caltanissetta, gli avevo telefonato per chiedergli se voleva ricevermi. E lui mi aveva risposto di sì. Volpe mi aspettava all'ingresso della fattoria, tirata a lucido come una sala chirurgica. Aveva l'aspetto di un gigante: altissimo, massiccio, faccione carnoso, gli occhi nascosti da lenti affumicate. La voce era tonante, baritonale: da gigione parlamentare, ma anche da uomo abituato al comando.

Mi domandò subito, dandomi del tu: «Quanti anni hai?».

«Trentasette» gli risposi.

«Allora potresti essere mio nipote. Ti chiamerò nipote Pansa.»

Gli chiesi della mafia a Caltanissetta. E lui si arrabbiò, bonariamente. Poi cominciò a spiegarmi con foga in che modo stavano le cose.

«Come te lo devo dire, nipote Pansa?» ruggì. «Caltanissetta non è una provincia mafiosa. Da vent'anni, qui non c'è più un fatto di sangue, una rapina, un furto. Noi dormiamo con le case aperte. Lo sfruttamento parassitario è finito, con la chiusura delle miniere di zolfo e con la scomparsa del feudo. Tutto questo la Dc l'ha combattuto e l'ha distrutto, grazie ai suoi uomini, grazie anche al sottoscritto che ti sta parlando. È soltanto a quei tempi che la mafia è esistita. Forse.»

Volpe notò il mio sguardo incredulo. E m'incalzò: «Mi senti o non mi senti, nipote Pansa? È finito, finito, finito! La mafia è un ricordo lontano, molto lontano. Ma siccome per decreto legge questa è una provincia mafiosa, voi del Settentrione correte qui e volete sapere della mafia. Buffoni, buffoni!».

L'onorevole precisò: «Il buffone non lo dico a te, nipote. Lo dico a certi personaggi di Roma che campano decidendo chi è mafioso e chi no. Voi dei giornali ci inzuppate il pane e alimentate la leggenda. È la stessa cosa di quando scrivete dei dorotei!».

Sorpreso, domandai: «Che c'entrano i dorotei?».

«C'entrano, c'entrano!» tuonò Volpe. «Voi giornalisti siete tutti di sinistra. Scommetto che lo sei anche tu, nipote Pansa! E a voi i dorotei non piacciono. Quando scrivete dorotei, è evidente che ci disprezzate. È come se scriveste cornuti!»

«Cornuti? Ma non è vero!» replicai.

E Volpe, con la voce sempre più tonante: «Non contraddirmi, nipote! Certo che è vero, verissimo. Per voi dire doroteo è uguale a dire cornuto!».

Partito dai dorotei, Volpe arrivò a parlare della Dc. E qui la sua analisi divenne più acuta: «Ti regalo un pronostico. La Dc durerà ancora per molti anni. Ma poi morirà a causa di una malattia che si sta già manifestando. E la malattia è la mancanza di autorità interna».

Per farmi capire meglio, Volpe soggiunse beffardo: «La Dc è diventata come la masseria del curatolo Cicco. Tu sai chi è il curatolo? Vedo che non lo sai. Allora te lo spiego io: non è il mezzadro, ma qualcuno che sta sopra di lui. Uno che per contratto deve sorvegliare l'andamento di un'azienda agricola nell'interesse del proprietario. A volte ci sa fare, a volte no. In Sicilia c'è un detto: nella masseria del curatolo Cicco, che vuol dire Francesco, il primo che si alza comanda! E la masseria va a rotoli.

«Voi giornalisti non avete compreso niente!» scandì Volpe, puntandomi contro un dito massiccio come la canna di un fucile. «State lì a distinguere fra correnti e sottocorrenti del mio partito. E lo fate con faziosità. Quelle che vi piacciono le descrivete come un club di Premi Nobel. Per le altre fango! Invece la vera malattia della Dc è che non esiste più un capo autorevole. Il primo che si alza a parlare crede di essere De Gasperi. E pretende di comandare.»

Poi don Calogero, prima di congedarmi, mi spiegò dove potevo trovare Giuseppe Genco Russo.

Il Padrino tramontava fra Mussomeli e Canicattì, nel cortilaccio della masseria Graziano. Seduto sopra un ceppo sulla soglia di una stalla buia. Aveva un lurido Borsalino per difendersi dal sole. Le vecchie brache aperte mostravano antiche mutande di lana grigiastra.

Anche il volto era consumato. Gli orgogliosi baffi di un tempo erano ridotti a un ciuffetto di peli bianchi, rifugio di mosche moleste fra il muco e la barba non rasata. Il famoso sorriso da tigre si era spento da un pezzo. E dalla bocca disfatta filtrava una voce tremula.

Zu' Peppe Jencu non fu stupito della mia visita. Anzi, sembrò quasi contento che un giornalista si fosse ricordato di lui. E cominciò subito a lamentarsi: «Ottant'anni aiu. Sì, ottanta».

In realtà ne aveva 79, perché era nato a Mussomeli il 26 gennaio 1893. Ma ormai un anno in più o in meno contava poco. A intristirlo doveva essere soprattutto la fine della sua stagione di capo mafioso. Forse si sentiva una vittima dei tempi nuovi. Borbottò: «Sono abbattuto per quello che ho patito senza aver fatto una virgola di male. Non ho voglia di parlare con nessuno. Scriva soltanto questo che adesso le dico...».

Iniziò a dettare, con lentezza: «Io, Giuseppe Genco Russo, desidero passare tranquillo i quattro giorni che mi restano. Dimenticando tutto e tutti. Ormai faccio ombra e basta, Signore Iddio di bontà».

Era mezzogiorno. Sul cortile della masseria splendeva un sole implacabile. Caldo afoso. Vespe cattive. Piccoli maiali che irrompevano fra le gambe di zu' Peppe.

Mi accorsi che traballava sul ceppo, il bastone gli serviva poco. Lo sorressi. E dalla mano destra gli cadde un libretto. Era unto e bisunto, la copertina rifatta con carta blu bruciacchiata da brace di sigaro. Me lo mostrò. Il titolo diceva: *Spiegazione del Sacro Manto. Invocazione a San Giuseppe*.

«È un libretto di preghiere» mi spiegò il Padrino. «Sono un buon cattolico e prego sempre. Leggo anche questi.»

Frugò in una tasca dei pantaloni e ne trasse il fazzoletto, un antiallergico, la metà di un toscano, tre scatole di fiammiferi e infine altri due libretti di preghiere. Erano molto sgualciti e avvolti nel cellophane. Uno aveva per titolo: *Il pane di Sant'Antonio*. Quello del secondo non si leggeva più.

Il tassista che mi aveva portato da Caltanissetta fissava allibito zu' Peppe. Poi mi soffiò in un orecchio: «Dottore, se non penso ai vecchi tempi, mi sento un groppo in gola nel vederlo ridotto così».

Già, ma come si poteva dimenticare il passato?

Quando gli americani del generale Patton sbarcarono in Sicilia, nel luglio 1943, incontrarono subito il capo della mafia: don Calogero Vizzini, detto don Calò. Era nato nel 1877 a Villalba, vicino a Mussomeli, sempre in provincia di Caltanissetta. La 5ª armata lo nominò colonnello ad honorem, per meriti speciali. E il giorno che Vizzini morì, nel 1954 a 77 anni, il comando della mafia siciliana passò a Genco Russo.

Erede di don Calò, fu l'ultimo capo della vecchia mafia di Sicilia. Aveva visto il succedersi delle epoche, dalle violenze nei feudi sino al traffico di droga. Un capo abile, processato, condannato, assolto. Amico di potenti, lo sguardo che feriva. E il piglio di chi può conoscere l'amicizia, ma non la pietà.

Caltanissetta era piena dei ricordi di un padrino sessantenne. Un uomo alto, vigoroso. Con un volto grifagno dal profilo di rapace, i baffi alteri. Vestito con proprietà, sempre con la cravatta.

Mi raccontarono: «Quando appariva in corso Umberto, che spettacolo! Si sedeva al Caffè Romano, il cappello ben piantato in testa, la pipa fra i denti. I mafiosi di tutta la provincia facevano la fila per salutarlo col bacio sulla guancia. E il prefetto, minchia!, lo riceveva di colpo».

Ma a correre non erano soltanto i mafiosi. Correvano anche certi politici della Dc, che del resto era il partito dove il Padrino era iscritto: «Avevano il loro interesse, è chiaro. Lo si vedeva alle elezioni, quando non si spostava uno dei grossi calibri democristiani senza che ci fosse al seguito l'autocolonna dei mafiosi».

Mi dissero ancora: «Un anno che l'onorevole x non lo misero più in lista, i mafiosi si raccolsero davanti al tribunale di Caltanissetta e posarono ben in vista sulle automobili le loro pistole. Per evitare il sangue, uno dei candidati decise di ritirarsi e così il deputato poté rientrare».

Adesso, lungo la strada della masseria Graziano o davanti alla casa di Mussomeli, non si vedevano più pellegrinaggi. Azzardai: «Forse i politici hanno paura di compromettersi...».

Genco Russo ebbe uno scatto d'ira, un lampo dell'antico vigore: «Paura di che? Io non so niente di loro. C'è solo il mio proponimento di non avere a che fare con nessuno più!».

Riprese a lamentarsi. Confessò che soffriva di cataratta a entrambi gli occhi, poi di fegato e di prostata: «Cose che nauseano. Sarei più orgoglioso a non dirlo, ma ieri sono stato male tutto il giorno. Non ci vedo, amo la solitudine, sono un uomo finito».

A me non sembrò per niente finito. Mi resi conto che soppesava con attenzione le risposte. E aveva una memoria blindata, che non lasciava trapelare nulla.

Gli chiesi: «Se lo ricorda il convegno all'Hotel delle Palme di Palermo, con i capi di Cosa Nostra arrivati dagli Stati Uniti?».

Zu' Peppe scosse la testa: «Quale convegno? Non ci fu nessun convegno».

Eppure il convegno c'era stato, nell'ottobre 1957. Alle Palme sedevano i capi delle famiglie mafiose americane. Guidava la delegazione Joseph Bonanno, detto Joe Bananas. E insieme a lui stavano Carmine Galante, Joe Di Bella, Giovanni Bonventre, Santo Sorge e Lucky Luciano. Faceva gli onori di casa Genco Russo. Tutti insieme avevano deciso come distribuire gli affari di Cosa Nostra nell'isola. Famiglia per famiglia.

Gli chiesi: «Com'era Santo Sorge?».

Il Padrino cominciò a riflettere, poi rispose, lento: «Sorge l'ho visto da ragazzo, poi mai più».

«E Lucky Luciano? C'era o no nell'incontro di Palermo? Aveva qualche anno meno di lei, era nato a Lercara Friddi, in provincia di Palermo. Comandava la mafia siciliana di New York.»

«Non l'ho mai conosciuto questo Luciano.»

«E le famiglie mafiose americane?»

Lui s'inquietò: «Mai avuto contatti con l'America».

«Almeno di Luciano Liggio avrà sentito parlare, no? Aveva una faccia da killer ottuso. Quando sorrideva, con le labbra sollevate e la sigaretta tra i denti radi, ti obbligava a pensare ai cadaveri che si era lasciato alle spalle...»

Il Padrino bofonchiò, brusco: «Non mi chieda più niente!».

Provai a domandargli dei politici che aveva di certo incontrato. E fatto eleggere. Si diceva che esistesse una lettera firmata da trentasette parlamentari democristiani che ringraziavano zu' Peppe per averli aiutati. Tra costoro c'era anche un ministro.

Genco Russo alzò le spalle: «Una lettera? Non ne so niente. Ma sono favole».

Allora cominciai a leggergli un elenco di nomi. A ogni nome, lui si limitava a borbottare: «Ah, ah...». Fissandomi al di sopra delle lenti, con occhi acquosi.

Si riscosse soltanto al nome di Calogero Volpe. E farfugliò: «Stavamo insieme nella stessa corrente della Dc». Poi mi chiese: «È andato a trovare Volpe?».

«Sì, pochi giorni fa, nella sua masseria di Montedoro».

Lui sospirò: «Volpe ha tempo e la cura bene. Quante vacche ha Volpe?».

Bluffai: «Più di lei».

Il Padrino sputò per terra. Rimase in silenzio per un po'. Quindi sorrise: «E perché ci andò da Volpe?».

Gli raccontai una parte della verità: «Volevo sentire

che cosa diceva del sindaco di Caltanissetta minacciato dalla mafia».

«E che cosa le disse Volpe?»

«Che era tutta una buffonata.»

Il Padrino mi sembrò contento della risposta data dall'onorevole. Con un sospiro, mise a posto le bretelle. Dalla camicia slacciata si faceva strada una selva di peli grigi. Poi esclamò: «Mafia? Mafia in Sicilia? Ma quando mai! Io non ne ho cognizione».

Fu inutile tentarlo con la vanità. Sogghignò tra sé: «Un capomafia io? Mai stato! Capolavoratore, quello sì. Ho sempre lavorato, tutta la vita».

Mi fece brindare con un vino giovane e buono. Alzò un bicchiere, vuoto: «Piacere e onore! Mi perdoni se non bevo. Stamattina ho preso il latte e mi verrebbe l'acido».

Vide che continuavo a scrivere sul taccuino e ridacchiò: «Se rimanesse qui sino a sera, scriverebbe per tutta la giornata». Poi la prudenza vinse sull'orgoglio: «Che scrive ancora? Non ci mettete più niente. Sono stanco, stanco...».

Non doveva essere vero perché aggiunse: «Ci sono giornalisti che imbrogliano molto. E ci sono gli onesti che scrivono le cose che sentono. Io penso che uno di questi sarà lei. Ma adesso ho chiuso!».

All'improvviso, la voce del Padrino si era fatta dura e forte. Mi fissò con occhi che non vedevano, però capaci di gelarti. Occhi da vecchia pantera malata che vorrebbe andare all'attacco come un tempo. E avverte, con dolore e con rabbia, che non ci riesce più.

Sempre seduto sul ceppo, Genco Russo accese la pipa e si appoggiò al bastone. Immobile, guardava altrove. Verso un punto lontano. E la mia ombra svanì sotto il sole della masseria.

20
"Ho sposato la Dc."

Si può sposare un partito politico? Penso di no. Tuttavia nella Prima Repubblica poteva succedere.

A Messina mi spiegarono che cosa diceva di se stesso il democristiano Nino Gullotti. Era il ras della provincia, eletto deputato otto volte e ministro in dieci governi, depositario di un potere senza avversari. Questo era il suo volto pubblico. E quello privato? Esisteva, ma non risultava diverso. E adesso dirò subito il perché.

Nel novembre 1973, quando andai a Messina per la mia inchiesta sui city boss, Gullotti aveva 51 anni. Era uno scapolo stempiato, né bello né brutto, elegante, dal carattere in apparenza dolce, senza le asprezze di un Gioia o gli spigoli ambigui di un Lima. Di certo poteva attrarre più di una signora, come spesso accade con gli uomini che esercitano un comando.

Ma Gullotti seguitava a fare il single, senza cedimenti. Così, a mano a mano che il tempo passava, qualche amico gli chiedeva: «Perché non ti sposi e metti su famiglia?». E lui rispondeva, con un sorriso: «Non posso perché ho già sposato la Democrazia cristiana».

Fra i big della Dc gli scapoli non mancavano. Di uno ho già narrato: Mariano Rumor. Un altro era Emilio Colombo, quasi coetaneo di Gullotti perché nato due anni prima di lui, nel 1920 a Potenza. Mentre Gullotti è scomparso nel 1989, oggi Colombo ha 90 anni. Ed è senatore a vita, dopo una lunghissima carriera: eletto alla Camera per ben dodici legislature, ministro un'infinità di volte e nel 1970 presidente del Consiglio.

Anche Colombo era refrattario al matrimonio. Per

qualche ragione che non abbiamo il diritto di sindacare. O forse perché il suo ménage privato a Roma era già affidato alle cure premurose di ben quattro sorelle: Margherita, Anna, Elena e Maria. Sta di fatto che un giorno il segretario del vescovo di Potenza gli domandò: «Eccellenza, perché non si sposa?». La replica di Colombo fu sbrigativa: «Perché non ho tempo!».

Bisogna riflettere su questa risposta di Colombo. Fingendo di non ricordare quel che aveva detto un giorno Fanfani, sposato per due volte e padre di sette figli: «Io sono l'unico gallo in un partito di capponi». E meditando, invece, sulla parola usata dal ras di Potenza: il tempo.

Era una parola che nella Dc costituiva il perno di una regola ferrea, un vero imperativo categorico: tutto il tempo di un politico va riservato alla politica e al potere che ne deriva. Senza distrazioni, senza svagatezze, senza inutili passioni.

Anche Gullotti era così. E lo era stato fin dall'inizio del suo percorso nella Dc. Quando, appena laureato in Legge, scese dal paese natale, Ucria, per fare politica a Messina. Poiché aveva bisogno di uno stipendio, venne sistemato come cuoco all'Ospedale psichiatrico provinciale. Fu un segno del destino.

Abile manipolatore di pietanze politiche, da quel giorno, piatto dopo piatto, Gullotti salì quasi tutti i gradini della cucina democristiana. A 29 anni segretario provinciale di Messina. A 32 segretario regionale. A 36 l'ingresso a Montecitorio. Poi vicesegretario nazionale del partito, vicepresidente dell'Antimafia, quindi le rielezioni in Parlamento, i ministeri e, infine, il grado di generale dell'Armata dorotea.

A Messina diversi testimoni mi spiegarono che l'ingrediente numero uno dei suoi piatti era la mediazione.

Mentre Gioia a Palermo si era fatto strada con grinta dura e a colpi di sciabola, Gullotti aveva scalato il potere con uno stile vezzoso e impugnando un insidioso fioretto.

Era nato così un personaggio ritenuto dolce, mai teso, un sorriso perenne stampato sul volto, dotato di una grande facilità nei rapporti umani. Insomma un uomo gradevole, avvolgente, fornito di humour. Con un allenamento enorme a trovare compromessi. E con la sicurezza che, dal compromesso, il massimo del vantaggio sarebbe andato sempre a lui.

Pure chi non lo amava, mi consegnò un ritratto quasi affettuoso. Nino il dolce, un proconsole sorridente, mediatore delle risse democristiane in Sicilia. Un neogiolittiano trasformista. Pronto a fingere di accettare tutto e il contrario di tutto. Ben insediato nella corrente più forte, ma con gente sua in altre correnti.

E soprattutto un uomo di gomma, ma con l'anima di ferro. Un pugile che ti sorrideva e intanto ti martellava ai fianchi. Un politico che da anni era il punto di passaggio obbligato di tutte le operazioni di potere in Sicilia.

Nell'autunno del 1973, di vistose operazioni di potere Gullotti non ne faceva più. Non gli avrebbero recato alcun vantaggio. Ormai a Messina il potere era tutto suo. E a buon diritto la provincia poteva fregiarsi del titolo di secondo feudo doroteo d'Italia, dopo la parrocchia vicentina di Rumor.

Il matrimonio con la Dc si era rivelato anche un contratto vincente per Gullotti. Una volta assorbiti i centristi, i tavianei, un po' di sinistra e un po' di giovani, adesso controllava il 72 per cento delle 32.650 tessere biancofiore di Messina. E se lo sguardo si allargava all'intera Sicilia, le sue erano il 41 per cento, il doppio di quelle fanfaniane in mano a Gioia.

Come abbiamo visto, nel feudo di Gioia c'era ancora qualcuno che gridava di rabbia. A Messina, invece, regnava la pace eterna. Pippo Campione, il giovane e colto presidente della Camera di commercio, la proiezione ideologica di Gullotti, mi aveva avvertito: «A Messina non ci sono scontri frontali, ma dialogo di estrema civiltà e rispetto delle minoranze».

Giuseppe Gerbino, un professore di lettere, per tre volte deputato democristiano e poi uscito dal partito, mi disse la stessa cosa, sia pure con un tono ben diverso: «Stare sotto l'ombrello di Gullotti conviene a tutti. Tutti ci stanno bene. Ciascuno ha la propria fettina di potere. E all'appello si presentano tutti».

La stessa fotografia mi consegnò l'assessore comunale all'acquedotto Nino Gigante. Era un apprezzato dentista, con studio nel centro della città. Dopo aver aderito alla corrente della Base e poi a quella di Nuova sinistra, era approdato nel grande porto dei dorotei di Rumor e Piccoli, vale a dire nel porto di Gullotti.

Il dottor Gigante era un signore spiritoso. Mi disse, sorridendo: «Certo, sono stato contrario a Gullotti. Ma adesso lei ha davanti a sé un avversario spompato dal punto di vista teorico. Un avversario che ha finito di esistere».

Poi mi spiegò: «Gullotti ha il grande merito di aver permesso ai suoi avversari di vivere. Certo, lei potrà osservare che, in fondo, come merito non è granché. Ma qui da noi lo è, anche se dirlo mi fa tristezza. In Sicilia siamo ancora a questo. In Sicilia è quasi un miracolo».

Un miracolo? Forse per questo avevano cominciato a chiamare Gullotti il "Santo". Un santo che aveva saputo fare terra bruciata di chi poteva opporsi. Anche il potere amministrativo dipendeva da lui. A cominciare dal sindaco di Messina, dal presidente della Provincia, da quello della Camera di commercio per arrivare alle banche, agli enti pubblici, ai consorzi, a un plotone di parlamentari.

Gullotti poteva permettersi di rimanere lontano, a Roma. A volte non ritornava neppure nei weekend. Restava chiuso nel suo appartamento all'Hotel Minerva, a studiare le carte del potere. Ascoltando a tutto spiano musica classica, l'unico hobby.

A presidiare Messina provvedeva anche una donna decisiva nella sua vita quanto la sposa democristiana. Era la sorella Angelina Gullotti maritata con il senatore Luigi Genovese, pure lui del paese di Ucria e destinato a essere rieletto per sei volte nel collegio di Patti.

Angelina non aveva incarichi pubblici, ma era stata decisiva nell'ascesa politica del fratello. Lavorava in un ufficio tutto suo e lì teneva le fila di molte cose. A Messina me lo indicarono come "quello dell'onorevole Angelina", evocando il titolo di un vecchio film di Luigi Zampa con Anna Magnani. Un "no" della sorella era anche un "no" di Gullotti. E un suo "sì" valeva quanto un "sì" del ministro.

Il Santo aveva creato un regime perfetto. Con un solo punto debole: le condizioni di Messina. Nell'osservarle, cominciava a venirti qualche dubbio sulla sproporzione di forze tra due realtà. Da una parte, un raffinato e giulebboso Superman del potere. Dall'altra un feudo che aveva bisogno di tutto.

Nell'autunno del 1973, Messina non aveva quasi niente, a parte i trentamila che ancora abitavano nelle baracche costruite dopo il terremoto del 1908. Per l'industria la crescita era uguale a zero. Il porto risultava impoverito e, di fatto, declassato. L'entroterra stava in miseria, con un'agricoltura in crisi e difficile da riconvertire.

L'università e gli istituti superiori sfornavano ogni anno centinaia di laureati e di diplomati condannati alla disoccupazione, al sottoimpiego o alla fuga. Unico miraggio: un posto di lavoro pubblico o semipubblico. Al Comune, alla Provincia, al Policlinico, nelle banche, nella burocrazia statale o regionale. Ma per arrivarci bisognava vincere alla lotteria dei concorsi: 7425 candidati per 45 posti all'Inps, mille aspiranti a 60 posti di spazzino, 1800 per 80 da inservienti in ospedale.

I pochi critici del Santo sostenevano che era diventato forte anche grazie a questo disperato bisogno di lavoro. Il mercato dell'impiego pubblico era nelle mani dei gullottiani. Il deputato dicì Antonino Perrone, della corrente di Forze nuove, mi disse: «A Messina non si muove una virgola e non si sposta un usciere se Gullotti non vuole».

E l'assessore Gigante mi spiegò: «A Messina gli uomini di cultura non contano niente in politica. L'influenza di un politico è proporzionale alla sua capacità di trovare un posto a un operaio, a un impiegato, a uno studente appena diplomato. Da noi fare politica in modo diverso non sarà mai possibile fino a quando esisterà il problema del pane quotidiano».

A Messina questo problema esisteva ed era bruciante. Qui il diritto al lavoro era ancora una concessione paternalistica e benevola di chi aveva il potere. E il potere stava per intero nelle mani di Gullotti o dei suoi vassalli.

«E così tutti vanno al Santo» concluse intristito uno dei tanti senza lavoro incontrato nello studio dell'assessore Gigante. «Io non ci sono ancora andato. Ma dovrò andarci. A Messina il voto non è libero, caro dottore. Perché se non passi per quella strada non ottieni niente.»

Mentre ritornavo al di là dello Stretto, mi domandai se valeva la pena di aver sposato la Dc. Forse la signora Biancofiore non era poi quella donna per bene che molti immaginavano.

21
Toni e le donne

Antonio Bisaglia non avrebbe mai detto: «Ho sposato la Dc». Non gli sarebbe neppure venuto in mente. Prima di tutto per paura di essere ridicolo. Poi perché era stato uno scapolone allegro per gran parte della sua vita. E infine perché a lui piacevano le donne in carne e ossa, non quelle immateriali come la signora Biancofiore.

Penso di aver conosciuto bene Toni Bisaglia. Tanto d'aver scritto un libro su di lui: *Bisaglia. Una carriera democristiana*, uscito nel giugno 1975 per la Sugarco Edizioni, nella collana Uomini e potere. Quando quella biografia apparve nelle librerie, qualche amico mi disse: «Sei un pazzo! Come si fa a scrivere quattrocento pagine su un ras doroteo?».

In realtà, nell'assolvere all'impegno che avevo preso con l'editore, Massimo Pini, mi ero proposto un obiettivo diverso: fare qualcosa di nuovo e di più ambizioso della semplice biografia di un capo democristiano. Volevo dipingere un grande affresco del Veneto bianco, la trave portante del potere dicì in Italia. E così mi ero mosso partendo da lontano. Da quello che avevo chiamato il Veneto rosso, dal Polesine, l'area dove l'espansione della Balena Bianca aveva incontrato le maggiori difficoltà.

Confesso di non aver più riletto il mio *Bisaglia*. L'esperienza mi ha insegnato a non riprendere in mano i propri libri, una volta che sono approdati in libreria. A ogni pagina, o quasi, ti saltano agli occhi degli errori. Non parlo dei refusi di stampa, bensì di cose che non vanno. Descrizioni poco accurate. Personaggi messi a fuoco in modo errato. Valutazioni sbagliate.

Comunque, quando uscì, il libro ebbe un buon successo. E venne accolto per quello che era: un racconto accettabile della Dc di allora, e non soltanto la biografia di un potente democristiano. Un racconto e non una storia. Nemmeno allora ero uno storico di professione. L'unico titolo che potevo vantare era di essere un cronista della politica italiana, quella romana e quella in provincia.

Tuttavia anche adesso qualcuno potrà domandarmi: ma perché scegliere Bisaglia per raccontare la Dc veneta? E non un altro personaggio, per esempio Rumor, il padre politico di Toni? Provo a chiedermelo anch'io. Cominciando dagli interrogativi più banali.

Forse perché Toni Bisaglia era bello? Ma no che non lo era. Nel 1975 aveva 46 anni e li portava come li portano quasi sempre i politici. Tutta gente che non pratica sport, passa da un pranzo di lavoro all'altro, sta seduta in Parlamento o nel proprio ufficio. E non cammina mai perché c'è un'auto blu a portarla dove ha bisogno di andare.

Bisaglia era un uomo alto, massiccio, un po' lento nei movimenti, l'aria di chi è sempre distratto o pensa ad altro. Aveva l'aspetto del gattone da canonica. Eppure a me ricordava un grosso giaguaro in attesa di scattare. E capace di passare dall'immobilità assoluta a un balzo improvviso che nessun cacciatore sarebbe riuscito a intercettare.

Parlerò dopo del rapporto fra Toni e le donne. Però voglio dire subito una cosa. Bisaglia piaceva molto alle signore anche per il contrasto fra l'apparenza e la realtà. Toni non aveva certo né l'aspetto né i modi del playboy. Anzi si portava dietro un'aria antica da oratorio cattolico, quasi da sacrestia. Ma se una donna lo attraeva, diventava un corteggiatore da combattimento.

A quel punto, lasciava intravedere alla signora momenti di piacere impensabili. E un rapporto rovente, sia pure condotto con la praticità del boss politico. Il tutto difeso da una barriera di riservatezza assoluta. Un dovere nei confronti dell'amante di turno, ma anche una necessità per chi sta nella prima fila di un partito che ha nell'insegna la croce.

Ritornando alle domande su di lui, mi chiedo: Bisaglia era forse un uomo colto? Direi proprio di no. Rumor lo era, sia pure in un modo un po' antiquato, da intellettuale cattolico formatosi fra gli anni Trenta e Quaranta. Toni invece era un praticone, con un percorso scolastico impacciato. La laurea in Legge l'aveva conquistata molto tardi. Spinto e appoggiato da Rumor e da un'altra eccellenza dorotea, il professor Luigi Carraro, preside della Facoltà di Giurisprudenza a Padova e senatore.

Era astuto Bisaglia? Questo sì, astutissimo. Molto bravo negli affari come agente di una compagnia di assicurazioni. E superbravo nel costruire la propria carriera politica. Ma assieme all'astuzia, Toni possedeva un'altra qualità: la pazienza dura.

Intendo dire la costanza spietata nel farsi largo ogni giorno, ogni settimana, ogni mese. Falciando senza rimorsi chi osava mettersi di traverso. E da un certo momento in poi, costringendo nell'angolo il suo stesso padrino politico, Rumor. Scaraventato giù dal trono doroteo e mandato al tappeto senza pietà.

Era onesto Bisaglia? Per rispondere, dovrei riscrivere molte pagine del mio vecchio libro. Era un uomo che amava il potere politico. E nella Prima Repubblica, come accade oggi nella Seconda, per conquistare e mantenere il potere occorreva sempre molto denaro.

Toni veniva da una famiglia povera, ultimo dei sette figli di un ferroviere, caposquadra dei deviatori alla stazione di Rovigo. La casa dove aveva visto la luce nel

1929 era un casello ferroviario. Ma quando scrissi il libro su di lui, a metà degli anni Settanta, non aveva certo l'aria del politico che deve fare i conti con un portafoglio sguarnito.

Allo scoppio di Tangentopoli, nel febbraio 1992, Bisaglia era già scomparso da otto anni. Se non ricordo male, qualcuno dei suoi uomini incappò, a torto o a ragione, nella rete di Mani Pulite. Ma non so dire che cosa sarebbe accaduto a Toni se, in quell'anno cruciale per la Prima Repubblica, fosse stato ancora in vita.

Ma allora perché mi sono occupato di Bisaglia per così tante pagine? Perché mi era sembrato il prototipo del politico moderno, o almeno più moderno di tanti altri capi democristiani. Nel senso che aveva compreso due o tre cose indispensabili per chi non vuole soccombere sul ring spietato della politica. E cerca di vincere, match dopo match.

La prima era che bisognava avere il senso dei propri limiti. Bisaglia lo possedeva sino in fondo. Infatti non immaginò mai di diventare il leader nazionale della Dc. Si accontentò di esserne uno dei kingmaker, coloro che decidono chi deve essere il re.

La seconda verità che Toni aveva ben chiara in mente era un principio di derivazione quasi leninista. Lo rammento così: l'organizzazione è il fattore primario di qualunque vittoria, chi la controlla possiede già metà del potere politico.

Su questo terreno, Bisaglia aveva ben pochi avversari. E in Veneto nessuno. Al fianco di Rumor e poi contro Rumor, aveva costruito nella regione un sistema quasi perfetto. A rete diffusa. Con molti punti di forza, tutti riferiti a lui e pronti a servirlo.

Questo gli consentiva un comando ferreo sul territorio veneto. E come era naturale nel sistema dei ras biancofiore, moltiplicava la sua forza al centro della Dc. Una forza da usare con mano felpata, ma dalla presa durissima: il classico pugno di ferro dentro il guanto di velluto.

A questo punto restava un'ultima domanda: quale obiettivo si proponeva Bisaglia? A mio parere, uno solo: durare il più possibile. E far durare il potere democristiano in Veneto e in Italia. Del resto, erano così i dorotei, tutti i dorotei.

Se li misuro sulla figura di Toni, direi che erano uomini lontani da qualunque estremismo. Contrari a qualsiasi rottura, soprattutto a quelle nette. Mediatori per vocazione. Nemici di ogni novità. Dunque erano dei conservatori. Incapaci di innovare, però capaci di resistere nel tempo. Sia pure con una scarsissima forza propulsiva. Nel passato, questo m'era sembrato un difetto. Nell'Italia di oggi, così caotica e in preda alle convulsioni, comincio a pensare che fosse una qualità.

Per il resto, Bisaglia era uguale a tutti i maschi della sua generazione e della stessa origine sociale. Cresciuto in una famiglia molto numerosa, dove prima di spendere cento lire ci pensavano dieci volte, quando cominciò a disporre di un reddito rispettabile si guardò bene dal considerare la povertà una virtù. In più, arrivato a Montecitorio nel 1963 a soli 34 anni, anche a Roma rivelò di essere un giovane signore molto attratto dalle donne.

Mentre preparavo il libro su di lui, Bisaglia mi disse: «Sì, le donne mi piacciono, mi sono sempre piaciute. Mi pare sia normale, no? Sono uno dei pochi democristiani ad ammetterlo.

«La compagnia femminile è quella che preferisco. In un certo momento, hanno tentato di sfruttare contro di me questo fatto banale. Bisaglia va a donne, e allora? Sono scapolo, non ho il dovere della fedeltà coniugale. Ma ancora negli anni Sessanta il mondo cattolico era molto sensibile a questo genere di accuse.»

Toni se ne rese conto durante la sua prima campagna elettorale, nella primavera 1963. Mentre era lanciato alla conquista di un seggio alla Camera, partì una folata di lettere anonime. Tutte gli rimproveravano un eccesso di amicizie femminili. E sostenevano che non bisognava votarlo perché era un puttaniere.

Bisaglia, preoccupato, si mise a rapporto dal vescovo di Padova, il cappuccino Girolamo Bortignon. Andò a trovarlo e gli portò le lettere anonime che aveva recuperato. Poi gli disse: «Guardi, eccellenza, le donne che vengono citate sono queste e queste. Lei accerti come stanno davvero le cose. E poi mi dica se devo continuare la campagna elettorale o ritirarmi».

Monsignor Bortignon trattenne le lettere e ci pensò sopra sette od otto giorni. Quindi convocò Toni in vescovado, lo accolse con grande cordialità e gli disse: «Vai pure avanti nella tua campagna, figliolo. Male non fare, paura non avere...».

La seconda folata di lettere anonime arrivò quando iniziava la seconda campagna, quella del 1968. Bisaglia puntava a ritornare a Montecitorio. E gli anonimi cercavano di impedirglielo. Le missive erano dirette ai parroci della circoscrizione. E contenevano la descrizione minuziosa della dolce vita di quello scapolo di 39 anni, sempre puttaniere.

In più, si diceva che Bisaglia comprava i voti di preferenza dai parroci. Ricompensati non con favori o disbrighi di pratiche, bensì con assegni o denaro contante. Ma gli anonimi non avevano calcolato che i parroci si sarebbero risentiti di quell'accusa, rivolta anche a loro. E le frecce di carta sortirono l'effetto opposto. Regalando a Toni un altro trionfo elettorale.

Anche allora la lotta politica non conosceva limiti. I colpi bassi potevano avere una faccia e pure il suo opposto. Gli avversari di Bisaglia misero in giro due voci rivolte a smentire la sua fama di dongiovanni. La prima sosteneva che Rumor era gay. La seconda che Toni era il suo amante. Oppure che era bisessuale, nel senso che andava a donne, ma sollazzava anche il proprio maestro politico.

Questi anonimi affermavano il falso. Sia a proposito di Rumor che di Bisaglia. Posso dire con sicurezza che il loro rapporto era soltanto quello fra il docente e l'allievo. Reso più saldo dal fatto che Mariano aveva quattordici anni più di Toni ed era stato il politico al quale il ragazzo di Rovigo doveva l'ingresso ai piani alti della Balena Bianca.

Poiché era uno scapolo d'oro, via via sempre più forte in politica, a Bisaglia non fu difficile coltivare la passione per le donne. Però erano tutte storie molto coperte, assai riservate, per non dire segrete. L'unica parte visibile della sua vita era quella dei giovani politici assorbiti dalla carriera.

A Roma abitava in albergo, prima al Metropol, poi al Royal Santina. Ma lì ci dormiva e basta. Il resto della giornata lo passava nel suo ufficio privato. E dal dicembre 1968, quando Rumor diventò capo del governo, la residenza abituale di Toni divenne Palazzo Chigi. Come sottosegretario alla presidenza del Consiglio nei primi tre gabinetti guidati da Mariano.

La sua vita cominciò a cambiare verso la fine degli anni Settanta. Toni era stanco di vivere in albergo e comprò una casa importante nel centro di Roma, di fronte alla fontana di Trevi. La signora che gliel'aveva trovata era un'antiquaria, Bianchina Riccio, moglie del giornalista Luigi Bianchi, il notista politico del "Corriere della Sera".

Fu allora che l'ex vitellone di Rovigo, diventato nel marzo 1974 ministro dell'Agricoltura nel quinto governo Rumor, iniziò a frequentare con assiduità i salotti romani condotti da signore della borghesia di sinistra o comunque non legate ad ambienti democristiani.

Ma il destino aveva deciso che Toni incontrasse la donna della sua vita non in un salotto romano, bensì in uno milanese. Nel luglio 1980, quando era ministro dell'Industria, conobbe una vedova: Romilda Bollati di Saint Pierre, una splendida signora più giovane di un anno rispetto a Bisaglia. Lei aveva ereditato bene e si era rivelata una imprenditrice di successo.

Come talvolta succede pure a chi non è più nell'età verde, tra Toni e Romilda scoccò un colpo di fulmine. Si rividero e scoprirono di essere fatti l'uno per l'altra. Il seguito fu quasi obbligato. Il ministro e la bella vedova si sposarono il 20 dicembre 1982 a Venezia. A celebrare il matrimonio fu il Patriarca veneziano, il cardinale Marco Cè, insieme con uno dei fratelli di Toni, don Mario Bisaglia.

L'anno precedente le nozze, intervistato da Alberto Statera dell'"Espresso", Bisaglia aveva confessato: «Sì, è vero: mi sono innamorato. Innamorarsi a 52 anni è bello, ma può essere pericoloso. Si ringiovanisce, si torna ragazzini. Il rischio c'è. Mi accorgo che pure chi è equilibrato e saggio entra in una fase di estrema fragilità, di grande freschezza. Io, comunque, sto molto bene. L'amore mi sta dando una grande tranquillità, un maggior distacco dalle cose».

Ma neppure un uomo astuto e lungimirante come Bisaglia poteva mettere in conto la malvagità del destino. Il 24 giugno 1984, quando era il presidente del gruppo democristiano al Senato, accadde l'imprevedibile. Era una domenica pomeriggio e Bisaglia stava a bordo di un due alberi lussuoso, il *Rosalù*, proprietà della moglie Romilda. Salpati da Santa Margherita Ligure si stavano dirigendo verso Sestri Levante.

Poco dopo le quindici, Toni stava prendendo il sole sulla coperta del *Rosalù*. Un'ondata improvvisa scosse la barca e lui cadde in acqua. Venne subito ripescato dal marinaio, ma era già troppo tardi. Bisaglia morì annegato in un tratto di mare dove, in quel pomeriggio, le barche erano tante e nessuno era mai finito in quel modo.

Sulla sua morte improvvisa, per un incidente da nulla, si fantasticò molto. Qualcuno sospettò un delitto, ma senza saper dire da chi fosse stato compiuto. S'immaginarono misteri inesistenti.

In realtà, come può accadere anche ai potenti, pure nell'esistenza di Bisaglia stava in agguato un sicario senza volto: il destino.

Parte sesta

22
La moglie e la serva

«Volete il divorzio? Allora dovete sapere che, dopo, verrà l'aborto. E dopo ancora il matrimonio tra omosessuali. E magari vostra moglie vi lascerà per scappare con la serva!» Eruttava fuoco e fiamme Amintore Fanfani, quel 26 aprile 1974, nel teatro comunale di Caltanissetta.

Tre mesi prima, il segretario della Dc aveva compiuto i 66 anni. Ma possedeva i propulsori energetici di un quarantenne. E il sarcasmo assatanato di un guerrigliero politico sui trent'anni. Del resto, si sentiva in guerra. Al punto di sghignazzare di fronte agli insulti che le sinistre antagoniste gli scagliavano addosso. Me li ricordo bene: il Nano Maledetto, il Fanfascista, Fanfani nanetto – fascista perfetto.

Erano dei veri fessi i sinistri ultrà. Non si rendevano conto che, invece di deprimere il professor Amintore, lo eccitavano. Più o meno lo stesso errore facevamo noi della stampa laica, democratica e antifascista. Un giorno, in piazza Sturzo, all'Eur, dove sorgeva il santuario maggiore della Dc, Fanfani mi ringhiò sorridendo: «Continui pure a scrivere contro di me, dottor Pansa. Faccia conto che sia io a pagarle ogni suo articolo!».

Anche nella battaglia per abrogare la legge Baslini-Fortuna che istituiva il divorzio, Fanfani si dimostrò più che mai se stesso. Vale a dire un leader politico con un formidabile complesso di superiorità. Indisponente. Ispido. Iracondo. Schiumante. Con la battuta alla nervo di bue, una frustata che mandava ko l'avversario.

Si considerava nato per comandare. E non si riteneva per niente un anziano. Se qualcuno gli suggeriva di dare spazio ai giovani talenti democristiani, lui replicava beffardo: «Io non ne conosco. Dove si nascondono? Portateli davanti a me che gli faccio l'esame del quoziente d'intelligenza». Spesso ringhiava: «La bischeraggine non ha età. Se uno è nato bischero, muore bischero. Non c'è niente da fare!».

Ritornato segretario della Dc nel giugno 1973, il Professore aveva subito rivelato di essere ben più autoritario di un tempo. Nel partito lo temevano, tanto da battezzarlo il "Tiranno". Lui era felice di apparire così. E considerava gli altri capi del Biancofiore piccoli uomini di paglia.

Aldo Moro faceva dormire con i suoi discorsi incomprensibili. De Mita parlava turco e senza interprete. Rumor era un abate gommoso. Arnaldo Forlani, ex allievo del Professore, rappresentava l'eterno ritorno del sempre uguale. Bisaglia, superbo nel gestire il potere, era un ignorantone che incespicava sulle parole più semplici.

Il Nano Maledetto era un tipo umano di cui si è persa la razza nella politica d'oggi, quella della Seconda Repubblica. Chi gli assomiglia negli anni Duemila? Silvio Berlusconi? Ma in un confronto davanti alle telecamere il Tiranno l'avrebbe fatto secco. E Fausto Bertinotti? Al tappeto fin dal primo round. I giovani come Fassino, Rutelli, Franceschini? Al pronto soccorso dopo dieci minuti. Massimo D'Alema? Ecco l'unico capace di resistergli, forse. Sarcasmo dopo sarcasmo, carognata su carognata.

Dunque stava scritto negli astri che l'ultima battaglia contro il divorzio toccasse al Mezzotoscano. Fu lui a voler prendere sulle spalle tutto il peso dello scontro. Un accordo interno alla Dc aveva deciso l'astensione dai comizi di Rumor, capo del governo, di Paolo Emilio Taviani, ministro dell'Interno, e di Moro che stava agli Esteri. Fanfani concluse: farò io da solo e farò bene.

Il Professore pensava davvero che il divorzio fosse il

diavolo capace di distruggere non soltanto le famiglie, ma pure la società italiana? Forse sì. Nell'aprile 1974 disse a Guido Quaranta, di "Panorama": «La legge sul divorzio è un ingombrante rottame di cui dobbiamo liberarci». Ma il suo obiettivo numero uno era un altro: stravincere sul campo della lotta politica contro le sinistre legate al carro di Mosca.

Aveva in testa un modello: il De Gasperi del 18 aprile 1948, il leader bianco che aveva saputo battere il Fronte popolare dei socialcomunisti. «Ecco un evento che ricordo volentieri» sogghignava Fanfani, «e che disturba molta gente.»

Adesso il suo nemico era il Pci di Enrico Berlinguer. Un partito in ascesa, guidato da un leader che era l'opposto del Mezzotoscano: un monaco della politica, silenzioso, severo anche con se stesso. "Una pericolosa gattamorta" l'aveva definito il portavoce di Fanfani, l'affannato e butirroso Giampaolino Cresci.

Per ottenere il bis del Quarantotto, il Professore chiamò alle armi tutto il centrodestra italico. Ma i partiti laici si dimostrarono refrattari all'arruolamento. E a conti fatti l'unico, vero alleato di Fanfani risultò il Msi di Giorgio Almirante.

Il segretario missino dichiarò subito perché si schierava per il Sì abrogazionista. Con uno slogan che non lasciava dubbi: "Il 12 maggio plebiscito del Sì, plebiscito anticomunista per impedire al Pci di andare al potere".

A proposito di Almirante e del divorzio, ho un piccolo ricordo che riguarda lui e me. All'inizio del 1973, il Msi organizzò una conferenza stampa per presentare il 10° Congresso del partito che si sarebbe aperto a Roma il 18 gennaio. E nel colloquio con i giornalisti, Almirante si scagliò contro la legge Baslini-Fortuna che istituiva il divorzio.

Quando venne il momento delle domande dei cronisti, chiesi al leader del Msi perché si opponesse alla legge. E dissi che anche lui aveva alle spalle un matrimonio fallito e stava per unirsi a un'altra signora. La mia domanda provocò un pandemonio pazzesco nella sala della conferenza stampa. Ma purtroppo non rammento più la risposta che mi diede Almirante.

Lì per lì sembrai un impertinente. Anche qualche mio collega mi giudicò così. In realtà la domanda era legittima, dal momento che era rivolta non a un privato cittadino, bensì a un leader politico. Del resto, non conoscevo soltanto io la storia coniugale di Almirante.

Il segretario del Msi aveva sposato una ragazza della sua città, Salsomaggiore Terme. Lei era Gabriella Magnatti e gli aveva dato una figlia, Rita, chiamata con il nome della madre di Almirante. In seguito la coppia si era separata e il leader missino stava per contrarre, o aveva già contratto, un matrimonio religioso con una vedova più giovane di lui: Assunta Stramandinoli, nata nel 1925 a Catanzaro, una donna speciale, dal gran carattere, oggi sempre in vita e molto nota come Donna Assunta.

Almirante era un uomo intelligente. E sapeva bene che di casi come il suo ne esistevano a migliaia in Italia. Quando si trattò di decidere il referendum sul divorzio, il segretario del Msi si disse contrario all'iniziativa della Dc. Ma dentro il suo partito venne messo in minoranza. E non gli restò che schierarsi con Fanfani.

La guerra del Professore sul divorzio partì male. Sotto l'incubo di un sondaggio della Doxa che diceva: il 50,3 per cento degli elettori voterà no all'abolizione della legge, il 35,7 voterà sì, mentre gli incerti sono il 14 per cento. Ma nessun pronostico sfavorevole era in grado di deprimere il Mezzotoscano.

Fanfani spiegò ai suoi tifosi che la volontà e l'attivismo potevano ribaltare qualunque previsione negativa. Riconfermò la certezza di poter vincere. E arrivò a immaginare, così dicevano nel palazzo dei partiti, quel che avrebbe fatto dopo il trionfo del Sì: elezioni politiche anticipate, riforma istituzionale, repubblica presidenziale.

La sua era una sicurezza blindata, ma aveva una falla nascosta. Con il senno di poi, mi azzardo a scrivere che Fanfani, politico avveduto, avrebbe dovuto scorgerla all'istante. Verso la metà degli anni Settanta l'Italia stava mutando. Era già esploso il Sessantotto. Quindi era venuto l'autunno caldo nelle fabbriche. In più stava dilagando il femminismo.

Dappertutto emergeva una gran voglia di cambiare: confusa, incoerente, velleitaria, però vera. Era in arrivo un terremoto. Il Mezzotoscano aveva la forza di fermarlo? Lui s'illuse di sì. E scelse come campo di battaglia la parte del paese che più gli assomigliava: il Mezzogiorno.

Mi sarebbe piaciuto molto seguire per il "Corriere della Sera" la campagna di Fanfani al Sud. Ma stavo inchiodato a Genova dal sequestro del magistrato Mario Sossi, rapito dalle Brigate Rosse il 18 aprile.

Fu una storia lunghissima che si trascinò per l'intera vicenda del referendum e si concluse soltanto il 23 maggio con la liberazione dell'ostaggio. Al seguito di Fanfani, venne spedito Antonio Padellaro che scrisse ottimi servizi. Ancora oggi molto utili per ricostruire come si mosse il Professore.

Prima di partire, il segretario della Dc diede un'intervista importante al settimanale "Gioia". Voleva rovesciare il ragionamento di chi diceva: quando il matrimonio diventa un inferno, il divorzio è l'unica soluzione per non obbligare marito e moglie a dannarsi la vita, tenendo in piedi un rapporto affettivo che non esiste più.

Nel replicare, Fanfani si aggrappò a un paragone guerresco: «Anche combattere al fronte per un soldato che, in tempo di pace, ha scelto la carriera militare può diventare un inferno. Ma dopo la libera scelta iniziale, quale resta il dovere del soldato? Difendere la Patria. Lo stesso imperativo vale per chi ha scelto di sposarsi, nella primavera serena del fidanzamento e dell'amore. Accettando un vincolo che vale per sempre. Quando viene l'inferno delle tentazioni, l'oppressione dell'incompatibilità, lo stimolo della vendetta, deve prevalere il dovere di far durare il matrimonio».

Dopo un passaggio a Bologna e a Roma, Fanfani cominciò la discesa al Sud. Ad Ancona gli andò male. La sinistra antagonista lo insultò e gli tagliò i fili del microfono. Poi iniziò a battere l'Abruzzo, la Puglia e la Calabria. Sempre viaggiando in automobile, con ritmi sfiancanti.

Alla fine di aprile, a Taranto, fu accolto da folle osannanti. Disse alle tantissime donne presenti al comizio: «Dopo una scappatella, oggi i vostri mariti ritornano a casa. Domani, con il divorzio, chissà!». A Bari, parlando al teatro Petruzzelli stracolmo di tifosi, ammonì: «Non ci si sposa soltanto per godere». Poi commiserò i nonni costretti a fare i babysitter dei nipoti abbandonati.

Proprio a Bari si alzò in platea un "collega nonno" che gli raccontò di averne ben cinquantatré di nipoti. Fanfani gli regalò una risata sarcastica, dicendo alla platea: «Ve lo immaginate questo povero nonnino se, per avventura, tutti i suoi figli divorziassero?».

A Cosenza, feudo del socialista Mancini, trovò un po' di freddezza. A Reggio Calabria fu costretto a battagliare con i suoi alleati del Msi. Ma non per questioni antidivorziste. I missini gli chiedevano l'amnistia per i "Boia chi molla" della rivolta reggina nel 1970.

In Sicilia ebbe un successone. Concionando dappertutto di corna. E leggendo la lettera di una signora divorziata e ammalata. Con il marito peccatore morto prima di lei. E rimasta sola al mondo e senza più il diritto alla pensione di reversibilità.

A Enna infiammò la platea parlando della famiglia

con un crescendo di immagini conturbanti. Il nucleo famigliare indissolubile era «strumento di progresso, garanzia di continuità fecondatrice della terra genitrice, focolare capace di riscaldare idee e affetti, culla della santità più fervida».

A Caltanissetta i suoi fan andarono in delirio per la favola della moglie che scappa con la donna di servizio. Ad Agrigento garantì che non avrebbe cercato avventure politiche se, dopo il 12 maggio, con gli alleati di centrosinistra «le cose si fossero aggiustate».

A Palermo, il 27 aprile, Fanfani riuscì a destreggiarsi tra i vari potentati democristiani, primo fra tutti quello andreottiano di Lima. E anche qui spiegò che il Pci si serviva della battaglia a favore del divorzio per uno scopo politico molto rischioso: «Eliminare ogni ostacolo democratico verso le luminose mete di cui Praga ci ha offerto l'ultimo esempio».

Il Professore ritornò a Roma convinto di aver ribaltato i sondaggi? Forse no. Il fronte divorzista si stava rivelando sempre più forte. Andava da Berlinguer a Ugo La Malfa, da Saragat a Francesco De Martino. Passando anche per qualche democristiano come Piero Bassetti, il primo presidente della Regione Lombardia.

Il voto del 12 maggio confermò a Fanfani che aveva perso. I No alla cancellazione del divorzio risultarono il 59,3 per cento, i Sì soltanto il 40,7. In cifre assolute, 19 milioni di voti contro 13 milioni. Ma sul Mezzogiorno il segretario della Dc aveva visto giusto. Il Sì vinse in Molise, in Campania, in Puglia, in Basilicata, in Calabria. E in Sicilia non aveva prevalso per un pelo.

Fanfani si era speso in duecentodieci comizi in meno di due mesi. Una prova pazzesca di resistenza per un signore al di là dei sessant'anni. Si può capire che ne andasse orgoglioso. Purtroppo per lui, non si rese conto che la sconfitta del 12 maggio segnava l'inizio della sua caduta. Come andrò subito a raccontare.

23
Il Tiranno decaduto

Fu davvero un film, in parte comico e in parte giallo, la caduta di Fanfani. Ma non venne girato nel 1974, dopo la sconfitta sul divorzio, come tutti ci aspettavamo. Bensì a luglio dell'anno successivo, il 1975. Sotto l'ondata delle nuove giunte rosse che si andavano formando in tutta l'Italia, grazie al trionfo delle sinistre nelle elezioni amministrative del 15 giugno.

Molti pensavano che, insieme al Professore, finisse anche la Dc. Era il solito abbaglio che manda per aria chi è troppo fazioso e parteggia senza criterio per una parrocchia politica. Anche nei giornali non mancavano, e non mancano, questi cartomanti falliti. Capaci soltanto di prendere lucciole per lanterne. E di scriverci sopra dotte analisi e pensosi editoriali.

Non appartenevo a quella scuola di pensiero. Per un motivo banale: non parteggiavo per nessuno. Mi piaceva raccontare la politica italiana. Ma lo facevo da bordocampista. Ecco un neologismo creato ai giorni nostri per indicare i telecronisti del calcio che fanno la guardia alle panchine delle due squadre, situate per l'appunto a bordo campo. Loro si limitano a osservare e a riferire. E di solito non sbagliano mai.

Per di più, mi era rimasto impresso nella memoria quello che una volta mi aveva detto l'uomo-ombra di Andreotti: Franco Evangelisti, ciociaro di Alatri, depositario di molti segreti, un factotum intelligente, cinico e spiritoso. A Montecitorio mi aveva preso da parte, ridacchiando: «Scrivete pure le vostre fregnacce sulla Dc. Prendeteci anche per il culo. Tanto a comandare saremo sempre noi, fino al Duemila e anche più in là. E sai perché, Pansa? Perché sono più stronzi gli altri!».

Tuttavia il film della caduta di Fanfani fu davvero spettacolare. E a me toccò il privilegio di raccontarlo giorno per giorno sul "Corriere della Sera" di Ottone. Un'occasione professionale che cercai di onorare meglio che potevo. Con la solerzia di chi aspira a fare bene il bordocampista.

La sequenza iniziale venne girata il 17 e il 18 luglio, un giovedì e un venerdì, durante l'incontro della gran corrente dorotea, all'Hotel Leonardo da Vinci a Roma, nel quartiere Prati. Un albergo di lusso, con quadri di Carrà e di De Pisis alle pareti, e comitive euroasiatiche che cenavano in silenzio a lume di candela. Anche il posto dell'assemblea era lussuoso. E si chiamava Sala della Gioconda.

A non essere giocondi per niente erano i convenuti: capi, vicecapi, senatori, deputati, consiglieri nazionali. Li vidi passare tutti con aria incavolata o mesta. Eppure avevo davanti a me il più potente subpartito della Repubblica e i suoi oligarchi.

Per cominciare Rumor e Piccoli. Poi Gava, Gullotti, Bisaglia con il ras subalpino Edoardo Calleri, un gigante ricciuto dagli occhietti gelidi. Insieme a loro il calabrese Ernesto Pucci, già segretario amministrativo del partito, e Remo Gaspari, ras dell'Abruzzo. E infine le schiere dei capi minori: l'assorto Pedini, il monumentale Volpe, il melanconico Micheli, il grifagno Lanza, il soffice Carenini, il sorridente Zamberletti, l'ex arbitro di calcio Concetto Lo Bello, deputato dal 1972.

A colpirmi fu il milanese Massimo De Carolis. Aveva l'aria del ragazzino ingrugnito, coinvolto in una battaglia in cui non ha fiducia. Diceva: «Questo paese è quasi finito. Ogni volta che vado in America per lavoro, sono tentato di non ritornare più!».

I potenti dorotei si sentivano con l'acqua alla gola.

Mi confessò un giovane deputato trentino, Giorgio Postal: «Ormai viviamo come gli americani a Saigon negli ultimi mesi della guerra in Vietnam: loro circondati dai vietcong, noi dalle giunte rosse».

Era un assedio che costava incarichi di potere, posti di sottogoverno, affari, guadagni, prestigio politico e sociale. Tutta roba che sarebbe andata agli "altri", ai rossi, ai maledetti comunisti.

La colpa del disastro era di Fanfani. Un perdente recidivo che bisognava subito processare e cacciare dalla poltrona di segretario della Dc. I dorotei non ci misero molto a iniziare quel che avevano deciso di fare.

La sera di venerdì 18 luglio l'atto di accusa era pronto. Con la sua linea integralista, il Professore aveva perso due battaglie decisive: nel 1974 contro il divorzio, nel 1975 per difendere le giunte biancofiore. E nello stesso tempo aveva lasciato uno spazio enorme al Pci.

Anche la sentenza fu immediata. Il Mezzotoscano doveva essere licenziato. Non si poteva lasciarlo in sella un giorno di più. In caso contrario, avrebbe trascinato tutto il partito in un doppio abisso. L'abisso dell'opposizione, che la Dc non sapeva fare. E l'abisso della mancanza di potere, che era l'ossigeno della corrente dorotea.

Il processo iniziò il sabato 19 luglio, di mattina. Nel grande edificio di piazza Sturzo, all'Eur, un grande bunker moderno che ospitava tutti gli uffici centrali della Balena Bianca.

A fare da tribunale sarebbe stato il Consiglio nazionale, ossia il parlamentino democristiano. La truppa dei cronisti avrebbe seguito le udienze da una sala al pianterreno, dove stavano i video di una tv a circuito chiuso.

L'imputato Fanfani mi sembrò in forma smagliante. Portava benissimo i suoi 67 anni, era battagliero, ma tranquillo e ilare. E ben deciso a difendersi. «In che modo?» domandai a Cresci, il suo portavoce. Lui rispose, da soave furbastro: «Senza invettive né accuse. Bensì con una sapiente lezione universitaria, quasi un saggio, di quaranta pagine divise in dieci paragrafi».

Nel primo paragrafo, il Professore ci spiegò che alle elezioni amministrative del 15 giugno la Dc non aveva perso, ma vinto. Mi sembrò una dichiarazione folle. Però Fanfani la spiegò alla sua maniera. Con i verbi al passato remoto che amava tanto. E gli offrivano il piacere di immergersi nella storia.

«A ogni candidato» declamò Amintore, «fu rivolto l'invito a procurare alle liste nostre almeno cento voti, per conseguire un risultato positivo sufficiente. L'invito venne accolto. Sono stati 120 mila i nostri candidati, e 12 milioni e 356 mila i voti ottenuti dalla Dc!»

I votanti erano «milioni di umili cittadini, fieri dei grandi servizi resi da loro al paese. E fiduciosi che lo Scudo Crociato avrebbe saputo correggere i propri difetti». Tutti insieme, gli elettori bianchi avevano confermato il primato della Dc come baluardo contro il comunismo.

Anzi, a sentir Fanfani il voto del 15 giugno aveva rafforzato «la ferma contrapposizione» dei democristiani nei confronti dell'esercito rosso. Guidato dalle Botteghe Oscure e al soldo dell'Unione Sovietica.

Alzando un dito ammonitore, il Professore aggiunse: «Dopo questo voto si accentua il nostro dovere di rafforzare la contrapposizione al Pci. Esprimendola senza riserve, senza attenuazioni, senza compiacenti ammiccamenti. Né al centro né alla periferia. Né perché la Dc partecipi al potere nelle giunte frontiste, né perché faccia partecipare al potere i comunisti nelle giunte non frontiste».

Il seguito della lezione fanfaniana lo riassumo in due punti. Primo: non crediate che io me ne vada di mia volontà. Se volete cacciarmi, dovete farlo secondo le regole, in modo aperto, con una mozione di sfiducia. Secondo: state attenti che, se mi cacciate, mettete in pericolo il governo guidato dall'amico Moro. Conclusione? Mi avete ribattezzato il Tiranno, ma i tiranni non fuggono, vengono uccisi. Se ce la fate, accoppatemi!

Concluso il discorso, la tv a circuito chiuso si spense. E la truppa della carta stampata si precipitò nel patio di Palazzo Sturzo. Per raccattare i commenti dei boiardi bianchi. Il più sferzante fu De Mita: «Fanfani ci ha offerto un motivo per cacciarlo: non esiste, non ha capito niente. La sua è una relazione che si poteva fare prima del 1948. Senza la minima consapevolezza di quel che è avvenuto dopo. Il suo ritratto dell'Italia è attuale com'è attuale l'economia di Omero».

I dorotei tennero la bocca chiusa. O ci offrirono dichiarazioni difficili da decifrare. Risultò un modello di chiarezza la risposta di Calogero Volpe. Con il suo accento siculo, sogghignò sarcastico: «Non ho sentito niente, non ho visto niente, non ricordo niente».

Ma la sentenza era già scritta. E arrivò dopo un estenuante dibattito un po' inutile, alle nove della sera di martedì 22 luglio. Ricordo un caldo afoso e una ressa tremenda in sala stampa. Era diventata una caldaia sotto pressione. Occupata in permanenza da decine di uscieri, autisti, portaborse e di semplici curiosi. Divenuti i padroni del locale grazie al solito, generoso disordine democristiano.

I centottanta consiglieri nazionali presenti vennero chiamati uno per uno. Dovevano dire ad alta voce se volevano o no che Fanfani restasse alla guida del partito. Mentre il Professore li ascoltava immobile, abbandonato all'indietro sulla poltrona, le mani in tasca. Fu una votazione ultrademocratica che si concluse nel modo seguente.

I no risultarono 103, quelli dei dorotei, delle due sinistre e degli andreottiani. I sì appena 69, dei fanfaniani e dei morotei. Gli astenuti 8, Emilio Colombo e i colombotti.

Anche di fronte a quella botta, Fanfani non smentì il proprio personaggio. Pregò la senatrice Franca Falcucci, una signora non ancora cinquantenne, di assumere le funzioni vicarie. Poi spiegò, con civetteria grintosa: «Guardate che io non mi sono dimesso. Mi considero soltanto decaduto, dopo aver preso atto che il Consiglio nazionale non mi ha riconfermato la fiducia». Quindi si alzò per andarsene.

La partenza del Professore da Piazza Sturzo fu il secondo spettacolo della serata. Lasciò la sala scandendo, in latino: «Libertas, libertas!». Al suo fianco c'erano Bernardo d'Arezzo, deputato di Salerno, nonché poeta dialettale, e l'onnipresente Cresci. Il trio aveva un'aria stravolta. E si mosse, con passo lento e barcollante, verso la barriera dei cronisti e dei fotoreporter, eccitata, nervosissima.

Fanfani mise piede nel cortile sotto raffiche di flash e nella luce accecante dei riflettori della tv. Una ventina di tesserati fanfaniani si gettarono su di lui per toccarlo, abbracciarlo, baciarlo.

Il Professore si provò a dissuaderli: «Zitti, fermi, sono lieto di aver partecipato a una fase della vita del partito che è una testimonianza della vita democratica che ho cercato di mantenere dentro la Dc...».

Ma i suoi tifosi erano molto su di giri. Uno urlò: «Abbasso i comunisti!». Un altro: «Amintore, ti hanno assassinato!». Un terzo: «Fanfani non ci abbandonare!».

Il segretario decaduto si fece largo verso la propria auto. Cresci fu spintonato e rischiò di finire lungo disteso nel patio. D'Arezzo scomparve, sommerso dalla tifoseria. Infine, il Professore riuscì a infilarsi nella Fiat 130 blu. E scomparve nella notte.

A non sparire fu il pattuglione dei militanti fanfaniani. Scalpitavano, aspettando i nemici di Amintore. Non appena Andreotti mise piede nel patio, gli gridarono: «Tutto è buono per mantenere il potere!». I dorotei vennero sommersi da una grandinata d'insulti: «Ci avete stufato!», «Traditori!», «Mangioni!».

Qualche sputo. Qualche calcio. Urla assordanti. Bisaglia prese per il bavero uno dei tifosi di Amintore. Toni piangeva di rabbia, poi un amico riuscì a trascinarlo verso l'auto blu.

Per ultimo uscì il ministro Carlo Donat Cattin, il capo di Forze nuove. Uno gli gridò: «Perché non te ne vai nel Pci?». Un amico del ministro replicò: «Perché aspetta che tu vada nel Msi!». Ma Donat alzò le spalle. E si allontanò a passo lento. Con le occhiaie gonfie e un trionfale sorriso di vittoria.

Certo, avevano speso due anni e un mese per liberarsi del Mezzotoscano. Ma alla fine ci erano riusciti. La ragazza Biancofiore aveva saputo scacciare il Tiranno.

Il mercoledì 23 luglio fu un giorno di pausa. Niente seduta del Consiglio nazionale. Silenzio totale. Molte trame segrete. Però nessuna notizia.

Fu inutile anche il lavoro di noi cronisti. Andai a via Platone, davanti al numero 15, la residenza del Professore. Strada privata. Divieto d'accesso. Transito consentito soltanto agli autorizzati.

Nel castelletto rivestito d'edera, neppure l'ombra del decaduto Amintore. Il piccolo posto di blocco (un brigadiere della polizia, un agente e il figlio del portinaio di rinforzo) giurò e spergiurò che il padrone di casa era partito. Per dove? Lo sapeva soltanto Iddio. Forse il Professore si era blindato in casa, dietro le tapparelle abbassate, a riposarsi? Nessuna risposta dal posto di blocco.

Allora andai alla sede della corrente di Fanfani. Nel centro di Roma, in via delle Convertite al 5, all'angolo fra via del Corso e via del Parlamento. Anche qui il vuoto quasi assoluto. Un funzionario mi disse: «Forse stasera si farà vedere il ministro Gioia». Domandai: «E il consigliere Butini? Non c'è neppure lui?». «No, è partito per Firenze.»

Telefonai a Ivo Butini, segretario regionale della Dc toscana, lo scudiero grintoso e fedele del Professore. Lui sogghignò: «Come vede, sto davvero a Firenze, in casa mia. Però voglio dirle una cosa. Quelli che ieri sera hanno preso a calci e a sputi i dorotei non erano gente nostra, venuta in pullman dalla Toscana. Noi fiorentini, se lo rammenti Pansa!, siamo gente non da calci, ma da veleno!».

Giovedì 24 luglio il Consiglio nazionale si riunì di nuovo. Doveva essere la giornata di Piccoli, designato dai dorotei a prendere il posto di Fanfani. L'affannato "Flam" lesse una relazione di ben sessantacinque pagine, ma fece un colossale buco nell'acqua. E non diventò segretario della Dc.

Per di più, l'attenzione fu di nuovo tutta per il Professore. Anche i suoi giuravano che sarebbe rimasto a casa. Invece si presentò, con un coraggio sfrontato che ammirammo. La Falcucci lo invitò a sedersi ancora al tavolo della presidenza, accanto a Moro e a Benigno Zaccagnini. Con un cenno della mano, lui rispose di no. E andò a sistemarsi in una poltroncina della quinta fila.

Qui il Tiranno Decaduto s'immerse nella lettura dei messaggi di solidarietà. A sentire Cresci, gli stavano arrivando da tutta l'Italia. Volete qualche assaggio? Eccovi serviti.

Don Nicola Lombardi, sacerdote del Santuario dell'Addolorata di Castelpetroso, in provincia di Campobasso: "Se lei va via, alle prossime elezioni voteranno per la Dc soltanto gli amici di Moro e di Donat Cattin, già mezzi comunisti". Un avvocato di Lodi, per telegramma: "Rimani. Stop. Sei la nostra forza. Stop". Un gruppo di democristiani baresi: "Quello che i suoi colleghi hanno fatto contro di lei ci lascia allibiti!". Suor Albina Casareggio, in una lunga lettera: "Coraggio eccellenza! Io e le mie consorelle siamo vicine a lei con le nostre preghiere".

Neppure quel giorno, il Consiglio nazionale riuscì a trovare il successore di Fanfani. La seduta riprese la mattina di venerdì 25 luglio, una data da brividi. Altre ore perdute. Sospensione sino alle diciassette del pomeriggio. Nuovo inizio e nuova disfatta del correntone doroteo. Riunione notturna dei moderati, sotto la guida di un Rumor sempre più paonazzo e nervoso. Notizie? Nessuna.

Poi ai cronisti si offrì ancora una volta il De Carolis. Imprecò sulla sorte sua e della sua corrente: «Noi siamo qui a sbranarci e intanto i rossi stanno facendo giunte in tutta Italia. Questa sera a Firenze hanno eletto un sindaco comunista! State assistendo all'agonia di un grande partito, alla fine del pachiderma. Ma un giorno rimpiangerete la Dc!».

A tarda sera, filtrò una notizia. Fu Moro a darla: «Sta emergendo la candidatura di Zaccagnini». Era la soluzione del grande rebus partorito dalla sconfitta di Fanfani. Ma venne quasi sopraffatta da un evento senza precedenti.

Da piazza Sturzo si levò un coro di clacson dalle berline dei capi e dei vicecapi dicì. Erano gli autisti stufi di aspettare i comodi dei loro padroni. Un secondo coro di clacson si levò verso l'una di sabato 26 luglio. E un terzo alle due. Sempre più possente, nel silenzio della notte afosa che avvolgeva l'Eur.

Il coro numero tre fu decisivo. Poco dopo le due e mezza, finalmente si conobbe la scelta fatta dal Consiglio nazionale. Per Zaccagnini, proposto dai basisti,

93 voti, per Piccoli 6, per Fanfani 2. E ben 27 schede bianche.

Fu così che "Zac-Zac" divenne segretario della Dc. Era una faccia pulita, un uomo estraneo ai giochi di potere, un democristiano serio. Non aveva brigato per diventare il capo della Balena Bianca. Ma soprattutto non sapeva che dopo meno di tre anni si sarebbe trovato di fronte a un delitto mostruoso: il sequestro e l'assassinio del suo amico Moro.

E Fanfani? Il 3 agosto 1975, nella parrocchia di San Giuseppe al Trionfale si sposò per la seconda volta. Aveva 67 anni, era vedovo di Biancarosa e padre di sette figli. La sposa era Mariapia Tavazzani, 53 anni, anche lei vedova, piacente, elegante, brillante, di professione fotografa. Chiamava il nuovo marito "Ami", abbreviativo di Amintore.

24
Botteghe Oscure

Nel marzo 1976, il 13° Congresso della Dc rielesse segretario Zaccagnini. E il buon Zac si trovò subito dinanzi a una prova di quelle dure: il confronto con il Pci nella competizione elettorale del 20 giugno.

Detta così sembra una storia da poco. La Dc non aveva mai perso un'elezione parlamentare. Dal 18 aprile 1948 era sempre riuscita a battere i comunisti, obbligandoli per anni e anni a un'opposizione senza speranze di vittoria.

Ma le tante giunte rosse, fiorite dappertutto dopo le amministrative del 1975, avevamo messo in allarme la Balena Bianca. Sino a quel momento, era andata bene. Ma dopo? Che cosa poteva accadere dopo?

Il 30 aprile 1976 il quinto governo Moro si dimise per le divisioni interne al centrosinistra sull'aborto. E quando il presidente Leone sciolse le Camere si cominciò subito a parlare di un grande enigma politico: il Sorpasso.

Il Pci di Enrico Berlinguer sembrava più forte che mai. Molti scommettevano che alle elezioni imminenti il Partitone Rosso avrebbe ottenuto più voti della Dc. Con esiti di portata incalcolabile. Primo fra tutti, il vantaggio di formare il nuovo governo.

I quotidiani d'informazione divennero subito più attenti a quanto accadeva nel Pci. Il "Corriere della Sera" mi affidò un'inchiesta sul partito. E pubblicò quattro lunghi articoli scritti tra la fine di maggio e l'inizio di giugno. Fu così che per parecchi giorni viaggiai dentro un pianeta che, allora, conoscevo poco: il palazzo delle Botteghe Oscure, il santuario dei comunisti italiani.

Avevo letto molto sul Pci e sul Bottegone. Però non c'ero mai entrato da cronista. Durante l'epoca imperiale di Palmiro Togliatti e di Luigi Longo, ero un giornalista troppo giovane per essere spedito sui fronti riservati alle grandi firme. Il mio momento arrivò nell'età berlingueriana, quella della monarchia di re Enrico. Fu allora che le Botteghe Oscure divennero uno dei luoghi del mio lavoro. E ne scoprii il fascino ambiguo: sinistro e, al tempo stesso, banale. Come accade dovunque per le centrali dei grandi partiti.

Negli anni Settanta erano tre i palazzi romani che costituivano il perno della casta politica italiana. Per primo veniva quello di piazza del Gesù, dove i leader della Balena Bianca s'incontravano con una frequenza maggiore rispetto alla lontana sede di piazza Sturzo, all'Eur. Poi c'erano le Botteghe Oscure, chiamate così per il nome della strada, a un passo da piazza Venezia e dall'Altare della Patria. E infine la sede del Psi in via del Corso, per tanti anni la trincea dei segretari socialisti e soprattutto di Bettino Craxi.

L'importanza dei palazzi era legata alla potenza dei partiti che ospitavano. Dunque Piazza del Gesù veniva per primo. Dirò subito che era il posto più liberal, un vero porto di mare. Chiunque era in grado di entrarci e salire fino alla stanza del segretario.

Sotto l'androne poteva succedere di tutto. Un nostro collega gay, ma allora era vietato dirlo, s'invaghì di uno dei giovani poliziotti che sbadigliavano davanti al portone. Scoprì di essere ricambiato. E una sera i due fuggirono di nascosto, trovando rifugio in un alberghetto laziale.

Al Bottegone una storia del genere non sarebbe neppure cominciata. La vigilanza era affidata a nerboruti compagni romani. Si diceva fossero soprattutto tranvieri o edili. Stavano seduti nell'atrio, dietro il bancone a sinistra, e qualcuno di loro era di certo armato di rivoltella. Svolgevano il lavoro in modo perfetto. Imparavano subito il nome dei cronisti che si affacciavano al palazzo per la prima volta. E ne conoscevano il profilo politico.

A me mi chiamavano "Panza", con la zeta. «Dove pretendi di andare, Panza?» «Da Pajetta, ho un appuntamento.» «Adesso sentiamo se è vero.» Solo quando la segretaria confermava, mi davano il via libera: «Vai pure. E guarda di non scrivere male del partito».

La vigilanza tutelava anche il silenzio dei piani superiori. Qui c'erano gli uffici di comando del Pci: segretario, dirigenti, funzionari, impiegati. Di solito, i grandi corridoi erano deserti, perché tutti stavano al lavoro nel chiuso delle stanze. Chi ne usciva parlava a bassa voce. Per non incrinare un'atmosfera quasi da convento, carica di efficienza monacale.

Il problema della vigilanza al Bottegone era che non poteva sorvegliare quel che avremmo scritto. Per questo i vigilanti si mostravano sospettosi, ma sempre con ruvida cordialità. Del resto il compagno Pajetta era una garanzia. Se mi riceveva, significava che ero un tipo a posto. Si fidavano di "Nullo", il suo nome di battaglia nella Resistenza. Pajetta ne aveva anche altri, come "Mare" e "Luca". Ma Nullo era quello che più gli piaceva.

Il perché lo spiegò a Lietta Tornabuoni e a me, quando lo intervistammo in pubblico a Torino nel giugno 1981, in occasione dei suoi settant'anni. Francesco Nullo era un garibaldino, uno dei più belli tra gli ufficiali dei Mille di Garibaldi. Dopo tanto combattere in Italia, decise di morire in Polonia, per la libertà di quel popolo. A sentir Pajetta, era un precursore dell'internazionalismo italiano. Per questo aveva scelto il suo nome.

Negli anni Settanta, Pajetta era un signore magro come un chiodo, il profilo da uccello, il cranio pelato che lisciava di continuo, con un gesto diventato famigliare alla truppa dei cronisti. Ci trattava alla pari, dandoci del tu, con un sarcasmo un po' snob che accettavamo. Nelle risposte non risultava mai banale. Ed era capace di riservarci sempre qualche sorpresa.

Nel maggio 1976 andai a intervistare Pajetta sulla politica estera dei comunisti. Dal momento che era lui il responsabile della Commissione di politica internazionale del Pci.

Nullo aveva 65 anni, portati con secca sveltezza. Mi accolse con il solito stile, amichevole e rude: «Fai un'inchiesta sul partito? Vedi di non combinarci dei disastri perché tra qualche settimana andremo a votare. Ti conosco. Sei uno di quelli che hanno in testa una domanda sola: vuoi sapere dell'Unione Sovietica, perché ci ritieni servi di Mosca...».

Durante l'incontro, entrò nella stanza Giorgio Amendola. Scambiò due parole con Pajetta e se ne andò. Fu allora che mi resi conto di un fatto singolare: pur conoscendosi da anni, i capi del Pci non si chiamavano per nome, ma soltanto con il cognome.

Chiesi il perché e Nullo rispose, sornione: «Alle Botteghe Oscure meglio tenere le distanze, non si sa mai... Comunque, in questi corridoi al compagno Amendola hanno dato un soprannome: il "Grosso". Decidi tu se è uno sgarbo o un complimento».

Poi aggiunse: «Lascia perdere questi dettagli. Adesso ti farò vedere una cosa che conta per davvero: la fotografia della più bella ragazza del mondo».

Aprì un cassetto e ne cavò un ritratto in una cornice ovale. Era di una fanciulla sui vent'anni, davvero molto bella. «Sai chi è questa ragazza? È mia madre Elvira.» Già, Elvira Berrini Pajetta, maestra elementare a Torino, poi espulsa dalla scuola per antifascismo. Era a lei che Nullo aveva scritto appena condotto in prigione, dopo il primo arresto a 16 anni: "Stai tranquilla, mamma. In galera non diventerò né tubercolotico né crociano".

Nel congedarmi, Pajetta mi indicò un'altra fotografia, appesa alla parete. Si vedeva una tavolata di ragazzi far da corona a una signora magra, i capelli bianchi, leggermente curva. Era mamma Pajetta con i dirigenti del Fronte della Gioventù nella Torino appena liberata, maggio 1945, in una sala del Palazzo di Città.

Giancarlo puntò il dito su uno dei giovanotti, il viso da ragazzo di borgata e il profilo grifagno: «Lo riconosci? Guardalo bene». Lo riconobbi con un sussulto. Era Pietro Cavallero, destinato a diventare il famoso bandito, rapine, assalti in banca, omicidi. Pajetta ringhiò, sardonico: «Eh, gli estremisti fanno sempre una brutta fine!».

Ma Nullo non si comportava sempre così. Era dissacrante, pronto al dileggio degli avversari, spesso insopportabile per l'asprezza faziosa. Aveva sempre mostrato un'intolleranza feroce verso chi deviava dalla giusta linea. Se nel 1948 aveva bollato "l'azione terroristica della cricca di Tito", ventuno anni dopo s'era scagliato con la stessa durezza contro la cricca del "manifesto".

Scrissi per il "Corriere" un articolo interminabile. Senza pormi il problema se Pajetta avesse risposto alle mie domande con sincerità. E non me lo posi perché un giorno lui aveva detto: «Tra la verità e la rivoluzione, scelgo la rivoluzione».

Non fui capace di strappargli nulla di imprevedibile. Del resto, lui stava nella prima linea dei capi comunisti, mentre io ero soltanto un inviato del "Corrierone". Anzi, qualche mia domanda lo raggelò perché si rese conto di una circostanza: forse era possibile che io votassi per il Pci, ma su alcune questioni ero un avversario del suo partito.

Me ne accorsi quando gli chiesi: «Ma che cosa provi nel vedere come l'Urss tratta i dissidenti e di fronte all'orrore dei manicomi politici e dei gulag siberiani?».

Pajetta replicò tagliente: «Ci soffro più di quanto soffra un borghese. Per te, per voi è naturale che i comunisti si comportino così. Fa parte del nostro internazionalismo sentire certe cose dal di dentro e aiutare a superarle. La politica del Pci può contribuire anche a questo».

Gli ribattei: «La tua risposta non mi soddisfa. Non sarebbe giusto, da parte vostra, un grido di rabbia, di sdegno, almeno una volta?».

Nullo si stizzì. Mi sembrò pronto a spararmi una rispostaccia. Ma si contenne, sia pure non del tutto: «Quello che ci proponi sarebbe una vacuità, nel senso di vacuo: che non servirebbe a niente. Togliatti bollava la superbia provinciale di chi si crede di fare la storia anche per gli altri paesi: roba da caffè, da bar della stazione. Tra il memoriale di Yalta lasciato da Togliatti prima di morire e le baggianate di Nenni sulla repressione sovietica in Ungheria dopo la rivolta del 1956, io scelgo Yalta».

A rendermi diffidente c'era infine il vincolo del segreto. Al quale anche Pajetta si atteneva. Proprio lui ne avrebbe poi scritto in un suo libro, *Le crisi che ho vissuto*, a proposito dello stile di vita nel Pci.

Disse: «Veniva considerato sospetto, o quanto meno non meritevole di fiducia, non solo chi faceva domande indiscrete su vicende coperte dal vincolo del segreto. Ma persino chi ponesse domande inutili su cose e problemi non attinenti al proprio lavoro. Insomma non c'era soltanto il segreto per le cose segrete. Esisteva la convenzione, da tutti accettata, del segreto come stile di vita e disciplina».

Alle Botteghe Oscure degli anni Settanta, se Nullo rappresentava la rivoluzione, Antonio Tatò incarnava il culto religioso per il capo: Enrico Berlinguer. Tonino troneggiava al secondo piano, quello del segretario. Ma a noi cronisti appariva il padrone del palazzo.

Aveva il fisico del ruolo. Alto. Prestante. Voce bene impostata. Alterigia mista a cordialità un po' finta. Splendido profilo fra il centurione e il barbiere di lusso. Chioma nera, imbrillantinata, taglio anni Quaranta. Infine profumato, profumatissimo. Tanto che gli avversari interni lo chiamavano non l'eurocomunista, ma l'europrofumista.

Da sette anni segretario di Berlinguer, Tatò era il nostro giudice inappellabile. Decideva lui se potevi intervistare davvero re Enrico o limitarti a ricevere le risposte che Tonino aveva scritto alle tue domande. Di solito accadeva così ai colleghi della stampa estera. Ma nel giugno 1976 successe lo stesso guaio a Gaetano Scardocchia, una firma della "Stampa".

Gaetano s'infuriò e informò i suoi lettori del pessimo scherzo che gli avevano giocato al Bottegone. La reazione di Tatò fu di un cinismo totale. Alzò le spalle e ringhiò: «Non era per fare un'offesa al povero Scardocchia. Ma è il giusto trattamento da riservare al giornale di Umberto Agnelli, che ha voluto candidarsi al Senato con la Dc».

Certo, per Tonino la Dc era un avversario da sconfiggere. Ma i nemici veri erano i socialisti. Non li poteva soffrire, li considerava una banda pericolosa. Quando Craxi divenne segretario del Psi, era l'estate 1976, i suoi giudizi si fecero spietati. E forse contribuirono ad accentuare l'antisocialismo di re Enrico.

In una nota riservata per Berlinguer, scritta nel 1978, Tatò non si trattenne: "A quattr'occhi, tutti i compagni della segreteria convengono che Craxi è un avventuriero, anzi un avventurista, uno spregiudicato calcolatore del proprio esclusivo tornaconto, un abile maneggione e ricattatore, un figuro moralmente miserevole e squallido, del tutto estraneo alla classe operaia, ai lavoratori, ai loro profondi e reali interessi, ideali e aspirazioni".

Veleno puro, distillato nell'anticamera del segretario comunista. E pensare che la giovinezza di Tatò sembrava avviata lungo strade molto diverse. Era stato un ragazzo brillante che aveva recitato da generico in qualche film dei telefoni bianchi. E pure un bravo cantante e un abile suonatore di chitarra. Aveva messo su un quartetto che si chiamava Ator. Tonino e tre amici ballavano in piccoli spettacoli, al ritmo di motivi allegri: "Suona suona la grancassa / il magnifico tenor...".

Aveva scoperto il proprio destino politico nel Movimento dei cattolici comunisti, guidato da un giovanissimo dio in terra: Franco Rodano. Poi lavorò per anni alla Cgil, accanto a Giuseppe Di Vittorio, che gli voleva bene e lo considerava un compaesano perché Tonino era di etnia pugliese.

Nel 1969, il giorno che Berlinguer divenne vicesegretario unico di Longo, Tatò mise piede dentro le Botteghe Oscure, come segretario di Enrico e capo dell'ufficio stampa. Ma il Bottegone era un luogo gremito di inimicizie. Qualcuno dei dirigenti disse subito: «Due incarichi per Tonino? Ne vedremo delle belle!».

Così, quando nell'aprile 1972 Berlinguer prese il posto di Longo, Tatò venne messo in disparte. Enrico fu costretto a scegliersi un altro segretario: Andrea Pirandello, redattore politico dell'"Unità". Era nipote di Luigi Pirandello, giornalista fine ma tipo solitario, per di più afflitto da una triste barbetta nera.

Andrea lasciò il posto dopo pochi mesi. Gli avversari di Tatò immaginarono dei sostituti: Diego Novelli o Candiano Falaschi. Ma a vincere fu Tonino. Ebbe inizio l'era di Suor Pasqualino. Il soprannome inventato da Alberto Ronchey, per rammentare la monaca occhiuta che si prendeva cura di Pio XII.

Fu l'epoca del cesarismo di Berlinguer. Un regime assoluto, ma nella pratica a doppio comando: Enrico e

Tonino. L'uno indispensabile all'altro. Due personaggi e un corpo solo.

Fra i tanti incarichi, Tatò aveva quello di tenere i contatti quotidiani con l'ambasciata sovietica a Roma. Parlo dei contatti di routine. E tuttavia importanti perché molto intensi e su questioni sempre delicate.

Il suo interlocutore era il primo segretario dell'ambasciata, Enrico Smirnov. Un funzionario intelligente, che parlava l'italiano in modo perfetto. Tonino lo consultava di continuo.

Nel giugno 1976, quando intervistai Berlinguer per il "Corriere", Tatò gli inviò il testo del nostro colloquio in anticipo, prima della pubblicazione. C'era un passaggio sulla Nato, che re Enrico dichiarava di preferire al Patto di Varsavia. Forse era bene che il compagno Smirnov gli desse un'occhiata.

E immagino che sia stato Smirnov a suggerire di sopprimere il passo nel testo destinato ad apparire anche sull'"Unità". Meglio essere cauti e non far conoscere ai compagni quella dichiarazione avventata del segretario comunista.

Ma le Botteghe non erano soltanto oscure. Come accade sempre nei grandi partiti, risultavano anche una fonte inesauribile di intrighi. Tatò venne diffamato. Si disse che era un gagà vanesio e invecchiato. Poi che era un sottaniere. Su questo punto, intervenne in difesa un padre gesuita. Che dipinse Tonino e Franco Rodano così: «Superbi come due demoni, casti come due arcangeli».

Un giorno, Giorgio Napolitano provò a cancellare Tatò dal Comitato centrale, ma non gli riuscì. Anche i berlingueriani di ferro come Alessandro Natta erano ostili a Suor Pasqualino. I tentativi di allontanarlo si moltiplicarono.

L'ultimo, nel 1981, prevedeva di spedire Tatò nel consiglio d'amministrazione della Rai. Lui fece spallucce e disse agli amici: «La Rai non conta un cazzo. È da tanti anni che sto con Enrico e credo ci resterò ancora per un pezzo».

Del resto Tonino si considerava anche il custode di una figura quasi sacrale: sant'Enrico del Bottegone. C'era in lui la convinzione che il segretario del Pci fosse un essere più celeste che terreno. E tutto quel che lo riguardava doveva ricevere un'attenzione e una cura religiose.

Me ne resi conto in un'occasione tutto sommato banale: la Tribuna elettorale del Pci nel giugno 1976, alla vigilia delle elezioni politiche. L'arrivo di Berlinguer nella sede della Rai in via Teulada ebbe il protocollo e le cadenze di un rito ecclesiastico. Tanto da farmi ricordare l'ingresso di un cardinale in una parrocchia certo importante, ma non del livello di una sede vaticana.

Il moderatore di quella Tribuna, Luca Di Schiena, e il regista, Giuseppe Sibilla, attendevano il leader del Pci all'ingresso degli studi televisivi. Erano attorniati dalla pattuglia dei militanti comunisti in servizio attivo alla Rai. E dai tanti cronisti, me compreso, tutti abbastanza eccitati.

Guardato a vista da un Tatò in venerazione del capo, sant'Enrico scese dall'auto blu e cominciò ad avanzare nel cortile, a passettini lenti. Stava a braccetto del suo medico, il pneumologo Francesco Ingrao, fratello di Pietro.

Il piazzalino di via Teulada era gremito di gente. Ma nessuno fiatava. Anche Berlinguer era silenzioso. Si limitava a sorriderci in quel suo modo speciale: tra l'intimidito e l'altero. Mi sembrò davvero un'icona chiesastica. E pensai: adesso ci benedirà.

Quando il leader del Pci giunse di fronte alla vetrata che conduce agli ascensori e poi agli studi, la piccola folla si spartì in due. Facendo ala al suo passaggio. Sant'Enrico ringraziò con un tenue cenno del capo.

Quindi seguì Tonino che premeva per non arrivare in ritardo alla trasmissione.

Il giorno successivo, Eugenio Scalfari scrisse su "Repubblica" quel che aveva compreso osservando la Tribuna elettorale del capo comunista: Berlinguer comunicava agli ascoltatori "una carica emotiva, umana, quasi sensuale".

Un po' esagerato Barbapapà Scalfari? Fate un po' voi.

25
Il senatore Fiat

"Arriva Umberto Agnelli scortato da Luca Cordero di Montezemolo, che non è un incrociatore." Diceva così una vecchia battuta di Fortebraccio, ossia di Mario Melloni, il corsivista più letto sull'"Unità" del tempo che fu.

Era uno sfottò meno corrosivo di tanti sfornati dal sarcasmo di quel democristiano convertitosi al comunismo. Eppure lo rammento perché mi ricorda la discesa in politica del fratello minore dell'Avvocato. E il suo arrivo al Senato, con l'assistenza di Montezemolo. Oggi presidente della Fiat e della Ferrari, ma allora alla testa delle relazioni esterne del colosso dell'auto.

Umberto Agnelli era nato a Losanna, in Svizzera, il 1° novembre 1934, tredici anni dopo il fratello Giovanni. La prima volta che mi capitò d'intervistarlo per il "Corriere della Sera" era il luglio 1975, quando stava per compiere i 41 anni. È una data da ricordare. Si era appena svolta una tornata elettorale amministrativa. E per il Pci era stato un trionfo.

A Torino divenne sindaco il comunista Diego Novelli. Il Partitone Rosso conquistò anche la Provincia e la Regione. Dopo anni di amministrazioni democristiane o centriste, lo choc per i moderati fu grande. A cominciare dal cuore del moderatismo torinese: il vertice della Feroce.

Nell'incontro che tra poco racconterò, Umberto, chiamato il Dottore per distinguerlo dal fratello Gianni detto l'Avvocato, cercò di convincermi che non c'era stato nessuno choc: «Non abbiamo fatto drammi. Soltanto un momento di sorpresa e poi basta. Come azienda italiana, ma di livello internazionale, la Fiat ha bisogno che cambino molte cose. E questo comporta il rischio che una quota del potere si trasferisca da un punto all'altro».

In realtà la Feroce, o la Mamma come l'appellavano i moderati, era già entrata nel tunnel che l'avrebbe condotta ai giorni terribili del 1980. Aveva alle calcagna due avversari, uno esterno e l'altro interno: il terrorismo delle Brigate Rosse e la rabbia operaia nei reparti.

Umberto mi raccontò che, in quel 1975, per la dirigenza Fiat «esistevano già grosse difficoltà a operare dentro e fuori la fabbrica». Poi spiegò: «Siamo alle prese con un'incessante microconflittualità. Abbiamo dai venti ai venticinque scioperi interni ogni giorno. Questo crea una situazione terribile per chi deve gestire l'azienda e un clima estenuante che pone problemi molto gravi. Problemi di cui il movimento sindacale non si vuole rendere conto. Non li considera per quello che veramente sono. Oppure li cagiona apposta».

Il nostro fu un incontro lungo, all'ottavo piano della centrale di comando della Fiat, in corso Marconi. E mi svelò un lato sconosciuto del secondo Agnelli. Mi sembrò un uomo intelligente e puntiglioso, per niente banale, molto schietto. Cercò subito di smontarmi uno dei luoghi comuni che dipingevano la Fiat come un superpotere senza avversari: «È un cliché logoro, almeno a partire dal 1969, dall'autunno caldo. In realtà è da parecchi anni che non possiamo prendere decisioni. Per la pressione dei sindacati e del Partito comunista».

Poi aggiunse: «Se le sinistre affronteranno questi problemi in termini corretti e tecnici, ci sarà il nostro contributo. Pubblico e diretto, non sottobanco. Siamo pronti a collaborare con il Pci per il bene di Torino».

Umberto mi indicò un quadro appeso alla parete. Era un pezzo di Pop art, un dipinto dell'americano Roy

Lichtenstein, di quelli costosi. «Lo osservi bene» mi suggerì.

Si vedevano due mani che si stringevano in un saluto. Il Dottore disse: «Se lei lo guarda con attenzione, vedrà che la stretta di una delle mani è molto più forte dell'altra...».

Gli domandai: «Chi ha la stretta più forte? Le sinistre o la Fiat?».

Umberto sospirò: «Oggi non lo sa nessuno. Lo capiremo tra qualche anno».

In quel colloquio mi resi conto che Umberto conosceva bene la vicenda politica italiana. E mi sembrò tentato di parteciparvi in modo diretto.

Lo intuii quando mi disse: «Oggi il dirigente industriale, assieme alla capacità professionale, deve pure avere una capacità politica. Da parte nostra ci sarà la massima attenzione verso i contributi da offrire all'esterno dell'azienda. La dirigenza Fiat ha l'obbligo di impegnarsi anche fuori dalla fabbrica. Su questo fatto non soltanto sono d'accordo, ma lo agevolerò. Nel mondo imprenditoriale esistono uomini e capacità che è un delitto non utilizzare all'esterno».

La tentazione si concretò l'anno successivo. Quando il presidente Giovanni Leone sciolse in anticipo le Camere e le elezioni vennero fissate per il 20 e 21 giugno 1976. Il Pci era all'attacco, convinto di superare la Balena Bianca. Alle Botteghe Oscure si dicevano convinti del sorpasso. Fu in quel clima che il Dottore vinse le esitazioni e si candidò al Senato con la Dc.

Umberto s'imbatté subito in una sorpresa negativa. Avrebbe voluto presentarsi in un collegio torinese, quello di Pinerolo. Ma a sbarrargli il passo fu un politico democristiano con la fama del duro: Donat Cattin. Il leader della corrente di Forze nuove era sempre molto ostile alla Fiat, piena di sindacalisti della Cisl. E disse: per il Dottore nessun collegio in Piemonte!

In quel caso la superpotenza della Fiat fece un buco nell'acqua. Umberto fu costretto a candidarsi nel collegio di Roma VIII: quello di Labaro-Prima Porta, nella periferia nord della capitale. Venne eletto. Ma lui e la sua spalla, Montezemolo, si trovarono subito alle prese con la base democristiana del collegio.

Nel suo bel libro, *Democristiani immaginari* (Vallecchi, 2006), Marco Damilano ricorda che la Dc del quartiere era guidata da Gianni Giacomini. Un militante fanfaniano, il capo dei sottoproletari di Prima Porta che avevano occupato le case sfitte.

Il primo incontro avvenne al ristorante Buccilli, sulla via Flaminia. Giacomini poi ricorderà: «Arrivò un codazzo dei suoi, poi lui, poi un altro codazzo. Umberto era come chiuso in un bunker. Un uomo gentile, che parlava poco».

Quelli che parlavano molto erano i colleghi di Umberto, tanto al Senato che alla Camera. Allora frequentavo il Parlamento, come inviato del "Corriere" e poi di "Repubblica". E rammento le cosacce che si dicevano sul conto del Dottore. Le meno trucide si risolvevano in una domanda: ma perché ha voluto venire qui a romperci i coglioni? Non poteva restarsene alla Fiat, a godersi i suoi miliardi?

Ma c'era pure chi andava sul pesante. Umberto ci considera dei paria pezzenti. È ombroso, avaro, ignorante, non sa un cazzo di politica. È troppo ricco per fare il parlamentare. È circondato di incompetenti con la puzza sotto il naso, a cominciare da quello snob di Montezemolo.

Mi resi conto di quanto fosse difficile il percorso del senatore Umberto nel febbraio 1978. Accadde quando andai a seguire un suo incontro serale con la sezione democristiana di Labano-Prima Porta. Viaggiammo nel buio di una periferia in sfacelo. Fantasmi di cemento armato. I falò delle prostitute. Brandelli di campagna non ancora divorati dalla città.

I suoi elettori lo aspettavano dentro la sede del partito. Uno stanzone con un fondale azzurro e la scritta: "La nuova Dc è già cominciata". Alle pareti un De Gasperi in terracotta e un Fanfani intagliato nel legno. Quindi una sfilza di fotografie della prima visita del Dottore, durante la campagna elettorale del 1976.

Ecco il mitico Giacomini, impiegato al comune di Roma. Che ringhiò subito: «Da allora lei non è più venuto da noi. Eppure questo è il suo collegio!». Umberto accusò il colpo e sospirò. Ma Giacomini, un giovanotto grintoso, lo incalzò: «Alla nostra Festa dell'Amicizia eravamo in trentamila, però lei non c'era...».

Umberto non raccolse. Disse: «Eccellente! Mi parli della concorrenza: come è andata la Festa dell'Unità?». «Male!» ruggì Giacomini. Il Dottore rise: «Be', allora è fin troppo facile». Giacomini: «Sì, ma io stasera le dirò delle cose spiacevoli...».

L'inizio fu secco. Il segretario della Labaro-Prima Porta se la prese con i comunisti, con il sei politico nelle scuole, con gli ospedali nel caos: «Senatore, lei può anche permettersi una clinica privata a duecentomila lire al giorno, noi no!». Poi tirò qualche calcio agli industriali che ammiccavano al Pci e nel frattempo portavano i capitali all'estero.

Umberto si comportò bene. Ascoltava impassibile le domande, masticando gomma americana. Poi rispondeva con una tecnica curiosa. Cominciava un po' enfatico per coinvolgere i militanti, poi offriva una replica sempre ragionata. Dichiarò una fiducia eccessiva nel rinnovamento della Dc. Ma senza truccare le carte. E senza imitare qualche marpione del partito.

Gli chiesero: «Senatore, non prenderemo mica la strada del compromesso storico?». Umberto: «Questo mai. Sarebbe molto negativo per l'Italia, l'anticamera di un regime. Però la crisi è grave e la Dc deve fare un accordo più stringente con le forze politiche che le danno i voti per governare. E tra queste ce ne sono alcune che chiedono un coinvolgimento del Pci».

Nella sezione qualcuno ebbe un brivido. Coinvolgimento? Che cosa voleva dire? Umberto: «Il governo monocolore guidato dall'onorevole Andreotti deve durare sino a dopo le elezioni per il presidente della Repubblica, previste per la fine di quest'anno, quando si concluderà il settennato di Leone. Occorre un programma che ci tenga legati all'Europa e all'Occidente. A queste condizioni la Dc può accettare l'appoggio parlamentare del Pci. Anzi, vi è costretta. Il rapporto con i comunisti sta nelle cose, signori miei! È scritto nei risultati del 20 giugno 1976».

Allora gli chiesero che cosa sarebbe successo dopo l'arrivo del nuovo capo dello Stato. Umberto rispose: «Dovremo trovare una formula che distingua molto bene la maggioranza dalla minoranza. Speriamo di poter governare con il Psi di Craxi e con le altre forze democratiche. Ma se non si potrà farlo, allora non resteranno che le elezioni anticipate».

Ma agli iscritti della Labaro-Prima Porta interessava soprattutto il conflitto con il Pci. Il compromesso storico non lo voleva nessuno. Umberto provò a rassicurare la platea: «Se si farà, sarà un incontro doroteo, pragmatico, non ideologico. Ma siamo ancora lontani da questo. Adesso il problema è come accettare l'apporto del Pci. La Dc può arrivarci a una condizione: che i comunisti non le chiedano di abdicare alla propria identità. Quello che conta è che il nostro partito difenda e metta bene in chiaro la sua profonda differenza rispetto al Pci».

Poi si affrontò una questione che inquietava molto gli elettori di Umberto: il terrorismo. Gli dissero: «Senatore, qui a Roma ammazzano la gente. Ancora ieri hanno tolto dalla circolazione un giudice, un padre di famiglia. Non crede che sia il caso di fare qualche legge straordinaria per fermare questi assassini?».

La risposta di Umberto li sorprese: «No. La situazione è drammatica, ma non dobbiamo pensare a leggi speciali. Sarebbe un bruttissimo segno. Bastano le leggi ordinarie, quelle che ci sono. Purché la magistratura e la polizia le facciano rispettare. E soprattutto siano difese politicamente quando compiono il loro dovere».

Ma era il Pci il chiodo in testa ai militanti della sezione. E di fronte alle nuove domande, Umberto replicò con lo stile di un capo azienda che bada al sodo: «Oggi il Pci non saprebbe gestire l'Italia rispettando gli stessi diritti e doveri dei paesi occidentali. Però non escluderei che un partito con il 35 per cento dei voti possa diventare un reale alternativa di governo. Speriamo che i comunisti si evolvano in senso democratico».

Nella sala ci furono molti brusii. Il Dottore sembrava troppo morbido con i trinariciuti. Qualcuno esclamò: «Quelli vogliono il potere per mettere fuori gioco la Dc!». Un altro iscritto tuonò: «E Budapest? Non ce la ricordiamo Budapest? Alle spalle dei compagni ci sta sempre l'Armata Rossa!».

Più concilianti si rivelarono le donne. Il Dottore aveva di fronte una fila di madri proletarie. Erano loro ad ammirarlo. Una disse, sottovoce: «Questo Umberto è davvero un bel ragazzo». E un'altra: «Sì, ha 'na bella bocca. Fortunata la signora che sta con lui». E una terza, sospirando: «Speriamo che la Fiat ci faccia avere gli alloggi popolari!».

Quando la serata finì e Umberto scomparve nella notte, rimasi in sezione per raccogliere qualche commento. Chiesi: «Com'è questo Agnelli?». Risposte: «Buono!», «Va bene», «Cerca una Dc pulita», «Lo voteremo ancora».

Ma c'era pure chi non voleva dire nulla. E qualcuno che masticava amaro. Un signore bassetto spiegò: «Mi è piaciuto soltanto al 50 per cento. È troppo tenero con i comunisti». Un componente del direttivo di sezione aggiunse, con la bocca storta: «È diventato un compagno pure lui!».

Un anno dopo, il nuovo presidente della Repubblica, Sandro Pertini, sciolse in anticipo le Camere. E chiamò gli italiani a votare il 3 e 4 giugno 1979. Tutti si chiesero se Umberto si sarebbe ripresentato al Senato. Ma il 10 maggio il Dottore fece sapere che rinunciava.

Forse si era convinto che il Parlamento non faceva per lui. Oppure aveva compreso che il dramma della Fiat non ammetteva più distrazioni.

Parte settima

26
“Benny Craxi ci mettiamo.”

Il 1976 fu davvero un anno cruciale per la politica italiana. Tra le sorprese che ci portò in regalo, la più inaspettata risultò l’elezione del nuovo segretario del Psi: Bettino Craxi.

Di quell’evento rammento un dettaglio curioso: una filastrocca. Faceva così: “Noi compagni socialisti / siamo stanchi e un poco tristi. / De Martino quest’estate / lo finiamo a fucilate. / Tutto quanto rinnoviamo: / Benny Craxi ci mettiamo”.

L’autore della poesiola era il giurista Federico Mancini, un signore bolognese di 49 anni, molto garbato e amico di Bettino, nel quale la sapienza si accompagnava allo humour. Dopo averla scritta, il professor Mancini mi chiese: «La firmo o non la firmo?». Alzai le spalle e gli risposi: «Decidi tu».

Stavamo nel ristorante del Midas Palace Hotel, sulla via Aurelia, a Roma. Mancini fissò una cameriera molto bellina. La fissò a lungo, ma senza vederla e apprezzarne le doti. Rifletteva. Rimuginava. Si faceva domande mute. Poi siglò la filastrocca: “Anonimo emiliano”. «Non si sa mai...» mormorò sorridendo. Poi mi regalò il foglietto: «Tienilo tu. Così ti ricorderai di queste giornate storiche».

La filastrocca era scritta sul retro di un conto del Midas: “Panino al prosciutto, lire mille”. Un po’ caruccio, dati i tempi. Ma era un momento speciale e anche i mangiatori di sandwich dovevano adattarsi. Sull’orologio del Psi stava per scoccare un’ora fatale. Quella del passaggio di consegne tra il vecchio Francesco De Martino, 69 anni, e il giovane Bettino Craxi, anni 42.

Il Grande Cambio ebbe inizio il pomeriggio di lunedì 21 giugno. Non appena si chiusero le elezioni per il settimo Parlamento. A Roma, in via del Corso, nel palazzo piacentiniano che ospitava il supercomando del Psi, tirava un'aria grigiastra, fra lo stracco e l'ansioso.

«Com'è andato il partito?» chiedevano al telefono compagni da tutta l'Italia. Ma nessuno sapeva che cosa rispondere. L'apparato socialista incaricato di controllare i voti era molto alla buona. Assai diverso dallo staff da grande azienda installato alle Botteghe Oscure. Quest'ultimo l'aveva messo su un vecchio mago dei numeri elettorali, Celso Ghini. E stava già registrando un altro successo del Pci.

Era alla buona pure l'accampamento sotto la vecchia insegna rossa, con sole, libro e falce e martello. L'ingresso risultava libero a tutti. Anche al terzo piano, quello dei capi.

Entrai nella stanza del segretario De Martino e chiesi a un compagno che la stava riassettando: «Il professore non c'è?».

Lui non mi chiese neppure chi fossi e rispose: «No, ha preferito restarsene a Napoli».

«E il vicesegretario Mosca?»

«Il compagno Giovanni è a Milano.»

«E l'altro vicesegretario, Craxi?»

«Anche Bettino è a Milano. Ci hanno detto che è ricoverato in clinica per un attacco di diabete. Ma si rimetterà presto.»

Nell'ora della verità, a presidiare il palazzo trovai soltanto Enrico Manca, l'allievo di De Martino, e il manciniano Antonio Landolfi. Stavano barricati dietro cinque bottiglie di acqua minerale, sudati e tetri, aspettando di capire com'era andata. «Ci andrà male» soffiò Enrichetto. «Ci andrà malissimo» risoffiò Antonio.

Soltanto a notte fonda, si seppe del disastro. La Dc di Zaccagnini era uscita indenne da un altro giudizio di

Dio, conservando il 38,7 per cento dei voti. Il Pci, guidato da quella volpe triste di Berlinguer, aveva toccato il proprio massimo storico: il 34,4 per cento. Il Psi, invece, era rimasto incagliato al 9,6. Lo stesso scoglio delle ultime elezioni. Il livello più basso di tutta l'avventura socialista nella Prima Repubblica.

«È un insuccesso, non una sconfitta!» giurò uno degli accampati, Manca. Da Napoli, De Martino ricordò agli immemori che il Psi era ancora il terzo partito italiano. Ma sul marciapiede di via del Corso, i militanti socialisti guatavano il crack con gli occhi sbarrati. Ormai il Psi era ridotto a quasi un quarto del Grande Fratello comunista.

Nella notte del 21 giugno, il "Giuan" Mosca si dimise da vicesegretario. E invitò gli altri capi del Psi a fare fagotto. Ma in cambio ricevette una raffica di repliche sdegnate: «Quello del compagno Mosca è stato un gesto isterico», «Una decisione inopportuna», «Un atto politicamente inammissibile». E si sentì anche di peggio: «Il Giuan è impazzito, ha bisogno di cure».

Tuttavia nei giorni di fine giugno montò la rabbia della base. Telefonate, lettere, telegrammi: tutti messaggi rabbiosi. Volevano l'epurazione del vertice. E la pretendevano subito, seduta stante. La Federazione giovanile socialista tirò al ciclostile un volantino spietato: "La sconfitta dipende dall'immagine squalificata del partito. È necessario un profondo rinnovamento dei vertici. Chiediamo le dimissioni di tutta la segreteria e della direzione nazionale del Psi".

I big del partito risposero picche. Ma non furono in grado di arginare lo psicodramma che stava straziando la base. Qui la sconfitta veniva vissuta come l'inizio dell'agonia socialista. Osservando il territorio smisurato ormai nelle mani della Dc e del Pci, più del 73 per cento dell'elettorato italiano, molti si chiesero se esistesse ancora uno spazio storico per il Psi.

È con questa sindrome da ultima spiaggia che il lunedì 12 luglio tutti i capi del Psi si radunarono al Midas Hotel, un superalbergo per turisti dalle valute forti. Per fare che cosa? In via ufficiale, soltanto per un Comitato centrale dedicato all'analisi del crack elettorale. In realtà, per processare il vecchio padre, De Martino. E per scegliere un padre nuovo, ancora senza volto.

C'era una calma finta nei corridoi del Midas, quella mattina. Nella Sala Smeraldo, De Martino sembrava dormire al centro di un lungo tavolo. Accanto a lui due dei suoi fidi: Paolo Vittorelli e Silvano Labriola, appena eletto deputato. Poi Craxi, guarito, e Pietro Nenni. Quest'ultimo aveva 85 anni e pareva accasciato dallo sbalzo fra la giornata tropicale e il freddo dell'hotel.

Il tavolo ispirò una profezia di Nino Neri, mancinia-no di Calabria. Mi disse: «Come vedi, non ci sono demartiniani di spicco: Manca, Mosca, il ras siciliano Salvatore Lauricella. In altri tempi si sarebbero precipitati a mettersi accanto al segretario. Adesso stanno in platea. Tu hai raccontato il processo dei democristiani a Fanfani nel luglio di un anno fa. Tra poco, qui, succederà la stessa cosa».

Il processo al partito cominciò subito nei corridoi. Rileggo i miei appunti del Midas. Federazioni paralizzate dalla lotta fra le correnti. Dirigenti impegnati a spiarsi. Sezioni degradate a mercati di clientele. Militanti considerati servi della gleba dai signori delle tessere.

Rino Formica, craxiano, responsabile dell'organizzazione, mi disse: «Un regime di cosche sta avvelenando il partito». Altri imprecavano: «Basta con gli arricchimenti inspiegabili. E con l'abitudine dei dirigenti di sputtanarsi in pubblico».

Per De Martino, invece, non c'era bisogno di un processo. Il segretario aveva deciso di processarsi da solo. Osservava la sala con la sua aria da mastino cogitabondo. Sembrava voler dire al partito: "Cercate un capro espiatorio? Eccomi qui!".

La sua relazione fu un cupo rosario di tutti i difetti del Psi. E insieme un sincero mea culpa. Angosciato, il Professore concluse con una confessione e una rinuncia. Disse: dopo il voto avevo pensato di dimettermi subito, non l'ho fatto soltanto per non rendere più grave la crisi del partito. Poi tirò le somme del disastro: il Comitato centrale può mandarmi via, «non sono entrato in politica per ricoprire degli incarichi».

Amici e avversari lo applaudirono. Ma nei corridoi del Midas iniziò a tirare un'aria pessima per il Professore. Una relazione, la sua, "dimessa e dimissionaria". Un leader stanco, rassegnato, prigioniero del proprio immobilismo. Un compagno senza più fiducia nel Psi. E pericolosamente attratto dal ruolo essenziale della superpotenza del Pci.

Il martedì 13 luglio, secondo round del Comitato centrale, fu la giornata delle dimissioni a catena. Per primi lasciarono la Direzione Riccardo Lombardi e gli altri cinque membri della sinistra, tra loro Fabrizio Cicchitto, Gianni De Michelis e Claudio Signorile.

Un'ora dopo arrivò il colpo di grazia sferrato da Manca, allievo del Professore, e da altri del suo gruppo. Il pugnale dei manchiani calò tre volte. Dissero che abbandonavano De Martino, scioglievano la corrente e chiedevano l'elezione di un nuovo vertice.

Infine si dimise dalla Direzione anche Antonio Giolitti. Tra gli applausi, spiegò che rifiutava l'oligarchia dei capicorrente e dei loro luogotenenti. E che da quel momento in poi avrebbe ritenuto illegittime le nomine decise con il vecchio sistema dei pacchetti lottizzati.

La sorte risparmiò a De Martino la pena di ascoltare in presa diretta il suo Psi che lo processava. A metà mattina dovette accorrere al Quirinale dove Leone stava tentando di metter su il nuovo governo.

Il Professore lasciò il Midas senza dir parola. Poco loquace fu anche Craxi che l'accompagnava come presidente dei deputati socialisti. Chiesi a Bettino: «Vi dimetterete dalla Direzione anche voi autonomisti?». Lui replicò, sibillino: «Ci vedremo nel pomeriggio».

De Martino rientrò poco prima delle 13. Senza ascoltare Manca che gli pedalava al fianco e parlava, parlava, andò subito alla Sala Smeraldo. Si sedette di schianto al centro del tavolo, prese un foglio, vi scrisse poche righe, quindi andò al podio e le lesse: «Comunico di rassegnare le mie dimissioni da segretario. La motivazione sta in un evidente obbligo di correttezza. Ero stato eletto all'unanimità dal congresso. Ma la situazione interna del partito è ormai mutata».

Erano le 13,05 del 13 luglio. Si chiudeva un'era e non soltanto nel Psi. Ma quella che stava per aprirsi rimaneva ancora avvolta nel buio: senza una politica, senza un capo.

La mattina di mercoledì 14 luglio, gli italiani che leggevano i giornali fecero due scoperte. La prima era che Leone aveva affidato a Giulio Andreotti l'incarico di fare il suo terzo governo, tutto di democristiani, il trentatreesimo della Repubblica. La seconda fu che il Psi aveva due possibili segretari: Giolitti e Craxi.

I sostenitori di Giolitti andavano spiegando che il disastro del partito doveva essere messo sul conto non soltanto di De Martino, ma pure dei colonnelli quarantenni: Manca, Craxi, Signorile & C.

Erano un'oligarchia orizzontale, che attraversava più correnti, arroccata nella difesa del proprio potere. Al Midas avevano ideato l'Operazione Gattopardo: far fuori il vecchio capo, mettere al suo posto Craxi e non cambiare nulla. Per durare il più possibile ai posti di comando.

Ma le truppe giolittiane erano deboli. E la loro principale debolezza stava proprio in Giolitti. Già deputato comunista, uscito dal Pci dopo la rivolta ungherese, poi passato al Psi, aveva 61 anni e sedeva da tempo a Montecitorio, eletto dai socialisti.

Era un politico onesto, colto, con esperienze ministeriali, non prigioniero delle correnti. Ma appariva insicuro di sé, poco incline agli incarichi di partito, ben poco a suo agio nella giungla di gruppi, clan e sottoclan cresciuta dentro il Psi.

Craxi, invece, era un vero figlio del partito. Aveva le doti del capo: grinta, pazienza, durezza. Qualità che si imparavano restando per anni in minoranza, come era accaduto per gli autonomisti di Nenni.

Inoltre Bettino guidava una corrente, per piccola che fosse. Possedeva un padre adottivo, il vecchio Pietro, la bandiera del socialismo italiano. E un padrino potente, incontrato al Midas: Mancini. Infine era l'unico papabile dei quarantenni.

Fu così che Craxi diventò l'ultima chance di un partito in rotta. Il solo nome uscito da un accordo di salute pubblica, imposto dallo stato di disperazione nel quale versava il Psi, dopo la batosta del 20 giugno. Ora dopo ora, il corteo di Craxi divenne sempre più affollato. Agli autonomisti si affiancarono i manciniani, i voti di Manca e i lombardiani giovani.

Giolitti si arrese. E si arrese anche De Martino. Me lo ricordo affondato in una poltrona del bar del Midas. Stanco. Occhiaie gonfie. Stecchino fra i denti. Aveva rifiutato di entrare nella Direzione e borbottava: «Sono vecchio. Sono anche una persona seria. Non desidero assistere a intrighi e manovre». Poi tranciò l'aria con un gesto di delusione nervosa, come per concludere: «Non parliamone più!».

L'unico a restare in corsa fu Craxi. Il giovedì 15 luglio si consumò tutto in schermaglie oratorie senza più significato. L'unico evento degno di nota fu lo sfaldarsi ulteriore del correntone di De Martino. Nella notte fra il 15 e il 16, il Comitato centrale elesse la nuova Direzione. E la mattina di venerdì 16 luglio, in una Roma che già boccheggiava per l'afa, la Direzione elesse Bettino segretario del Psi.

Votarono per lui in 23 su 31: autonomisti, manciniani, ex demartiniani. Si astenne la sinistra di Lombardi. Commosso, Nenni abbracciò il figlioccio: «Adesso, finalmente, ho il cuore in pace. La mia opera si è compiuta».

Il pomeriggio di quel venerdì, Craxi diede la sua prima intervista da segretario: a me per il "Corriere della Sera" e a Vittorio Emiliani del "Messaggero". E la diede in un posto che gli era molto caro: la terrazza dell'Hotel Raphaël, in largo Febo, subito alle spalle di piazza Navona. Abitava lì quando da Milano si trasferiva a Roma.

Ho frequentato anch'io, e a lungo, quell'albergo. Nella buona stagione salivo spesso in terrazza. Per leggere i giornali la mattina presto, prima di andare al lavoro. Era la plancia di una grande nave che puntava diritto verso i palazzi della politica. Stavano tutti a un braccio di distanza: da Palazzo Madama a Montecitorio, a Palazzo Chigi, alle Botteghe Oscure, sino al santuario biancofiore di piazza del Gesù.

Craxi ci disse: «Il Psi è alle prese con il problema del suo destino e della sua esistenza in avvenire. Primum vivere: la cosa più importante è vivere come partito!». Poi spazzò via ogni sospetto di congiura: «Al Midas non c'è stato niente di questo. La congiura la si prepara nei dettagli. La mia candidatura, invece, è stata improvvisa. Il Comitato centrale si è trovato di fronte a un problema ed è venuta fuori la verità.

«Tutti i compagni hanno detto quello che pensavano, parlando in piena libertà» proseguì Craxi. «Poi si è votato. Voti a pioggia, nel Comitato centrale e nelle correnti. Non si è mai votato tanto nel Psi! Questo non è il clima della congiura.»

Quel pomeriggio, sulla terrazza del Raphaël, Bettino era nervoso. E un tantino cupo. Come se il tramonto che stava calando su Roma avesse al seguito una frotta di fantasmi. Ora tetri, ora irridenti.

Per primo vedeva lo spettro di un partito in rotta, sfiancato dalla sconfitta elettorale. Ma ancora capace di affermare che il compagno Craxi sarebbe stato un segretario debole. Ostaggio degli oligarchi socialisti che l'avevano messo in sella.

C'era poi la sua immagine sui giornali: pessima, senza misericordia. Vittorio Gorresio, il principe del giornalismo politico, scrisse sulla "Stampa" che Craxi "aveva tutta l'arroganza e la protervia dei professionisti dell'apparato partitico". Per Fausto De Luca, della neonata "Repubblica", era "il tedesco del Psi", un leader afflitto da molti limiti. Per "il manifesto" era Bettino l'Amerikano, ben visto dalla Casa Bianca e prediletto da Montanelli.

Ma il più aspro fu Riccardo Lombardi, il padre della sinistra socialista: «Siamo davanti a un segretario nuovo, con poteri limitati. Che non può e non deve, in nessun modo, impersonare da solo la politica del Psi».

Si sbagliavano quasi tutti. Il futuro gli avrebbe dato torto. E oltre a loro diede un po' torto anche a Bettino.

27
Vizi e virtù di Bettino

«Confessarmi in pubblico? E dire tutto del mio carattere? Non voglio farlo. Non mi piace.» Insistevo e Bettino Craxi scuoteva la testa, poco convinto. Si era tolto gli occhiali e mi guardava da sotto in su. Perplesso, ma anche incuriosito da quella richiesta insolita all'interno di un'intervista politica.

Era un sabato del novembre 1977, lui guidava il Psi da poco più di un anno. La settimana a Roma era stata dura e adesso si concludeva fra la nebbia milanese, nel silenzio dell'ufficio di piazza Duomo. Una tana ancora alla vecchia maniera, senza telecamere all'esterno, né porte metalliche con il vetro antiproiettile.

Poi si decise: «Sta bene. Sentiamo che cosa dicono di me».

Cominciai a leggere un elenchino: «Dicono che sei rancoroso e settario. Un po' vendicativo. Privo di senso autocritico. Più capace di tattica che di strategia...».

Craxi sospirò: «Mi sembra tutto sbagliato. Comunque vediamo. Settario? Be', dipende. Per la verità, tante volte gli amici mi rimproverano di essere un po' ingenuo. Un ciula come si dice a Milano, uno sciocco troppo buono».

Osservai: «Davvero? Questa non l'avevo mai sentita. Passiamo a un altro difetto: vendicativo. È così?».

«No. Piuttosto sono uno con la memoria lunga. Vedi, ho difficoltà a dimenticare le cose. E mi piace tenere viva l'idea di ciò che io e gli altri siamo stati. Quanto alla politica, tento di avere una strategia. Anche se cerco di non inventarmene una al mese, come qualcuno è abituato a fare.»

«E la mancanza di autocritica?»

Bettino meditò prima di rispondere: «Credo che anche questo sia sbagliato. Sono uno che riflette molto su se stesso e sui propri errori. Comunque la scheda che hai preparato su di me mi sembra vera almeno su di un punto: io ho un po' il temperamento di mia madre. Lei era molto aggressiva, ma non aspra. In tutti questi anni mi sono sforzato di mitigare questo carattere, di correggerlo. Ci sono riuscito soltanto in parte».

La mamma di Craxi, Maria Ferrari, era lombarda, di Sant'Angelo Lodigiano, veniva da una famiglia di commercianti e di mediatori. A Milano, all'inizio degli anni Trenta, conobbe e sposò un giovane avvocato, Vittorio Craxi. Lo sposo era messinese, ma aveva scelto di mettere su lo studio al Nord. Era socialista e i fascisti delle sue parti gli impedivano di lavorare in pace.

Bettino fu il loro primo figlio. Un milanese puro, nato il 24 febbraio 1934 alla clinica Macedonio Melloni. Molti anni dopo, sul nome di Craxi gli avversari politici, soprattutto i comunisti, ci ricameranno sopra a vanvera. Bettino viene da Benito, anzi da Benitino.

In quel tempo nel Partitone Rosso ritenevano Craxi un fascista. Ma era una cantonata. I genitori avevano chiamato il figlio Benedetto. Come il nonno paterno, insegnante e sposo di una direttrice d'asilo, anche lei dal nome inconsueto: Ildegonda Testerini.

Esperta di caratterini in erba, nonna Ildegonda intravide subito in quel nipote un soggetto non facile. Infatti il piccolo Craxi era sì un fanciullo ricciolone e dal gran ciuffo, ma soprattutto una peste: turbolento, rissoso, difficile da guidare. Per questo, Bettino verrà messo in collegio tre volte. Al De Amicis di Cantù quando scoppia la guerra nel 1940. Poi, dopo la Liberazione, al Gallia e ancora al De Amicis.

Quindi il ritorno a Milano, per fare il ginnasio al Carducci. Infine l'iscrizione alla Facoltà di Giurisprudenza alla Statale. Un corso che Bettino non concluderà mai. Distratto da una passione alla quale dedicherà l'esistenza: la politica.

Oggi si dice, con più di una ragione, che molti politici italiani siano soltanto dei dilettanti, senza esperienze alle spalle. Arrivano alla Camera o al Senato perché il loro capopartito li ha scelti per mille motivi, sempre diversi. Scelti e nominati, dal momento che con le liste bloccate, e senza il voto di preferenza, ottenere un buon posto nell'elenco dei candidati garantisce un seggio sicuro in Parlamento.

Nella Prima Repubblica non andava così. I politici, e soprattutto i leader, venivano da una scuola lunga e dura. Come ci rivela il percorso di Craxi. Lo ricostruii con lui nell'estate del 1983. Quando divenne per la prima volta presidente del Consiglio.

Il primo terreno di prova per il giovane Craxi furono i parlamentini universitari. Venivano eletti dagli studenti in ogni ateneo, sulla base di liste che, di fatto, erano politiche o quasi. Eravamo alla metà degli anni Cinquanta. Il Bettino ventenne stava nell'Unione goliardica italiana, incubatrice di molti leader laico-socialisti e comunisti.

All'Unione appartenevo anch'io, nel 1954 matricola di Scienze politiche a Torino. A uno dei nostri convegni intravidi Bettino. Aveva ancora tutti i capelli, era un ragazzo alto e magro. Molto spiccio nel parlare. Con una grinta che non mi colpì, perché allora eravamo tutti grintosi. Non sapevo chi fosse e nessuno me lo spiegò.

Dopo la politica universitaria, venne il tempo del Psi, sempre a Milano. Qui Craxi rivelò subito quello che poi sarebbe sempre stato: un socialdemocratico all'europea, avversario tenace del comunismo.

«Quando dico comunismo» mi spiegò un giorno, «penso alla sua ideologia fondamentale: il marxismo leninismo. E alla sua realtà storica: il comunismo esistente. Incarnato dall'Unione Sovietica e dagli Stati satelliti. E nei paesi democratici dell'Occidente dai partiti che si dichiarano comunisti, come da noi il Pci.»

Ecco una realtà che il giovane Craxi imparò a conoscere nei suoi viaggi all'Est. Primo fra tutti quello a Praga, nell'estate 1956, quando aveva 22 anni. Il quadro gli divenne ancora più chiaro nell'autunno, durante la rivolta operaia di Budapest, contro il regime comunista ungherese.

Vent'anni dopo, nella sua prima intervista da segretario del Psi, mi raccontò: «Appartengo a una generazione che si è formata politicamente sotto il trauma dell'insurrezione di Budapest. E i traumi giovanili sono difficili da cancellare».

Craxi partecipò allo scontro dentro il partito fra le due ali emerse nei giorni dell'Ungheria. Una era chiamata dei "carristi", per il sostegno dato all'intervento dei carri armati sovietici a Budapest. Era la sinistra del Psi, guidata da Rodolfo Morandi. L'altra, capeggiata da Nenni, raccoglieva quanti avevano aperto gli occhi sugli orrori del socialismo reale. Tra questi c'era Bettino.

Passarono pochi mesi e, nel febbraio 1957, al 32° Congresso del Psi a Venezia, Nenni venne rieletto segretario, ma per la prima volta si trovò in minoranza. Nel Comitato centrale c'erano 27 autonomisti, 31 della sinistra, 14 amici di Lelio Basso e 9 di Sandro Pertini.

Tra i membri nenniani del Comitato centrale c'era anche Craxi. Fu il suo ingresso nella politica adulta. Aveva 23 anni e il vecchio Pietro sarà il suo maestro, il suo esempio, la sua stella polare. Nenni lo amava come un figlio. Diceva di lui: «Bettino è pieno di energie. E parla il linguaggio giusto per il socialismo di questi tempi. Ce la farà».

Ma in quell'epoca il Psi stava percorrendo strade diverse da quella nenniana. Per Craxi la vita diventò difficile. Finiti i viaggi da studente, cominciava la gavetta. E anche la guerra di trincea nell'apparato socialista, fra ostilità numerose e sgradevoli.

Bettino non mollò. E si mantenne coerente alla propria idea-guida: l'Italia aveva bisogno di una forza socialista ben radicata nell'Occidente. E capace di riformare il sistema senza distruggerlo. Era quanto suggeriva il monito di Olof Palme, il leader socialdemocratico svedese: «Il capitalismo è un agnello che va tosato, ma non ucciso».

Il primo lavoro da funzionario gli arrivò su una piazza avara per i socialisti: Sesto San Giovanni, la Stalingrado d'Italia. In compenso, Bettino ebbe finalmente uno stipendio, sia pure da poco: quarantamila lire al mese. Bastavano per sposarsi e metter su famiglia? Forse no. Ma si poteva provare a farlo.

Nel 1959, a 25 anni, Craxi prese in moglie con il rito civile Anna Maria Moncini. Una bella ragazza tranquilla che gli darà due figli: Stefania, nata nel 1960, e Vittorio detto Bobo, del 1964. Anna Maria poi descriverà la storia d'amore fra lei e il suo uomo con limpida semplicità: «Bettino e io ci siamo incontrati quando avevamo diciotto anni e non ci siamo lasciati più».

Nella Prima Repubblica, l'apparato di un partito era una scuola di vita che insegnava ben più di una facoltà universitaria. Craxi vi imparò il suo duro mestiere, gradino dopo gradino. Assessore a Milano. Segretario della federazione socialista. Membro della Direzione nazionale. Deputato nel 1968. Vicesegretario del Psi a partire dall'aprile 1970. Il leader era Mancini. Gli altri due vice Giovanni Mosca, demartiniano, e Tristano Codignola per la sinistra.

Ormai era Craxi a guidare la corrente autonomista. Una pattuglia di minoranza, costretta a stringere i denti per sopravvivere. Bettino si allenò a essere diffidente. A vedere nemici dovunque. A sospettare trappole in ogni angolo del partito. Godeva di un vantaggio: chi stava al vertice del Psi lo sottovalutava. Ecco un errore che lo aiutò a diventare segretario, nel luglio del Midas.

Anche dopo averlo messo in trono, gli oligarchi del partito seguitarono a snobbarlo. Fu un abbaglio vistoso, dettato da un principio miope: da una corrente debole poteva nascere soltanto un segretario debole. Manca, Signorile e Mancini pensavano di aver scovato un re travicello, ostaggio nelle loro mani. Pure all'esterno del Psi, molti pronosticavano: «Craxi non durerà tre mesi».

Bettino, invece, resisterà molto più a lungo, come vedremo. Per quali ragioni? Mentre stava ancora sulla cresta dell'onda, me ne vennero in mente tre.

La prima era che aveva dato al Psi i motivi e la forza per sopravvivere nell'epoca del boom comunista, guidato da Berlinguer. La seconda perché aveva creduto nel Psi come forza autonoma della sinistra italiana. La terza perché possedeva la stoffa del leader, ovvero il carattere giusto per vincere e durare nel tempo.

Nei primi anni del regno di Craxi, domandai a uno dei suoi oppositori interni al Psi, Riccardo Lombardi: «Che cosa pensa del vostro segretario?».

Lombardi mi rispose: «Gli uomini di carattere hanno quasi sempre un cattivo carattere. È un po' il mio caso. Ed è il caso di Bettino. Comunque meglio il cattivo carattere che l'assenza di carattere. E poi Craxi crede in quello che fa. Non gioca con la politica. E difende le sue posizioni con accanimento e convinzione».

Nel passaggio tra gli anni Settanta e Ottanta, scrissi molto su Craxi. Cronache della sua attività di segretario del Psi, resoconti dei congressi socialisti, interviste a lui o su di lui, dove parlavano politici avversari.

In questo modo mi fu possibile mettere a fuoco nei dettagli il personaggio di Bettino. Ma ancora oggi non so fino a che punto fui capace di farlo. E di farlo bene. Ossia tenendo lontani due atteggiamenti opposti, spesso difficili da arginare: la simpatia e l'antipatia.

Come tutti gli esseri umani speciali, Craxi suscitava tanto l'una che l'altra, spesso a periodi alterni. Qui cercherò di cavarmela mettendo a confronto quanto dicevano gli amici e i nemici.

Gli amici mi raccontavano che Bettino aveva il gusto della battaglia politica. Ecco un combattente capace di entrare a gamba tesa sul pallone, ma anche sulle gambe di chi lo ostacolava. Uno che non si arrendeva mai. Uno che badava al sodo, in grado di comprendere subito l'essenziale e di andare al nocciolo del problema.

Domandavo: Bettino è anche un impulsivo, un "giocatore di poker" come l'aveva definito uno sprezzante Berlinguer? Per niente, rispondevano i suoi uomini. Craxi sapeva essere prudente. Era uno studioso attento della manovra politica. Meditava a lungo ogni passo. Prima di decidere, navigava fra mille dubbi e incertezze, con la paura di sbagliare. Ma dopo aver deciso, non tentennava più.

Sapeva pensare in grande. E non dimenticava mai la rotta che aveva stabilito di seguire. Lui stesso diceva di sé: «Io non muto facilmente opinione sulle questioni di fondo». Ma era anche un realista, un pragmatico, abile nell'adattarsi al terreno per poi marciare a zig zag.

Aveva molto orgoglio di partito. Forse ben più di quanto meritassero molti big socialisti. Era schietto, tanto da apparire brusco di modi. Corazzato di diffidenza. Con poca pazienza per il prossimo. Però leale e generoso nei confronti degli amici. Verso chi gli era amico, mostrava un fortissimo senso del clan.

Gli avversari concordavano, più o meno, con questo ritratto. Però ci aggiungevano pennellate aspre. Craxi era vanitoso. Privo di humour. Con una concezione di sé troppo alta. Prepotente. Umorale. Facile alle ire improvvise. Testardo nella vendetta.

Il difetto dei difetti? Il complesso di persecuzione. Un limite grave, perché immaginare congiure, sempre e dovunque, gli alterava i dati della realtà e impediva analisi corrette.

Il bianco e il nero facevano di Craxi un personaggio capace di suscitare grandi amori e odi tenaci. A molti non piaceva. Non piaceva a comunisti e democristiani perché era un socialista troppo autonomo dai due grandi partiti. E cercava di non farsi stritolare dalla loro morsa, tentando pure di metterli nel sacco.

Ma non piaceva neppure a tanti altri che vedevano in lui un capo autoritario, dalla mano dura. Era un'opinione, o un pregiudizio, che si riflesse anche nella satira politica. Giorgio Forattini, almeno in una prima fase, disegnava Craxi in divisa da gerarca fascista. Altan lo faceva animalesco. Tullio Pericoli con i guantoni del pugile. Alfredo Chiappori mussoliniano. Emilio Giannelli in camicia nera.

Bettino ne soffriva. Talvolta invocava l'intervento di chi dirigeva il giornale e persino dell'editore. Ma dopo un po' non ci pensava più. Tirava avanti per la propria strada da grande solitario. Lavorando come un leader ottocentesco.

A somiglianza di quel che faceva Nenni, si metteva al tavolo, davanti a un pacchetto di sigarette e una risma di fogli. Rifletteva e scriveva, con una grafia nervosa rampante verso l'alto. Un segno di ottimismo e vitalità, così dicono.

Voleva essere diverso dagli altri big della casta partitica. Ma non immaginava che il suo tallone d'Achille sarebbe stato lo stesso degli avversari: la corruzione dei partiti italiani.

28
Grandi vecchi

La prima volta che scrissi di Francesco De Martino fu nell'agosto 1969. "La Stampa" mi aveva mandato in giro per l'Italia a raccontare le vacanze di alcuni leader politici. Quando ancora non dilagavano le interviste sotto l'ombrellone.

Eravamo alla vigilia di un terremoto politico. E il sisma si era già annunciato con le scosse violente del Sessantotto. In quel mese ci furono le bombe sui treni e nessuno poteva immaginare che fossero il prologo della strage di piazza Fontana. Stavamo vivendo l'ultima estate di quiete, in attesa dell'autunno caldo nelle fabbriche.

Le giovani signore portavano gonne lunghe e si truccavano in modo sempre più seducente. Lucio Battisti cantava *L'avventura* e preparava *Mi ritorni in mente*. Il Cantagiro era stato bloccato dai contestatori a Cuneo. Dal secondo canale della Rai, Renzo Arbore ci deliziava con *Speciale per voi*.

Era un'Italia stramba, moderna e ancora antica. Dove la Procura della Repubblica di Milano faceva sequestrare per oltraggio al pudore un quarantacinque giri di Jane Birkin, *Je t'aime, moi non plus*.

Dal Psi se n'erano andati i socialdemocratici. Il primo governo Rumor era caduto, ma si stava lavorando per metterne in piedi un altro, sempre guidato dal pio Mariano. La gente capiva poco le mosse dei partiti. Tuttavia considerava i leader politici ancora delle persone normali. Li criticava, però li accettava. Eravamo ben lontani dal disprezzo di oggi.

De Martino, confermato da un mese segretario del Psi, passava le vacanze a Capo Miseno. Davanti all'isola di Procida, a una trentina di chilometri da Napoli. Era un signore di 62 anni, il volto del saggio orientale. Ti scrutava con uno sguardo che sembrava indifferente. E invece ti stava giudicando con attenzione scrupolosa, come se tu fossi un allievo del suo corso di Storia del diritto romano. Rifletteva a lungo prima di risponderti, allora non imperava l'affanno dei tempi televisivi. Replicava ai tuoi articoli con biglietti cortesi, vergati in una grafia elegante e ordinata.

Capo Miseno era fitta di stabilimenti balneari per dipendenti delle Forze armate. Ma disponeva anche di molte spiagge libere, dove famiglie con poco reddito si strafogavano di spaghetti e di pizze. Le ragazze erano belle e stavano sempre in gruppo. S'indicavano il giornalista in giacca e cravatta, ridendo sommesse.

Il segretario del Psi aveva in affitto una villetta modesta, su via del Faro. Quattro stanze più una terrazza sull'azzurro bollente del golfo di Pozzuoli. I luoghi erano carichi di storia. Baia, Capo Miseno, Cuma, Nerone che ammazza Agrippina, l'assassinio di Tiberio, la congiura di Pisone.

Per gran parte della gente del posto, De Martino non era nessuno. Per alcuni soltanto "'o Professore". Andava lui a fare la spesa, in brache corte e sandali. Poi un poco di pesca con la lenza. La cura dei canarini e dei cardellini in una serie di gabbiette. Partite a tresette con la moglie Teresa e i cinque figli. Qualche giornale. Quasi niente telefono.

Andai pure a Formia, dove villeggiava Nenni. Il presidente del Psi aveva 78 anni e non c'era. Il caldo eccessivo l'aveva costretto a rifugiarsi in montagna. Anche la sua era una villetta senza lussi, alla periferia della città. Sulla sinistra si vedeva il golfo di Gaeta. Sulla destra c'era una montagna brulla, solcata alla base dai treni della Napoli-Roma. Intorno un'afa feroce, più un concerto assordante di cicale.

A proteggere la casa vuota di Nenni provvedeva un agente di polizia. Aveva la faccia del capofamiglia meridionale capitato per caso dentro una divisa. Vinto dalla calura, si era perso il berretto, stava in maniche di camicia, la cravatta slacciata e la rivoltella a penzoloni sul fianco. Mi chiese: «Per favore, niente foto! Altrimenti mi fate passare un guaio».

Nell'orto della casa accanto, tre donne lavoravano a riempire di conserva di pomodoro una sfilata di bottiglie. Dovevano essere la nonna, la madre e la figlia. La più giovane aveva sedici, diciassette anni. Ed era una vera bellezza, con un grembiule da niente che lasciava intravedere un seno prosperoso e due gambe spettacolose.

Il fotoreporter che mi accompagnava la adocchiò subito. E mi disse: «Riprendo lei, è molto meglio di Nenni!». La ragazza se ne accorse, gli tirò uno dei suoi zoccoli di legno e fuggì in casa. Ritornò subito, rivestita da capo a piedi. Rideva e gridò al fotografo: «Volevi fare il furbo, vero? Ma con me non attacca!».

Presentai alle tre donne le nostre scuse. E allora la madre mi raccontò di Nenni che andava a spasso con la signora Carmen sulla piazza Vittoria, a Formia. Poi ai bagni sulla spiaggia di Vindicio. Quindi a fare la spesa al mercato, su una bicicletta da donna e la sporta appesa al manubrio. Come un cristiano qualunque.

Ripassai da Formia nel luglio di due anni dopo, quello del 1971. Ronchey mi aveva chiesto una lunga rievocazione del 25 luglio 1943, quando il regime di Mussolini era caduto. E voleva che ascoltassi qualche testimone dell'epoca. Nenni era uno di loro.

Questa volta il leader del Psi stava in casa. E mi regalò un lungo racconto di come aveva vissuto quell'anno cruciale. Dal suo arrivo in Italia in aprile, come detenuto politico, sino al suo 25 luglio, vissuto nel confino di Ponza.

Tre giorni dopo la caduta del regime, i confinati videro apparire al largo dell'isola una nave da guerra, la corvetta *Persefone*. Dalla nave si staccò una lancia che si diresse al porto. Qui scesero a terra alcune persone che accompagnavano un prigioniero: Mussolini.

Quando lo incontrai, Nenni aveva compiuto da qualche mese ottant'anni. Stava seduto sul terrazzo, nonostante il gran caldo. La foschia copriva di un velo grigio il mare di Gaeta. Mi sembrò un vecchio operaio ritornato al paese per le vacanze. In canottiera. Brache qualunque. Volto e braccia cotti dal sole, come succede ai muratori.

Aveva occhi azzurri, dalla vivacità quasi infantile. Occhi che ridevano, dentro una ragnatela di rughe. Stava leggendo un numero della "Nuova Antologia". E sottolineava i passaggi di un articolo con un matitone rosso e blu. Mi mostrò la matita e commentò, ridendo: «È un'abitudine del mestiere, di chi ha fatto il giornalista un secolo fa».

Prima di congedarmi, chiesi a Nenni: «Me la firmerebbe una cartolina per mio padre Ernesto? Ce l'ho qui, bell'e pronta».

Lui disse di sì. E mi domandò: «Che mestiere fa suo padre?».

«Oggi è in pensione, perché è del 1898, ha sette anni meno di lei. Ma è stato per molto tempo guardafili del telegrafo e poi commesso alle poste.»

«Un operaio» concluse Nenni. Poi m'interrogò con un sorriso complice: «E per chi vota l'operaio Ernesto?».

«Ha sempre votato socialista» risposi, anche se non ne ero del tutto sicuro.

Nenni si scusò: «L'ho chiesto soltanto per sapere fin dove era giusto spingermi nella cartolina. Adesso ho capito che posso scrivergli una frase da compagno». Difatti vergò un bel saluto caldo, di quelli che si usavano quando i socialisti attendevano il sol dell'avvenire.

Mandai a mio padre la cartolina di Nenni, chiusa in una busta. Lui ne fu contento e la infilò sul fianco della specchiera, nel buffet della sala da pranzo.

Trascorsero altri sei anni anni. Il 5 aprile 1977, a Napoli, venne rapito uno dei figli di De Martino: Guido. Andava per i 34, era professore di filosofia, un giovane mite che faceva politica nel partito del padre, apparteneva all'area riformista, la stessa di Craxi. Tutti lo consideravano un'ottima persona e un napoletano "un poco freddo". O come ha scritto Luigi Compagnone, un napoletano "magro", senza l'adipe della retorica.

A prenderlo era stata una banda di malviventi o di mezzi camorristi. Convinti che i De Martino fossero straricchi e in grado di pagare un riscatto molto alto. La prima richiesta fu di cinque miliardi di lire, una cifra assurda. Poi la banda ridusse le pretese e domandò un miliardo. La cifra venne pagata e Guido ritornò in libertà il 15 maggio, dopo ben quaranta giorni di sequestro.

In seguito Guido De Martino mi spiegò che i soldi erano stati trovati dal partito che poi la famiglia rimborsò. A essere decisivo fu l'intervento di Craxi, da un anno segretario del Psi. Guido mi disse: «Nel mio dramma Craxi ha mostrato di essere l'uomo che è dal punto di vista della solidarietà umana: disponibile, aperto, generoso».

La notizia del sequestro mobilitò un battaglione di cronisti. La truppa si accampò sotto il palazzo abitato da Francesco De Martino, in via Aniello Falcone, al Vomero. C'ero anch'io, inviato del "Corriere della Sera".

Quando non vagavo per Napoli alla vana ricerca di notizie, stavo seduto sui gradini sbrecciati dell'ingresso. A interrogarmi come tutti su quel mistero.

Un giorno, davanti all'androne dai muri scrostati, si presentò Nenni. Aveva 86 anni, compiuti in febbraio. Era una mattinata di sole e faceva caldo. Ma il vecchio Pietro indossava un cappottone scuro e aveva la testa protetta dal solito basco nero.

Questo basco Nenni se lo era calcato sino agli occhi. Li osservai e mi resi conto che sembravano feriti dallo stupore per quel crimine orrendo. E velati da un magone impossibile da nascondere. Nenni soffriva ed era malfermo sulle gambe. Ma aveva voluto venire da Roma a Napoli, per abbracciare De Martino, il suo eterno avversario nella lotta interna al Psi.

Mentre saliva ansimando la corta scala dell'ingresso, Nenni ebbe un mancamento. E per poco non rovinò a terra. I due compagni che lo affiancavano lo sorressero. Poi lo adagiarono sopra una sedia e lo trasportarono di peso dentro l'ascensore, un gabbione traballante.

Nenni aveva il capo rovesciato all'indietro, gli occhi chiusi e la lingua fuori dalle labbra. L'ascensore cominciò a muoversi con lentezza, oppresso da un peso troppo grande. A un certo punto sembrò fermarsi. Poi proseguì e il patriarca venne fatto sparire dentro l'appartamento dei De Martino, al terzo piano.

Dopo mezz'ora, si sparse la voce che Nenni, sopraffatto dall'emozione, stava per tirare le cuoia. Passò un'altra mezz'ora e si disse che le aveva tirate. Nenni morto mentre abbracciava De Martino, piangendo? Questa sì che era una notizia! Ce la smentirono. Ma nessuno di noi credette alla smentita. A tutti i costi volevamo lo scoop del coccolone fatale al vecchio Pietro, circondato dai famigliari del sequestrato.

Per metterci tranquilli, uno dei figli di De Martino, nostro collega alla Rai, raggiunse un accordo con noi.

Ci avrebbero fatto entrare in casa, a due per volta. Per renderci conto che Nenni era vivo. Ma non potevamo fargli nessuna domanda, poiché non doveva affaticarsi. Era concesso soltanto dirgli il proprio nome e per quale giornale si lavorava.

Il battaglione dei cronisti estrasse a sorte le coppie. Scoprii di essere nell'ultima con un collega della Rai. Al termine della nostra lunga processione, venni introdotto nello studio di De Martino.

Era una grande stanza senza lussi, con le pareti ricoperte quasi del tutto da librerie a muro, zeppe di testi giuridici o di storia del diritto romano. L'unico arredo non accademico consisteva in un paio di gabbiette dei canarini e dei cardellini che De Martino curava.

Nenni e il padrone di casa stavano affondati dentro due vecchie poltrone, dalla fodera un po' lisa. Il padrone di casa era in giacca da camera, silenzioso, angosciato. Il patriarca socialista indossava sempre il cappotto, con il basco calato sul volto tartarughesco. Aveva gli occhi chiusi e il capo reclinato sul petto. Porgeva ai cronisti una mano floscia, fredda, da mezzo morto.

Quando venne il mio turno, mi presentai a Nenni: «Sono Giampaolo Pansa, del "Corriere della Sera"». La tartaruga ebbe un sussulto. Aprì un occhio. Mi fissò. Mi sorrise. E ringhiò basso: «L'ha poi ricevuta, suo padre, la mia cartolina da Formia?».

Nel ricordarlo, mi commuovo ancora. Che stoffa, i politici di una volta. E che memoria. Quelli di oggi non ricordano neanche il nome di un amico che ha cenato con loro due sere prima, pagando pure il conto.

Qualche giorno dopo, mio padre Ernesto morì. Andava per i 79 anni e spirò all'improvviso, nel sonnellino del pomeriggio. La cartolina di Nenni non sono più riuscito a trovarla. Ma ho davanti a me il biglietto di condoglianze che mi scrisse De Martino, da Napoli.

Aveva la data del 27 maggio 1977, due settimane dopo la liberazione del figlio. E diceva: "Caro Pansa, apprendo ora da Guido del grave lutto che l'ha colpita. Ne sono molto rattristato e le invio le più vive condoglianze. Nei giorni del rapimento, Ella è stato tra i giornalisti accorsi uno di quelli che più hanno compreso e sentito il valore del dramma che io vivevo. E sono certo che non è tra coloro i quali affermano che avrei dovuto comportarmi diversamente, magari con il sacrificio della vita di Guido. Decidendo da solo per la moglie e i suoi bambini, in nome di non so quale ragione di Stato. Mi creda il suo aff. F. De Martino".

La Prima Repubblica era anche questo: uno stile e un cuore che oggi non scopriamo quasi più.

Parte ottava

29
Trattare per Moro?

Sareste disposti a scambiare Moro con Curcio? Fu con questa domanda in tasca che andai a raccontare il vertice della Dc, raccolto a Piazza del Gesù in una mattinata terribile, travolta dall'ansia. Ventiquattr'ore dopo il 16 marzo 1978, giorno della strage di via Fani e del sequestro del presidente democristiano.

Mi sentivo più stupito che sconvolto da quanto era accaduto. Da anni conoscevo bene la forza del terrorismo di sinistra. Avevo capito prima di altri giornalisti che cos'erano le Brigate Rosse. Sapevo che la loro aggressività e la potenza di fuoco non erano facili da contenere.

Per il mestiere che facevo mi era toccato di raccontare lo sviluppo criminale delle colonne brigatiste, in più di una città italiana. Però non avevo immaginato che le Br potessero mirare così in alto. E con una tecnica militare tanto perfetta. Veniva di qui il mio stupore. Che si accompagnava a una domanda: che cosa sarebbe successo dopo?

Avevo visto uccidere o invalidare poliziotti, carabinieri, magistrati, dirigenti industriali, piccoli politici, giornalisti. Quattro mesi prima di quel 16 marzo, a Torino, un gruppo di fuoco aveva assassinato Carlo Casalegno, uno dei miei maestri professionali. Erano tutte operazioni fine a se stesse: fare un morto e basta.

Ma sapevamo tutti che anche il sequestro di persona rientrava nella strategia delle Br. Nell'aprile 1974, a Genova, era stato rapito un magistrato, Mario Sossi. Le Br l'avevano tenuto prigioniero più di un mese. Per poi rimandarlo a casa, in cambio di concessioni politiche.

Lo scambio, dunque. Era questo l'enigma generato dalla cattura di Moro. Dopo l'orrore per i cinque poliziotti della scorta uccisi dai killer brigatisti, si apriva una grande caverna buia. Un antro nel quale non c'era soltanto il prigioniero Moro, ma l'intera società politica italiana. Messa nell'angolo da una domanda inevitabile.

A imporre la domanda era una considerazione quasi banale. In via Fani, le Br avevano sterminato la scorta di Moro, ma salvato il presidente della Dc. Per quale motivo? Ne esisteva uno solo: perché intendevano usarlo contro il suo partito e lo Stato. Attraverso una trattativa volta a scambiarlo con qualche terrorista. Per esempio Renato Curcio.

Curcio era uno dei fondatori delle Br. I carabinieri l'avevano catturato una prima volta nel settembre 1974. Dopo l'arresto, era stato rinchiuso nel piccolo carcere di Casale Monferrato. Conoscevo quella prigione, sia pure dall'esterno. Stava sul fondo di via Leardi, a trecento metri dal caseggiato di ringhiera dov'ero cresciuto.

Quando seppi che il capo brigatista l'avevano portato lì, scossi la testa. E mi dissi: quello non è un carcere, è soltanto poco più di un dormitorio, senza difese, con due o tre custodi che chiunque può mettere ko. Inoltre la prigione sorgeva al margine dei grandi giardini pubblici della città. In un luogo isolato, lontano tanto dal commissariato di polizia che dalla caserma dei carabinieri.

Infatti, nel febbraio 1975 Curcio venne liberato da quattro brigatisti, guidati dalla moglie, Mara Cagol. Lo tirarono fuori senza sparare neanche un colpo di pistola. Poi l'antiterrorismo del generale Dalla Chiesa l'aveva ripreso nel gennaio 1976. E adesso stava rinchiuso in un carcere di massima sicurezza.

Già, Moro contro Curcio? Dissi a Scalfari, il mio nuovo direttore da meno di un anno: «Perché non lo chiediamo al vertice della Dc?».

Lui mi rispose: «Mi sembra giusto. Prova a sentire come ti rispondono».

Andai a Piazza del Gesù il venerdì 17 marzo, la mattina successiva all'attacco di via Fani. La prima scoperta, banale e terrificante, fu che mancava lui, Moro. Il presidente della Dc arrivava sempre un po' in ritardo agli incontri del vertice democristiano. Sbucava silenzioso dall'ascensore circolare e, senza dir parola, s'inoltrava dondolante nel salone delle riunioni. Qui andava a sedersi sul fondo, dinanzi alla specchiera, alla destra del segretario Zaccagnini.

L'avevo visto lì in febbraio, nei giorni decisivi di una delle tante crisi di governo. Moro se ne stava assorto, chiuso in se stesso, stretto nel cappotto grigio e con una sciarpa scura al collo. Doveva avvertire il freddo del salone, sempre poco riscaldato. E forse anche un po' di gelo politico.

Vagava con lo sguardo sugli altri membri della Direzione. E li scrutava uno per uno, con quelle sue occhiate indefinibili. Aveva un modo speciale di osservare chi lo circondava. Con il capo un po' inclinato sulla destra e un mezzo sorriso.

Era uno dei potenti d'Italia, eppure sorrideva come se fosse un politico principiante. Preoccupato di chiedere scusa per essere capitato in un luogo che non gli competeva. Poi si chinava a parlottare sottovoce con Zaccagnini, con la premura del maestro che si confidi con il migliore dei suoi allievi.

Quella mattina accanto a Zac stava seduto Giovanni Galloni. Deputato, avvocato, moroteo fedele e vicesegretario del partito, di solito era gioviale e di occhiate serene. Adesso sembrava impietrito, con un tremito continuo alle labbra. Il volto di Zaccagnini era intagliato nel legno: una maschera straziata dal dolore, dall'ansia, dalla paura.

La cerimonia delle fotografie, usuale per le Direzioni della Dc, si svolse in un silenzio tetro. Più di quaranta persone, il nucleo di comando del primo partito italiano, s'erano mutate in altrettante statue di cera. Non bianche, ma livide. Nel silenzio della sala, si udiva soltanto il fragore del temporale. Un acquazzone furioso stava flagellando il centro di Roma. Come se il Padreterno avesse deciso di cancellare il ricordo di un delitto nefando.

Il primo ad arrivare a Piazza del Gesù era stato Guido Bodrato, un giovane deputato torinese di Forze nuove. Aveva due anni più di me e c'eravamo conosciuti alla Facoltà di Giurisprudenza, al tempo dei parlamentini universitari. Lui apparteneva all'Intesa, il gruppo dei cattolici, ma nei rapporti personali era molto laico. Quando m'incontrava in Parlamento, mi sfotteva con cordialità: «Vai in giro con un quaderno in mano. Ti fa bene tornare alle elementari».

Quella mattina, Bodrato aveva l'aria affranta, gli occhi cerchiati e nessuna voglia di parlare con i cronisti. Mi disse soltanto: «No, sulla sorte di Moro non sappiamo nulla. Speriamo che Iddio lo protegga». Poi mormorò: «Questo paese si sta sfasciando. La nostra democrazia è allo zero. Cerchiamo di resistere».

Ecco Umberto Cavina, l'addetto stampa di Zaccagnini. Abitava nello stesso quartiere di Moro. Mi raccontò: «Tutta la zona è in stato d'assedio. Stanno facendo perquisizioni a tappeto. Questa mattina sono venuti anche nel mio appartamento. Hanno suonato alla porta e ho detto ai poliziotti: accomodatevi...».

Gli chiesi di Zac. «Ieri sera ha fatto tardi, è stato anche a casa del presidente» mi rivelò Cavina. «La signora Moro non voleva che andasse a trovarla, aveva paura che il segretario si affaticasse. Gli ha detto al telefono: non venga, lei è più utile a Piazza del Gesù! Ma Benigno ha deciso di andarci lo stesso. Anche in quell'incontro, la signora Moro ha mostrato una forza d'animo straordinaria.»

Cavina proseguì: «Zaccagnini è uscito dopo un'ora, sofferente. Lui e Moro si conoscono dal 1938, quando stavano insieme nella Fuci, l'associazione degli universitari cattolici. La sua cattura è stata un colpo di pugnale per Zac. Ha potuto dormire soltanto perché era imbottito di sonniferi».

Nell'ufficio di Cavina arrivò Galloni. Era stravolto, ma si aggrappava alla speranza che Moro fosse ancora vivo: «Non lo hanno ferito. Un testimone l'ha visto salire sull'auto dei rapitori. Camminava lentamente. E diceva: lasciatemi! Sembra che non volessero fargli violenza».

Cavina esclamò: «Giovanni, anch'io sono convinto che il presidente è illeso!». Nella stanza calò il silenzio. Cavina e io ci guardavamo senza saper che dire. Galloni si avvicinò alla finestra e rimase a fissare la pioggia che stava flagellando piazza del Gesù. E mormorò: «Speriamo. Che Dio lo aiuti e ci aiuti».

Entrò nell'ufficio Corrado Belci, direttore del "Popolo", il quotidiano della Dc, anche lui moroteo. Era scoraggiato: «Non sappiamo nulla. Pure la polizia non sa niente».

Arrivò Flaminio Piccoli, al buio come tutti. Mi domandò: «I giornali hanno qualche notizia?». Gli risposi di no. Le Brigate Rosse non si erano ancora fatte vive. Nessun comunicato con la stella a cinque punte. E nessun contatto di altro genere.

L'unica novità veniva dall'interno di Piazza del Gesù. Ci dissero che Zaccagnini stava parlando con il medico personale di Moro: il professore Mario Giacovazzo, del Policlinico di Roma. Qualcuno sostenne che il medico portava un messaggio del presidente rapito. Ma era una voce infondata. L'aveva convocato Zac, medico anche lui, per sapere tutto sulla salute di Moro e dei rischi che poteva correre un uomo della sua età, 61 anni.

La Direzione del partito tardava a cominciare. E in quell'attesa scorata e vuota, una domanda crudele aleggiava nell'aria, come un uccello nero del malaugurio. La domanda era quella che mi aveva spinto ad andare in Piazza del Gesù. Diceva così: «Se i rapitori proporranno uno scambio, Moro contro un terrorista in carcere, come vi comporterete?».

La proposi a Bodrato. Mi replicò, con sofferenza: «Non ci possono essere opinioni personali di fronte a un'eventualità come questa. Se anche ne avessi una, non te la direi. È necessaria un'opinione del partito. Deve esprimersi il partito!».

E Riccardo Misasi? Lui mi guardò come se gli avessi proposto una domanda indecente. Poi replicò: «Ci penseremo quando si presenterà il problema, se mai verremo messi davanti a questa alternativa. Ma lei ritiene che accadrà? Sarebbe terribile, terribile! Soprattutto dal punto di vista umano».

E Paolo Cabras, medico e deputato romano: «Una richiesta di scambio? Se ci fosse, reagiremmo con grande fermezza, con grande responsabilità. Testimoniando il nostro senso dello Stato. Credo che sarebbe l'omaggio più vero a Moro».

Provai a insistere: «Vuol dire che risponderete di no?».

Cabras mi scrutò, con sofferenza: «Voglio dire che saremmo coerenti con quello che Moro ci ha sempre insegnato».

Mentre la Direzione stava per iniziare, continuai con il mio test feroce. Scuro in volto, Luigi Granelli, uno dei capi della sinistra, mi rispose: «Se verremo messi di fronte a quel dilemma, non dovremo valutarlo da soli, ma insieme a tutte le forze politiche costituzionali del paese».

Gli replicai: «Le sto chiedendo un'opinione personale. Lei ne ha una?».

Con grande pazienza, Granelli mi rispose: «Ci sono

dei valori fondamentali sui quali non si può essere che inflessibili. Dall'altra parte, c'è la salvezza di una vita umana che è sempre un dovere irrinunciabile».

«Come potrete conciliare queste due esigenze?» gli domandai ancora.

E Granelli, senza irritarsi, mi spiegò: «Dipende dalle circostanze. Lo vedremo se questa ipotesi diventerà concreta».

In qualunque altro partito, mi avrebbero sbattuto fuori da un pezzo. Ma la Balena Bianca era un'entità speciale, nel bene come nel male. E anche di fronte alla più grande tragedia della sua storia, dimostrava una tolleranza di cui nessun altro gruppo politico sarebbe stato capace.

Carlo Donat Cattin mi rispose, schietto e brusco: «Io l'ho già detto ieri: non si scambia niente!». E Giovanni Andreoni, uno dei leader della Coldiretti: «Voi mi fate uccidere un uomo! Ma lo Stato non può cedere a nessun ricatto. La gente non capirebbe uno scambio. Non capirebbe perché un politico sì e un magistrato no. Però la sua è una domanda da ammazzare un uomo!».

Avrei voluto interrogare anche Fanfani. Ma il presidente del Senato mi passò davanti veloce, la faccia dura, ingrugnata al massimo. E Zaccagnini? Lo scorsi mentre scendeva nel salone, barcollando sui gradini. Avvolto in un sudario invisibile. E non ebbi il coraggio di chiedergli nulla.

La Direzione del partito iniziò poco dopo mezzogiorno, a porte chiuse. Allora ritornai da Cavina e gli domandai: «Come ti comporteresti se le Brigate Rosse proponessero uno scambio?».

Lui si ribellò, disperato: «Perché vuoi inchiodarmi a questa croce? Non lo so, non lo so! Quel momento non è ancora venuto. Bisogna sentire la famiglia. E poi il partito, che è la seconda famiglia. Ma speriamo che il momento non arrivi».

Ad ascoltarlo c'era il segretario di Zaccagnini, Arrigo Righi. Si torceva le mani, disperato. Disse: «Non sappiamo nulla. E non sappiamo che cosa fare. È terrificante!».

Il vertice democristiano durò quattro ore. La prima decisione venne presa con facilità. La Dc rinunciava a tenere le grandi manifestazioni previste a Napoli con Zac, a Firenze con Andreotti e a Napoli con Galloni. Non era prudente concentrare troppa gente in piazza. E impegnare tanta polizia.

Più tormentato fu il dibattito attorno alle proposte sull'ordine pubblico, da portare all'incontro con gli altri partiti. Qualcuno osservò che non occorrevano leggi speciali. Bastava applicare quelle esistenti. Ma esisteva un problema: ne erano state approvate così tante che nessuno le conosceva tutte sino in fondo.

L'intervento di Fanfani fu netto. Disse che l'ordine pubblico era il problema dei problemi. Non aveva senso pensare ad altre questioni se prima non veniva risolta quella alla base di tutto: in che modo organizzare la difesa dello Stato dal terrorismo.

Nell'incertezza sul da farsi, il vertice convocò Francesco Cossiga, ministro dell'Interno. Lui si trattenne per una mezz'ora. Nell'andarsene si limitò a dire ai cronisti: «Ho fatto una relazione sulle misure operative già in corso. Le abbiamo valutate. E adesso si stanno esaminando le iniziative che può prendere il partito a sostegno del governo».

Gli chiesi: «Che cosa pensa di un possibile scambio fra Moro e un terrorista detenuto?».

Cossiga mi conosceva. Io stimavo lui e lui stimava me. Con i giornalisti ritenuti seri era sempre molto cortese. Ma quella volta mi guardò senza vedermi. E non rispose, com'era fatale che accadesse.

Per ultimo uscì dalla sala Zaccagnini. Era terreo. Soffriva, per Moro, per il partito, per il paese. Si allontanò mormorando ai cronisti: «Non chiedetemi nulla. Perché non farò dichiarazioni».

Nei giorni successivi, Moro percorse la sua via crucis dentro il carcere delle Brigate Rosse. Scrivendo agli altri capi democristiani lettere pesanti come macigni. Chiedeva di essere salvato. Ma dopo molte esitazioni la Dc scelse la linea che venne chiamata della fermezza.

Fece bene o male? Nel 1978 pensai che fosse l'unica scelta giusta. Lo penso ancora oggi. Tuttavia, da quei giorni sciagurati sono trascorsi trentadue anni. E più di un dubbio assedia la mia coscienza.

30
Moro deve vivere

«Moro loro lo vogliono morto!» scandì Craxi. «Io invece lo voglio vivo. E farò l'impossibile per salvarlo, per riportarlo a casa, per restituirlo alla sua famiglia.»

«Chi sono questi "loro"?» domandai a Bettino.

«I comunisti, salvo qualcuno. E gran parte della Dc. A cominciare dal capo del governo, Andreotti. Moro non è soltanto prigioniero delle Brigate Rosse. La sua vita sta nelle mani di tanta altra gente: parlamentari, ministri, direttori di giornali... Questi signori siedono al sicuro nei loro uffici. E si preparano a firmare una sentenza di morte!»

Era il giovedì 20 aprile 1978. Moro stava rinchiuso nel carcere del popolo da trentacinque giorni. Quella mattina andai a trovare il segretario del Psi, in via del Corso. Scalfari mi aveva chiesto di intervistarlo. "Repubblica" aveva scelto da tempo la cosiddetta linea della fermezza. Ma Eugenio voleva dar conto anche della posizione contraria decisa dai socialisti.

Craxi era infuriato. E mi disse come la pensava, muovendosi di continuo dentro la propria stanza: «Non si può abbandonare Moro nelle mani delle Br e farlo ammazzare. Bisogna cercare una soluzione. Una volta raggiunta la certezza che lui è vivo, occorre trovare un contatto con i terroristi. E cominciare a vedere che cosa vogliono. Se le richieste sono ragionevoli, si può trattare. Lo scambio dei prigionieri è tecnicamente impossibile e va escluso. Però possono esserci altre via d'uscita. Dobbiamo esplorarle».

Osservai a Craxi: «Ho capito. Ma i sostenitori della

fermezza direbbero che è proprio questa la linea del cedimento».

Bettino mi replicò: «Non sopporto la retorica della fermezza. Anche la Germania federale si è comportata come suggerisco io. Ricordi il caso Schleyer, il presidente della Confindustria tedesca rapito dai terroristi della Baader-Meinhof? Il governo tedesco non ha trattato con quella banda, ma ha dato incarico al capo della polizia di individuare un canale. Si è trovato un avvocato ginevrino, Payot. E ci sono state decine di messaggi tra Payot e i terroristi…».

Dissi a Craxi che rammentavo bene quella vicenda. La Raf aveva rapito Hanns-Martin Schleyer il 5 settembre 1977. Ma la mediazione di Payot non era servita a nulla. Il sequestrato era stato ucciso dalla Raf due settimane dopo il rapimento, il 19 settembre. Il corpo venne fatto ritrovare nel bagagliaio di un'auto.

«Certo, ma lo Stato tedesco, che non è di pasta frolla, tentò almeno di salvarlo» obiettò Craxi. «Il nostro Stato, invece, non sta facendo nulla per salvare Moro. Eppure questo dovrebbe essere un suo dovere fondamentale.»

A mezzogiorno di quel giovedì arrivò un nuovo comunicato delle Br, il numero sette. I terroristi dicevano che Moro era vivo. E si dichiaravano disposti a liberarlo in cambio di "prigionieri comunisti". C'era anche un ultimatum: la risposta sullo scambio doveva essere data entro le quindici di sabato 22 aprile.

Quello stesso giovedì le Br mandarono a "Repubblica" una fotografia di Moro, scattata nel cosiddetto "carcere del popolo". Il prigioniero teneva fra le mani una copia del nostro quotidiano, con la data del giorno precedente.

Craxi non si scoraggiò. Mi disse: «Io non credo che le Br vogliano davvero uno scambio. È tecnicamente irrealizzabile. Quanti detenuti liberare? E quali? Dove li mandiamo? Restano in Italia o li trasferiamo all'estero?

Allora bisogna trovare un canale con i terroristi e avere la certezza che Moro è vivo. Le Br devono far parlare Moro, attraverso una sua nuova lettera».

Domandai al segretario del Psi: «E dopo? Che cosa proponete? Di aprire una trattativa?».

Lui replicò: «Se chiedono una cosa ragionevole, si può trattare. Perché escluderlo in via di principio? L'ho già detto: lo Stato deve onorare il proprio dovere fondamentale: quello di salvare la vita dei cittadini!».

Craxi si fece aspro: «Ma loro non ci pensano. Loro sanno soltanto fare appelli e preparare il funerale a Moro!».

Nel dire "loro" Craxi mi aveva già spiegato che pensava a una parte della Dc, al governo Andreotti e ai comunisti. Tuttavia gli chiesi per la seconda volta: «Chi sono questi "loro"?».

Bettino divenne ancora più aspro: «Sono loro, loro! Tu sai bene di chi parlo. I cantori della linea dura. Ma di quale durezza vanno cianciando? Di che cosa sono capaci? Soltanto di arrestarsi dinanzi a una porta chiusa, come è accaduto per il covo brigatista di via Gradoli. Potevano sfondarla e forse avrebbero salvato Moro. Ma non l'hanno fatto!».

Gli chiesi ancora: «Non temi che la vostra linea provochi una polemica pericolosa con gli altri partiti della maggioranza di governo?».

Craxi fece un gesto di fastidio, misto a insofferenza: «Polemiche? Queste sono chiacchiere. Fumo che passa. Una cosa sola conta: che di qui a qualche giorno non si vada a un nuovo funerale. Sono già andato a troppe cerimonie attorno a una bara. E non voglio andare a un'altra».

Ritornai in Via del Corso il giorno successivo, venerdì 21 aprile. Per primo m'imbattei in Claudio Signorile. Mi disse: «Oggi siamo stati messi sotto accusa da tutta la stampa italiana. Ma adesso spiegheremo con chiarezza come intendiamo muoverci di fronte all'ultimatum delle Brigate Rosse».

La spiegazione arrivò con il documento votato all'unanimità dalla Direzione del Psi. Era la conferma che la linea esposta da Craxi il giorno prima aveva convinto tutto il vertice del partito. L'unica novità consisteva in una precisazione che Bettino mi aveva già annunciato. Diceva che lo scambio dei prigionieri non soltanto era in pratica impossibile, ma andava scartato per ragioni di principio.

Per il resto, si ribadiva: "Quanto è possibile fare o agevolare ai fini della liberazione di Aldo Moro, va fatto o agevolato". Nel documento voluto da Craxi e condiviso dalla Direzione del Psi c'era scritto: "Non è accettabile una sorta di immobilismo pregiudiziale e assoluto, genericamente motivato, che porta ad escludere persino la ricerca di ogni ragionevole e legittima possibilità. Tra gli estremi del cedimento al ricatto e del rifiuto pregiudiziale, possono esistere altre vie che, in diverse forme, diversi stati democratici non hanno esitato a esplorare. Che ciò si faccia, nelle drammatiche circostanze che si sono determinate, è la ferma richiesta del Partito socialista italiano".

Nel caos di quei giorni, pochi diedero importanza a una lettera arrivata a Craxi. E che aveva reso molto rapida l'intesa fra le correnti rappresentate nella Direzione socialista. L'aveva scritta De Martino, il leader che proprio Bettino aveva scalzato due anni prima, nell'estate del 1976 al Midas.

In quel momento, fui uno dei cronisti che ne intuirono subito il valore. Per un ricordo professionale. Nella primavera precedente, quella del 1977, avevo raccontato per il "Corriere della Sera" il sequestro del figlio di De Martino, Guido. E avevo poi ricevuto il biglietto che ho rivelato in questo libro. Il professore mi spiegava perché avesse deciso di pagare, con l'aiuto di Craxi, il riscatto chiesto dai rapitori.

Allora De Martino aveva fatto quella scelta per i motivi che tornava a elencare nella lettera inviata da Napoli a Craxi, affinché la leggesse alla Direzione del partito. Oggi la ritrovo nell'articolo che scrissi per "Repubblica" la sera del 21 aprile.

Diceva: "Sono favorevole a iniziative rivolte a salvare la vita di Moro. Soprattutto per il valore della vita umana in sé, che non può mai essere estraneo a una morale socialista... Il dilemma assurdo 'salvaguardia dell'autorità dello Stato – salvezza della vita umana' va superato.

"Una mediazione non significa accettare il riconoscimento delle Brigate rosse come combattenti politici" spiegava De Martino. "Né tanto meno porre a repentaglio le istituzioni repubblicane. Vuol dire semplicemente la ricerca di una via d'uscita, un tentativo umanitario e non altro. Appoggio quindi, caro Craxi, le proposte che penso farai alla Direzione."

Subito dopo il voto, Craxi e Signorile lasciarono Via del Corso. Per andare a Piazza del Gesù, dove avrebbero consegnato a Zaccagnini il documento della Direzione socialista. Uscì anche Nenni, sorretto da Nedda De Giorgio, la sua segretaria. Cercammo di convincerlo a dirci come la pensava sulla linea da seguire. Ci rispose: «Lo sapete già. Ho votato anch'io la proposta di Bettino. Non voglio aggiungere niente. Questa storia ci ha colpito. E temo ci colpirà ancora di più».

Nel frattempo a colpire erano le Brigate Rosse. La loro struttura era talmente ramificata da consentirgli di mettere a segno nuovi attentati. Mentre il nucleo centrale si concentrava sul sequestro di Moro.

Il 7 aprile la colonna genovese aveva gambizzato Felice Schiavetti, il presidente dell'Associazione industriali. L'11 aprile a Torino venne uccisa la guardia carceraria Lorenzo Cutugno. Il 20 aprile a Milano era stata assassinata un'altra guardia carceraria, il maresciallo Francesco Di Cataldo. Il 22 aprile, all'Università di Padova, il professor Ezio Riondato venne ferito con quattro colpi alle gambe da un nucleo di Combattenti per il comunismo.

L'ultimatum delle Brigate Rosse per Moro scadde senza che il leader democristiano venisse accoppato. Ma il 24 aprile le Br diffusero il loro ottavo comunicato. Conteneva i nomi dei tredici "prigionieri comunisti" che si volevano liberi in cambio di Moro.

Il governo di Panama si dichiarò disposto a ricevere i terroristi fatti uscire dalla galera. Però nessuno dei tredici venne scarcerato.

Se chiedo a me stesso come la pensassi in quei giorni terribili, so come rispondere. Ero un giornalista di 42 anni, dunque ancora giovane. Non militavo per nessuna causa politica, anche se ero un generico elettore della sinistra.

Con un po' di vergogna, confesso che di Moro m'importava poco. Capivo lo strazio della famiglia. Ma non potevo dimenticare lo strazio ancora più grande dei parenti di chi era stato assassinato dalle Brigate Rosse.

Mi dicevo: un leader politico deve sempre mettere nel conto l'eventualità di subire quello che sta accadendo al presidente della Dc. E non davo un gran peso alle tante, drammatiche lettere di Moro che le Br diffondevano quasi ogni giorno. Tuttavia comprendevo le ragioni umanitarie e politiche che spingevano Craxi a premere per una trattativa. Non le condividevo, ma non le demonizzavo, come facevano tanti a sinistra, soprattutto nel Pci.

Infine ero d'accordo con la linea della fermezza di Scalfari. Però non volevo chiudere i miei rapporti professionali con il leader del Psi. Del resto, la posizione di

Craxi insinuava sempre dei dubbi nelle mie certezze. Eugenio lo sapeva e, proprio per questo, mi chiedeva di occuparmi del leader socialista. Era certo, così penso, che l'avrei fatto con equilibrio.

La casta politica italiana stava nel marasma. Le Br seguitavano a sparare. Il 27 aprile, a Torino, ferirono alle gambe un funzionario della Fiat, Sergio Palmieri. Lo stesso giorno Craxi propose allo Stato di decidere atti di clemenza nei confronti dei terroristi detenuti.

Il 28 aprile, Andreotti, presidente del Consiglio, parlò alla televisione e si disse contrario a una trattativa. Spiegò: «Quale sarebbe la reazione dei carabinieri, dei poliziotti, degli agenti di custodia se il governo, alle loro spalle e violando la legge, trattasse con chi ha fatto scempio della legge stessa? E che cosa direbbero le vedove, gli orfani, le madri di coloro che sono caduti nell'adempimento del proprio dovere?».

Mi sembrò un argomento difficile da contestare. Andreotti lo ribadì il 3 maggio: «Il governo non può trattare con le Brigate Rosse». Il giorno successivo, le Br misero a segno altri due attentati. A Milano invalidarono Umberto Degli Innocenti, un funzionario della Sit-Siemens. E a Genova ferirono Alfredo Lamberti, dell'Italsider di Cornigliano.

Il mercoledì 3 maggio tornai in via del Corso per intervistare Craxi. Lo trovai sempre più deciso a insistere per una trattativa volta a salvare Moro. E lui mi riassunse la posizione del Psi nel modo seguente.

«La nostra linea è chiarissima» disse Bettino. «Primo: la strada diretta per risolvere questo dramma è un successo della polizia, una vittoria sul campo. Ma non abbiamo notizia che ciò possa avvenire. Secondo: se questo è vero, sbagliamo a pensare che il caso Moro possa avere una soluzione che non abbia dei prezzi da pagare.

«Si tratta di vedere» continuò il segretario del Psi, «quale è il prezzo possibile per uno Stato democratico.

L'unico prezzo che non possiamo pagare è quello di una grave lacerazione della legalità repubblicana. Per questo, noi socialisti siamo stati i primi a dire di no allo scambio con i tredici terroristi indicati dalle Br.»

Gli domandai: «Ma l'atto di clemenza che chiedete non è anch'esso una violazione della legalità, un cedimento ai terroristi?».

Craxi ebbe un altro dei suoi moti d'insofferenza: «Non è così. La nostra proposta si muove sul terreno della legge e dei poteri costituzionali. Tutta questa demagogia sui nostri cedimenti ci entra da un orecchio e ci esce dall'altro! Vogliamo ottenere un risultato che sia una vittoria e non una sconfitta per la democrazia. E la strada ce l'ha indicata lo stesso Moro, nella lettera recapitata la notte dell'altro venerdì al "Messaggero"...».

Bettino si fece portare il testo della lettera e ne rilesse un passaggio. Moro aveva scritto: "Da che cosa si può dedurre che uno Stato va in rovina se un innocente sopravvive e, a compenso, un'altra persona va in esilio, invece che in prigione?". Il segretario del Psi aggiunse: «Quelle due parole, "altra persona" sono il punto chiave».

Gli domandai: «Significa che alle Br basterebbe anche un atto di clemenza per un solo detenuto?».

Craxi replicò: «Io non lo so. Io sto a quello che dice Moro nella sua lettera».

Il segretario del Psi non volle dire di più. Ma nel silenzio del suo ufficio si captava l'estrema ipotesi dei socialisti. La tradussi così: mandiamo fuori dal carcere almeno un terrorista e Moro ritornerà a casa. Però nessun terrorista venne liberato.

Il venerdì 5 maggio arrivò il nono comunicato delle Br. Terminava con queste parole: "Concludiamo quindi la battaglia iniziata il 16 marzo eseguendo la sentenza a cui Aldo Moro è stato condannato".

"Repubblica" mi rimandò in Via del Corso. Trovai Craxi che stava leggendo e rileggendo il volantino. Si fermava di continuo su due parole: il "concludiamo" e quel gerundio, "eseguendo".

Quando mi vide entrare nel suo ufficio, Bettino distolse lo sguardo dal testo, si levò gli occhiali e si passò una mano sugli occhi. Mormorò: «Mi sembra proprio finita».

Poi riprese a leggere il comunicato da cima a fondo. E nel leggerlo parlava tra sé. Diceva: «Sono dei pazzi», «Questi sono come i nazisti», «Questa è roba da criminali», «Sono dei criminali di guerra».

Si accorse che stavo prendendo appunti sul mio quaderno. Allora si rivolse a me: «Ecco, la prima cosa da dire subito è proprio questa. Le Brigate Rosse sostengono di essere dei combattenti. E dicono di condurre una guerra contro lo Stato. Ma i prigionieri di guerra non si uccidono! Chi li uccide è un criminale di guerra».

Nell'ufficio entrò Claudio Martelli. Craxi gli porse il comunicato: «Leggi. Mi pare che sia proprio finita».

Mentre Martelli leggeva il volantino, Craxi cominciò ad aggirarsi per la stanza, a passi lunghi, avanti e indietro. Nessuno parlava. Da via del Corso saliva il rumore sordo del traffico ingolfato.

La strada era piena di gente che non sapeva ancora nulla. I negozi erano affollati. Sfilavano i pullman dei turisti che visitavano Roma. In un normale venerdì pomeriggio, con il cielo color del piombo e gonfio di scirocco.

Craxi parlò ancora: «C'è qualcosa che non quadra. Nel comunicato numero otto, le Brigate Rosse avevano chiesto lo scambio con i tredici prigionieri, domandando una risposta chiara. L'hanno avuta subito e i primi a darla siamo stati noi: niente scambio.

«Ma allora perché questi undici giorni di silenzio?» si domandò Bettino. «Perché hanno fatto scrivere a

Moro che era possibile una "trattativa equilibrata"? Perché hanno lasciato intendere che esisteva un livello più basso di trattativa e che la questione si poteva risolvere anche con il rilascio di un solo prigioniero, uno contro uno?»

Il comunicato venne riletto per la terza volta. E Craxi s'incaponì sull'ennesimo rebus di quella tragedia: «Che cosa vorrà dire "eseguendo"? È un ordine a chi custodisce Moro? E se non è un ordine, ma la notifica di un fatto avvenuto, perché non hanno scritto: la sentenza è stata eseguita? Sin dall'inizio ho temuto il peggio. E continuo a temerlo. Però...».

Gli domandai: «Perché dici così?».

Craxi si stava aggrappando a un'estrema speranza. E mi rispose: «Perché in quella frase che chiude il comunicato c'è dell'ambiguità. Sì, contiene un margine impalpabile, quasi irrealistico, di ambiguità. Potrebbe voler dire che, fra il momento in cui è stato scritto il comunicato e il momento dell'esecuzione, esiste ancora un altro tempo. Il tempo che ci separa da un nuovo documento. O da un ultimo messaggio di Moro».

Chiesi a Bettino: «Secondo te, che cosa dobbiamo pensare?».

Lui mi guardò sconsolato. Poi disse: «Io qualche speranza ancora ce l'ho. Io Moro non lo do per morto, fino a quando non me lo vedo morto davanti. E adesso ho bisogno di un momento di tranquillità perché devo scrivere qualcosa per l'"Avanti!"...».

Mentre stavo per uscire dalla stanza, Craxi mi fermò: «Per favore, scrivi nel tuo pezzo per "Repubblica" che noi abbiamo fatto tutto quello che potevamo fare per la salvezza di Moro. E che se è possibile fare ancora qualcosa, lo faremo».

Quattro giorni dopo, era il martedì 9 maggio 1978, poco prima delle due del pomeriggio, il corpo di Moro venne fatto trovare nel bagagliaio di una Renault 4 rossa. Stava in via Caetani nel centro di Roma. Tra le Botteghe Oscure e Piazza del Gesù.

Qualcuno scrisse che Craxi aveva perso. Ma non era vero. Avevamo perso tutti.

31
Le sorprese di Pertini

Era rossa la cravatta di Craxi, quel sabato 8 luglio 1978. Rossa di un bel rosso vermiglio, tanto che di così rosse non se n'erano mai viste nell'austerità burocratica del Montecitorio di allora. E il volto di Bettino, se non rosso, era di certo roseo, disteso, sprizzante di gioia vittoriosa.

«Molti hanno scritto che noi giocavamo per perdere» disse il segretario del Psi, brindando con un'aranciata nella sala del gruppo socialista, davanti a un pattuglione di cronisti. «Invece abbiamo giocato sino in fondo per vincere. E abbiamo vinto. Così oggi, per la prima volta nella storia della Repubblica, va al Quirinale un socialista: il compagno Sandro Pertini.»

Il gioco era stato durissimo, soprattutto sul finale della partita. La mattina di venerdì 7 luglio, all'inizio dell'ultimo tempo, Craxi aveva mandato a chiamare Franco Evangelisti. Era l'ombra fedele di Andreotti, in quel momento presidente del Consiglio.

Quando lo ebbe di fronte, Bettino gli intimò, brusco: «Basta con la vostra melina! La Dc non può continuare ad astenersi dal voto. Decidete qualsiasi cosa, ma decidetela. Altrimenti io metto in crisi il governo. E lo metto in crisi subito, domani mattina. Cerca Andreotti a Brema, o dove diavolo è andato, e diglielo!».

In quel momento, Craxi puntava sì a mandare un socialista al Quirinale. Ma il suo candidato era ancora Antonio Giolitti. Perché lui e non Pertini? Le risposte che mi venivano dal campo socialista, avevano tre caratteristiche: erano tante, diverse e non tutte sincere.

Esempio di risposta insincera: Pertini è troppo anziano, in settembre farà 82 anni, Giolitti ne ha quasi venti meno di lui, 63, e si presenta assai meglio del vecchio Sandro. Alcuni big socialisti lo descrivevano come un rudere cadente. Uno di loro mi raccontò: «Il 25 aprile, quando era andato a Parma per ricordare la Liberazione, durante il discorso gli scappò di bocca la dentiera e allora finse di stare male».

A dirmelo era stato un dirigente che stimavo. Per questo lo scrissi nel mio pezzo per "Repubblica", insieme alla replica indignata di Pertini, in quel momento soltanto un candidato al Quirinale: «A Parma sono stato male davvero. Ma per via della brioche e del latte freddo». E non volle dire di più.

Ecco, invece, un esempio di risposta quasi sincera: Pertini è imprevedibile e bizzarro, se lo mandiamo al Quirinale chissà quanti casini combinerà. Infine un esempio di risposta del tutto sincera: Pertini ama far troppo di testa sua e non guarda in faccia a nessuno, tanto meno a noi del Psi. Meglio puntare su Giolitti.

Ma Giolitti non riusciva a passare. Sarebbe stato anche lui un ottimo capo dello Stato, per di più di bella presenza. Però all'esterno del Psi aveva molti avversari. I democristiani lo consideravano troppo legato a Craxi. I comunisti non lo amavano di certo: Antonio era stato un loro dirigente e aveva lasciato il partito dopo l'insurrezione di Budapest.

La maratona per il Quirinale si rivelò infinita. Poi la Dc, consigliata da Ugo La Malfa, propose Pertini. I socialisti nicchiavano, quindi si arresero. Esistevano troppe carte a suo favore. La prima era che la base socialista lo amava e non avrebbe accettato di vederlo sgarrettato proprio dal vertice del suo partito.

Mi resi conto che il compagno Sandro poteva farcela quando vidi cambiare gli umori dello stato maggiore socialista. Dicevano a noi cronisti: Pertini bizzarro? Ma no, è un uomo libero. Vecchio? Macché, soltanto un po' anziano. Gradito ai comunisti? Sì, ma tanto meglio. Nenni non lo ama? Pazienza, il compagno Pietro è un grande leader politico e capirà.

Fu così che il sabato 8 luglio, in una giornata di caldo spietato, Pertini divenne il settimo presidente della Repubblica. Qualcuno dei cronisti cominciò a fare battutacce su Craxi: «La sua è una vittoria di Pirro. D'ora in poi non lo chiameremo più Bettino, ma Pirrino. Sì, Pirrino Craxi!».

Abituato a ben altro dalla lotta politica, Bettino fece spallucce. E con un sorriso largo così, ci disse: «Oggi è un giorno di festa. Mi sono messo persino la cravatta rossa dei laburisti inglesi. Ma adesso cercate Pertini. Questo giorno è tutto suo. Mandiamo al Quirinale un uomo libero, di forte indipendenza da qualsiasi schieramento, anche dal suo partito. E non parlatemi più della sua età. Io qui dico: lunga vita al compagno Pertini!».

«Adesso cercate Pertini» ci consigliava Bettino. Suggerimento sacrosanto. L'unico che non poteva metterlo in pratica ero io. Anzi, per dirla tutta era Pertini che cercava me. Con un solo scopo: dirmene quattro e mandarmi a quel paese.

Qual era la mia colpa? Quella di aver riferito su "Repubblica" che cosa stavano dicendo di Pertini alcuni big socialisti, compresa la faccenda della dentiera. L'articolo uscì il venerdì 30 giugno 1978, insieme ai risultati della prima votazione senza esito: Guido Gonella, dicì, 392 voti, Giorgio Amendola, comunista, 339, Pietro Nenni 88 e infine 79 schede bianche.

Nessuno aveva votato Pertini. E già questo era bastato a irritarlo. Poi lesse "Repubblica". Il mio servizio stava in prima pagina e il titolo diceva: *Pertini: io vecchio? Trovate un'altra scusa*. L'occhiello recitava: "Altalena, con tormento, di un candidato presidente". Ma a provocare la rabbia di Sandro fu un passo dell'articolo che ricordava l'incidente di Parma, sia pure con le spiegazioni dell'interessato.

Pertini cominciò a darmi la caccia per tutto il palazzo di Montecitorio. E mi costrinse a fare quello che non avevo mai fatto: nascondermi. Non era un'impresa facile poiché ogni mattina andavo alla Camera e ci restavo fino al tardo pomeriggio quando ritornavo in redazione per scrivere. Ma il candidato-presidente non riuscì mai a pescarmi.

Allora Pertini mandò una lettera a Scalfari. Gli espresse il proprio rammarico per il mio pezzo indegno. Spiegò che mi aveva sempre ritenuto un amico, ma che adesso si pentiva di averlo fatto. Da quel momento in poi, dovevo ritenermi cancellato. E che non mi azzardassi mai più a cercarlo. Insomma, il nuovo presidente della Repubblica mi aveva messo al bando. E non era una faccenda da poco.

Ma Barbapapà non poteva accettare che uno dei suoi inviati venisse tenuto alla larga dal Quirinale. E iniziò un sottile lavoro di recupero, prima attraverso dei messaggeri e infine di persona.

Il giorno che gli fu possibile parlare al telefono con Pertini gli disse: «Presidente, perché non perdoni Pansa? È un giornalista onesto. E poi ha un figlio che si chiama come te e che ti vuole bene».

Era vero. Nel 1978, mio figlio Alessandro aveva 16 anni e a lui Pertini piaceva molto. Aveva imparato a memoria il suo discorso d'insediamento. E durante un soggiorno in Inghilterra si era persino cimentato a tradurlo in inglese. Spesso mi sfotteva dicendo, ironico e un po' dispiaciuto: «Bel record il tuo, papà. Con un solo articolo, che poi non era nemmeno un granché, ti sei giocato il nuovo presidente».

Poi accadde l'impensabile. Nel marzo 1979 arrivò ad

Alessandro l'invito per un incontro con Pertini. Riservato soltanto a lui. A me spettava di accompagnarlo al Quirinale e nient'altro. Per poi battere subito in ritirata.

Condussi mio figlio sino all'anticamera di Pertini. Il presidente comparve sulla porta e allargò le braccia dicendo a mio figlio: «Alessandro, vieni qui da me!». In quel momento mi vide ed esclamò: «Ah, c'è anche quello sciagurato di tuo padre! Ma sì, venga anche lui. Lo perdono!».

Sperimentai un'altra volta la rabbia improvvisa di Pertini all'inizio del giugno 1985. In quel caso, però, ero del tutto innocente. Stava per scadere il suo settennato e tutti sapevano che lui sperava di essere rieletto come la Costituzione gli consentiva. Ma il Pci non voleva la sua riconferma. E ritenne opportuno dirglielo.

Una delegazione delle Botteghe Oscure, guidata da Alessandro Natta, il successore di Berlinguer scomparso l'anno precedente, venne ricevuta al Quirinale, invitata a pranzo. Prima del levar della mensa, con mille cautele Natta informò Pertini della decisione di non votarlo una seconda volta. Per il presidente fu come un fulmine a ciel sereno. E, per dirla alla buona, Pertini diede fuori di matto.

Era il primo pomeriggio e stavo nel mio box di "Repubblica", a scrivere la rubrica per "L'Espresso". Scalfari era in viaggio verso Parigi. E Rocca, l'altro vicedirettore, stava in vacanza.

Poco dopo le due, irruppe nel box il segretario di redazione, Rolando Montesperelli. Era molto agitato e mi disse: «Mi hanno informato che sta arrivando al giornale Pertini, accompagnato dal suo seguito. Sembra che stia su tutte le furie, per qualche motivo che non conosco».

In quel momento il presidente aveva già imboccato il corridoio della direzione. Chiedendo ad alta voce: «Dov'è Scalfari, dov'è? Devo parlargli subito!». Il segretario di redazione gli spiegò che il direttore non c'era. E che c'ero soltanto io. Pertini irruppe nel mio box e mi ordinò: «Portami nell'ufficio di Eugenio. E chiudi la porta perché devo vedermela con te!».

Il presidente si sedette alla scrivania di Scalfari e cominciò a gridare che i comunisti l'avevano tradito e si rifiutavano di votarlo. Poi mi chiese: «Dove sta Eugenio?». Gli dissi la verità: il direttore era in viaggio per Parigi e non si poteva rintracciarlo. Ma Pertini non mi credette. E alzando sempre di più la voce, replicò: «Non è vero, Eugenio è a Roma! Devi cercarlo e dirgli di venire subito qui!».

Cominciò così un pomeriggio indimenticabile, almeno per me. Tre ore a tu per tu con il capo dello Stato. Chiuso insieme a lui in una stanza. Mentre fuori dalla porta stavano i funzionari del cerimoniale e il capo della sicurezza del Quirinale. Alle prese con un problema del tutto imprevisto. E impossibile da risolvere, se non con la forza.

Ma era lecito usare la forza contro il capo dello Stato? Certamente no. Non restava che aspettare. Prima o poi, Pertini si sarebbe calmato. Alla fine il miracolo avvenne. Furono introdotte nell'ufficio di Scalfari due giornaliste di "Repubblica": Sandra Bonsanti e Daniela Pasti. E le due signore, belle ed eleganti, riuscirono a calmare il presidente della Repubblica.

Prima di andarsene, Pertini venne condotto nella tipografia del giornale dal redattore capo, Franco Magagnini. Era un livornese intelligente e astuto. Gli disse: «Presidente, la classe operaia di "Repubblica" ti attende per renderti omaggio!».

La successiva battaglia per il Quirinale andò poi com'era stato annunciato da Natta. Il 24 giugno 1985, le Camere riunite elessero presidente Francesco Cossiga.

Era l'unico candidato e ce la fece al primo scrutinio, anche grazie al sostegno del Pci. Cossiga ottenne 752 voti. Pertini ne ricevette soltanto 12.

Trascorsero cinque mesi ed ebbi modo di constatare che la popolarità di Pertini restava sempre grandissima. Accadde ad Alessandria, una sera del novembre 1985. Dentro un nebbione spesso come il brodo dei gnocchi.

Dalla foschia dura che aveva invaso piazza della Libertà, spuntò un signore anziano, con la coppola in testa e la pipa in mano. Procedeva a piccoli passi, al braccio di un uomo assai più giovane. Chi lo sosteneva era un senatore del Psi, Roberto Cassola, eletto nel collegio di Alessandria-Tortona.

Pertini aveva 89 anni e da quando era soltanto un senatore a vita i media non parlavano più di lui. Per questo motivo Cassola aveva pensato di risarcirlo, portandolo tra i mandrogni alessandrini. Lo scopo era di festeggiarlo e di ringraziarlo per quanto ci aveva dato da presidente.

Nessuno in Italia l'aveva ancora fatto ed era giusto che almeno una città ci pensasse. La festa sarebbe stata molto semplice. Per prima cosa, un'intervista in pubblico al teatro comunale, condotta da due giornalisti, Gianfranco Piazzesi del "Corriere della Sera" e il sottoscritto. Poi una cena in un ottimo ristorante, Alli Due Buoi Rossi. E infine il ritorno a Roma con il treno della notte.

Raggiungere il teatro fu un'impresa. La frigida Alessandria s'era mutata in una città del Sud. Agitazione eccitata. Assembramenti nelle strade. Negozianti che s'affacciavano sulla via porgendo regali. Ragazze che volevano baciare il vecchio con la pipa. Il teatro era strapieno. E fuori si assiepavano centinaia di persone, davanti agli schermi televisivi collegati con l'interno.

Prima dell'intervista, Pertini si alzò e andò al microfono per salutare la città. E in un silenzio religioso, esordì con una gaffe di quelle che nessun altro avrebbe potuto permettersi: «Vi ringrazio, cittadini di Vigevano!».

La gente lo fissò senza fiatare. Ma Cassola, Piazzesi e io, seduti alle spalle di Pertini, ci sentimmo gelare il sangue. Osai tirargli la giacchetta e gli mormorai: «Presidente, siamo ad Alessandria!». Lui si voltò e mi scoccò un'occhiataccia, sibilando: «Stai zitto, tu!». Poi riprese a parlare al pubblico del teatro: «Cari cittadini, non è la prima volta che vengo nella vostra bella Vigevano...»

Stordito, pensai: adesso i mandrogni ci accoppano. Invece il teatro vibrò sotto un applauso travolgente, assolutorio, straripante di affetto. Voleva dire: vai Sandro!, a te permettiamo tutto.

Conclusa l'intervista al Comunale, ci avviammo a piedi verso i Buoi Rossi, sempre fra due ali di folla. Mi azzardai a mormorare: «Presidente, ti sei rivolto a questa gente dicendo: cittadini di Vigevano...». Lui mi replicò, stizzito: «Non è vero. Altrimenti qui non vedremmo nessuno!».

Con noi a cena c'era anche Alessandro. Dopo il dessert, Piazzesi disse a Pertini: «Presidente, lo sai che il figlio di Pansa sa a memoria il tuo discorso d'insediamento al Quirinale?». Quindi si rivolse ad Alessandro: «Dài, faccelo sentire!».

Alessandro era restio, ma alla fine si decise. Si alzò in piedi e cominciò a scandirlo. Pertini lo ascoltò rapito. E lo fermò quando stava a metà, mormorando: «Grazie, Alessandro. Adesso basta...». Si alzò ad abbracciarlo. Aveva gli occhi pieni di lacrime.

32
A caccia di voti

Al contrario di quello che tanti pensano, nella Prima Repubblica le campagne elettorali consentivano di comprendere meglio il carattere e il modo d'agire di molti politici. La battaglia per la conquista del voto al partito e, soprattutto, del voto di preferenza che allora esisteva, abbatteva tutti gli schermi che celavano la verità. E aiutavano il cronista paziente a capire chi avesse di fronte.

Un politico che nella Prima Repubblica vedevo spesso in Parlamento era Franco Evangelisti. Sapevamo tutti quali fossero i suoi compiti: essere la spalla di Andreotti, l'uomo addetto alle missioni speciali e infine il suo vero e unico portavoce, incaricato di trattare con i giornalisti.

Lui li svolgeva in un modo perfetto. Certo, sapeva essere una tomba, quando erano in ballo le faccende delicate del principale. Ma sul resto mostrava un cinismo intelligente e una schiettezza sarcastica, insolite nel mondo dei partiti, soprattutto in quelli di sinistra.

Nella campagna elettorale del 1979, Evangelisti aveva 56 anni. Era nato ad Alatri, in provincia di Frosinone. E aveva fatto il sottosegretario alla presidenza del Consiglio in tutti i governi del suo capo. Il quarto dei ministeri andreottiani era nato nei giorni terribili del sequestro di Moro e aveva ottenuto il voto del Pci, in nome della solidarietà nazionale.

Quel ministero cadde alla fine del gennaio 1979, sfiduciato dai comunisti che lo accusavano di non rispettare il programma. In marzo Andreotti mise in piedi il suo quinto governo. Durò pochi giorni perché non ottenne la fiducia del Senato. Il 1° aprile Pertini sciolse le Camere e chiamò gli italiani alle urne per il 3 e 4 giugno.

Scalfari mi incaricò di raccontare la campagna elettorale di alcuni candidati eccellenti. Allora chiesi a Evangelisti di poterlo accompagnare per una giornata. Volevo vederlo all'opera in una condizione per me nuova. Lui disse subito di sì. Sospirando: «So che cercherai di mettermelo in quel posto. Ma una paginata scritta da te vale il rischio».

Evangelisti era il tipo perfetto per un articolo. Anche nell'aspetto fisico. Le occhiaie gli arrivavano al naso. Il colorito era cereo, fatale per chi trama al coperto. Il capello, ormai, tendeva al grigiastro. In compenso, il baffo era sempre curato, lo sguardo da faina e il passo veloce. Un passo curioso, quasi regolato da un congegno meccanico, soggetto a scatti improvvisi e rapidissimi.

Gli dissi: «Franco, ti vedo bene. Sei davvero in forma».

Lui mi regalò una risata: «Sì, alla faccia di chi mi vuole morto. E sai perché? Perché è arrivato il tempo delle battute di caccia. E io in caccia non soltanto sto bene: sto benissimo!».

La caccia di Evangelisti prevedeva un bottino solo: il voto di preferenza. Mi spiegò: «Noi democristiani siamo i migliori cacciatori di preferenze: avveduti, tenaci, bravi. Io sono uno dei più bravi. Sono sempre andato in salita, conquistandone ogni volta di più. Soltanto nel 1976 fu una batosta. Io e Giulio ci lasciammo sorprendere dal voto di Roma città. Ma adesso riprenderò il posto che mi compete».

Il "posto" andava conquistato su un fronte largo all'incirca quanto il Lazio. «Un fronte enorme, da dissanguarsi!» si lamentò Evangelisti. «Oggi andremo in provincia di Latina. Il nostro mezzo d'assalto ci aspetta nel cortile di Palazzo Chigi.»

Il mezzo era un'Alfetta lussuosa. E dentro saremmo

stati in quattro: il candidato, io, l'autista e il professor Venditti. Quest'ultimo era un signore di mezza età, con una faccia da prete furbo e deciso. Evangelisti me lo presentò: «Ecco un mago di campagne elettorali. Sta nella segreteria di Giulio da sempre. Io lo chiamo Robespierre perché vorrebbe tutto il potere per sé!».

L'Alfetta lasciò Roma e prese la via del mare. Era una splendida mattina di maggio. L'autista guidava con dolcezza sicura. Di lì a poco avremmo avuto alle spalle il caos di Roma, tornata papalina.

Evangelisti si rilassò: «Tutti i ministri hanno già tagliato la corda per farsi la loro campagna elettorale. Soltanto Giulio e io siamo rimasti a lavorare per il governo e per lo Stato. Ma oggi mi voglio prendere un giorno di vacanza!».

La vacanza cominciò bene. Con l'autoritratto che Evangelisti mi offrì: «Vedi, Pansa, ti ho detto che sono un ottimo cacciatore di voti. E sai perché? Perché la politica è naso. Ossia intuito. Io il naso ce l'ho, ed è per questo che sono più bravo degli altri. Ho un limite: non so darmi un tono culturale. Ma ho un vantaggio: sono popolare. E il motivo è semplice: non ho mai fatto cattiverie a nessuno e sono uno dei pochi democristiani che ha sempre rifiutato di diventare un ballerino, passando da una corrente all'altra».

Gli domandai: «Sei sempre stato con Andreotti?».

«Sì, sempre con Giulio! E morirò da fedele di Giulio. Ricordati una regola vecchia quanto il mondo: chi tradisce, tradirà sempre. Ma io non ho mai tradito. Io sono il san Paolo della fede andreottiana.»

Robespierre annuì in silenzio. Ormai Roma era scomparsa, il mezzo d'assalto correva fra il verde della campagna laziale. Evangelisti mi confidò: «E pensare che anche qualcuno dei nostri vorrebbe licenziare Giulio per dare Palazzo Chigi ai socialisti. Che cazzata colossale! Su quella poltrona ci deve stare gente sperimentata, che sappia quali tasti toccare e come si trattano le persone. E poi la base democristiana non accetterebbe mai un Craxi presidente. Lo dico nei comizi: non abdicheremo al nostro diritto-dovere. E sentissi gli applausi, un vero delirio!».

Gli chiesi: «Parli anche di Craxi nei tuoi comizi?».

Robespierre sorrise sardonico. Evangelisti, invece, si lisciò il baffo: «Vedi, Bettino è intelligente, però non ha pazienza. È un ciclista che si mette in tutte le fughe e finisce spompato. Può vincere una tappa, ma il Giro d'Italia no! Guarda che figuraccia ha fatto con quella gaffe sui pecorai che votano Dc. Un bel fregnone, il capo dei socialisti! Ho stampato centinaia di manifesti di risposta: i pastori del Lazio ringraziano il compagno Craxi!».

Robespierre sogghignò: «Oggi sentirà i nostri amici che cosa pensano del compagno Bettino!».

Adesso stavamo filando lungo la Pontina, con i monti Lepini all'orizzonte. Il primo degli amici lo incontrammo su uno slargo verso Borgo Piave. Ci aspettava una Mercedes color zabaglione, con il radiotelefono. Accanto c'era un giovanotto tarchiato, munito di zazzera, baffoni e pistola calibro 38.

Evangelisti lo riconobbe da lontano: «È Libertini Mario. Un bravissimo ragazzo. Dice di essere stato campione italiano di pugilato, ma secondo me è una balla!».

Intervenne Robespierre: «Franco, non lo strapazzà. Mario ti dà l'anima. Guai a chi gli tocca Evangelisti! Guarda, c'è pure l'intendente di Finanza».

Evangelisti: «Si è mobilitato l'intendente?».

Robespierre: «E come no!».

Frenata dell'Alfetta. Baci. Abbracci. L'intendente rese omaggio all'eccellenza Evangelisti, poi si dileguò. A farci da guida ci avrebbe pensato Libertini.

«A Terracina!» ordinò Evangelisti. «Poi andremo a

Latina. Vedi, Pansa, il mio sistema è il seguente. Io parlo agli amici e gli do i punti precisi, politici e organizzativi. Loro sentono e riferiscono. Così stasera i trecento che lavorano per noi saranno diventati almeno duemila.»

Parlò Robespierre: «Guai se fosse abolito il voto di preferenza! Che gusto ci sarebbe a fare le campagne elettorali? Tutti uguali, tutti appiattiti. Invece così è anche una festa. Lo vedrà a Terracina, a casa dell'amico Mirabella. È un ex carabiniere con il bernoccolo degli affari: ha fatto miliardi vendendo mobili e importando pellicce dall'Est. Ci aspetta per un pranzo speciale».

Eccoci a casa del Mirabella, sul mare. Alle pareti, una sequenza di foto a colori di Andreotti. Grande accoglienza. Gran tavolata. Notabili? Capi elettori? Chissà. Comunque era gente che contava. Direttori di banca, costruttori, il sindaco, il commissario di polizia, industriali, professionisti.

Il Mirabella ci incitò: «Mangiate, mangiate! Cominciate dalle olive, sono del mio ranch!». Mi spiegò: «Il ranch sta a Monte Giove. Ci ho speso un miliardo».

Un miliardo investito bene. Olive squisite. Quindi prosciutto di quelli rari. Poi cannelloni super. E merluzzo, sogliole, alici e altro pesce squisito. Il padrone di casa rassicurò Evangelisti: «Eccellenza, mangi senza paura! Ho un cognato che ha la paranza, è lui a pescare quello che lei trova nei piatti».

La tavolata era tutta di maschi. Le donne stavano in cucina e si presentavano solo per servire. Il Mirabella era instancabile: «Ecco il vino. Viene sempre dal ranch. Portate il moscato! Senta il moscato, dottore! Il Civas, portate il Civas! Lo sciampagn? Ecco lo sciampagn! Dove sta la crisi? In Italia si mangia e si beve da trent'anni, grazie alla Dc!».

Anche a tavola Evangelisti si rivelò un insuperabile cacciatore di voti. Sorrideva. Strizzava l'occhio. Levava il calice. Era, insieme, umile e spaccone. Spiegò: «La provincia di Latina è quella dove sono più debole. Se mi chiedete: onorevole, lei è venuto qui per avere delle preferenze?, vi rispondo: ebbene sì, avete ragione!».

Anche il Mirabella levò il calice: «Discorso! La parola al mio avvocato». Si alzò l'avvocato: «Vengo da Napoli ed esprimo la mia ammirazione per Franco Evangelista».

«Evangelisti, non Evangelista!» lo corresse il Mirabella.

L'avvocato continuò: «L'unico mezzo per salvare l'Italia è votare Dc. Ma bisogna votare i democristiani giusti. Io a Napoli faccio campagna per Scotti e Pomicino. Bisogna mettercela tutta. Ho fatto stampare anche un manifesto speciale».

Il Mirabella: «Bravo, avvocato! Fai sentire all'onorevole cosa dice il manifesto».

L'avvocato recitò: «Brigatisti e terroristi sono figli del Partito comunista e nipoti del Partito socialista. La Dc si può salvare, ma se sarà di uomini come Evangelisti».

Applausi vibranti. Poi la parola passò ai rappresentanti del settore edilizio. Sotto tiro non c'erano più i brigatisti, ma Pietro Bucalossi, repubblicano, già ministro dei Lavori pubblici nel quarto governo Moro. Evangelisti mi spiegò: «Ce l'hanno con la legge Bucalossi che finisce per colpire i piccoli costruttori».

Il Mirabella si scatenò: «Ho due miliardi di mobili e non vendo più niente. Ci ho un capitale morto, eccellenza. Qualcosa prima si vendeva perché si costruiva abusivo. Ma adesso niente!».

Si alzò a parlare Evangelisti: «La libagione frequente mi impedisce di infliggervi un comizio. Vi dirò soltanto poche parole». E cominciò a picchiare duro. Le piaghe dell'economia. L'applicazione perversa della Bucalossi. La necessità di dare più voti alla Dc. Gli sbagli di Craxi. Alla fine arrivò l'urlo del Mirabella: «Eccellenza, il suo è Vangelo, Vangelo!».

Erano le quattro e si doveva ripartire. Baci e abbracci. Il padrone di casa schierò sul vialetto amici e famigliari. Fece il saluto militare e s'inchinò davanti all'Alfetta. E adesso a Latina!

«Hai visto che accoglienza?» mi domandò Evangelisti. «E pensare che questa non è la mia provincia. Se vieni a Frosinone, vedrai scene napoleoniche.»

Poi sospirò: «Quando vai tra l'alta borghesia, invece, vogliono sapere tutto. Spaccano il capello in quattro e poi magari non ti votano nemmeno. Vaffanculo!».

Ecco i monti dei Volsci e poi Latina. Ci aggirammo fra vecchi marmi mussoliniani, alla ricerca dell'Hotel Europa. Qui niente tavola imbandita, ma tante rose rosse. Evangelisti consegnò le rose, una per una, alle signore democristiane del capoluogo, convenute in albergo.

Poi si confessò a queste amiche: «Le elezioni mi hanno fatto diventare una specie di robot. Salto sulla macchina, parto e quello che trovo trovo. A volte trovo bene, a volte trovo male. Oggi ho trovato benissimo!».

Lo schema del discorso alle signore si rivelò semplice. C'era il cattivo: Craxi, «con quella faccia da bambino supernutrito, armato di occhiali». E c'era il buono: Andreotti. Evangelisti si scatenò: «Per tutti noi l'imperativo è di votare con passione, orgoglio e fierezza per Andreotti. Un sant'uomo che per ragioni di sicurezza deve stare chiuso nel bunker di Palazzo Chigi e non può portare in giro la sua personalità!».

Applausi frenetici delle signore. Quindi distribuzione dei facsimili di scheda con i numeri da votare. «Ormai siamo come i carcerati!» strillò allegro Evangelisti. «Giulio è il numero 1, io il 7 e l'amico Ciocci di Latina il 29. Avete capito bene? Grazie, andate, votate e fate votare!»

Uscite le signore, la sala si riempì di signori. Un galoppino democristiano li presentò così: «Franco, hai davanti a te il fior da fiore, quanto di meglio si trova sulla piazza di Latina: operatori turistici, operatori della legge, operatori industriali e compagnia cantante...».

Ma il cacciatore di voti cominciava a essere stanco. E lo ammise: «Ho pranzato dall'amico Mirabella. E adesso sono ammosciato. Ma soprattutto non voglio tediarvi. Vi dico soltanto una cosa: assaggiatemi e diventeremo amici. Altro dirvi non so. E distintamente vi saluta il vostro Franco Evangelisti!».

La sera scendeva sul nostro tour massacrante. Ci fu ancora una tappa alla ditta di Libertini, l'ex boxeur: "Li. Ma. Disinfestazioni. L'Igiene al Vostro servizio". Anche qui una folla. Amici di Alatri, il paese di Evangelisti. Pugili. Ex pugili. Tifosi qualunque. Uno di loro gridò: «Giulio e Franco, la mente e il braccio. Se non si afferma il braccio, la mente non può agire».

Stop, per la giornata bastava. L'Alfetta puntò in direzione di Roma. Robespierre si chiuse in un silenzio soddisfatto. Ma il cacciatore era indistruttibile ed ebbe ancora la forza di darmi un annuncio.

Disse: «Sai stasera che faccio? Vado alla tv del mio amico Francesco Rebecchini e mi porto il presidente della Roma. Ma sarà lui a parlare di politica, mentre io parlerò di calcio. E spiegherò perché parlo del campionato. Poi gli dirò: basta con le solite facce dei politici, basta con questi onorevoli qualunque, questi onorevoli Cazzetti e Cazzettini, questi sconosciuti, dei signori Nessuno che arrivano sul video e pretendono di spiegarvi tutto, senza sapere nulla! Basta, basta...».

Poi cominciò a prendersi a schiaffi da solo. Sciaf, sciaf, sciaf. Sorridente, felice e con il baffo ritto.

Parte nona

33
Il Ciambellano

Era lui la comparsa onnipresente nei vertici della Balena Bianca. Era sempre lui l'astuto ciambellano del retroscena democristiano. Era sempre lui il Signor Nessuno diventato potente all'ombra di due superpotenti: Ettore Bernabei e Amintore Fanfani.

Sto parlando di Giampaolo Cresci, nato a Firenze nel 1930, uno dei candidati dicì alle elezioni del 1979. Un uomo notissimo ai suoi tempi, quando lavorava da addetto stampa di Amintore. Indispensabile per noi cronisti che lo cercavamo di continuo: Giampaolino qua, Giampaolino là. Se ti aiutava eri a posto, l'articolo potevi considerarlo già scritto. Se te lo trovavi contro, dovevi mangiare cavoli acidi.

Era un piccoletto mellifluo, una via di mezzo tra l'uomo tuttofare e il cortigiano. Qualcosa di più del portaborse e qualcosa di meno del consigliere. Però sempre a un centimetro dal Professore. In comizi, congressi, cene di corrente, trame editoriali, battaglie antidivorziste, consigli nazionali, mostre di pittura, ritiri spirituali.

Giampaolino lo affiancava con la smorfia schifiltosa di chi disprezza il mondo, tranne il proprio Signore e se stesso. Ma riusciva sempre a essere gentile o a sembrarlo. Per una mitezza d'animo femminea. Per calcolo astuto. E anche per vanità.

Fu per vanità, ma soprattutto per astuzia, che il Ciambellano, arrivato a 49 anni, decise di mettersi in proprio, cercando di diventare senatore della Dc a Firenze. Quando andai a trovarlo, non gli chiesi come mai si fosse gettato in quell'avventura. Non glielo domandai perché sapevo in anticipo che non mi avrebbe detto la verità. Ma immagino che il motivo fosse il seguente.

Dopo la sconfitta sul divorzio e il trionfo delle giunte rosse, nel 1975 Fanfani aveva perso la poltrona di segretario della Dc. Al suo posto era arrivato Zaccagnini e aveva dato inizio a un nuovo ciclo della Balena Bianca. Che avrebbe tagliato fuori per anni la vecchia guardia democristiana, a cominciare dal professor Amintore.

Cresci deve aver pensato: meglio mettersi al sicuro con un posto in Parlamento. Magari conquistato a Firenze. Lì era nato e lì aveva succhiato il latte politico-giornalistico al "Giornale del mattino", diretto da Bernabei. Purtroppo per lui, i giochi interni alla Dc gli avevano riservato un collegio mica semplice: il Firenze Tre. E fu di questo campo di battaglia che il Ciambellano mi parlò subito, e con affanno, quando andai a trovarlo.

Gli chiesi: «Che cosa ti è passato per la testa? Non ti bastava essere quello che sei, riverito e potente?».

Rotondetto e agitatissimo, Cresci mi scrutò strizzando gli occhi da vecchia faina. Poi emise il primo lamento: «Anche tu che mi conosci da tanto, cadi nel solito errore? Io molto potente? È una favola. Se ero davvero potente, stavo in un collegio buono. E non a Firenze Tre.

«Adesso ti racconto com'è andata» sospirò angosciato. «Dei ventotto collegi per il Senato che la Direzione dicì si era riservati, due non funzionavano. Uno è in Sicilia, l'altro è questo che hanno dato a me. Io dovevo andare a Roma in un collegio sicuro. Invece l'hanno regalato alla signora, come si chiama?, alla Rosa, la Jervolino. E a me mi hanno spedito qui!»

Il Ciambellano rabbrividì: «Questo Firenze Tre è spaventoso. Ci sono i quartieri più rossi della città, e poi tutto il Mugello e la Val di Sieve, sino ai confini con la Romagna. Il collegio peggiore di Firenze! Qui l'ultimo senatore democristiano è uscito nel 1948, si chiamava Maurizio Vigiani, era un operaio meccanico della Galileo, aveva fatto parte del Cln di Firenze. Solo lui poteva sfangarla. Dopo di allora, più niente!

«Eppure, nonostante questo collegio fosse una schifezza, c'era chi non voleva darmelo» mormorò tetro Cresci. «Il Movimento cristiano dei lavoratori ci aveva destinato il Burberi, il suo presidente provinciale. Poi a Roma il Burberi l'hanno levato e ci hanno messo me. Cinque ore di discussione a Piazza del Gesù, per poi farmi questa elemosina!

«Sai qual è la verità?» mi sussurrò Giampaolino, ritornato di colpo vanitoso. «Ormai c'è una leggenda su di me. Dovunque io vada, mi trovo sempre nella polemica e dentro i contrasti.»

Gli chiesi: «Sarà per via di Fanfani?».

Il Ciambellano s'inviperì: «Ma no, non fatemi ogni volta un servo del Professore! Suscito resistenze per il modo terribile in cui mi batto. Mi sono sempre battuto e anche adesso voglio farlo. Certo, se riesco a diventare senatore mica sputo per terra. Ma il punto non è questo. È la battaglia che mi piace. Un tipo di battaglia che non ho mai fatto.

«Le altre campagne elettorali le avevo soltanto viste. Arrivavo in auto con Fanfani, i prefetti ci aspettavano agli svincoli delle autostrade, poi il comizio del Professore, quindi io telefonavo ai giornali il sunto del discorso, ancora un'altra telefonatina ai direttori per mettergli un po' di pepe in quel coso, e tutto era finito. Adesso, invece, lavorerò per me, per me, per me!»

«Dài facciamoci un giro per Firenze Tre» mi propose il Ciambellano. Una volta in auto, ricominciò a parlare, torrenziale.

«Vuoi sapere come lavoro?» mi chiese. «Ho un segreto. Nei collegi senatoriali cattivi, i candidati non si danno mai da fare, tanto sono sicuri che perderanno. Io invece mi do da fare e da pazzo, come se Firenze Tre dovessi conquistarlo. E se lo conquisto sarà clamoroso, clamorosissimo!

«E poi ho un altro segreto. Io ho mestiere. Ho fantasia. Ho intelligenza. E soprattutto ho frequentato la scuola giusta. Nessuno ha avuto la scuola e il maestro che ho avuto io! Fanfani è il più grande professore di campagne elettorali che ci sia al mondo. Non ci sono altri in grado di farle come le fa lui. E io ho imparato.»

Non avevo bisogno di fare domande, perché il Ciambellano seguitava a parlare senza fermarsi: «Che personaggio eccezionale Fanfani! So che a te non piace, ma ti sbagli, mio caro, sì, sbagli! È diverso da tutti gli altri. Diverso e di gran lunga il migliore. Ma perché prendi appunti sul quaderno? Mi ha sempre procurato una montagna di guai il tuo quaderno. Smettila di scrivere! Mamma mia, poi mi ritroverò tutto stampato su "Repubblica", quel giornalaccio così brutale!

«In tanti anni che sono stato con Fanfani, io non ho mai preso un appunto, un'annotazione. Mi sembrava di rubare una cosa sua. Eppure avrei potuto scrivere un libro straordinario. Perché straordinario? Ma perché bastava restare lì ad ascoltarlo! Ogni parola di Fanfani ha un suo significato...»

«Non credi di esagerare?» osservai.

Cresci s'infiammò: «Per niente! Ogni parola di Fanfani ha un suo specifico valore. Per esempio, lui usa molto il verbo "concorrere". Perché lo adopera? Ti confesso che non lo so. Ma quel "concorrere" vuol dire qualcosa. Sfumature. Passaggi. Aggettivi. Ogni parola di Fanfani ha un peso. Ma smettila di scrivere! Che cosa c'entra Fanfani con la giornata del candidato Cresci? È per raccontare di me che sei venuto a Firenze, no?».

Giampaolino si zittì per tirare il fiato. Poi ripartì al galoppo: «Ma sì, forse Fanfani c'entra. L'altro sabato il Professore è stato qui per assistere al mio debutto. Siamo andati a Pontassieve, al cinema Italia. Clamoroso! Prima ho parlato io, poi lui ha concluso. Successo eccezionale! Eccezionalissimo! Ho scoperto di essere il candidato democristiano più applaudito. E sai perché? Perché so che cosa dire nei comizi. Anche questo me l'ha insegnato Fanfani».

«Spiegami che cosa dici nei comizi. Ma in poche parole, per favore!» lo implorai.

Il Ciambellano mi sorrise: «Hai paura della mia eloquenza, vero? Sta bene, sarò telegrafico. Chi viene oggi ai nostri comizi? Quasi tutti attivisti o tesserati dicì. Gente di trincea, in questo collegio rosso. Gente sempre in minoranza. Qui non hanno mai avuto potere. Soltanto cacca in faccia e delle botte si sono presi. E allora vogliono sentire parole contro i comunisti. Parole che gli ridiano l'orgoglio di essere democristiani. E io quelle parole dico! A questo punto vanno in delirio».

«Tutto qui?» osservai.

«Eh no, mio caro! C'è un'altra ragione del mio successo. Io seguo il consiglio che mi ha dato Fanfani: non parlare di politica, parla dei problemi della gente. E io parlo del terrorismo che fa paura a un sacco di persone. E soprattutto parlo degli anziani.»

«Non sapevo che ti preoccupassi degli anziani» confessai, stupito.

Il Ciambellano mi rise in faccia: «Lo vedi che non sai nulla di me? Io me ne occupo e me ne preoccupo, di questo problema enorme. È da tre anni che lo faccio, mentre la sinistra lo scopre soltanto adesso. In Italia ci sono sei milioni e mezzo di anziani. Sei milioni e mezzo di elettori incazzati. Con le scatole rotte dal giovanilismo e da tutta la retorica sui ragazzi e le ragazze! E io nei comizi lo grido. Sì, grido: ricordiamoci degli anziani, lo ammonisce anche il Vangelo, onora il padre e la madre!».

Giampaolino divenne un po' cupo: «Comunque, io sull'utilità dei comizi sono scettico. E anche su quella dei manifesti. Costano un occhio della testa e poi i comunisti te li strappano. I giornali? Be', se lo volesse, la "Nazione" potrebbe eleggere un senatore. Ma Alberto Sensini, il direttore, non s'impegna. Tu dici che mi nomina un giorno sì e l'altro pure? Normale cronaca elettorale. Sono un candidato, no? Ci mancherebbe che non mi nominasse!».

Stavamo sempre in automobile, diretti chissà dove. Cresci mi strizzò l'occhio: «Sai quello che va oggi, che cosa funziona? Le tv private. Io sono un vecchio lupo della televisione. E appena arrivato a Firenze mi sono studiato la geografia e l'ascolto delle tv libere. Amico mio, l'Italia è cambiata! Sai chi decide oggi le elezioni in Toscana? I signori Giannotti, Galli, Montagna, De Anna e padre Ugolino. Sai chi sono? Non lo sai? Male, male, male!».

Il Ciambellano mi agitò davanti al naso l'indice destro, come si fa con gli scolari che non hanno studiato: «Sono lo staff di Canale 48. Un milione e mezzo di ascoltatori. Se a Canale 48 si presenta un candidato qualunque e chiede: mi fate apparire gratis?, gli sbattono la telecamera sulla testa. Ma se ci vado io e dico: stasera a Firenze terrò un dibattito sugli anziani, me la date la notizia?, allora tac!, loro me la danno. E nel telegiornale compaio anch'io!».

Cresci era sempre più torrenziale. E scaricava sul mio quaderno un Niagara di parole: «Anche stasera andrò a Canale 48, ma adesso stiamo correndo verso un'altra tv, a Televaldarno. Sta a Figline che non è nel mio collegio, ma è molto seguita a Firenze Tre. Anche a Televaldarno non pago. Farò una cosina da niente, un'intervistina, una presenza. Ma tutto fa brodo.

«Alla tv dico quel che direbbe Fanfani. È lui la mia garanzia. La gente dice: questo Cresci sta con Fanfani, è fedele a Fanfani, la pensa come Fanfani. E allora l'elettore si rassicura: Fanfani ha sempre avuto una faccia sola e non hai mai tradito chi vota Dc, dunque possiamo fidarci del suo Cresci.»

Chiesi al Ciambellano: «Dimmi ancora qualcosa sul Professore».

Per Cresci fu invito a nozze: «La mia milizia politica l'ho vissuta tutta accanto a lui. Sono il suo testimone più prezioso. Sono quello che lo conosce meglio. Ricordo la campagna elettorale del 1976, l'ultima prima di questa. Fanfani non era più il segretario della Dc, ma s'impegnò allo spasimo. Abbiamo percorso insieme 33 mila chilometri in auto, tutti di seguito. Sai che cosa vuol dire?».

«No. Non ho mai fatto un viaggio tanto lungo» ammisi.

«Allora te lo spiego io. Vedi, l'auto è come una casa, molto, molto piccola. Si viaggia stretti, i corpi mandano degli umori, come fai a non stabilire un rapporto? Tu non ci credi, ma Fanfani è una personalità sconvolgente. Anche per la salute d'acciaio. Per fare una campagna elettorale ci vogliono una salute e uno stomaco di ferro. Lui li ha tutti e due. Non l'ho mai visto malato! Io invece ho già perso la voce. E avverto un dolorino qui. Mi dispiace soprattutto per la voce. Sono fioco. Lo senti come sono fioco? Ho la pompetta. Ho le pastiglie. La vuoi una pastiglia?»

No che non la volevo, accidenti! Il Ciambellano era fioco, ma io mi sentivo stremato. Lui, invece, stremato non lo sembrava per niente. Arrivati finalmente a Figline, Cresci si arrampicò saltellando sino all'ultimo piano di un convento di frati dove stava lo studio di Televaldarno. Tutto era pronto per l'intervista elettorale.

Lo speaker chiese: «Dottore, che le si chiede?». Cresci: «Mi faccia una prima domanda: quale è il suo impegno in questa campagna elettorale?». Lo speaker obbedì e il Ciambellano cominciò a strillare: «Non è il momento di stare alla finestra. L'ora è grave e l'intellettuale che si chiude in casa ha fatto il suo tempo. Ho molta fiducia negli italiani. E credo che il 18 aprile del Quarantotto possa ripetersi per noi democristiani. Voglio ridare alla gente di Firenze Tre la gioia di votare per il suo senatore!».

Fine della trasmissione. Cresci saltellava euforico. Mi chiese: «Come sono andato?». Ma non aspettò la mia risposta. Sempre strillando, annunciò: «Adesso corriamo a fare un'altra marchetta, stavolta a Canale 48!».

Riprendemmo di gran carriera la strada per Firenze. Sull'Autosole ci bloccò un ingorgo. E a Canale 48 arrivammo in ritardo. Anzi, troppo in ritardo per il telegiornale della sera.

Ma il vecchio volpone si rivelò diabolico. Cominciò a implorare: «Padre Ugolino, un minuto! Mezzo minuto! Due domandine! Una domandina sola!».

Padre Ugolino si commosse. Riflettori accesi. Telecamera in azione. Pronto dottor Cresci? Pronto! Giampaolino riprese a strillare: «Che cosa abbiamo fatto per gli anziani? Poco, pochissimo. In questa società scristianizzata, soltanto preti e monache si preoccupano di chi ha i capelli bianchi...».

Lo ascoltavo e pensai: bravo, un po' repellente, ma bravissimo, il mio caro Ciambellano, Firenze Tre ti eleggerà senatore.

Invece lo trombarono. Ma Cresci non se la prese. E si dispose a vivere una nuova avventura, importante anche se poco piacevole. Tra un istante la vedremo.

34
Il banchiere impiccato

Chi aveva pagato le elezioni del 1979? Anche allora erano competizioni costose, sia pure meno di oggi. In quel tempo esisteva già il finanziamento pubblico dei partiti, introdotto nell'aprile 1974. Ma alle parrocchie politiche i soldi non bastavano mai. Per questo raccoglievano dappertutto i quattrini necessari. E altrettanto facevano i candidati alle prese con il voto di preferenza.

Quanto fosse faticoso conquistarlo l'abbiamo visto raccontando di Giampaolo Cresci in battaglia dentro un collegio senatoriale molto rosso. È possibile che anche lui si sia giovato di sovvenzioni private. Si trattava di una strada obbligata che tutti i concorrenti battevano.

Era una strada pulita quando gli aiuti venivano da iscritti o da elettori. Ma diventava meno limpida se i quattrini arrivavano da signori potenti, disposti a finanziare più di un partito per tutelare i propri interessi. E come stessero le faccende in questo secondo caso lo rivelò anni dopo il terremoto di Tangentopoli e di Mani Pulite.

Immagino che a pagare più di un partito sia stato anche il banchiere Roberto Calvi, il presidente del Banco Ambrosiano, importante istituto di credito milanese. Non possiedo prove di questo. Ho soltanto quel poco che mi disse lo stesso Calvi durante un colloquio che tra un istante descriverò. Il banchiere mi aveva confidato una verità? Penso di sì. Nessun uomo d'affari ammetterebbe di aver foraggiato uno o più partiti se la circostanza non fosse vera.

Calvi era un finanziere tra i più abili. Ma qualche lettore lo ricorderà per la sua morte orribile. Nel giugno 1982 venne impiccato a Londra da qualche banda sotto il ponte dei Frati Neri, sul Tamigi. Era appeso a un laccio arancione. E con le tasche della giacca appesantite da tre chili di pietre e imbottite di banconote. La sua fine fu uno degli enigmi di quel tempo. E non so dire se le indagini l'abbiano risolto.

Incontrai Calvi una sola volta, il 24 aprile 1981, un venerdì di pioggia battente. Due giorni prima, l'editore Angelo Rizzoli aveva annunciato che al "Corriere della Sera" entrava un nuovo socio: il presidente dell'Ambrosiano.

Da Roma mi chiamò Scalfari: «Perché non provi a cercare Calvi? Forse stavolta ci dirà qualcosa».

Io nicchiavo, mi sembrava un tentativo destinato a fallire. Calvi viveva dentro una cassaforte e nel silenzio. Mai un'intervista, una dichiarazione, una battuta a un cronista.

Risposi a Scalfari: «Figurati se quello parla! E soprattutto se parla con noi di "Repubblica" che gli pestiamo i piedi tutti i giorni...».

Ma Scalfari insistette, in base al suo ottimo principio che bisognava sempre tentare, anche l'impossibile: «Provaci. Che cosa ti costa? Alla peggio ti diranno che non è in ufficio. O che non vuole riceverti».

Quello stesso venerdì feci il numero del Banco Ambrosiano, direzione centrale, via Clerici 2, telefono 8837. Mi rispose la segretaria del banchiere e disse: «Vedo se c'è. Oggi il signor Calvi pranza in banca». Qualche istante dopo venni sorpreso da un ringhio soffocato: «Sono Calvi. Che cosa vuole?».

Gli spiegai chi ero e dissi: «Desideravo incontrarla per sentire la sua versione sull'affare "Corriere"».

Calvi m'interruppe con un altro ringhio: «Lei osa chiamarmi per conto di "Repubblica"! Sono anni che mi attaccate. Anche oggi avete pubblicato lo schema del mio impero. È tutto sbagliato. E poi io non possiedo imperi. Comunque, grazie per la pubblicità!».

A quel punto il banchiere si calmò di colpo e disse: «Venga da me oggi pomeriggio, alle quattro e mezza in punto. Ma soltanto per parlare. Niente taccuini, niente interviste, niente articoli su di me e sul Banco».

Ancora stupito per il regalo che Calvi mi faceva, andai in via Clerici. Ecco il santuario del Banco Ambrosiano. Quarto piano. L'anticamera del presidente. L'ufficio del presidente. Molto vasto, monacale e lussuoso insieme. Moquette verde. Tre quadri splendidi. Scrivania d'epoca. Una consolle telefonica con l'impianto dei grandi parlatori.

Una delle pareti lunghe dello studio era tutta una vetrata. Al di là dei vetri si vedeva un grande giardino pensile sui tetti della City meneghina. Il banchiere mi illustrò le piante una per una, con pignoleria e competenza. Ripensai a quello che mi avevano raccontato: «Calvi ha l'hobby di allevare galline, purché siano belle e di una razza rara». Anche le piante del giardino pensile erano belle e rare.

Calvi era un uomo piccolo, di 61 anni, milanese di nascita. Aveva un cranio forte e l'aspetto del mastino pronto ad azzannare. Il colorito era grigiastro, di chi lavora al chiuso e lascia l'ufficio la sera tardi.

Ti osservava in un modo curioso: di sbieco, quasi furtivo. Ma con occhi color dell'acciaio che, quando non sciabolavano all'intorno, calavano in picchiata sulle scarpe. Il banchiere aveva scarpe nere, d'altissima classe, di certo fatte a mano. E supremamente lucide. Dovevano piacergli molto. Se le coccolava con lo sguardo. Come si trattasse di persone amiche, pronte a offrirti consigli ed energia.

Infine Calvi parlava con un bell'accento meneghino. E con un eloquio un po' a scatti, condito di smorfie: un tic quasi impercettibile tanto era continuo. Sparandomi una serie di questi tic, liquidò con poche parole la questione "Corriere". Si trattava di una normale operazione finanziaria su un'azienda in difficoltà. Per farla andare meglio e ricavarne degli utili. Tutto qui.

Osservai: «Ma in giro si sentono tante voci, sui rapporti tra il suo Banco e il gruppo Rizzoli. Come stanno le cose?».

Calvi tornò a rimirare le proprie scarpe. Poi di colpo sbottò: «Invece di scusarsi per gli errori del suo giornale, lei viene qui, mi parla di voci e mi fa domande su domande! In che modo dovrei regolarmi, secondo lei? Raccontarle i nostri affari? Lei si fiderebbe di un banchiere che parla e straparla con il primo giornalista che incontra?».

Il dio dell'Ambrosiano adesso sembrava irritato. Ma la stizza mi apparve, tutto sommato, contenuta e velata di apprensione. Gli dissi: «Molti pensano che lei abbia comprato un giornale come si acquista un fucile, per difendersi».

Calvi si stizzì di nuovo: «Io non ho comprato nulla. L'operazione l'ha fatta la Centrale, non l'Ambrosiano. Poi non capisco la storia del fucile. Un fucile lo compra chi è impaurito. Ma io non lo sono. Anzi, non sono mai stato tranquillo come adesso!».

Allora gli citai le indagini giudiziarie che lo riguardavano. Esportazione di capitali, bilanci non in regola, e forse altre cose. Calvi mi fissò accigliato. E in quel momento gli scoprii uno sguardo diverso.

Era lo sguardo di un uomo che, dopo tanto potere solitario, si trovava alle prese con un'inquietudine nuova. Con un'ombra che non avrebbe mai voluto incontrare. Anzi, con tante ombre, capaci di incutere paura, di regalare angoscia e nevrosi.

«Già, le inchieste!» esclamò Calvi, con un sorriso tirato. «Sono battaglie normali. Vicende scontate per chi occupa posti come il mio. Queste cose si fanno anche in altri paesi. All'estero ti dichiarano guerra per molto meno. Sotto questo aspetto, mi azzarderei a dire che l'Italia è un paese arretrato.»

Mi fissò ancora, poi continuò: «Voglio raccontarle una cosa, di cui lei dovrà ricordarsi dopo, non so quando, ma dopo. Avrà sentito che cosa si mormora in città. Dal momento che l'inchiesta sul mio conto è passata alla Procura generale della Repubblica, per me c'è il rischio di un ordine di cattura. Me l'ha spiegato bene il mio avvocato, Valerio Mazzola. Lo conosce?».

«Certo che lo conosco» risposi. «È un grande penalista e uno straordinario galantuomo. Lo stimo molto.»

Calvi continuò: «Bene, qualche domenica fa Mazzola è venuto a trovarmi nella mia villa di Drezzo. Siamo in provincia di Como e la villa sta proprio accanto al confine svizzero. Quella domenica abbiamo parlato dell'inchiesta e del rischio delle manette. Io sono stato ad ascoltarlo. Poi ho detto a Mazzola: al di là della rete di cinta di questa villa c'è la Svizzera. In qualunque momento, potrei scavalcare la rete e mettermi al sicuro. Ma non lo faccio e non lo farò. Non ci ho mai pensato e non ci penso. Non ho nessuna ragione per tagliare la corda e non la taglierò».

Il banchiere si mise di nuovo a fissare le scarpe e concluse: «Le ho fatto una confidenza e non vorrei trovarla domani mattina sul suo giornale. No, non mi garantisca niente. Io non mi fido dei giornalisti. E sa perché? Perché i giornali li leggo, tredici o quattordici ogni mattina. Non amo la rassegna stampa. Le notizie voglio cercarmele da solo. Ne leggo tante, poi le dimentico».

«Dimentica anche le notizie contro di lei?»

Calvi s'abbandonò a un gesto di noia: «Quelle no. Ma non mi fanno più né caldo né freddo. In consiglio d'amministrazione abbiamo discusso se dare querele e fare rettifiche. Poi la scelta è stata il silenzio. Si può rettificare l'inesistente? Dico inesistente perché mi hanno sempre addossato fatti che non esistono. Del resto, oggi i giornali italiani sono quasi tutti estremisti. A cominciare da voi di "Repubblica". E non fanno capire quel che bisognerebbe far capire alla gente».

«Che cosa dovremmo far capire?» gli domandai.

Calvi mi rispose, con asprezza: «Che siamo arrivati al limite. Che in Italia si litiga troppo. È come se l'Italia fosse una società per azioni con sessanta milioni di azionisti. E questi sessanta milioni, ogni mattina, si svegliano e cominciano a farsi la guerra. Invece di pensare all'interesse della società. Io dico basta. Stop, fermiamoci! Rimettiamo insieme i cocci del paese. E soltanto dopo potremo riprendere a bastonarci».

Provai a fargli una domanda sulla politica: «Che cosa pensa dei partiti italiani?».

Il banchiere mi offrì una smorfia di fastidio: «Prima di tutto, le dico che non mi piace la sinistra e meno che mai mi piacciono i comunisti. Io l'ho visto all'opera il comunismo. L'ho visto quando avevo vent'anni e Mussolini mi ha spedito a fare la guerra in Russia. Certo, tra i russi ho trovato anche tanta brava gente. Ma il comunismo russo... Che sfacelo! Baracche di legno invece che case. Miseria. Fame. Pidocchi. Tifo. E qualcuno vorrebbe portare il comunismo in Italia!».

Gli osservai: «Eppure in giro si dice che il Banco Ambrosiano sia stato generoso con i partiti di sinistra, con i socialisti di Craxi, ma anche con il Pci di Berlinguer...».

Calvi tornò a chiudersi in una guardia stretta: «Lasci stare. Caso mai si tratterebbe di prestiti normali, garantiti dalla legge sul finanziamento dei partiti. Tutte le grandi banche ne fanno. E poi il guaio vero non sono questi prestiti, veri o presunti che siano. Il guaio è un altro: è l'immoralità che nessun partito combatte sul serio. Anzi, i partiti la favoriscono con i loro cattivi comportamenti. Intendo l'immoralità del guadagno facile».

«I partiti le hanno chiesto soldi anche per l'ultima campagna elettorale, quella del 1979, due anni fa?»

Lui replicò: «Pensa che non l'abbiano fatto? Certo che me li hanno chiesti. E io li ho dati. Non quelli che volevano, ma una parte sì. Me li ha chiesti l'intero arco politico. Dai comunisti ai missini, tutti sono venuti anche da me a battere cassa. Le Botteghe Oscure mi attaccano di continuo. Per loro sono un furfante. Ma quando hanno bisogno, Calvi diventa subito un gentiluomo, quasi un amico. Posso dirlo? Che nausea!

«Dopo che hanno avuto i soldi, ridivento un banchiere da combattere. E così vengo attaccato, vilipeso, diffamato» continuò il presidente dell'Ambrosiano. «Per quel che riguarda il suo giornale, Scalfari fa l'estremista e mi assale tutte le mattine. Ma io potrei fare l'estremista più di lui, perché ho cominciato a lavorare a diciotto anni.

«Anche qui, dentro l'Ambrosiano, sono partito dall'ultimo gradino e adesso faccio il presidente. Sia chiaro: sono soltanto un dirigente, non un proprietario. Mai avuto un'azione in vita mia! Anche oggi non possiedo un titolo. Guardi la mia scrivania: è vuota!»

La guardai: era davvero vuota. Mancava persino il portacenere, perché in presenza di Calvi nessuno poteva fumare. Il banchiere mi lasciò dare un'ultima occhiata al suo tronetto, poi mi congedò.

Sulla porta, come viatico, mi lanciò un avvertimento o, forse, mi presentò una preghiera: «Siate imparziali con me. E ricordatevi di una verità: noi non siamo benefattori. Siamo soltanto professionisti di un mestiere che tiene in piedi il mondo: fare denaro in modo onesto. Onesto, le ripeto, onesto!».

Ventisei giorni dopo il nostro colloquio, Calvi venne arrestato. Era il mercoledì 20 maggio 1981. Quel pomeriggio esplose lo scandalo della Loggia P2. Dapprima uscì qualche indiscrezione sui nomi dei compari di Licio Gelli. Poi il governo Forlani rese pubblica la lista per intero.

C'era anche Calvi nell'elenco. Tessera numero 1624. Iscritto dal 1° novembre 1977. Quote versate per il periodo dal 1977 al 1982. Grado terzo, ossia quello di maestro della loggia.

Il banchiere non era stato incarcerato per l'iscrizione alla P2. Ma per i reati finanziari di cui lo accusavano. Due mesi dopo, fu condannato a quattro anni di carcere e a sedici miliardi di multa. Presentò appello. E il 28 luglio 1981 stava di nuovo in via Clerici, a presiedere il consiglio d'amministrazione dell'Ambrosiano.

Era tornato in sella. E voleva restarci. Ma non riuscì a prevedere il futuro che lo aspettava. Un futuro orrendo. Che si concluse l'anno dopo sotto il ponte dei Frati Neri.

35
Radio Belva

Ritorno a raccontare di Giampaolo Cresci, il candidato democristiano trombato a Firenze Tre nel voto del 1979. Il Ciambellano non se la prese più di tanto. Poiché di mestieri non ne aveva uno solo.

Cresci amministrava un'azienda importante, la Sacis. Era la consociata Rai che curava lo sfruttamento commerciale, in Italia e nel mondo, dei programmi sfornati dal colosso radiotelevisivo di viale Mazzini. In più dirigeva una rivista culturale, "Prospettive nel mondo". E continuava a occuparsi degli anziani.

Insomma, Giampaolino stava ben piazzato. A Roma era un personaggio, riverito e ammirato. Poteva contare su una quantità di amici, merito del carattere e del suo saper fare. Mai una lite con nessuno. Mai uno scontro capace di lasciare il segno.

Quando uscì la lista della Loggia P2 fu un duro colpo per il Ciambellano. Nell'elenco dei soci di Gelli figurava anche lui.

Per molti non fu una novità. Mezza Roma sapeva che Cresci era al centro di un giretto di amici, tutti della loggia o dintorni. Si disse anche che aveva una forte ammirazione per Gelli. Tanto da chiamarlo, nientemeno, Mozart.

Giampaolino fu uno di quelli che negò tutto. Ma qualche cattivaccio replicò dicendo: «D'accordo, però le centomila lire fatte arrivare a Gelli, che cos'erano, se non la tassa per l'iscrizione alla P2?».

Allora Cresci raccontò una storia. Che, sia pure senza il suo nome, nel luglio 1981 fu pubblicata sul "Giornale" di Montanelli da Renzo Trionfera, ottimo conoscitore della Roma politica.

Dunque, questo Gelli il Ciambellano l'aveva incontrato qualche anno prima, al Quirinale. E l'aveva ritrovato nell'anticamera di Palazzo Chigi. Gli era stato indicato come il manovratore occulto del "Corriere della Sera". Tanto da aver piazzato un uomo suo nel consiglio d'amministrazione della Rizzoli. E Cresci si disse: questo Gelli è uno che conta, devo conoscerlo.

Un giorno del 1979, mentre stava a Firenze per la campagna elettorale, il Ciambellano ricevette un invito di Gelli a Villa Wanda, nei pressi di Arezzo, a Castiglion Fibocchi. A prelevarlo si presentò una Mercedes nera con targa diplomatica. Arrivato nel parco della villa, Cresci vide in sosta un'auto ministeriale, targata Esercito italiano. Poi un'altra vettura di rango, anche quella con una targa di tutto rispetto: Stato della Città del Vaticano. Caspita! che visitatori altolocati, si disse Giampaolino.

Ma a riceverlo non fu Gelli, bensì un padre domenicano, molto affabile, quasi cerimonioso. Il padre spiegò a Cresci che il commendator Gelli era impegnato con Sua Eminenza. Quale eminenza? Mistero. Nel frattempo si sarebbe potuto visitare la villa.

Passando da una sala all'altra, racconta Trionfera, il padre domenicano illustrò le opere pie organizzate dal commendatore e sostenute dai contributi generosi dei suoi amici. «Vuole offrire qualcosa anche lei?» domandò, insinuante, il frate.

Giampaolino, intimidito e dal cuore grande così, cavò di tasca il libretto degli assegni e ne firmò uno da centomila lire. «A chi devo intestarlo?» chiese al padre domenicano. Il frate gli sorrise: «Al commendator Gelli, naturalmente».

«Ecco perché ho pagato!» avrebbe poi strillato Cresci, una volta uscita la lista della P2. «Altro che quote, tessere, iniziazione alla Loggia. Tutto falso. Soltanto un'opera di bene. È stato quel frate a inguaiarmi! Del resto, non ho mai rifiutato un obolo ogni volta che me l'hanno chiesto.»

I probiviri della Dc gli credettero e lo scagionarono. Anche l'apposita commissione dell'Iri considerò Cresci più bianco del bianco. Disse: ammesso che un vincolo associativo ci fosse stato, «non aveva avuto influenza sull'esercizio delle sue funzioni». Funzioni che Cresci continuò a esercitare, come amministratore delegato della Sacis.

Meno fortunato del Ciambellano, fu Gustavo Selva, direttore del Giornale Radio 2. Quando esplose la bomba di Gelli, era un signore di 55 anni, magro, molto attivo e anche assai pugnace, sposato e padre di quattro figlioli.

Selva aveva il carattere irruento dei romagnoli. Infatti, pur essendo nato a Imola, era cresciuto a Riolo Terme, in provincia di Ravenna. Democristiano di destra, non le mandava a dire ai comunisti. Ed era fatale che alle Botteghe Oscure non piacesse per niente.

Dopo aver fatto il corrispondente all'estero, nel 1975 Selva divenne direttore del Gr2. E così il Partitone Rosso scoprì che alla Rai c'era un giornalista che lo attaccava quasi ogni mattina, alle sette e mezzo in punto. Giancarlo Pajetta lo invitò al ristorante Al Passetto per conoscerlo. E alla fine del pranzo esclamò: «Sei proprio un reazionario! Ecco perché ci rompi i coglioni tutti i santi giorni».

Il Pci chiese la testa di Selva ad Andreotti, in quel momento presidente del Consiglio. «O almeno dategli una regolata» propose Berlinguer a Giulio. Ma il presidente fece orecchie da mercante.

Non so chi abbia inventato l'immagine di Radio Belva, per indicare il giornale diretto da Selva. Lui ne andava orgoglioso, gli ascoltatori erano tanti e Gustavo pensava di poter durare per anni.

Nel 1979 era diventato deputato europeo per la Dc, un incarico che non gli impediva di dirigere il Gr2. Era pure presidente dei giornalisti europei. Poi, nel maggio 1981, la maledizione della P2 lo colpì, poiché nella lista degli iscritti al club di Gelli c'era anche il suo nome.

Gli tolsero la direzione del Gr2 dopo averlo sospeso. Fu proprio allora, alla fine del maggio 1981, che incontrai Selva per un'intervista a "Repubblica". Parlammo a lungo e lui ci tenne subito a spiegarmi che i consiglieri democristiani della Rai lo avevano sì difeso, ma non al completo della forza presente.

«Di sei che erano» disse, «quattro sono stati dalla mia parte. Ma se anche mi avessero aiutato tutti, l'esito sarebbe stato identico. Pure la Rai è avvolta da questo ciclone della P2. Una tempesta pazzesca che ha confuso il grano con il loglio, gli innocenti con i...»

«Vuoi dire i farabutti?» gli domandai.

«Diciamo i colpevoli. Per meritare una sanzione ci sarebbe voluta una colpa, o anche un indizio di colpa. E invece no. Siamo al punto che basta essere su un tabulato fitto di nomi per finire al muro. Un tabulato che non si sa neppure se davvero l'abbia messo insieme Gelli. Ti parlo con sicurezza perché è questo il mio campo di battaglia. Dal caso Montesi in poi, in Italia la lotta politica si fa con i dossier.»

Gli obiettai: «Guarda che il caso Montesi fu una guerra tutta fra democristiani».

«Mah, non voglio rivangare il passato. Però oggi è vero che le carriere si fanno e si disfano con i dossier falsi. Guarda, Pansa: ti giuro che non sono mai stato nella P2. Quel Gelli l'avrò visto un paio di volte. La prima nel 1977, all'ambasciata argentina qui a Roma. Era un tipo che parlava a voce bassa, vellutata, quasi da pretacchione.

«La seconda volta l'ho incontrato di sfuggita al Grand Hotel. C'ero andato per una riunione del Rotary e quello stava lì, affondato in un divano. Ci siamo detti due parole sul momento politico, tutto qui. E adesso mi sono ritrovato iscritto alla sua loggia!»

Selva era incavolato nero. Esclamò: «Niente iscrizioni e niente pagamenti di tessere. Non sono mica scemo, sai? Possono scagliarmi addosso ogni tipo di accusa. Però non quella di essere tanto stupido da diventare un massone di Gelli!».

Gli chiesi: «Ma allora chi può averti messo nei guai?».

Lui replicò: «Un sospetto ce l'ho. Vedi, ormai è chiaro che questo Gelli era un agente del Kgb, il servizio segreto sovietico, un uomo di Brežnev. Andava e veniva dall'Est, era un amico intimo del presidente rumeno Ceauşescu. Bene, tu sai con quali sistemi lavorano quelli là. E allora mi aspetto di tutto!

«Se un semplice elenco è bastato per mettere nei guai tanta gente» continuò Selva, «figurati che cosa accadrà quando spunteranno i documenti falsi. Adesso ogni settimana viene fuori una valigia di Gelli, piena di carte. Ormai l'Italia che conta vive sotto l'incubo del bagaglio di quel signore! Ti sembra giusto?»

Gli dissi: «Ieri mattina, nel tuo congedo da Radio Belva, hai picchiato duro. Dicono che i comunisti chiederanno il tuo licenziamento...».

«Davvero? Non ne so nulla. Ma se lo facessero, darebbero una bella prova di arroganza. Quando ho parlato al giornale radio non avevo ancora ricevuto la comunicazione ufficiale del mio congedo.»

«Molti pensano che l'arrogante sia tu, caro Selva» osservai. «Sostengono che il Gr2 era diventato il tuo giornale personale...»

Selva sorrise: «Sono i comunisti a dirlo. Ma li capisco, poveretti. Per il Pci il pluralismo è soltanto ciò che fa comodo a loro. E quando non stai al gioco delle Botteghe Oscure, diventi subito un arrogante e un forcaiolo. Se consideri tutti e sei i giornali della radio e della tv, risulta lampante che il loro concerto suona per la sinistra. Io al Gr2 avevo fatto una scelta diversa: la Dc, la difesa del mondo cattolico, i grandi viaggi del Pontefice, e anche i partiti laici. Me l'hanno fatta pagare!».

«È un conto salato, caro Selva...»

«Non c'è dubbio. Mi hanno messo tra i piedi una buccia di banana grossa così. Del resto, al Pci non sono mai andato a genio. Berlinguer mi ha attaccato in un comizio, con tanto di nome e cognome. Quando dovevo andare alla prima rete televisiva della Rai, hanno speso milioni per stampare manifesti contro di me. E per attaccarli sui muri di tutta Italia.»

«Vuoi dire che la buccia di banana viene dal fruttivendolo del Bottegone?»

Selva scosse la testa: «Questo non lo so. Ma di certo il vantaggio immediato è dei comunisti. L'incasso lo fanno alle Botteghe Oscure. Però io continuo a credere nella lealtà del consiglio d'amministrazione della Rai. Non troveranno nulla sul mio conto. Che cos'è questa P2? Un gruppo di eversori, di affaristi, di buffoni? Bene, io non sono niente di tutto questo!».

«Come andrà a finire per te?» gli domandai.

«Credo bene, benissimo. Riavrò la direzione del Gr2. E Radio Belva tornerà a ruggire. Mi servirò di ogni strumento giuridico per riavere quello che mi hanno tolto. Chiederò aiuto all'opinione pubblica. Poi chiamerò a raccolta i democristiani veri. Gli dirò: siamo o no un partito cristiano? Se lo siamo, riparate all'ingiustizia che mi hanno fatto.»

Purtroppo per Selva, non andò così. Più tardi, la magistratura accertò in via definitiva che non c'entrava nulla con la lista di Gelli. Ma lui non riebbe più la direzione del giornale radio. In compenso, nel 1984 ritornò per la seconda volta al Parlamento europeo, sempre per la Dc. Poi arrivò la bufera davvero terribile di Tangentopoli e la sua Balena Bianca morì sul fronte di Mani Pulite.

A quel punto, Selva aderì ad Alleanza nazionale. Nel 1994 venne eletto deputato. Fu rieletto nel 1996 e diventò il capogruppo di An a Montecitorio. Ma era davvero un romagnolo, con un carattere spigoloso. E finì per entrare in rotta con il nuovo partito.

Oggi Selva ha 84 anni. E credo rimpianga l'epoca di Radio Belva. Per questo, lo confesso, è un vecchio combattente che mi sta simpatico.

36
Costanzo Show

In mezzo a tanti che negavano di essere iscritti alla P2, ci fu anche qualcuno che lo ammise. Tra questi, il più conosciuto era Maurizio Costanzo, uno dei big della televisione italiana.

Lo raccontò a me, in una intervista alla tv di "Repubblica". Poi qualcuno mi disse: «Giampaolo, hai fatto uno scoop!». Ma il merito, se c'è un merito nei maledetti scoop, non era mio, bensì tutto di Costanzo.

La vicenda ha un antefatto. Nel 1980 a Roma esisteva una piccola emittente chiamata La Uomo tv. Aveva uno studio microscopico in un appartamento del centro, vicino alla Galleria Colonna, a un passo da Montecitorio. Mandava in onda i suoi programmi grazie a venticinque stazioni locali, dal Piemonte alla Sardegna. Ignoro quanti spettatori avessero. Alcune innalzavano insegne curiose. In Veneto c'era Telebarbara. In Puglia Telezeta. A Trapani Telescirocco.

Non so più dire che rapporto esistesse tra "Repubblica" e La Uomo tv. Sta di fatto che Scalfari aveva chiesto a Gianni Rocca e a me di registrare delle interviste a personaggi che stavano all'onor delle cronache, come si usa dire. Con noi si alternava Stefano Malatesta, un bravo inviato del giornale.

All'inizio del giugno 1981 si decise di intervistare Costanzo. Il motivo era proprio la vicenda della P2. Anche lui appariva nell'elenco. Anzi, era uno dei nomi più in vista. Dopo aver fatto *Bontà loro*, dal dicembre 1980 dirigeva Contatto, un telegiornale sperimentale del gruppo Rizzoli. Lui aveva negato di appartenere al club di Gelli. Ripeteva: «Mi hanno messo lì dentro a mia insaputa».

Quando lo invitai alla Uomo Tv, mi disse: «Sì, mi faccio intervistare da te. Però devi venire tu al mio telegiornale, manderò in onda il nostro colloquio su Contatto».

Gli risposi: «Non posso, lavoro per "Repubblica". Vieni tu a casa nostra».

Costanzo accettò. E il pomeriggio di giovedì 4 giugno si presentò alla Uomo Tv. Quando arrivai, lui era già lì. Mi sorprese il suo aspetto. Stava per compiere i 43 anni, però sembrava assai più anziano. Gonfio, un po' sfatto, gli occhi grandi e buoni che mi fissavano sbarrati. Colava sudore, ma pensai che fosse colpa del caldo precoce. Borbottò: «Sono tutto un'acqua. Posso usare la vostra scatola di fazzoletti?».

Subito dopo arrivò al dunque. Mi disse: «Vedo che hai dei fogli in mano. Ti sarai preparato le domande per me. Non ti serviranno. Buttale via perché ho deciso di dirti una cosa che non ti aspetti: è vero, anch'io mi ero iscritto alla P2».

Ecco come andò l'intervista. La pubblico in una versione ridotta rispetto a quella che apparve il giorno successivo su "Repubblica". Come accade quasi sempre nelle trascrizioni dei colloqui televisivi, il tono delle domande e delle risposte diviene più secco, s'irrigidisce.

Per questo, forse, un periodico di destra, "il Settimanale", in seguito scrisse che mi ero comportato "con la ferocia di un inquisitore stalinista". Ma non mi sentivo per nulla in quei panni. Anzi, talvolta mi scoprivo più scombussolato di Costanzo.

«Senti, Costanzo, anche tu appari nella lista della P2: tessera numero 1819, iscrizione dal 26 gennaio 1978, due versamenti da cinquantamila lire ciascuno. Ho letto le tue interviste di questi giorni: hai sempre smentito tutto. Continui a smentire?»

«No, non smentisco più» mi rispose Maurizio. «Voglio compiere qui con te, davanti alla telecamera, un rito liberatorio. Ammetto di essere banalmente scivolato in questa vicenda. E ti dico che ho una colpa sola: di non averlo dichiarato subito.»

«Insomma, stavi davvero nella P2...»

«Esatto. Stavo nella P2. E sai perché non l'ho detto subito? Perché sono rimasto frastornato. Perché sono stato preso in contropiede. Perché ho avuto paura.»

«Paura di che cosa?»

«Di quelle cose ignobili che i giornali stavano rivelando sulla P2. Sono proprio le cose che in cinque anni di televisione ho sempre combattuto. Le vedevo emergere e me le trovavo vicine, contigue. Sì, mi sono trovato affratellato a contiguità imbarazzanti, che respingo. E così, oggi, mi dimetto dai mille nomi di Gelli. Un gruppo di farabutti, ma anche di inconsapevoli e di cretini. Cretini come me. Voglio dirlo ai telespettatori: ho fatto uno sbaglio, da vero cretino.

«Ho commesso questo errore nel momento migliore della mia vita professionale» continuò Costanzo. «Venivo da trentatré puntate di *Bontà loro*. Avevo un contratto con il settimanale "L'Europeo". Scrivevo film. Stavo bene. Anzi, troppo bene. Mi ero invaghito del mio successo, arrivato all'improvviso, dopo anni di radio, di giornali, di lavoro duro. Insomma, il successo mi ha fregato.

«Era la fine del 1977. Da Roma ero salito a Milano per dirigere "La Domenica del Corriere". Pensavo di avere il senso della misura. E invece non ce l'avevo proprio. Un amico, il mio medico, cominciò a parlarmi di un personaggio: Gelli. Mi venne voglia di portarlo a *Bontà loro*. Su di lui avevo idee un po' confuse. Però mi incuriosiva molto la massoneria, tutti quei riti, quei segreti. Ma Gelli mi disse che a *Bontà loro* non ci sarebbe venuto. Lo vidi altre due volte, poi basta.»

Domandai a Costanzo: «Che uomo ti sembrò questo Gelli?».

«Uno che millantava molto e diceva mille verità. Però dava l'impressione di sapere tante cose, di essere al centro di molte conoscenze. E quando compresi che non sarebbe venuto alla mia trasmissione, feci l'atto di imbecillità di iscrivermi alla P2...»

«Come mai?» chiesi.

Costanzo mi diede una risposta curiosa: «Vedi, io sono uno che ha comprato l'*Enciclopedia Britannica* pur non sapendo una parola di inglese. L'ho acquistata soltanto perché chi voleva vendermela non se ne andava da casa mia. Sono uno che si associa. Se mi mandano la tessera della Canottieri, piuttosto che di un altro club, mi iscrivo subito. Certo, la P2 non era la Canottieri. Ma chi lo sapeva? Chi sapeva che firmavo una cosa grave, della quale mi vergogno, della quale mi pento ogni mattina quando apro un giornale?

«Dopo che mi sono iscritto, a Milano ho cominciato a sentire delle voci di corridoio. Dicevano: non sei il solo, Costanzo, a essere entrato nella P2, in questo gruppo editoriale ci sono tanti altri "amici". Così mi sono accorto di stare in una compagnia piuttosto larga. Poi ho preso le distanze, accettando di venire a Roma per fare Contatto. Distanze da tutto. Da una finta corsa al potere.

«Per di più, io non avevo bisogno di fare carriera, meno che mai grazie alla tessera della P2. Non avevo bisogno di ottenere nulla. Se penso al 1977, al mio successo di allora, e poi guardo all'oggi... Be', vorrei chiudere gli occhi e tornare indietro, a prima di incontrare Gelli. E invece adesso sono qui a confessarmi. Avevo bisogno di farlo. E oggi che mi sono confessato, sto bene. Sì, mi sento molto bene, ora che ho pagato questo momento di verità, di sincerità, ai miei ascoltatori!»

Dissi a Costanzo: «Torniamo alla P2. Sostieni di aver aderito per ingenuità. Ma loro, quelli della Loggia, non ti hanno mai chiesto niente? Non hanno mai sfruttato la tua ingenuità?».

«In parte sì» rispose Costanzo. «Vedi, avevo già in mente di scrivere un libro sul potere occulto. Pensavo di intitolarlo: *Il fascino discreto del potere*. E mi è stato chiesto di fare un'intervista a Gelli, da pubblicare sul "Corriere della Sera".»

«Chi te l'ha chiesto?»

«Ti prego, non domandarmelo! Posso dirti soltanto che non è stato Franco Di Bella, il direttore del "Corriere". Quanto al resto, spero che tu mi capisca. Sono amareggiato. L'ultima copertina di "Panorama" mi ha profondamente offeso. Vedere la mia fotografia accanto ad altre! C'era anche quella del banchiere Calvi. Io non posso essere accomunato a Calvi. Non lo conosco Calvi!»

«Però Calvi stava nella P2 come te.»

«Questo non vuol dire nulla. Non conosco proprio la compagnia che sta nella lista. Non la conosco e non la voglio conoscere. Anzi: la voglio attaccare, se riuscirò ancora a fare il mio mestiere, se la gente avrà ancora fiducia in me. Per questo la copertina di "Panorama" mi ha offeso così tanto. Mi ha offeso il trovarmi accomunato a certa gente.»

Osservai a Costanzo: «Ma guarda che "Panorama" non c'entra. Chi ti ha accomunato a certa gente, come la chiami tu, è stato Gelli. Se non ti iscrivevi alla P2 nessuno ti accomunava...».

«Sì, certo, non è colpa di quel settimanale» sospirò Costanzo, affranto. «Hai ragione: è Gelli, è stato Gelli!»

«Torniamo a quella intervista. Ti hanno chiesto di farla. E tu l'hai fatta.»

«Sì, l'ho fatta. Però sai che cosa ti dico? Che la ripubblicherei. Era la prima volta che Gelli veniva messo allo scoperto. Ho fatto delle domande e ho avuto delle risposte. Dopo mi è stato soltanto domandato di rileggere le sue risposte e dire in quale ordine sarebbero state pubblicate. Da allora Gelli non l'ho più sentito.»

Gli dissi: «A molti è sembrata un'intervista fatta in ginocchio».

«In ginocchio io? No, non stavo per niente in ginocchio! Soltanto qualche giorno dopo, nei corridoi di via Solferino, tirandomi per la giacca qualcuno mi ha detto: hai intervistato uno dei padroni del "Corriere"... Io non lo pensavo. E non lo credo ancora adesso. Anche perché bel padrone sarebbe!»

Domandai a Costanzo: «Sai che cosa dicono, sempre in via Solferino?».

Lui si allarmò: «Che altro dicono?».

«Che la tua intervista a Gelli arrivò sulle scrivanie della terza pagina già titolata, bell'e pronta per l'uso.»

«Questo non lo so. Io non ha fatto i titoli, né niente altro. Ho scritto l'intervista, l'ho mandata a Di Bella e basta. Dopo di allora, nessuno mi ha mai più chiesto niente. Però non voglio apparire un coglione. Io non ho mai spinto i miei redattori a scrivere una cosa oppure a ometterne un'altra. Io ci tengo alla mia professionalità! E oggi dormo male. Vedo con preoccupazione che cosa sta venendo fuori da questa P2: servizi segreti, spie e non spie, traffici, tangenti...»

«Ma tu sapevi che nella P2 c'erano anche i tuoi editori?» gli domandai.

«No. E quando l'ho saputo, con loro non ne ho parlato. Ma vedi, io voglio muovermi in modo autonomo. E se ce ne sarà bisogno, ricomincerò da capo. Se questo è il dazio da pagare, per non aver detto subito che stavo nella P2, e va bene: lo pagherò.»

A questo punto, rivolsi a Costanzo una domanda che

mi costava un po': «Non sarebbe meglio se tu ti mettessi da parte, se lasciassi la direzione di Contatto?».

Lui mi sembrò schiacciato dalle mie parole. Poi rispose: «Sarà la mia redazione a deciderlo. Farò quel che vorranno i miei colleghi».

E dopo? Prima di ricordare quel che successe dopo l'intervista alla Uomo Tv, devo aggiungere qualche dettaglio a quanto mi aveva detto Costanzo. Si era rifiutato di spiegarmi chi gli avesse chiesto di intervistare Gelli. Ma poi rivelò che era stato Bruno Tassan Din, il manager rizzoliano più vicino ad Angelo Rizzoli jr. In seguito lo smentì.

La lunga intervista di Costanzo a Gelli apparve sulla terza pagina del "Corriere" la domenica 5 ottobre 1980. Aveva un titolo enfatico e rispettoso: *Parla, per la prima volta, il "signor P2" – Licio Gelli, capo indiscusso della più segreta e potente loggia massonica, ha accettato di sottoporsi a un'intervista, esponendo anche il suo punto di vista.*

Le risposte di Gelli mi sembrarono una brodaglia mediocre e abbastanza repellente. Il tono era tronfio, allusivo, arrogante, ricattatorio. Il capo della P2 pontificava su tutto e tutti, dispensando ridicole ricette economiche. Dietro le quali s'intravedevano speranze di nuovi affari. Eppure l'intervista piacque così tanto al giro di Rizzoli che venne ripubblicata, pari pari, sulla "Domenica del Corriere".

Dopo il nostro colloquio davanti alle telecamere della Uomo Tv, Costanzo chiese di avere una copia dell'intervista. La proiettò davanti alla redazione di Contatto e l'indomani la trasmise per intero nel suo telegiornale. Poi si dimise e per quasi un anno non apparve più in tv.

Ricominciò a lavorare in una emittente sarda, la Videolina di Niki Grauso. E il 14 settembre 1982 tornò alla televisione importante, sulla Rete 4 di Silvio Berlusconi. Quella sera mandò in onda la prima puntata del *Maurizio Costanzo Show*. In fondo, dimostrò di aver avuto ragione lui. Aveva pagato il dazio di una confessione pubblica e tanto bastava.

Più tardi anche la sinistra lo perdonò. Nel luglio 1995 le Botteghe Oscure incaricarono Costanzo di stilare "le nuove regole dell'informazione". Sempre in quell'estate, alla Festa nazionale dell'Unità a Reggio Emilia, il segretario del Pds, D'Alema, lo volle accanto per presentare il suo primo libro, *Un paese normale*.

E nel dicembre di quell'anno, ancora D'Alema lo invitò al Forum delle Sinistre, alla Certosa di Pontignano. Insieme a politici come Romano Prodi, Fausto Bertinotti, Francesco Rutelli e Antonio Bassolino.

C'è un ultimo dettaglio. Quando La Uomo Tv chiuse i battenti, le cassette con le interviste finirono chissà dove. E nessuno riuscì più a ritrovarle. Costanzo deve aver di certo conservato quella del nostro confronto. È soltanto una mia supposizione, penso non infondata.

Non gli ho mai chiesto di riavere la registrazione. Ma se l'avessi fatto, sono certo che lui me ne avrebbe inviata una copia.

Parte decima

37
Spadolone

«Hai portato il registratore?» mi domandò Giovanni Spadolini.

«Sì, senatore. L'ho portato.»

«Non chiamarmi senatore, ma professore.»

«Sì, professore. Ecco il registratore.»

«Ha le pile cariche? Bene, mettilo davanti a me. Accendilo. E adesso va' pure a prenderti un caffè» mi esortò il professor Spadolini.

«Un caffè?» chiesi stupito. «Non vuole che provi a farle le domande che mi sono preparato? Le ho qui sul mio quaderno, tutte in ordine.»

«Non ho bisogno delle tue domande. So di che cosa devo parlare: di come sono entrato al "Corriere della Sera" e di come ne sono uscito. Hai dei nastri a sufficienza?»

«Sì, per tre ore di registrazione.»

«Ottimo. Lasciami i nastri. Ci penserò io a cambiarli. Vai, caro, vai per quel caffè!»

Un po' inquieto, andai in un bar vicino all'Università Bocconi. E cercai di perdere un po' di tempo, per non irritare il mio intervistato. Al rientro, Spadolini stava sempre parlando al registratore: torrenziale, senza soste, gli occhi chiusi. E parlava come un libro stampato.

Me ne resi conto quando trascrissi il nastro. Il professore, che era anche il presidente dell'Università Bocconi, mi aveva regalato una testimonianza lunga e perfetta. La calai così com'era nel mio *Comprati e venduti*, un libro sui giornali e il potere.

Se mi chiedete che cosa rammento di "Spadolone", il primo ricordo che mi assale è questa imbattibile, fantastica facilità di parlare. E non del nulla, come succede a tanti big politici d'oggi, specialisti in panna montata. Lui, da fiorentino eccellente, ti offriva sempre bisteccone al sangue. Il suo piatto non prevedeva domande. Nelle interviste, le anticipava. O le sfuggiva. Rendendo vano anche il più testardo tentativo di botta e risposta.

Anche quando scriveva a macchina, Spadolini era veloce più di qualunque pilota della Formula Uno. E lo infastidiva il doversi fermare per cambiare non le gomme della monoposto, bensì il foglio sul quale stava scaricando l'articolo per la prima pagina.

Il giorno che arrivai al "Corriere della Sera", ormai diretto da Piero Ottone, una segretaria mi descrisse il dramma di quel cambio di carta. Qualcuno aveva provato a incollare quattro o cinque fogli in sequenza. Ma l'espediente non funzionò. I due margini sovrapposti s'inceppavano nel rullo dell'Olivetti. E Spadolini, incavolato, stracciò tutto.

Cercava la perfezione, Giovannone, e rifiutava con orrore la mezza misura. I suoi libri e i suoi saggi possono piacere o no, essere giudicati importanti o meno. Ma, quanto ad accuratezza, restano un esempio inimitabile per i lavoretti che gli odierni capipartito sfornano di tanto in tanto.

Era un ottimo storico. E anche prolifico come pochi. Soltanto la bibliografia completa degli scritti spadoliniani occupa due volumi. Vi sarà censito tutto? Non lo so. Ignoro, per esempio, se siano ricordati anche gli articoli che stavano per costargli la pelle, un giorno del 1944, nella Firenze non ancora liberata.

Spadolini, nato il 21 giugno 1925, doveva compiere 19 anni. In febbraio aveva cominciato a scrivere per la rivista "Italia e Civiltà", autorizzata dal governo della Rsi e diretta da Barna Occhini. E alla quale collaboravano il filosofo Giovanni Gentile, il pittore e scrittore Ardengo Soffici, più altri intellettuali.

Un gruppo di giovani del Partito d'Azione decise di farla pagare a quel boccolone del Giovanni. Accoppandolo a rivoltellate mentre usciva di casa in bicicletta per andare all'università. Ma la leggenda dice che, la sera precedente l'agguato, il commando improvvisò un festino con un trio di ragazze sfuggite al bombardamento del loro bordello. E la mattina dell'attentato non si svegliarono in tempo.

In seguito, quegli articoli perseguitarono Spadolini. Riscoperti dal "Borghese" nel maggio 1972, divennero un'arma polemica impugnata a destra e a sinistra. Erano nove, pubblicati tutti su "Italia e Civiltà", tra il 15 gennaio e il 27 maggio 1944. Il primo s'intitolava *Responsabilità*, l'ultimo *Considerazioni sul Risorgimento*.

Nel novembre 1985, quando Spadolini non era più presidente del Consiglio, bensì ministro della Difesa e senatore repubblicano, Democrazia proletaria li raccolse in un opuscolo di cinquantasette pagine. Era un libretto dalla copertina verde, il colore dell'Edera repubblicana. Il titolo strillava: *Il repubblichino Spadolini. Scritti giovanili.*

La premessa si concludeva così: "Noi non invochiamo vendetta. Vogliamo ribadire semplicemente questo: il Ministro della Difesa non può essere uno che è stato un attivo e convinto repubblichino, a meno che non si autocritichi".

Ma ormai Giovannone era lontano anni luce da quei ricordi acidi. Sospinto sempre più avanti da un'altra dote: la precocità.

Nel 1947, a 22 anni, Spadolini aveva cominciato a scrivere sul "Messaggero", in quel tempo diretto da Mario Missiroli. A 28 divenne il fondista del "Resto del

Carlino". A 30 passò a dirigerlo. E a 43 anni, un record per via Solferino, si sedette sulla poltronissima del "Corriere della Sera".

Il cerimoniale d'ingresso fu senza precedenti. Arrivo a Milano di Spadolini, all'Hotel Gallia. Visita d'ossequio di Michele Mottola, uomo chiave del giornale. Partenza per via Solferino. Sulla porta del numero 28, saluto del direttore generale amministrativo, Egidio Stagno. Lenta ascesa dello scalone liberty. Ingresso nell'ufficio del fu Luigi Albertini. Dove Spadolini chiese di sostare per quindici minuti, senza amici né collaboratori. In solitario raccoglimento.

Rimase in quel santuario dal febbraio 1968 al marzo 1972. Furono quattro anni infernali. L'esplodere della contestazione studentesca. L'autunno caldo nelle fabbriche. La strage di piazza Fontana, con lo scoop di Pietro Valpreda dinamitardo, seguito da un mare di polemiche: è vero!, no, è falso! Il tormento continuo dell'opposizione comunista. Sotto il ferro di lancia di Mario Melloni, il corrosivo Fortebraccio dell'"Unità".

Quella di Fortebraccio fu una tortura senza fine. "Giovannone, il venerando bambino." "Il giovane centenario." "Un uomo coerente perché afflitto in egual misura da pinguedine e da parledine." "Fatiscente come Venezia, sprofonda di qualche centimetro a ogni articolo." "Ogni volta che sentiamo parlare dei libri di Spadolini, pensiamo che non basterà il controllo delle nascite, bisognerà introdurre anche quello dei volumi. Ci vuole la pillola editoriale." E più caustico di Fortebraccio, un giorno fu Giancarlo Pajetta: "Quando c'è una crisi di governo, Spadolini soffre. Ma con l'apostrofo".

Già, s'offriva per un incarico di ministro o di premier. Era così? Forse sì, forse no. Comunque, qui stavamo ormai nella seconda vita di Giovannone. Messo fuori dal "Corriere", ricevette una telefonata di Ugo La Malfa. Il leader del Pri gli offrì la candidatura al Senato in un collegio di Milano, da repubblicano indipendente.

L'elezione non era per niente sicura. Spadolini accettò e vinse. Era il 7 maggio 1972. Da quel momento finì sotto la lente di mezza Italia. Che lo scoprì uomo di carattere, e di quale carattere!

Spadolone era gioviale, allegro, amante delle tavolate di giornalisti e politici. Travolti dai suoi lunghi monologhi, fitti di battute al vetriolo su colleghi e avversari. Ma spesso affiorava l'altro Giovannone. Innamorato di se stesso, permaloso, collerico, capace di sfuriate che tramortivano. Con noi cronistacci si comportava da astuto. Rassicurante. Badiale. Dalla battuta pronta e con la memoria di ferro.

Mostrava di aver letto tutto quel che avevi scritto e di ricordarlo per intero. Anche se il giornale che ti pubblicava non aveva il rango adatto a Spadolini. Quando stavo già a "Repubblica", mi fermò mentre uscivo da un evento politico di cui era stato il protagonista. Scherzando, ma nemmeno tanto, mi ammonì: «Guarda che ti seguo anche sulle fonti minori!».

Lo raccontai a Scalfari che, lì per lì, si stizzì: «Il nostro giornale sarebbe una fonte minore? Spadolini mi sentirà». Lo calmai: «Lascia perdere, Eugenio! Di sicuro Spadolone non si riferiva a noi». «E a chi allora?» mi domandò Scalfari, che sapeva essere tignoso. «Tu scrivi soltanto per noi e, qualche volta, per "L'Espresso".» Non mi rammento come si concluse questa lite a distanza, fra due big che di solito erano in ottimi rapporti.

Spadolini ti citava tra virgolette. Polemizzava. Replicava. Tirava le orecchie. Spediva telegrammi per elogiarti, aggiungendo: però, alla riga tale, non è esatto che... Un giorno mi mise di nuovo in guardia: «Vedo che hai cominciato una rubrica su "Epoca". Ricordati di quel che ti ho detto: io ti seguo anche sulle fonti minori!». Finalmente l'enigma era stato risolto.

Dove scovarlo, oggi, un politico così? Alla modestia numerica del partito, suppliva con la grande determinazione, l'intelligenza feconda, la cultura storica sterminata, la capacità di lavoro mostruosa. E soprattutto con un fortissimo rispetto delle istituzioni che si sentiva chiamato a servire.

Da vero laico, era convinto della necessità di allearsi con i cattolici. Del resto, ho sempre avuto il sospetto che si sentisse un incrocio fra Luigi Einaudi e Alcide De Gasperi.

Con il tempo, imparò a essere un tantino autoironico. Al punto di approvare, nel maggio 1987, una pubblicità elettorale ideata da Pericoli & Pirella. Vi troneggiava un Giovannone dal pancione debordante. Il testo diceva: "Giovanni Spadolini è grasso, miope e con l'erre moscia. Provate a trovargli qualche altro difetto". Un'assurdità al giorno d'oggi, in tempi di lifting, di telecamere con la calza di seta, di teste pelate ricoperte di capelli finti.

Il suo periodo magico fu l'inizio degli anni Ottanta. Quando tutto sembrò congiurare per spingere alla ribalta un politico anomalo come Giovannone. Era l'unico leader politico cresciuto all'esterno delle grandi incubatrici della casta partitica. Avrà pur avuto una sbandata per il Mussolini di Salò. Ma allora aveva soltanto 19 anni e in seguito si costruì tutto da solo. Con l'intelligenza, la cultura, il carattere.

Il momento politico, e il contesto dell'Italia di quel tempo, fecero il resto. Il delitto Moro aveva cambiato il paese più di quanto noi cronisti da trincea ci rendessimo conto. Senza quei mutamenti, forse Spadolini non sarebbe mai diventato premier. Anche perché alle spalle aveva soltanto se stesso e un piccolo partito, i repubblicani, guidati da lui dopo la morte di Ugo La Malfa nel marzo 1979.

Ecco perché mi sembra utile ricordare qualcuno dei fatti che accaddero in quel tempo. Nel novembre 1980, a Salerno, Berlinguer dichiarò finita l'epoca del compromesso storico. E inaugurò la politica dell'alternativa, destinata a restare soltanto sulla carta.

In dicembre si rifecero vive le Brigate Rosse, con il sequestro del magistrato Giovanni D'Urso, poi liberato a metà gennaio dopo aver ottenuto la pubblicazione dei comunicati brigatisti. Il 31 dicembre le Br assassinarono il generale dei carabinieri Enrico Galvaligi.

Il 17 marzo 1981, i magistrati che indagavano su Michele Sindona perquisirono la villa di Gelli a Castiglion Fibocchi, primo atto dello scandalo P2. Il 4 aprile fu arrestato Mario Moretti, ritenuto il capo delle Br. Ventritré giorni dopo un commando brigatista sequestrò a Napoli un dirigente democristiano, Ciro Cirillo. E il 20 maggio venne resa nota la lista completa degli iscritti alla P2.

Il primo politico a perdere il posto fu il ministro della Giustizia, il democristiano piemontese Adolfo Sarti, che appariva nel club di Gelli. Il 26 maggio si dimise tutto il governo guidato da Arnaldo Forlani. Il 20 giugno, sempre a causa della P2, Franco Di Bella lasciò la direzione del "Corriere della Sera" e al suo posto fu chiamato Alberto Cavallari.

Otto giorni dopo Spadolini entrò a Palazzo Chigi. Alla testa di un governo di pentapartito che arrivava sino ai liberali. Giovannone era il primo laico a diventare premier nell'età repubblicana. Restò in sella per due governi, sino al 30 novembre 1982. Poi dal 1983 al 1987 fu ministro della Difesa nei primi due gabinetti di Bettino Craxi. Fece bene o male? Non lo ricordo più, da quando ci siamo ridotti a credere che tutta la Prima Repubblica sia stata robaccia da pattumiera.

Forse Spadolini riteneva di poter durare a lungo. Sicuro com'era che fosse nato un nuovo sistema tolemaico, da lui descritto nel modo seguente. Nella politica italiana esisteva un'area di centro. Al centro di quest'area, stava il Partito repubblicano, che dunque era il centro del centro.

Ma al centro del Pri si stagliava Giovanni il Magnifico, centro del centro del centro. E quindi ago della bilancia tra i colossi rossi e bianchi. Tutti partiti, scriveva nel 1992, che andavano curati e salvati. Senza pensare "a superpartiti fantasiosi e immaginari".

Poi il suo mondo crollò. Ed emerse proprio il superpartito immaginario di Silvio Berlusconi. Fu il forzismo ad annientare Spadolini. Lui sperava di tornare per la terza volta alla presidenza del Senato, come candidato delle opposizioni. Ma nella convulsa primavera del 1994 si vide superato, per un voto, uno solo, da Carlino Scognamiglio, uomo di Silvio.

Quel giorno stavo al Senato, dovevo scrivere un pezzo per "L'Espresso". Ricordo bene Giovannone. Sicuro di vincere, dopo la sconfitta era diventato di colpo il fantasma di se stesso. Uno spettro extralarge, che deambulava a passo di formica per Palazzo Madama. Con l'abito monopetto grigio scuro che gli cascava da tutte le parti.

Morì quattro mesi dopo, a 69 anni compiuti. Voglio dirlo: un uomo da rimpiangere. E anche un gigante, se confrontato ai tanti omuncoli di questo crepuscolo della Seconda Repubblica. Ai quali ben s'adatta il vecchio adagio cinese che recita: quando il sole è al tramonto, anche l'ombra del nano si allunga.

38
La Balena ha paura

Quando la ciccia professorale di Spadolini varcò il portone di Palazzo Chigi, anche il più fiducioso dei democristiani cominciò ad avere paura. Dopo la fine del governo Parri, nel novembre 1945, il governo era sempre stato guidato da un politico della Balena Bianca. Il premier poteva essere un grand'uomo, un signore mediocre o un ultimo della classe, ma veniva comunque dalla Dc.

Adesso, dopo trentasei anni, la magia finiva, la storia svoltava. La bandiera dello Scudo Crociato non svettava più sul primo palazzo del potere italiano. Sopra la poltronissima della politica si era seduto un giornalista dal corpaccione straripante, ma che guidava un partito da nulla, una parrocchietta laica del 3 per cento. Un partitino che alle ultime elezioni, nel 1979, era stato votato da appena un milione e centomila italiani. Mentre la Dc aveva in cassa 14 milioni di elettori.

Quella del 1981 fu l'estate della paura per i democristiani. Pochi capivano perché il governo Forlani fosse caduto. La P2? Ma che cosa era questa P2? L'amico Arnaldo aveva la tessera da piduista? No. E allora perché era stato costretto a dimettersi? Un governo va a ramengo soltanto quando perde le elezioni. Però di elezioni non se n'erano tenute dopo il giugno di due anni prima.

Molti cominciarono a domandarsi se non fosse iniziato il tramonto della Dc. Ce lo chiedemmo anche a "Repubblica". E in luglio Scalfari mi mandò a sondare gli umori di alcuni capi democristiani. Il colloquio più schietto fu con Luigi Granelli, uno dei leader della sinistra democristiana, quella della Base.

Bergamasco di Lovere, 52 anni, tre volte deputato, eletto senatore nel 1979, Granelli era stato sottosegretario agli Esteri in due governi di Rumor e in due di Moro. Ma era soprattutto un politico intelligente e franco che conosceva come pochi vita, morte e miracoli della Balena Bianca.

La prima cosa che domandai a Granelli fu qual era lo stato d'animo della base democristiana: «È vero che c'è una gran strizza, dopo la perdita di Palazzo Chigi?».

«Certo che c'è» mi rispose. «Ma c'è anche tanta protesta. E in più una ventata moralistica. Ormai tutti hanno capito che l'immagine del partito è decisiva pure per difendere il potere locale. E così la rivolta contro i capi di Roma è quasi generale. L'ho constatato con i miei occhi andando in giro per l'Italia e grazie alle moltissime lettere che ricevo.

«Insomma nel partito tira un'aria da Midas democristiano» mi spiegò Granelli. «Nel Midas socialista Craxi defenestrò De Martino e prese il suo posto. Ma pensare che basti sostituire i capi è un'illusione. Eppure la periferia della Dc è questo che vuole. Senza rendersi conto che anche cambiare i vertici non sarà semplice. Per anni il ricambio è stato impedito. E quel poco di nuovo che oggi si vede non ha storia politica.»

«I capi della Dc come vivono la crisi odierna?» domandai.

«In questi giorni, l'oligarchia democristiana ha paura di perdere il potere. E quindi tende a chiudersi in se stessa, armi in pugno, sugli spalti del castello. È tentata dal trasformismo. Nel senso che è pronta a cambiare politica pur di restare in sella. Pattina sul tatticismo. Come Flaminio Piccoli, per esempio, il segretario del partito. Nei giorni della crisi di governo, Piccoli andava e veniva da Spadolini per dirgli: mi raccomando, nel distribuire i posti tieni conto di quelli della sinistra di Base...»

«Allora partiamo da Piccoli. Poi vedremo gli altri capi della Dc» proposi a Granelli. «La prego di farmene un ritratto schietto.»

«Piccoli è un mediocre. È un giornalista di provincia. Attorno ha gente come lui. Zaccagnini, almeno, riconosceva la propria modestia. Quando è diventato segretario si è circondato di uomini validi. Piccoli, invece, pensa che chiedere consiglio sia rivelare la propria debolezza.

«In questo modo, ha infilato un errore dopo l'altro. Quando negli Stati Uniti ha vinto Reagan, Piccoli proclamava esultante: vedete?, il mondo va a destra, cavalchiamo l'ondata... Poi si è trovato di fronte alla vittoria del socialista Mitterrand in Francia.

«Il suo trasformismo non è neppure razionale» continuò Granelli. «Piccoli cambia idea non quando l'idea nuova può dare frutti, ma quando quella vecchia perde. Adesso che la sua sedia traballa, si aggrappa a tutti. E si lamenta. Mi incontra e dice: Granelli, tu mi vuoi male! Ma quale male! Il mio è un giudizio politico e basta.»

Granelli mi spiegò: «Moro diceva che Piccoli era un misto di abnegazione e di opportunismo. Sì, ogni tanto Flaminio si butta. Però si spaventa subito. Dei capi dicì è quello che corre il pericolo più grave. Di fronte agli iscritti che si ribellano, oggi viene tenuto su dai numeri due. Ma il rischio è che qualcuno dei suoi ufficiali passi dalla parte degli ammutinati».

«E di Andreotti che cosa mi dice?»

«Il dramma di Andreotti è semplice da descrivere. Giulio ha intelligenza politica. Ha attitudine al comando. Ha carisma, sia pure un carisma che viene più dalla sua sicurezza che dall'entusiasmo. Al tempo stesso, Andreotti sta nel giro di quelli che si condizionano a vicenda. Parlo di quelli convinti che sia vitale possedere un pacchetto di tessere, ossia di azioni dell'azienda Dc.

Per poi telefonare all'amministratore delegato e dargli degli ordini. Ma è un gioco ormai consunto, che non serve più a niente.»

«Qual è il difetto numero uno di Andreotti?»

«Di non avere il coraggio di rompere con il gruppo dirigente mediocre che tiene in mano il partito. E far così emergere un gruppo nuovo. Moro era lento a decidere, ma poi decideva. Andreotti, invece, è visto come una mina vagante. Con potenzialità positive, ma anche negative.

«Anche per questo, non andrà mai d'accordo con Craxi. L'uno non si fida dell'altro. Giulio spera di andare al Quirinale con l'aiuto di Bettino che va a Palazzo Chigi. Ma tra loro ci sono troppi dissidi: di personalità, di strategia, di sospetti reciproci. Poi contro Andreotti gioca il periodo della solidarietà nazionale con il Pci e il dramma di Moro.»

«E Fanfani?»

«Al contrario di quel che succede a Giulio, i suoi punti di contatto con Craxi sono molti. Entrambi rappresentano due avventurismi, due oltranzismi. Fanfani è da sempre filosocialista e in questo ha il sostegno della Dc anticomunista. Craxi e il Professore hanno un disegno unico: dar vita a una centralità anti-Pci. Su questo vanno a braccetto. E caso mai tireranno a fregarsi a vicenda.»

«Ma in questo momento di Fanfani si parla poco» osservai.

«È vero, però anche lui tiene la bocca chiusa» mi replicò Granelli. «Di Fanfani, oggi, mi colpisce il silenzio, il timore di esporsi a polemiche. Nell'ultima campagna elettorale, quella del 1979, è rimasto zitto e muto. Curioso per uno come Amintore: un inquieto, uno che si è sempre rovinato con uscite sbagliate.»

Osservai: «Forse è l'età ad averlo fatto diventare più cauto».

«Io dico di no. Forse gli è venuta la voglia di tirare le fila di nascosto. Quante carte abbia in mano Fanfani è difficile dirlo. Il possibilismo comunista nei suoi confronti ormai è tramontato. E così oggi il presidente del Senato gioca a dama, anche lui sperando un'altra volta di arrivare al Quirinale, come Andreotti.»

«Ma al Quirinale c'è Pertini, una roccia, uno duro a morire» obiettai.

«Certo. Però su Andreotti circola una battuta cattiva: Giulio conta sempre sull'infarto degli altri.»

«Nella dama di Fanfani c'è anche la pedina Forlani? Parliamo un po' di Arnaldo. È stata la prima vittima incolpevole della P2.»

«Fanfani non ha stima di Forlani. A parità di mediocrità, il presidente del Senato preferisce i mediocri esterni, quelli che non stanno nei suoi dintorni immediati» disse Granelli, con un sorriso. «Quando Arnaldo stava a Palazzo Chigi, il Professore non faceva che rimproverarlo e richiamarlo. Poi è arrivata la P2 ed è stata la tomba di Forlani. Non era nella lista di Gelli, eppure è quello che ne ha avuto il danno maggiore.»

«Che errore ha fatto Forlani?» chiesi.

«Arnaldo ha aspettato troppo ad agire. E invece doveva accertare subito se la P2 era una loggia segreta, pubblicare i nomi, presentarsi alla Camera e dire: ecco questi sono i ministri che mando a casa, ma il governo va avanti! Anch'io gli avevo suggerito di fare così. Ma lui non l'ha fatto. Guarda come si è mosso Fanfani. Ha subito liquidato quel Cresci: prima era sempre qui tra i piedi, in Senato, e adesso nessuno l'ha visto più.

«Forlani ci ha pensato sopra un tempo lunghissimo. E così oggi mi sembra strano sentir dire che Arnaldo potrebbe essere l'uomo della ripresa democristiana. Ma quale ripresa?» si interrogò Granelli. «Forse della ripresa drogata. La ripresa della Dc che tenta di recuperare voti a destra, mentre nel frattempo Craxi ci mangia tutte le posizioni di centro.»

Domandai a Granelli: «Mi spieghi meglio che cosa intende per ripresa drogata».

«Quando uno si droga, non avverte il dolore, però non capisce più niente. Allo stesso modo si comporta Forlani. Nell'ultima intervista al "Giornale" di Montanelli ha fatto balenare un nuovo 18 aprile per la Dc. E io rispondo che questo è dare la droga al partito. Ma quale 18 aprile? Ecco la prova che uomini come Forlani non prendono più l'autobus, non stanno fra la gente, vivono in una specie di Marienbad del potere!

«E poi io non ci credo al cliché di Forlani uomo energico, la schiena diritta, basta con i piagnistei e i comunisti» mi confidò Granelli. «In quell'intervista sembrava un pugile appena sceso dal ring, in preda a un'energia folle, e invece l'unica preoccupazione che ha è farsi lo shampoo.

«Forlani che sostituisce Piccoli dopo un Midas democristiano? Ridicolo. Anche le sue furbizie mi sembrano inutili. Ogni sua mossa appare un investimento per la carriera. Ma ho l'impressione che abbia sbagliato banca. E l'ha sbagliata perché non ha una strategia politica.»

Chiesi ancora a Granelli: «Lei ce lo vede Bisaglia guidare la Dc al posto di Piccoli?».

«Non lo so. Certo, Toni è più determinato, più tempestivo, più intelligente di Flaminio. Però ognuno di noi ha la sua storia, i nostri atti ci seguono sempre. E la regola vale anche per Bisaglia. La scalata al potere presuppone che il potere ci sia, che esista e dunque si possa scalarlo. Essere uomo di regime quando il regime declina ti taglia le gambe. E infatti oggi il Veneto non ha più nemmeno un ministro.

«E poi l'ha scritto lei, nel suo libro su Bisaglia» continuò Granelli. «Toni è un kingmaker: non è un re, ma uno che fa i re. È uno che sta dietro le quinte e forse è destinato a restarci.

«L'oligarchia democristiana è alla ricerca di una faccia che serva a due scopi. Il primo è dare la sensazione del cambiamento. Il secondo è offrire la garanzia di poter continuare a fare, nel partito, tutto quello che si faceva prima e di farlo come prima. Ma l'immagine di Bisaglia non è adatta a questi scopi, è impresentabile. Il doroteismo è anche questo: non serve più neppure per la faccia.

«Infine c'è un'ultima cosa che lei deve tenere presente. Nella Dc si spedisce a casa il segretario soltanto quando l'erede è assicurato. Questa regola è stata infranta una volta sola: nel congresso del 1976, quando vinse Zaccagnini. Oggi c'è questo erede? E se esiste chi è? Forlani? De Mita?

«Oggi l'unica certezza è che bisogna muoversi in fretta. Piccoli e gli altri oligarchi sono come dei microfoni che non trasmettono più nulla» concluse Granelli. «Bisogna cambiare i microfoni, ma anche la musica da diffondere. Per essere più chiaro, le dico: o si cambia strategia o avremo soltanto un'opaca gestione del lungo tramonto democristiano.

«Invece la filosofia di quelli che oggi comandano nella Dc è durare il più a lungo possibile. Però è impossibile durare senza una politica. Può arrivare il crack. E quando saremo ridotti al venti per cento dei voti, andremo da Craxi a chiedergli: per favore, ci dai la presidenza del Consiglio?»

Dieci mesi dopo il colloquio con Granelli, il 5 maggio 1982 Ciriaco De Mita diventò segretario della Dc.

39
Ciriaco sul trono

Contro ogni previsione, De Mita durò al vertice della Balena Bianca per sette lunghi anni. E riuscì a fare anche il presidente del Consiglio. Sia pure per un solo anno, quello finale.

Avrò modo di riparlare delle sue avventure. Adesso voglio raccontare l'atto iniziale del settennato di Ciriaco. Ossia quel che accadde il mercoledì 5 maggio 1982, quando il congresso democristiano lo elesse segretario.

Tutto si svolse al Palasport di Roma, in uno scenario da finale dei campionati mondiali di calcio. Gradinate strapiene. Tifoserie urlanti. Entusiasmo e depressione al massimo.

I depressi erano i supporter di Arnaldo Forlani, il candidato ormai sconfitto. Gli euforici i sostenitori di Luigi Ciriaco De Mita, arrivati da mezza Campania. Ma euforici è dire poco. Meglio definirli elettrizzati. Fuori di sé dalla gioia. Usciti di senno nel sentir vicina la vittoria del loro eroe.

La prima cosa che vidi era abbastanza usuale nelle assise della Balena. Le truppe forlaniane, sconfitte, stavano levando le tende e cedevano il campo a quelle demitiane, trionfanti. Ma il ricambio risultava davvero imponente, quasi biblico.

Quella calata da Avellino, da Benevento, da Salerno non era un'armata, bensì un complesso di armate, anzi un superesercito. All'Eur sfilavano i suoi carriaggi. E l'italica motorizzazione si presentava in tutto il suo fulgore. Pullman ultramoderni. Corriere più modeste. Berline.

Familiari. Furgoni. Fuoristrada. Decappottabili. Spider. Motociclette di ogni cilindrata.

Era naturale, del resto, che fosse così. Ciriaco possedeva o no 169 mila voti di preferenza? Bene, una minima parte di quei voti eccola al Palasport. Gente comune. Facce da contadini. Vite scampate al terremoto del 1980 in Campania. Giovani. Anziani. Vecchi.

E finalmente anche un po' di donne. Ragazze pimpanti con la foto di De Mita incollata sulle tette. Signore democristiane tutte in ghingheri. Casalinghe disorientate, trascinate dal marito demitiano alla gran giornata che avrebbe visto Ciriaco salire sul trono.

Il traffico in arrivo era infernale. E la prima vittima risultò una faccia nota, Clemente Mastella, deputato con 99 mila preferenze, portavoce di De Mita. Per un po' aveva tentato di arginare l'assalto della tifoseria. Poi, felice ma atterrito, si era dato alla fuga, cercando riparo all'interno del Palasport.

Fuori il tempo s'era imbronciato. E goccioloni di pioggia cadevano a mitraglia. Contro i cancelli premevano in due, tremila, abbastanza infuriati. Sventolavano lasciapassare di tutti i colori. Ricordando impegni non mantenuti: «Clemente, avevi promesso di farci entrare!», «Sindaco, ci avevi garantito l'ingresso!».

Fu necessario chiamare i vigili del fuoco, per far da barriera. Ma anche quella mossa si rivelò inutile. I pompieri si ritirarono sconfitti. E l'esercito demitiano dilagò. Occupando tutto l'occupabile. Gradinate. Platea dei delegati. Tribuna stampa. Tribunette degli invitati e degli osservatori stranieri.

Era rimasta una sola isola tranquilla: lo spazio riservato ai partiti ospiti. «Verrà Craxi?» domandò qualcuno. Forse no. Ci dissero che s'era irritato, e molto, proprio all'apertura del congresso. La causa, o la colpa, era il discorso del segretario uscente, Piccoli. Un congedo giudicato da Bettino molto antisocialista.

Era lunedì 3 maggio. E il segretario del Psi, imbufalito, aveva preferito ritornare a Milano per inaugurare una mostra del grande architetto Gio Ponti. Il martedì se n'era rimasto in piazza Duomo. Annunciando che avrebbe fatto lo stesso il mercoledì. Alla faccia di De Mita e del suo primo giorno di regno.

Ad ascoltare Ciriaco arrivò uno dei vice di Craxi, Martelli. In tempo per vedere che cosa poteva accadere a un democristiano di seconda fila incappato nella sfortuna di dover parlare prima di De Mita.

Era Sandro Fontana, un bresciano piccoletto e tenace, consigliere regionale lombardo, forzanovista e forlaniano. L'avevo ribattezzato la "Piccola Vedetta Lombarda" perché, nei congressi della Balena, il suo intervento precedeva di poco quello del leader correntizio, Donat Cattin.

Fontana andò alla tribuna e cominciò un discorso sul filo del paradosso. Spiegò: «Il più acceso sostenitore dell'amico Forlani sembra proprio l'amico De Mita. È una conversione reale o una finzione? E se è una finzione, perché i delegati non dovrebbero ribellarsi?».

Sulla Vedetta Lombarda cominciò subito a scatenarsi la rabbia dell'Armata del Sud. Indomito, Fontana provò a resistere al fuoco. Ma fu costretto a gettare la spugna. Urlando: «Basta!, mi rifiuto di continuare». Taviani, dalla presidenza, lo incitò: «No, continua!».

Fontana: «No che non continuo! Presidente, qui siamo di fronte a un'autentica pressione! Fuori abbiamo visto sfilare almeno venti pullman di tifosi di Ciriaco!».

L'Armata del Sud cominciò a sparare i missili, con un frastuono assordante. E insieme ai missili volarono insulti contro il kamikaze Fontana: «Faccia di merda», «Provocatore», «Volete il disordine sino all'ultimo minuto», «Quanto ti ha pagato Forlani?».

Ma era proprio quello che la Piccola Vedetta voleva. Ritornò sul podio e sferrò il calcio del mulo, la coltellata a sorpresa: «Se perdiamo voti, Craxi non avrà bisogno di sfoderare la mascella volitiva. Gli basterà aspettare il primo risultato elettorale per avere una Dc in ginocchio!».

Forse l'Armata del Sud avrebbe linciato la Vedetta bresciana, se non si fosse affacciato al podio proprio Ciriaco. Il Sud e anche un po' di Nord fecero esplodere di gioia il Palasport. Mi domandai: tifoserie sincere o clientele?

Se erano clientele, De Mita poteva diventare il padrone d'Italia. In pochi minuti accadde di tutto. Cori di furibondo entusiasmo. Canti. Fischi di saluto. Un tam tam ciclopico. E persino una cascata di coriandoli bianchi.

Ecco Ciriaco a tu per tu con il congresso della propria vita. Un po' di anni prima, intervistato da Enzo Siciliano sulle sue letture, aveva confessato di amare lo scrittore russo Čechov. Come mai?

Per spiegarlo, De Mita si era esposto in questo autoritratto: «Ho difficoltà a comunicare, a parlare con la gente. Parlo con una persona sola o con la folla. Sono nato in una comunità chiusa. E mi sembra che i personaggi di Čechov avessero le mie stesse difficoltà...».

Ma al Palasport, a 54 anni ben portati, Ciriaco rivelò che il colloquio con la folla gli era davvero congeniale. Mentre piovevano gli ultimi coriandoli bianchi, attaccò a parlare con la grinta calma del leader e, assieme, del big boss che presenta il suo seguito di armigeri: «Cari amici! Tanti amici! Un po' di calma! Sì, tanti amici. In questi giorni mi avete colmato di affettuose premure...».

Fu l'esordio di un discorso da capo. Un discorso da Craxi democristiano. E come talvolta succedeva a Bettino, anche Ciriaco descrisse subito se stesso: «Mi presento a voi come sono, cari amici. Con tutto il mio passato. Con i miei difetti che sono tanti. Con le mie virtù che sono poche!».

Tuttavia, a somiglianza degli altri esseri umani, anche De Mita possedeva più di un volto. E lui ci tenne a mostrare al congresso qualcuna delle sue facce. Ciriaco il calmo: «Abbiamo bisogno di razionalità, lucida e fredda». Ciriaco l'insofferente: «Troppi non sanno comprendere la Dc e offrono un ritratto mistificante della realtà democristiana».

Ciriaco l'accusatore: «I giornali non fanno nessuno sforzo per capire, sono pettegoli, guardano soltanto al piccolo particolare». Ciriaco l'irridente: «Ho letto che cosa scrive di noi don Gianni Baget Bozzo. Quante banalità nell'intelligenza di questo santo mancato!».

E infine il Ciriaco che più piaceva a De Mita: quello altero, corazzato di superbia. Ci spiegò: «La politica è dominare le vicende con l'intelligenza». Ci ammonì: «La riforma delle istituzioni è un problema che ho visto con decenni di anticipo». Poi ci mise tutti sull'avviso, con una dichiarazione memorabile: «Quando scrivo penso. E se penso, dico quello su cui ho riflettuto. Io non ho l'abitudine di farmi scrivere i discorsi o di copiare le citazioni. E rifiuto l'insinuazione che ciò che ho scritto non sia la verità!».

Ma di fronte a questo Superuomo venuto da Nusco per guidare la Dc, c'era pur sempre qualche nemico politico. Il Pci venne liquidato con poche battute sprezzanti: «Oggi i comunisti, più che diversi, sono confusi». E il Psi? Ciriaco rivolse a Craxi, il grande assente, e ai dirigenti socialisti un discorso di guerra. Disseminato di «avvertimenti amichevoli» che erano colpi di spada.

L'avvertimento numero uno diceva allo stato maggiore del Garofano socialista: «Dovete abituarvi, e presto!, a trattare con la Dc non come se fosse un partito in svendita e un partito moderato...».

Un boato immenso, di gioia folle, lo interruppe. E

Ciriaco continuò: «Vorrei soltanto essere capito. E dunque lasciatemi svolgere il mio ragionamento senza sottolineature. Sì, noi non siamo un partito in svendita. E nemmeno un partito soltanto carico di affanni e di vecchi vizi. Siamo un partito popolare e democratico. E siamo, e dobbiamo restare, il partito centrale del nostro sistema politico».

Ma per rimanere al centro del campo, e ricacciare nell'angolo il Psi, era indispensabile il successo dell'Operazione De Mita. Vale a dire, l'ingresso di Ciriaco segretario a Piazza del Gesù. E la sua lunga durata nell'incarico. Contro ogni tentazione degli avversari interni di sbatterlo fuori dal palazzo.

Ciriaco raccontò al congresso: «Un delegato mi ha chiesto: ma se questa operazione riesce, chi vince? Gli ho risposto: vince la Dc!». Quindi proseguì, senza false modestie: «Oggi mi sento calmo, quasi distaccato. E mi sento così perché sono il candidato segretario non della sinistra dicì, bensì della Democrazia cristiana!».

Certo, candidato della Balena Bianca, ma anche di singoli amici. Erano i capi dicì che avevano trovato l'intesa sulla famosa Operazione: «La stessa che aveva compiuto De Gasperi nel giugno 1954, al congresso di Napoli». Portando Fanfani alla segreteria democristiana.

De Mita li elencò con il riguardo dovuto agli sponsor di rango: Zaccagnini, Piccoli, più Fanfani e Andreotti, «due personalità che sono la memoria storica del nostro partito».

Con tutori di tanto peso, il programma era scontato: «Continuerò l'opera di Moro». E infine De Mita promise: «Darò alla Dc un volto completamente nuovo. Voglio ricostruire un'immagine esterna del partito. Il mio scopo è di ritrovare il consenso dei nostri elettori anche sul piano dell'emozione».

Ciriaco aveva ancora un chiodo sul quale picchiare. Era il crack democristiano che aveva portato al governo il laico Spadolini: «Abbiamo davanti una scelta. Rimanere in una stagnazione rassicurante. Oppure tentare una sortita dalle difficoltà». Lui era per la sortita, ma avvertì l'Armata demitiana: «Il nuovo è sempre ignoto. Presenta sempre un margine d'insicurezza».

Fu il momento del trionfo. Mentre i fedeli di Ciriaco sparavano gli ultimi missili di gioia, lui ricevette il primo, impegnativo e non trascurabile abbraccio. Dopo tanto insistere sul nuovo, a stringerlo in una morsa affettuosa, ma ferrea, era la vecchia Dc. Nella persona di un'icona intramontabile: Fanfani.

Una volta abbracciato e baciato Ciriaco, il Professore balzò sul margine del palco, si rivolse al popolo scudocrociato e protese le mani al cielo. Un isolato forlaniano si domandò, rabbioso: «Ma che fa Amintore? Le corna?». Ma no, si trattava soltanto della "v" di vittoria.

Il congresso era finito. E De Mita poteva entrare da segretario nella piccola stanza ovale di Piazza del Gesù, l'ufficio del leader. Sul Palasport soffiava un vento di grandi novità. Quella più indecifrabile riguardava proprio Ciriaco.

All'inizio degli anni Ottanta, che uomo era l'Intellettuale della Magna Grecia? Assomigliava ancora al ras di Avellino che, nove anni prima, mi aveva messo al bando per un articolo sui giovani manager della miseria? Oppure era cambiato?

Cercai subito di scoprirlo. E adesso ve lo racconterò.

40
Un nemico? Craxi

La prima cosa su De Mita che mi dissero i suoi amici fu la più semplice: «Ha preso dal padre Giuseppe». All'arrivo di Ciriaco al vertice della Dc, il papà, "don Peppino", era un signore sugli ottanta che di mestiere aveva fatto il sarto da uomo. Lo ricordavano come un uomo severo, con il tratto di quelli di Nusco: montanari irpini, duri, netti, decisi nelle loro cose.

«Sì, è don Peppino ad avere imprintato di più Ciriaco» raccontava Mastella. E intendeva spiegarmi tutto con questo neologismo orrendo. Derivato dal verbo inglese "imprint", che vuol dire, tra l'altro, segnare per sempre il carattere.

Cercai di capirne di più, ascoltando insieme a Mastella una decina di politici democristiani che frequentavano da anni Ciriaco. E venne fuori che di De Mita ne esistevano davvero molti. C'era il De Mita timido. Lo scontroso. L'introverso. Il sospettoso. Il superbo.

A proposito della superbia, un giorno chiesi a De Mita se riconosceva di averne in abbondanza. Come mi aspettavo, lui negò: «Superbo io? Per niente. Anzi ho sempre paura di essere invadente, di dare fastidio, di essere preso per uno che vuole mettersi in mostra...».

Grattando e grattando, venne fuori dell'altro. Ciriaco era un timido che aveva vinto su se stesso. Diventando aggressivo, grintoso, scorbutico, aspro. Quasi un tipaccio. Poco emotivo e tuttavia capace di collere fredde che lo spingevano a pestare sodo chi gli stava sui santissimi.

Uno duro, qualche volta cattivo. Domandai a De Mita se fosse davvero così. E di nuovo lui negò: «Io cattivo? Proprio no. Semmai sono un permaloso. Per questo non posso avere dei nemici, ma soltanto degli avversari. E non porto rancori».

Ed ecco un terzo De Mita. Uomo paziente, adatto ai tempi lunghi. Attento a misurare il passo e a calcolare il ritmo di marcia. Con un gran fiuto per i rapporti di forza. Abituato a dire quel che pensava soltanto dopo aver ben ponderato il pro e il contro. E soprattutto un tenace, molto molto tenace.

Già, la tenacia. Mi resi presto conto che De Mita possedeva quella degli uomini che si erano fatti da sé, fin da piccoli. A Nusco, Ciriaco era stato un ragazzo povero che aveva subito imparato una lezione ferrea: se desideri davvero una cosa, devi costruirtela passo dopo passo, senza stancarti, senza mai disperare.

Me lo confermò lui, elogiando la pazienza come la prima delle virtù: «Io non ho mai avuto nulla facilmente. E le cose mi sono sempre state difficili anche quando ho incontrato il successo. Per questo dico che la pazienza non è una forma di rinuncia, ma fiducia nei propositi che uno si dà».

Risultato? Un uomo sicuro delle proprie doti, sino all'arroganza. E un politico convinto di meritare il primo posto nella Dc. Un giorno disse: «Ho un duplice orgoglio. Ed è di non essere uno stupido e di avere le mani pulite».

Poco prima del congresso del maggio 1982, a chi gli chiedeva se era in corsa per la segreteria, replicò sprezzante: «Sì. E con quel che c'è in giro nel partito, posso farcela!».

Un tipo siffatto aveva un solo destino: il comando sugli altri. Accadde così anche a De Mita, sin dall'età più verde. Era una vocazione forte, prepotente. «Mi hanno sempre candidato alla leadership» raccontò lui, evitando di usare il verbo comandare, pericoloso perché evoca autorità e potere. E chi lo aveva candidato? Gli amici, naturalmente.

Eccoci al capitolo "Ciriaco e la sua squadra". Un giorno, ricordando gli errori del loro primo maestro politico, Fiorentino Sullo, De Mita spiegò: «Noi abbiamo sempre proceduto in gruppo. Rifiutando la logica di Sullo e il suo schema di vita. Lui creava sotto la propria ombra il personaggio nuovo, capace in futuro di affiancarlo. Ma appena costui era cresciuto e gli dava fastidio, lo distruggeva. Secondo una tecnica che finiva per distruggere anche il partito».

De Mita, invece, si mosse nel modo opposto: «Per anni abbiamo selezionato il meglio, scegliendo secondo i meriti». Il motivo me lo spiegò uno dei suoi: «Perché era giusto così. Ma anche per un'altra ragione. Ciriaco aveva capito prima di altri che portare avanti una squadra, o una classe dirigente, non soltanto non minava il potere del leader, ma lo rafforzava».

Chiesi un esempio di questa tecnica del gruppo e mi offrirono la storia di Mastella. Eravamo nella metà degli anni Sessanta, in quel di Benevento. Qui esisteva un nucleo di liceali cattolici che leggevano "Testimonianze" di padre Ernesto Balducci, "Politica" di Nicola Pistelli e, nonostante il divieto del prete che li assisteva, anche "L'Espresso". Proprio da questo settimanale laico e senzadio appresero dell'esistenza di un giovane deputato avellinese, un certo De Mita.

Il Mastella gli scrisse, invitandolo a Benevento, e l'onorevole corse a incontrarli. I ragazzi restarono colpiti da questo Ciriaco, tanto diverso dai vecchi dorotei locali. Li stupì perché non era timoroso di ogni forza giovane. Anzi gli suggerì: «Non fate i piccoli intellettuali di provincia. Gettatevi nella lotta politica».

In quella visita a Benevento, De Mita apprezzò soprattutto l'imberbe Mastella. Veniva da un paese piccolo, San Giovanni di Ceppaloni. Aveva soltanto vent'anni. Nessuno se lo filava. E lui non portava voti, a parte il suo. Tuttavia, intervenendo al congresso provinciale della Dc, Ciriaco lo segnalò ai dignitari del posto. Dicendo: «Clemente è bravo. Votatelo!».

Ma in quel tempo De Mita, deputato di prima nomina eletto nel 1963, contava ancora poco. Mastella di voti non ne prese quasi nessuno e perse. Mi raccontò poi Clemente: «Telefonai deluso a De Mita: voi, onorevole... Sì, allora gli davo del voi». Ciriaco lo strattonò: «Non ritirarti alla prima battaglia persa. La politica è anche sconfitta. Bisogna provare e riprovare, e poi provare ancora».

Mastella ci riprovò e alla fine vinse. A 29 anni era già in Parlamento. E nel maggio 1982 si preparava alla battaglia più difficile tra le tante già combattute: quella di De Mita contro Craxi.

Ciriaco e Bettino erano necessari l'uno all'altro. Era l'epoca del centrosinistra. E nessun governo sarebbe sopravvissuto senza l'apporto di entrambi.

Ma i due non si potevano soffrire. Craxi non sopportava la superbia intellettuale di De Mita. E quest'ultimo rifiutava tutto del leader socialista: dalla linea politica allo stile di vita.

In realtà, a stare sui santissimi di Ciriaco non era soltanto Bettino, ma l'intera compagnia socialista. E il suo fastidio presentava una straordinaria coerenza. Nel 1975, quando stavano nascendo le giunte rosse e Craxi non era ancora un leader, De Mita pronunciò parole aspre: «Il Psi ha l'illusione di trovarsi al centro della vicenda politica, ma si sbaglia. Non può pensare di risolvere i problemi sostituendo la propria logica di potere a quella democristiana».

Dopo l'arrivo di Bettino al vertice del Psi, De Mita si affrettò a confermare e a precisare la propria avversione ai socialisti. Eravamo nell'autunno del 1979. In luglio, Pertini aveva incaricato Craxi di formare il governo. Ma il tentativo di Bettino era fallito nel giro di due settimane, per l'opposizione della Dc. E fu proprio in un'intervista a "Mondo operaio", la rivista ideologica del Psi, che De Mita sferrò i suoi colpi più duri.

Disse: «L'ipotesi di una presidenza Craxi non ha alle spalle un disegno politico né un progetto complessivo che la rendano legittima». Poi aggiunse, velenoso: «Io contesto l'insufficienza politica e culturale dell'alternanza alla guida del governo, nelle condizioni e per il modo con il quale il Psi l'ha posta».

Un po' allibito, l'intervistatore, Pio Marconi, gli domandò: «E le nuove elaborazioni della cultura socialista? E Norberto Bobbio? E il "Progetto" approvato dal Psi nel congresso di Torino del marzo 1978?».

La risposta di De Mita fu gelida: «Non li ritrovo nei dirigenti del Psi. Quello socialista non è liberalismo, ma libertinismo. Una posizione non lontana dalla linea dei radicali, che concepiscono la libertà come rottura dei limiti e non come creazione di un nuovo ordine nella convivenza».

Infine, anticipando di tre anni le accuse di Beniamino Andreatta, l'economista democristiano, Ciriaco aggiunse: «Il Psi vuole guadagnare voti non nell'area della sinistra, ma tra le forze che per tradizione si sono riconosciute nella Dc. Il logoramento democristiano e il rafforzamento socialista porterebbero il paese a una situazione di maggiore ingovernabilità».

Un giorno un cronista chiese a De Mita: «Lei non avrà mica il complesso di Craxi?». Lui replicò beffardo: «Proprio no. Anzi, visto che me lo chiede, mi sorge il dubbio di avere il complesso opposto».

Poi spiegò che Bettino voleva frantumare la Dc. Per questo si muoveva «con raffinata spregiudicatezza». Non diceva che cosa intendeva fare del consenso elettorale. Non rispondeva alla domanda se, alla fine dei conti, sarebbe rimasto un alleato della Dc o sarebbe andato con i comunisti: «Per ogni interlocutore Craxi ha un ammiccamento».

Mi sto domandando se Ciriaco intuisse che, anni dopo, sarebbe stato proprio Bettino l'uomo capace di mandarlo al tappeto. Ma non risulta che il futuro segretario della Balena Bianca avesse nel suo staff un indovino, con una robusta palla di vetro. Tuttavia è lampante che tra i due poteva esserci soltanto uno stato di guerra.

De Mita continuò a picchiare duro, in qualsiasi circostanza. «Tutta la politica di Craxi» diceva, «è legata a un insieme di grandi intuizioni opportunistiche, anziché all'approfondimento del disegno di rinnovare e adeguare i valori costituzionali.»

Infine dettò il suo giudizio più cattivo: «Il protagonismo socialista rischia di essere destabilizzante se realizzato al di fuori di una strategia comune con la Dc». Gli chiesero che cosa intendesse dire. E De Mita non si fece pregare: «Craxi rischia di creare nell'equilibrio politico italiano problemi tali da mettere in discussione la conservazione del regime democratico».

Accidenti! Bettino equiparato a un terrorista o a un colonnello sudamericano, voglioso di sfasciare la Repubblica. Ciriaco stava scherzando con il fuoco. E se ne sarebbe accorto presto.

A quel punto avrebbe capito una verità. Se dall'Irpinia a Roma il balzo era stato grande, il percorso più aspro si sarebbe rivelato quello da Roma a Roma. Ossia da Piazza del Gesù a Palazzo Chigi, la tappa finale del suo viaggio.

Parte undicesima

41
Ping pong con Andreotti

Forse nessuno ricorda più la Festa nazionale dell'Amicizia. L'aveva inventata la Dc nella speranza di far concorrenza alla Festa nazionale dell'Unità. Ma era un confronto vinto in partenza dal Pci. La militanza vera, fattiva, diuturna, senza una pausa per giorni e giorni, stava soprattutto nel Partitone Rosso.

Pure sull'affluenza del pubblico non esisteva gara. I dibattiti alla Festa comunista attiravano sempre grandi folle. A quelli della Balena Bianca non mancava la gente. Però l'insieme ricordava una partita di calcio della serie B rispetto a una della serie A. Anche se agli incontri partecipavano politici di governo: presidenti del Consiglio, segretari nazionali del partito, ministri importanti.

La prima Festa dell'Amicizia si tenne nel 1977, non ricordo dove. La sesta si svolse a Viareggio, nel settembre 1982. Questa me la rammento bene perché vi partecipai anch'io. Attirato dalla proposta di un faccia a faccia con una star indiscussa: Giulio Andreotti, interrogato soltanto da me.

In anni e anni di giornalismo avevo scritto molto su questo leader democristiano. Mi era capitato pure di intervistarlo. Ma non mi era mai stata offerta la possibilità di confrontarmi con lui in pubblico.

L'invito di andare a Viareggio mi arrivò dallo staff di De Mita, il segretario della Balena. Ciriaco era in sella dal maggio 1982, ossia da quattro mesi. Il suo portavoce era Clemente Mastella. Penso sia stato lui a propormi il confronto con Andreotti. E non esitai un istante ad accettarlo.

In quel settembre, Andreotti non aveva incarichi ministeriali. Ma era sempre un superbig della Dc. Poteva vantare un curriculum senza pari. Dal 1972 al 1979 aveva guidato ben cinque governi. Il quarto, nato nel marzo 1978, era stato quello della solidarietà nazionale e del lungo sequestro di Aldo Moro.

Il quinto, nel marzo 1979, non aveva ottenuto la fiducia del Senato e Andreotti era stato costretto a ritirarsi. Lasciando il passo a elezioni anticipate. Da quel momento, Giulio sarebbe rimasto lontano da Palazzo Chigi per ben dieci anni. Vi sarebbe rientrato con il suo sesto governo nel luglio 1989, dopo la caduta del ministero De Mita.

A Viareggio, dunque, mi sarei confrontato con il Numero Uno degli oligarchi democristiani. Ma non mi sentivo per niente intimorito. Avevo 47 anni, ero vicedirettore di "Repubblica", scrivevo di politica interna da un ventennio. E soprattutto pensavo di conoscere bene Andreotti. Nei suoi tanti punti di forza e in quelli, pochi, di debolezza. Poi fu un delitto a suggerirmi quale doveva essere il tema dominante del nostro colloquio.

Sette giorni prima dell'appuntamento di Viareggio, la sera del 3 settembre Cosa Nostra uccise a Palermo il generale Carlo Alberto dalla Chiesa. Il governo Spadolini l'aveva inviato in Sicilia come prefetto del capoluogo. Con la promessa di concedergli dei poteri speciali che l'avrebbero messo alla testa della lotta alla mafia sull'intero territorio nazionale.

Dalla Chiesa stava ritornando in prefettura con la giovane moglie, Emanuela Setti Carraro. In via Isidoro Carini, una Bmw con a bordo due killer mafiosi affiancò la piccola auto guidata dal generale. Uno dei sicari sparò con un fucile automatico Ak-47 e falciò il generale e la signora. Un altro killer in motocicletta tirò contro la macchina di servizio che li seguiva e freddò l'agente di scorta Domenico Russo.

Il delitto suscitò un clamore enorme. Con un seguito

di polemiche roventi. Venne visto come la prova che lo Stato non era in grado, o non voleva, combattere sul serio Cosa Nostra. Qualcuno ricordò quel che aveva scritto Andreotti nel momento della nomina di Dalla Chiesa. Nella sua rubrica sull'"Europeo", sosteneva che l'allarme per la criminalità riguardava più la Calabria e la Campania che la Sicilia. E la conclusione, rivolta al generale, suonava così: "Comunque, buon lavoro".

Dopo l'uccisione di Dalla Chiesa pensai che il mio dibattito con Andreotti sarebbe stato rinviato. Invece non successe nulla. Come lo spettacolo, anche la politica doveva andare avanti, senza fermarsi. E il faccia a faccia mi venne confermato. Per di più, mi dissero che sarebbe stato registrato dalla Rai e poi trasmesso in differita, in un programma chiamato *Ping Pong*.

Arrivato a Viareggio nella mattinata del 10 settembre, mi portarono a salutare Andreotti. Lo trovai sempre uguale a se stesso, come se per lui il tempo si fosse fermato. Aveva 63 anni compiuti in gennaio, ma l'aspetto era quello di un uomo assai più giovane. Capelli nerissimi, con una spruzzatina di grigio alle tempie. E fra le orecchie ad ali di farfalla, un volto dalla pelle candida e liscia, quasi marmorea. Sia pure punteggiata da brufoli rossi, abituali nell'adolescenza. Pensai: caspita!, Giulio non soltanto non invecchia, ma ringiovanisce.

La voce era nasale e il tono freddo, ma cortese. La nostra conversazione fu breve e banale. Per rispetto verso un signore più anziano di me, gli chiesi se voleva conoscere gli argomenti sui quali intendevo interrogarlo. Lui rispose di no e replicò, serafico: «Le sue domande le ascolterò quando saremo davanti al pubblico della Festa. E proverò a rispondere».

Il tendone del nostro *Ping Pong* era strapieno. Con gente in piedi o sistemata per terra, nella corsia al centro della platea. In prima fila stava seduto De Mita. L'ho rivisto di recente nel Dvd che la Rai mi ha rintracciato. Era accanto a Evangelisti. Dietro di lui, Mastella osservava il pubblico con l'occhio del cane da guardia.

Ciriaco aveva un aspetto molto giovanile, nonostante la pelata. Era davvero magro e con l'atteggiamento rilassato di chi si predispone a gustarsi uno spettacolo. Non portava né giacca né cravatta. Indossava una camicia sportiva, con una trama blu e bianca, molto elegante.

Il moderatore del *Ping Pong* era Bruno Vespa. Aveva 38 anni ed era redattore capo del Tg1. Come arbitro dell'incontro, fu bravissimo. Nel senso che non intervenne quasi mai. Se ne stava seduto fra Andreotti e me, con le braccia conserte. E ci scrutava in silenzio, molto attento.

Soltanto una volta mi ricordò che il *Ping Pong* era un programma televisivo. Per questo, dovevo dare un ritmo diverso ai miei interventi. Ma soprattutto cambiare gli argomenti delle domande: «Abbiamo già usato metà del tempo. Ci sono anche altre questioni da affrontare».

Vespa aveva ragione. Dal momento che stavo di fronte ad Andreotti, mi ero buttato tutto su un versante solo: quanto stava avvenendo nel nostro paese e le riflessioni politiche rese obbligatorie dal delitto Dalla Chiesa, un'altra prova della potenza mafiosa.

Infatti, la mia prima domanda proprio a quello mirava. Dissi che la Dc era stata decisiva nel fare dell'Italia una democrazia. Ma aveva lasciato crescere una seconda Italia, dove spiccavano fatti molto negativi che ricordai ad Andreotti. Lo scandalo emerso attorno al finanziere Michele Sindona. L'uccisione del giornalista Mino Pecorelli. L'assassinio di Giorgio Ambrosoli, l'integerrimo liquidatore della banca sindoniana. La morte misteriosa del banchiere Calvi. Il delitto Moro e la fine di Dalla Chiesa, solo sette giorni prima.

Chiesi ad Andreotti: «Per questa seconda Italia lei non prova un senso di colpa?». Giulio esclamò: «Nemmeno un poco!». Poi mi offrì una risposta andreottiana al massimo. Spiegò che neppure il Padreterno era riuscito a fare un Paradiso terrestre senza difetti, come dimostrava la faccenda della mela di Eva offerta ad Adamo. Per l'Italia bisognava fare un bilancio sul tempo lungo. Allora si sarebbe visto che il risultato era positivo. E tornava a credito, non a debito, di chi aveva responsabilità politiche.

Provai a insistere: «Davvero non si sente in colpa neanche un poco?». Andreotti disse ancora di no. E con astuzia trasferì il problema della colpa eventuale all'intera Democrazia cristiana. Ma spiegandomi subito che neppure la Balena Bianca aveva qualche responsabilità. Per poi concludere: «Come democratico e come democratico cristiano, mi sento profondamente orgoglioso dell'Italia che abbiamo costruito».

Replicai ad Andreotti che la sua risposta non mi convinceva. E gli spiegai il perché. Ma fu come gettare un bicchiere d'acqua su una roccia. Giulio non si scompose, né in quel momento né dopo. In seguito, qualcuno scrisse che avevo messo in difficoltà il democristiano più furbo d'Italia. Però non era vero. Ogni volta che provavo a farlo, la roccia respingeva i miei assalti.

Andreotti difese la Dc siciliana dall'accusa di essere troppo debole nei confronti di quello che osavo chiamare il contropotere mafioso. Spiegò che lui e il suo partito piangevano l'assassinio di Dalla Chiesa. Sostenne che nessun democristiano si era opposto alla richiesta del generale di avere poteri speciali nella guerra a Cosa Nostra.

Ricordò i dicì Piersanti Mattarella, il presidente della Regione, e Michele Reina, segretario provinciale di Palermo, uccisi da Cosa Nostra. Spiegandomi che «entrambi erano suoi amici personali». Quindi mi ammonì a non cadere nella mania, la chiamò così, di vedere sempre dietro la mafia la presenza del mondo politico.

Tanto meno quello democristiano: «In Sicilia gli uomini che hanno pagato con la vita la lotta contro il potere mafioso spesso erano del nostro partito. E comunque non ho conoscenza di democristiani, o di gente di altri partiti, che abbiano dato una mano ai mafiosi».

Allora gli chiesi di Nello Martellucci, andreottiano, primo cittadino di Palermo, che aveva detto: «Non è compito istituzionale di un sindaco lottare contro la mafia per sconfiggerla». Osservai: «Non è grave questo fatto? È come se Diego Novelli, il sindaco comunista di Torino, avesse detto che non era suo compito lottare contro le Brigate Rosse...».

Giulio replicò con calma. Dapprima svicolò: «Non ho mai letto di queste parole del sindaco di Palermo». Poi passò alla difesa aperta: «Stimo moltissimo Martellucci, è un gran galantuomo. Se lei considera l'azione concreta di questo sindaco, vedrà che forse è uno di quelli fra i più esposti nella lotta vera contro la mafia».

A quel punto, lo interrogai su Salvo Lima, il capocorrente di Martellucci, nonché proconsole andreottiano in Sicilia: «Anche Lima si è sempre battuto contro la mafia?».

Andreotti fu sublime. Rispose: «Per quanto risulta a me, sì. Lima è stato preso di mira ingiustamente. Quando era sindaco di Palermo, la Commissione antimafia non gli ha mai rivolto nessun addebito. Lima ha dei diritti, come tutti i cittadini. Non possiamo dargli un'iscrizione onoraria alla mafia, senza conoscere bene i fatti, senza avere almeno degli indizi. In Sicilia, Lima è rispettato e lodato. Del resto, è stato eletto parlamentare europeo con un numero altissimo di preferenze. Se tutti quelli che lo hanno votato fossero mafiosi, sarebbe meglio chiudere bottega».

Era impossibile mettere nel sacco l'inossidabile Giulio. Me ne resi conto in modo definitivo quando gli chiesi come mai il suo nome, o la sua ombra, apparisse in tutti i misteri italiani del tempo. Anche nella vicenda della Loggia P2, emersa nel maggio dell'anno precedente. I socialisti lo indicavano come il burattinaio di Gelli. Se lui era Belfagor, dicevano, Andreotti non poteva essere che Belzebù, il demonio più importante.

Pure questa domanda non scosse Giulio. Certo, sapeva bene che i suoi avversari politici lo spingevano sempre sulla scena ogni volta che l'acqua diventava torbida: «La mia forza è che nessuno potrà mai dire che ho avuto un qualunque interesse personale. Né con Sindona, né con Calvi».

Era già successo alla fine degli anni Cinquanta, con il crack del finanziere Giovanni Battista Giuffrè, chiamato il Banchiere di Dio. Andreotti mi spiegò, sornione: «Certo, sostennero che era mio amico. Ma io non l'avevo mai sentito nominare. E poi, se non sbaglio, aveva rastrellato i risparmi in Emilia e nelle Marche, che non sono di certo zone bianche... Di sicuro lei ricorderà che tutto si rivelò una bolla di sapone».

Era andata davvero così. A tirare in ballo Andreotti, a proposito dello scandalo Giuffrè, era stato un socialdemocratico: Luigi Preti, ministro delle Finanze e successore di Giulio in quel dicastero. Venne nominata una commissione d'inchiesta, guidata da Giuseppe Paratore. Era un senatore a vita di 82 anni, che aveva fatto da segretario a Francesco Crispi, presidente del Consiglio alla fine dell'Ottocento. E nel dicembre 1958 l'indagine scagionò del tutto Andreotti.

Il *Ping Pong* andò avanti ancora per un pezzo. Ma la seconda rata non si vide alla tv. Il perché lo dirò fra un istante. Qui voglio ricordare che per me fu una lezione politica, impartita sul campo. Quel giorno compresi che Andreotti era davvero un chiodo da mordere anche per un giornalista senza collare.

Giulio superava di molte lunghezze gli altri big democristiani del tempo. Perché aveva iniziato a fare politica da giovanissimo, sin dal primo dopoguerra. Dunque conosceva tutto di tutti. Era il più grande esperto dei misteri della Prima Repubblica. Poi perché sapeva alla perfezione come condursi di fronte a un giornalista curioso e senza timori reverenziali.

In questo, a Viareggio, fu imbattibile. Nel vedere la registrazione del nostro incontro, sono stato di nuovo costretto ad ammirare il suo stile. Giulio era stato sempre freddo, sfuggente, ironico. Non aveva mai tradito il minimo fastidio. Alle domande più scomode si era ben guardato dal rispondere, pur fingendo di farlo. Un vero campione nel girare la frittata. Ma in grado anche di spararle grosse, con la sua voce nasale sempre uguale, con il tono di chi ti offre una verità ovvia, banale.

Per quel che riguardava il potere mafioso, da quel *Ping Pong* ricavai un'impressione precisa su Andreotti, giusta o sbagliata che fosse. A lui non importava nulla della mafia. La considerava un male incurabile contro il quale era inutile accanirsi. Era soltanto cinismo, il suo? Oppure una constatazione dettata dalla certezza che l'umanità doveva convivere con il male? Confesso di non saper rispondere.

Il dopo *Ping Pong* ebbe per protagonista un altro potente democristiano: Biagio Agnes, il direttore generale della Rai.

Era un tipo alto, massiccio, un armadio d'uomo. E a causa della mole, lo chiamavano Biagione. All'interno della Rai, una grande casa dove tutti si stavano sui santissimi, i soprannomi di Agnes erano pepati. C'era chi lo definiva "Frutta e verdura", per i modi spicci, da grossista del mercato ortofrutticolo.

Ma nel dipingersi, Biagione batteva i suoi nemici. Diceva di sé: «Sono una brutta bestia». Non per l'aspetto, bensì per il carattere. Infatti era di certo volitivo, un sedere di pietra, un lavoratore come pochi. Però era soprattutto un duro, un durissimo. Uno che era meglio non avere per avversario.

Infine, o prima di tutto, Biagione era culo e camicia con De Mita. Avevano la stessa età: nati entrambi nel 1928, Ciriaco in febbraio, Agnes in luglio. Anche Biagione aveva visto la luce in provincia di Avellino, a Serino. Il padre Salvatore, capotreno delle ferrovie, aveva messo al mondo anche un altro figlio destinato a diventare famoso: Mario, dapprima presidente nazionale dell'Azione cattolica e poi, per anni, direttore dell'"Osservatore Romano", il quotidiano del Vaticano.

Anche il ragazzo Biagio aveva sentito presto il fascino del giornalismo. Quello che i vecchi direttori chiamavano, a volte con ironia e a volte credendoci, il fascino dei freschi inchiostri all'alba. E si era avviato a fare una lunga gavetta.

Ecco un aspetto positivo della Prima Repubblica. Le carriere non si improvvisavano, come accade oggi. Gli apprendistati erano marce forzate, con molte tappe successive. Dove imparavi un mestiere, ma ti prendevi anche tante botte da chi ne sapeva più di te.

Biagione si fece l'intera trafila. I primi pezzulli sul "Corriere dell'Irpinia". Una collaborazione al "Giornale di Napoli". Poi la prova delle prove. Nel 1954, quando aveva 26 anni, l'Eni di Mattei finanziò la nascita di "Cronache Irpine". La mente del giornale era De Mita, il braccio Biagione: un redattore capo instancabile e implacabile.

Quattro anni dopo, la tappa davvero importante: redattore della Rai, non a Napoli, bensì a Cagliari. Poi passò a Roma, redattore al giornale radio e quindi del telegiornale che allora era uno solo. A 38 anni redattore capo del Tg. A 44 anni condirettore. Dopo la riforma, direttore del Tg3. E nel 1980, a 52 anni, il passaggio nella categoria dei manager. Come uno dei vicedirettori generali della Rai.

Una carriera meritata? Per molti aspetti sì. Ma non è avventato pensare che se non fosse stato un democristiano, per di più con le maniglie giuste, forse Biagione non sarebbe riuscito a percorrerla per intero.

L'ultimo balzo in avanti lo fece nel 1982, l'anno del *Ping Pong* con Andreotti. Il 5 maggio De Mita divenne segretario della Dc. E il 25 luglio morì per infarto Willy De Luca, il direttore generale della Rai. Ventiquattr'ore dopo, Agnes, a 54 anni, era al vertice dell'azienda. Grazie a un consenso fulmineo e unanime, comunisti compresi.

Anche Biagione stava alla Festa dell'Amicizia di Viareggio. E diventò subito l'altro protagonista del *Ping Pong*, dopo Andreotti. Quando il faccia a faccia finì e scesi dal palco, mi resi conto che nello staff della Rai era suonato l'allarme rosso. Avevano seguito la registrazione istante dopo istante. E sembravano sulla graticola.

A stare sui carboni ardenti era soprattutto Agnes. Ringhiava, agitatissimo: «Troppa mafia, troppa P2, troppo Gelli! Persino quella vecchia favola del Banchiere di Dio! E poi il *Ping Pong* è diventato troppo lungo. Credimi Giampaolo, rischia di essere noioso. Meglio tagliare, tagliare!».

Gli replicai a muso duro: «Tu non tagli un cavolo di niente!». Ma Biagione non si smosse: «Bisogna tagliare, tagliare!».

La faccenda si faceva spinosa. Poi qualcuno ebbe l'accortezza di sentire il parere del direttore del Tg1, Albino Longhi. Era un democristiano di grande saggezza. E trovò la soluzione giusta. Quanto durava un *Ping Pong*? Tot minuti? Bene, cronometro alla mano, sarebbe andato in onda tutto quello che stava dentro il tempo previsto.

Andò così. Ma da allora, di faccia a faccia con qualche big politico, alla tv pubblica non ne ho più fatti. Anche se quel *Ping Pong* ebbe un ascolto record: 10 milioni e 400 mila spettatori. Per merito di Giulio, naturalmente.

42
Giulio Cesare da Nusco

Il primo banco di prova per De Mita, nuovo segretario della Dc, si presentò quasi subito. Ossia poco più di un anno dopo il suo arrivo al vertice del partito. Alla fine del giugno 1983 erano previste le elezioni politiche. E Piazza del Gesù divenne Piazza dei Veleni. Quelli sparsi a piene mani dai democristiani nemici di Ciriaco. Nella speranza di vederlo cadere sul fronte del voto.

"La libertà non ha alternative" gridava un manifesto della Dc. Ma anche De Mita non ne aveva. Se vinceva, avrebbe continuato il cammino. Se perdeva, sarebbe caduto per sempre. Per capire che cosa poteva accadere, andai in Piazza dei Veleni a parlare con l'uomo più vicino a Ciriaco: Riccardo Misasi, calabrese, deputato, già ministro e adesso capo della segreteria politica di De Mita.

Misasi aveva 50 anni ed era un tipo forte e ciccioso, di una pinguedine rotonda e liscia, ma al tempo stesso piena di energia. «Un politico di gomma, su cui tutto scivola» dicevano di lui i democristiani che non potevano soffrirlo. Però bastava far caso a certi lampi dello sguardo per intuire che il suo impasto era ben più complesso. Fatto di intelligenza, furbizia, fiuto politico, diffidenza, calcolo, emotività generosa, lucciconi agli occhi e una fedeltà totale al capo.

«Vuole sapere che cosa significa dirigere la segreteria di De Mita?» mi domandò Misasi. «Soprattutto fare il cavallo da tiro, sempre alla stanga, marciando a testa bassa per ore e ore. E poi vuol dire annullare la propria storia e identificarsi tutto nel leader. Sino a diventarne l'alter ego, un sosia, l'ombra. Soltanto per un amico si può accettare questa galera!»

Amici e fratelli: ecco che cos'erano Riccardo e Ciriaco. La coppia si era formata nel 1949, quando Misasi aveva 17 anni ed era soltanto un ragazzo grassoccio, bravo terzino sul campo di calcio, attivista cattolico e poeta specializzato in madrigali. Ma prima di tutto un Superman scolastico, un mostro di bravura, tutti nove e dieci alla maturità classica nel Liceo Bernardino Telesio di Cosenza.

Già il luogo del loro incontro lasciava capire che cosa sarebbe accaduto: l'Università Cattolica di Milano, l'atrio del collegio Augustinianum, dove entrambi avevano vinto un posto. Misasi mi raccontò: «De Mita aveva quattro anni più di me. Io venivo da un ceppo benestante, mio padre era avvocato, in famiglia avevamo anche il più grande romanziere calabrese, Nicola Misasi. Ciriaco era figlio del sarto di Nusco e aveva fatto grandi sacrifici per studiare. Ma ci incontrammo. E sa di che cosa ci mettemmo a parlare? Di Benedetto Croce...».

Misasi sembrava rapito dai ricordi: «Che grande scuola, allora, il liceo del Mezzogiorno!». Capace di sfornare leader per tutti i partiti. E alla Cattolica, il provinciale Ciriaco apparve subito a Riccardo con le stimmate del capo. Persino nei difetti e nelle virtù che avrebbe rivelato in seguito.

Chiesi a Misasi: «È vero che già da studente De Mita era un po' arrogante, sempre lì a far la lezione a tutti, a trattare gli altri come babbei?».

Riccardo proruppe in un diniego accorato: «Arrogante, Ciriaco? Ma no! Forse può sembrarlo e invece è un timido. Ed è anche l'uomo più buono e generoso che conosca. Certo, è intelligente, lungimirante. E sa di esserlo. Poi non è capace di mentire. Allora, talvolta, può sembrare incline al peccato di superbia. Però arrogante proprio no. Sa a chi possiamo paragonare De Mita? A Giulio Cesare!».

Osservai, stupito: «A Gaio Giulio Cesare, il dittatore romano? Questa sì che è nuova. Mi spieghi un po' il perché».

Misasi rispose con precisione: «Sì, Ciriaco è come lui per l'onestà intellettuale, prima di tutto. Cesare non mente. Non concede nulla all'ipocrisia. Intuisce i processi della storia, sa scegliere, ha coraggio. Infine varca il Rubicone e rifiuta l'intrigo. Certo, la politica richiede compromessi. Ma l'intrigo no, Ciriaco l'ha sempre rifiutato».

«E il Rubicone di De Mita qual è stato?»

Il pacioso Riccardo si mise a riflettere: «Non saprei dirlo. Però la sua scelta Ciriaco l'ha fatta in gioventù, il dado l'ha tratto allora. Da quel momento è sempre stato coerente. Non ci sono mutazioni in Ciriaco. Per lui il centrosinistra era la strada per consolidare la democrazia in Italia. Lo stesso pensava del patto costituzionale con il Pci. E oggi si propone l'identico obiettivo. Coerente, come Cesare».

Replicai a Misasi: «Ma Cesare era anche un nemico della Repubblica romana, del Senato, per questo Bruto l'ha ucciso...».

Misasi sembrò affascinato dal gioco storico: «La repubblica era già finita per consunzione. La vastità di Roma non era più governabile con la struttura repubblicana. Le sue fazioni, oggi diremmo le sue correnti, la rendevano debole e inefficiente. Certo, in Cesare esisteva un elemento di corruzione. Ma è difficile giudicare la storia. Il giudizio sulla storia è utile, però non è mai vero».

Tuttavia, Riccardo il Paziente un giudizio vero su De Mita riteneva di poterlo dare: era davvero un Cesare, ma senza propensioni autoritarie. Gli chiesi: «Ne è sicuro? Qualcuno pensa il contrario».

Misasi allargò le braccia, con un gesto badiale: «Ma no! Se esiste una cosa lontana da Ciriaco è proprio il cesarismo. Semmai in lui c'è il senso della leadership, come ce l'avevano De Gasperi e Moro. Però non sarebbe mai il leader di un sistema autocratico. Può apparire superbo intellettualmente, ma è anche ansioso del dialogo».

A quel punto, nell'ufficio di Misasi emersero di nuovo i ricordi della Cattolica: «Ciriaco voleva un amico con cui confrontarsi e scelse me, forse perché ero più giovane.

«Mi costringeva a studiare assieme a lui, con la prepotenza di un fanciullo. Io progettavo di imparare medicina legale? Niente da fare, Ciriaco mi obbligava a preparare l'esame che aveva scelto. Ha sempre avuto bisogno di un confronto continuo. Quando si è stabilito a Roma, ha voluto abitare vicino a me. Le nostre due famiglie stanno porta a porta da sempre.»

Misasi chiuse gli occhi per sondare meglio l'umanità del suo leader: «De Mita ama anche stare da solo e potrebbe benissimo fare a meno di Misasi. Però ha bisogno di affetto. Reagisce se un amico non lo ama più o non comprende una sua idea o lascia il gruppo. Allora è come divorato dalla gelosia e si offende. Perché del fanciullo non ha soltanto l'egoismo, ma anche la sensibilità».

«Prima Cesare, poi il fanciullo. Mi sta offrendo un ritratto troppo buonista del suo segretario» osservai.

«Già, capisco la sua obiezione» sospirò Riccardo. «Allora le dirò che c'è anche un altro Ciriaco. Deciso, determinato, capace di tenere separati l'affetto e la politica. Nemmeno un problema mio o di un suo parente lo condiziona. Se ritiene giusta una cosa, va diritto. Su questo è inesorabile.

«È aiutato a muoversi così dal temperamento spigoloso. E poi è tentato dalle geometrie, dalle costruzioni perfette. Infine ha la fissazione delle intuizioni psicologiche, di aver capito tutto prima degli altri» concluse Misasi, quasi scusandosi di essere stato così ardito.

Dopo qualche momento di silenzio, mi domandò: «Dobbiamo sempre parlare di Ciriaco?».

«Ha ragione. Parliamo della Dc che il vostro Giulio Cesare redivivo si propone di rifondare. Fra nove domeniche affronterà la prova elettorale. Come sta di salute il partito?»

Misasi sospirò per l'ennesima volta: «Già, questa Dc... Il popolo democristiano esiste ancora ed è più diffuso di quanto si creda. Semmai è un po' addormentato, un po' stanco. Ciriaco sta tentando di svegliarlo, di provocare entusiasmo, voglia di muoversi. Ma non è facile».

«Forse non lo è» dissi a Misasi, «perché la Dc è carica di zavorra: le clientele, le tangenti, le tessere fasulle, le mafie e le mafiette, anche nella sua Calabria!»

Il cavallone da tiro non si lasciò distrarre: «Certo, certo, i difetti che mi elenca lei sono quasi tutti veri. Tuttavia siamo anche un partito di brava gente. Fatti di malcostume ce ne saranno pure. Però il democristiano di periferia è una persona perbene. Siamo il ritratto del paese buono, con qualche mediocrità. Ma gli eroi mi fanno paura. Preferisco l'aurea mediocritas.

«Del resto, anche negli altri partiti c'è stanchezza. E incapacità di rappresentare la società» continuò Riccardo, sempre così paziente, ma adesso un po' rabbuiato. «Purtroppo, queste elezioni ci colgono all'inizio del mattino. Ma De Mita andrà avanti.

«Ha visto le nomine che abbiamo fatto? Romano Prodi all'Iri, Franco Reviglio all'Eni, Piero Barucci, Gianni Zandano. Se non sbaglio, Zandano è stato suo compagno di scuola, e lei ne conosce il valore: un grande economista e un uomo dalla moralità assoluta. Bene, adesso è il presidente dell'Istituto San Paolo di Torino, una delle grandi banche italiane.»

Misasi passò in rassegna i principali oligarchi della

Dc. E ne ricavò previsioni rassicuranti. Andreotti? «Esemplare. Mai avuto interferenze da lui.» Fanfani? «Un'altra sorpresa positiva.» Piccoli? «Irrequieto. Critico. Però non disposto a rompere.» Donat Cattin? «Un ottimo uomo di governo.» Bisaglia? «Comprende l'occasione di rinnovare il partito.» Forlani? «Mah, lui è sempre pieno di dubbi.»

Il placido Riccardo tirò le somme così: «All'orizzonte non vedo sfracelli. Il vero rischio è un altro: che nella Dc ritorni la pigrizia, il tran tran della politica senza idee, il tesseramento fatto in un certo modo, la lotta per le preferenze, la gestione del potere per il potere che poi ha riflessi negli altri partiti. E determina logiche di ferro capaci di imprigionarci tutti.

«Ma c'è un'altra incognita che mi spaventa» mormorò Misasi. «La spinta verso il nuovo potrebbe essere interrotta da un insuccesso elettorale. Allora emergerebbe, prepotente, la convinzione che non c'è niente da fare. E che bisogna ripristinare i vecchi giochi, tornando alla politica come calcolo di palazzo, lontano dal paese.

«Questo gioverebbe soltanto alle ambizioni dei socialisti. Craxi vuole a tutti i costi la presidenza del Consiglio. Una nostra sconfitta sarebbe la sua vittoria. Lui diventerebbe il capo del governo. Con quali conseguenze non lo so...»

La conclusione di Misasi mi venne esposta con lucido scetticismo. E con una citazione letteraria che mi sorprese: «Il nostro è un progetto appena avviato, che può non avere una risposta dentro la Dc. Ma non soltanto per ragioni perfide. Anche per resistenze umane. Per vecchie abitudini. Per le buone cose di pessimo gusto».

Riccardo mi regalò un sorriso complice: «Ricorda la poesia di Guido Gozzano? La polvere di quel salotto, quegli oggetti desueti? Loreto impagliato e il busto di

Alfieri, i fiori in cornice, le buone cose di pessimo gusto, il caminetto un po' tetro, le scatole senza confetti, i frutti di marmo protetti dalle campane di vetro... Il cucù delle ore che canta, le sedie parate a damasco... Rinasco, rinasco del Milleottocentocinquanta!».

43
Governo al Garofano

Il 4 maggio 1983 Pertini sciolse le Camere. E il 26 e 27 giugno gli italiani andarono a votare. Quando si conobbero i risultati, fu chiaro che per la Dc era accaduto assai di peggio rispetto a quanto temeva Misasi. Altro che un insuccesso: una catastrofe.

La Balena Bianca aveva perso cinque punti e mezzo, scendendo al 32,9 per cento dei voti, il livello più basso del dopoguerra. Al Pci, con il 29,9 per cento, non era poi andata tanto male, con una flessione soltanto di mezzo punto. Il Psi era cresciuto, sia pure di poco: 11,4 per cento. In fondo, il vero vincitore risultava il Pri di Spadolini, salito a 5,1 per cento.

La mattina di martedì 28 giugno andai a Piazza del Gesù. Qui mi resi conto che De Mita aveva già digerito la batosta. E si preparava all'assalto dei cronisti con una disinvoltura sorprendente. Domandò alla truppa informativa: «Chi sta dicendo che la vittoria ha cento padri, mentre la sconfitta è sempre orfana?».

«Sono io che lo dico, Ciriaco» risposi un tantino confuso.

«Ah, sei tu, Giampà! Allora senti che cosa dichiaro.»

De Mita alzò le braccia al cielo, mostrò al pattuglione dei giornalisti le palme delle mani e declamò: «Questa volta il padre della sconfitta c'è. Un padre con nome, cognome, indirizzo e numero di telefono. Il padre sono io: De Mita Ciriaco, da Nusco».

Poi il segretario della Dc si ritirò dentro il suo ufficio, il cuore un po' sinistrato di Palazzo Cenci-Bolognetti. Stava aspettando le visite degli oligarchi bianchi. Visite di condoglianze e di conforto. Uno dei primi ad arrivare fu Andreotti. Era in forma perfetta: doppiopetto blu, mani curate, mascagna tirata a lucido.

Giulio doveva essere anche di buonumore. Nel varcare il portone, mi vide mentre, in piedi, scrivevo a testa bassa sul taccuino. Si fermò un istante e mi chiese, sornione: «Che fa, Pansa? Le contravvenzioni?».

Gli risposi: «No, onorevole. Stavolta a mettere le multe sono stati gli elettori».

Andreotti mi sganciò un sorriso da cardinale e scomparve dentro l'ascensore. Lo ritrovammo dopo un po', mentre usciva dall'ufficio ovale di De Mita. Serafico come prima, ma adesso pronto a offrirci il proprio parere sulla catastrofe della Balena.

La sua voce nasale risuonò balsamica nell'anticamera del segretario: «Io credo che le analisi vadano fatte a sangue freddo, e non sotto l'emozione di un momento. E poi, cari amici, voi sapete bene che in un paese democratico vi sono le alte e le basse maree. L'essenziale è che il mare rimanga quello che è. Riflettiamo. Facciamo autocritica. E non scarichiamo tutto sul segretario».

La stessa calma scoprimmo dopo un'ora in De Mita. Con qualche incrinatura di rabbia in più. Ci disse: «La partita è tutta aperta, tutta da giocare. Purtroppo noi dovremo giocarla con i voti del 26 giugno. Ma gli altri? Sperano in un governo senza la Dc? Che lo facciano! Sì, provino pure a farlo!».

Fu quel che accadde. A fare il governo ci pensò Craxi. Insieme alla Dc, naturalmente, poiché non esisteva un'altra strada.

Era la seconda volta che Bettino ci provava. Il primo tentativo l'aveva fatto dopo le elezioni del giugno 1979. Ne ho già accennato. Ma senza alcuni dettagli importanti per capire l'aria che tirava da sempre contro una presidenza socialista.

Nel 1979, dopo aver ricevuto l'incarico da Pertini, il segretario del Psi cominciò a esplorare il territorio dei partiti alleati e avversari. Ma incontrò soltanto un muro di ostilità.

Berlinguer gli disse subito di no. La Dc, allora guidata da Zaccagnini, strillò che il presidente della Repubblica voleva fare un colpo di Stato, regalando il governo a un suo compagno di partito. Infine arrivò il veto dei repubblicani. Lo pronunciò il futuro presidente del Pri, Bruno Visentini, mettendolo nero su bianco. Infatti scrisse sul "Corriere della Sera" che i socialisti non erano maturi per guidare il paese.

Tutto si consumò in due settimane, fra il 9 e il 23 luglio. Bettino sembrò rassegnarsi. Disse: «Non potevo farcela. Erano troppi i serpenti sotto le foglie». Nacque così il primo governo guidato da Francesco Cossiga. Un impasto di Dc, Psdi e tecnici di area socialista. Sarebbe durato soltanto otto mesi, per poi cedere il passo a un secondo governo con lo stesso premier.

Nel 1983 Craxi invece ci riuscì. Il 4 agosto arrivò a Palazzo Chigi con un ministero formidabile, almeno in apparenza. I giornali lo chiamarono subito il Governo Corazzata, oppure il Governo Grandi Firme. C'erano dentro ben tre segretari di partito: Craxi, Spadolini e Pietro Longo, leader del Psdi. Poi tre ex presidenti del Consiglio: Andreotti, Forlani e ancora Spadolini. Infine un presidente di partito, Visentini.

Tanti generali insieme non si erano mai visti, neppure all'epoca di De Gasperi. Ma scrutando con attenzione la compagine si scopriva l'esistenza di un virus allarmante. Era il tasso d'avversione reciproca, molto alto, altissimo.

Per dirla alla buona, dentro il governo si odiavano tutti. Inoltre Craxi sapeva di avere due nemici giurati.

Uno nella maggioranza, la Dc di De Mita. L'altro nell'opposizione, il Pci di Berlinguer.

La Balena Bianca considerava Bettino a Palazzo Chigi come il diavolo in chiesa. Craxi metteva paura ai democristiani. Loro sapevano bene che soltanto lui, e non Berlinguer, avrebbe potuto soppiantarli. Quasi tutti i leader del Biancofiore gli erano nemici. Qualcuno aveva annotato sul taccuino un detto craxiano: "Gli italiani non hanno mai provato un governo senza la Dc. Se accadesse, non credo che il paese finirebbe all'inferno".

Sul fronte democristiano, Bettino camminava lungo un sentiero stretto e impervio. Doveva restare agganciato al suo alleato più forte e, al tempo stesso, cercare di metterlo sotto.

Ma nei confronti della Dc, la spinta alternativa di Craxi era sincera: prudente, consapevole della grande forza della Balena, però molto energica. In questo, come riconosceva pure chi non lo amava, il segretario del Psi era davvero un socialdemocratico alla tedesca.

In più, Bettino si sentiva sospinto da una doppia ambizione. La prima di dimostrare che era in grado di guidare un governo. La seconda di diventare il politico italiano più potente.

Craxi sapeva bene che De Mita era un nemico e non un alleato. Non dimenticava che Ciriaco lo aveva definito il pericolo pubblico numero uno per la democrazia in Italia. Come molti politici, Bettino era un leader dalla memoria lunga. E gli attacchi molto ostili se li legava al dito.

Quello che forse non immaginava era che, con il passare del tempo, l'ostilità di De Mita sarebbe diventata sempre più aspra. E destinata a sfociare in una guerra aperta. Questa sì molto rischiosa per la stabilità del centrosinistra.

L'altro nemico giurato di Bettino era il Pci di Berlinguer. Le Botteghe Oscure potevano sopportare un solo tipo di socialisti: i subalterni ai comunisti. Ma Craxi non apparteneva a quella razza.

Era troppo autonomo, troppo carico d'identità. In più la sua strategia prevedeva di sfondare non soltanto al centro, ma anche a sinistra, strappando voti pure al Pci. Soltanto dopo, diceva, si sarebbe potuto parlare di alternativa alla Dc. Guidata da lui e non da un leader delle Botteghe Oscure.

In attesa del dopo, Craxi sparava verso il Bottegone colpi su colpi. Figlio di Saragat più che di Nenni, Bettino rimproverava ai comunisti italiani «il legame speciale con l'Unione Sovietica». E il guado non superato fra Bologna e Kabul. Ossia l'essere rimasto a metà strada fra il pragmatismo emiliano e la fedeltà trinariciuta nei confronti di Mosca, che dal dicembre 1979 occupava l'Afghanistan.

Bettino ripeteva: «Il Pci ha tradito le speranze dell'eurocomunismo. Fra il 1976 e il 1979, pur essendo forte come non lo era stato mai, non ha aperto nessuna prospettiva nuova per la sinistra italiana». Un giorno esclamò sarcastico: «Chi vuole il comunismo in Italia, alzi la mano!».

Dal Pci gli ribattevano con uguale asprezza. Anche questo conflitto tra il Garofano socialista e la Falce e Martello comunista era destinato a segnare tutti gli anni Ottanta. Ho un ricordo professionale della guerra a sinistra. I comunisti ripetevano ogni giorno le loro giaculatorie velenose contro i socialisti. Il Psi non è più un partito di sinistra. Il caso Moro ha dimostrato che Craxi è pronto a trattare con il terrorismo delle Brigate Rosse. Sarà lui il nuovo Mussolini che ucciderà la democrazia italiana.

Questa linea vi ricorda quella del Partito democratico contro Berlusconi nell'anno 2009? Anche a me la rammenta. Ma alle Botteghe Oscure nessuna finestra si apriva per dialogare con il compagno Bettino.

Abbiamo già visto che cosa diceva di lui Tonino Tatò, l'uomo ombra di Berlinguer: Craxi era un avventuriero, un ricattatore, un individuo moralmente spregevole. Era impossibile trovare un dirigente comunista disposto a sostenere il contrario. Anche la destra del Pci si guardava bene dal contrastare l'antisocialismo dilagante nel Partitone Rosso.

Tuttavia, qualche amico Bettino lo aveva. Per esempio Silvio Berlusconi, in quel momento ancora molto lontano dall'impegno diretto in politica, ma già potente televisionista.

Quanto fossero stretti i rapporti tra il Cavaliere e Craxi me ne resi conto di persona un giorno di metà settembre del 1983. Quando Bettino stava a Palazzo Chigi da poco più di un mese.

Verso le sei di sera mi cercò a "Repubblica" Antonio Ghirelli, che Craxi aveva scelto come addetto stampa. Cordialone e sbrigativo, mi disse al telefono: «Vieni a Palazzo Chigi, il presidente vuole vederti».

Gli domandai: «Perché vuole vedermi?».

Ghirelli: «Te lo dirà lui».

«Quando devo venire? Domani? E a che ora?»

Spazientito, Ghirelli mi replicò: «Ma che domani e domani! Vieni subito. E ricordati» concluse sogghignando, «che un invito del capo del governo non si discute».

Nel taxi che mi portava a Palazzo Chigi, mi chiesi perché Bettino volesse incontrarmi. Forse intendeva tornare in buona con Scalfari e sottoscrivere con "Repubblica" un trattato di pace o almeno un armistizio.

Come ambasciatore aveva scelto me perché mi conosceva da anni. E sapeva che nel vertice del giornale ero il meno antisocialista. L'articolo che avevo scritto su di lui dopo l'incarico di formare il governo gli era piaciuto. E mi aveva ringraziato con un biglietto affettuoso.

A Palazzo Chigi trovai Bettino rilassato, di ottimo umore, il contrario del solito bruscone. Mi fece osservare l'arredamento del suo nuovo ufficio da premier. Disse: «Non mi ritrovo ancora, dovrò abituarmi. Ma farò cambiare qualcosa. Per esempio, quel mobile lì». Indicò un pezzo antico e massiccio: «Starebbe meglio nella canonica di Locri, così cupo, così opprimente. Mi deciderò a farlo portare via».

Gira e rigira, Bettino arrivò al dunque. Il dunque non era fare la pace con Scalfari, ma un'offerta di lavoro per me. Disse: «Non capisco perché Silvio si sia invaghito di te. Forse ti avrà visto fare quelle maledette interviste elettorali a Canale 5 alle quali eri stato invitato. Anche con me ti sei comportato come un cane rabbioso, con la tua raffica di domande da carogna.

«Insomma, sei piaciuto al Cavaliere. E lui mi ha chiesto di parlarti» continuò Craxi. «Ti vuole offrire il posto di capo delle news televisive. O se l'incarico non ti va, la condirezione del "Giornale" di Montanelli. Anche Indro è d'accordo.»

Gli risposi subito di no. Stavo bene a "Repubblica" e non mi andava di lavorare per un'altra ditta. Bettino cercò di convincermi, ma da uomo pratico comprese quasi subito di star buttando via il tempo. Si limitò a spiegarmi che il futuro dell'informazione passava per la televisione e non per la carta stampata: «I giovani guardano solo la tv. I vecchi leggono i giornali, ma lo fanno sempre di meno».

Lo lasciai dire. E alla fine Craxi aggiunse soltanto: «Guarda che Berlusconi sta sulla rampa di lancio. Diventerà sempre più forte. L'avvenire sta lì, in casa del Biscione».

Allora gli domandai: «Ma il Berlusconi è davvero un tuo amico?».

Bettino alzò le spalle. E mi rispose come mi avrebbe risposto qualche altra volta: «Amico? Che cosa vuol dire amico? Lui fa l'imprenditore e io il politico. A volte le nostre strade possono incontrarsi. Ma rimangono strade diverse. Io ho miei progetti, lui i suoi. Comunque, se non ti va di lavorare per Silvio, sono cavoli tuoi. Ti conosco e so che hai la testa dura».

«Mai come la tua» gli replicai.

Craxi sorrise: «Hai ragione. Ma ho troppi nemici e pochi amici. Se non avessi la testa dura, non sarei mai arrivato a Palazzo Chigi».

«Quanto durerai qui dentro?»

Bettino sospirò: «Non credo che durerò molto. I governi in Italia non hanno mai vita lunga».

Aveva ragione, anche se non del tutto. Il primo governo Craxi durò quasi tre anni, sino al 27 giugno 1986. Il 1° agosto Bettino ne formò un altro, destinato a cadere nel marzo 1987. In totale meno di quattro anni a Palazzo Chigi. Ma quel che accadde lo racconterò in seguito.

44
La Volpe e il Leone

«Andreotti è ineffabile, gelido, multiforme. È una volpe. Ma prima o poi tutte le volpi finiscono in pellicceria.»

Era questa la battuta più celebre fra le tante sfornate da Craxi. Tanto celebre che veniva riproposta di continuo da fonti diverse: amici e nemici di Bettino, amici e nemici di Giulio, osservatori neutrali. Ma nel ripeterla si ometteva, quasi sempre, il giudizio che seguiva a quelle prime parole. Un giudizio anche più spietato. Eccolo.

«Andreotti dice che il potere logora chi non ce l'ha» continuava Craxi. «Però questa sua filosofia è buona soltanto per le democrazie malate. Del resto il logorio di Andreotti ormai è evidente. E giunge per tutti il momento di passare la mano. I più intelligenti lo capiscono in tempo ed evitano di essere disarcionati in malo modo.»

Bettino parlava così alla fine degli anni Settanta. Quando il suo fastidio per Andreotti era al culmine. Tra poco ne spiegherò il perché. Ma è bene ricordare subito che erano due politici fatti per entrare in conflitto. E molto diversi tra loro anche come persone.

A dividerli c'era prima di tutto l'età. Giulio era del 1919, Bettino del 1934, dunque più giovane di quindici anni. Il primo era romano e papalino. Il secondo milanese e laico. Andreotti aveva un'esistenza ordinata, dove ogni cosa era prevista e soppesata. Craxi non era un maniaco dell'ordine e amava gli imprevisti. Anche l'aspetto fisico li separava. Giulio era smilzo e curvo, uno studente primo della classe invecchiato sui libri. Bettino era alto e grosso, con la figura del giocatore di basket, sia pure un po' stagionato.

Infine c'era la questione dell'Hotel Raphaël, l'albergo di largo Febo, accanto a piazza Navona. Era diventato la casa romana di Bettino, anzi più di una casa. Craxi lavorava in un appartamento dell'ultimo piano. Preferiva restare lì invece che in via del Corso. Vi riceveva i giornalisti che lo intervistavano. Di sera, dopo la cena, si raccoglievano attorno a Bettino i dirigenti socialisti più legati a lui. Per interminabili discussioni sul partito e sulla politica italiana.

Ma attorno al Raphaël giravano anche leggende rosa. Parlavano di signore che avevano acceso l'interesse di Bettino. Nelle redazioni si davano per certe sedute d'amore nella dépendance dell'hotel.

Storie del tutto normali che oggi farebbero sorridere per la loro banalità. Però disegnavano uno stile di vita molto lontano dall'austerità coniugale praticata dal cattolico Andreotti. Uno stile che Giulio di certo biasimava. Insomma la Volpe e il Leone, come mi capitò di chiamarli, di sicuro non erano fatti per andare d'accordo.

All'inizio, Bettino non mi sembrava odiasse Giulio. Il terzo governo Andreotti, quello della "non sfiducia", prese forma nel luglio 1976, due settimane dopo l'elezione di Craxi a segretario del Psi.

Dirà poi Andreotti: «Nel 1976, quando è nata la solidarietà nazionale, è stato proprio il Psi a porre una condizione: dovevano aderire anche i comunisti. In caso contrario, i socialisti non ci sarebbero stati. Per questo, quando sento parlare dell'esperienza di allora come di un compromesso storico o di un duopolio Dc-Pci, io rispondo che storicamente non è vero». Infatti, la Volpe scrisse nel suo diario alla data del 27 luglio 1976: "Craxi mi incoraggia a comporre il governo. Ma ripete che se i comunisti non ci stanno, anche il Psi voterà contro".

Il monocolore democristiano di Andreotti iniziò il cammino il 29 luglio 1976. Nel voto di fiducia, Psi e Pci si astennero. Ma quella di Craxi era una neutralità gonfia di sospetti. Il governo gli sembrava poggiare sulla sabbia. E del presidente del Consiglio diffidava. Lo riteneva troppo astuto, doppio e abituato a mentire.

I comunisti presentavano il ministero Andreotti come una vittoria delle sinistre? Bettino non era di questo parere. Quando gli chiesero cosa pensasse del premier, rispose con freddezza: «È un uomo di vasta e sofisticata esperienza parlamentare».

Nel corso del 1977 i sospetti di Craxi si rafforzarono: Andreotti lavorava di sponda con il Pci, per mettere nell'angolo il Psi uscito dal Midas. I contrasti esplosero nel 1978, nelle settimane del sequestro Moro. Bettino accusò il premier di essere un gelido uomo di Stato che aveva abbandonato il presidente democristiano a un destino di morte.

Nel suo memoriale sul sequestro, Craxi lo descrisse a tinte fosche: "Durante l'agonia di Moro, Andreotti era stato il capo dei falchi a buon mercato, aveva praticato il fanatismo dei fini, dimostrando un cinismo e un'intransigenza impietosi".

Dopo aver letto il memoriale, Giulio replicò a Bettino con asprezza. Disse che la linea di Craxi nel sequestro Moro era stata superficiale e approssimativa dal punto di vista giuridico. E comunque non avrebbe dato risultati. Quanto al resto, «se Craxi era in così stretto contatto con gli avvocati dei brigatisti, avrebbe potuto renderlo noto a suo tempo al governo e ai magistrati».

Il duello proseguì nel 1979. Si avvicinavano le elezioni politiche anticipate e il voto europeo. Ormai Andreotti era diventato "l'uomo nero" di Craxi. Per due ragioni. Giulio gli appariva l'espressione fisica dell'eterna supremazia democristiana che la Balena Bianca anteponeva a tutto. E poi era l'alleato numero uno di Berlinguer nel volere la fine del Psi: «Ecco il campione di una politica sommersa d'intesa con il Pci, versione degenerata della politica di unità nazionale».

Lo scontro diventò feroce quando Bettino si vide negare l'abbinamento fra elezioni politiche ed europee. Il Psi lo riteneva vantaggioso, la Dc no. Per Andreotti esisteva «un'impossibilità giuridica, nient'altro». Craxi gli replicò che aveva barato al gioco: «Le sue teorie sull'abbinamento impossibile vada a raccontarle ai pecorai del Lazio!».

Nel maggio 1979, Bettino avvertì Giulio di non sperare in un ritorno a Palazzo Chigi dopo le elezioni imminenti: «Occorre un cambio della guardia anche alla guida del governo». Poi si sfogò, tracciando un ritratto di Andreotti che per noi cronisti restò memorabile.

«Mi fa impressione leggere i libri di storia e trovarci dentro Andreotti, per poi accorgermi che sta ancora lì al governo» disse Bettino. «Nel 1947 avevo tredici anni e lui era già nel governo, deputato e cavaliere del Regno. Lo aveva nominato Umberto di Savoia. Succedeva trentadue anni fa. In Italia pare di vivere in un sogno. Tutto resta immobile.»

Il 29 maggio, alla Tribuna elettorale, Bettino spiegò al pubblico della televisione perché riteneva quella di Giulio «una filosofia da democrazie malate»: «Il potere logora i migliori, che non riescono sempre a risolvere tutti i problemi. Non crollerà il mondo se Andreotti non sarà più il capo del governo. Lui si è messo a cavallo di un ciuco: non possono esserci gli stessi uomini per tutte le stagioni e tutte le formule».

Giulio era tentato di non raccogliere «gli attacchi di Craxi, anche se ingiusti». Ma poi non si trattenne. Gli replicò in un comizio a Colleferro, in provincia di Roma. Davanti a una folla dove non mancavano gruppi di pastori. Erano i famosi pecorai del Lazio. E inalberavano i cartelli di scherno fatti stampare da Evangelisti per sfottere "quel fregnone di Bettino".

Nell'estate del 1979, Andreotti lasciò Palazzo Chigi. Craxi tentò di prendere il suo posto, ma non ci riuscì. Tra i serpenti sotto le foglie che gli avevano impedito di diventare premier c'era anche un animale diverso, ma sempre perfido: la Volpe.

Giulio si era mosso per tempo, prima ancora delle elezioni. Il 31 maggio, a Tribuna politica, tagliò corto con le simpatie di Forlani & C. per Bettino premier: «L'offerta a Craxi della presidenza del Consiglio, ventilata da qualche parte, è un grosso errore. Nessuno può sentirsi autorizzato a farlo».

Al posto di un governo Craxi, nacque un governo Cossiga. Ma Bettino non rimase con le mani in mano e lanciò un progetto chiamato Grande Riforma Istituzionale. Andreotti si mise di nuovo per traverso. Nell'ottobre 1979 accusò Bettino di essere un riformatore pasticcione, capace di "diagnosi infauste", però a corto di terapie adatte a migliorare l'assetto costituzionale.

Poi accusò Bettino di coltivare tendenze pericolose per la democrazia, quasi che il leader socialista fosse un novello Mussolini: «Non mi è piaciuta affatto quella sua frase sul "cretinismo parlamentare". Certe trovate alla Marinetti è meglio non riprodurle. Hanno già provocato abbastanza danni in passato».

Ormai eravamo alla vigilia del mistero Eni-Petromin. Una storia legata a una maxitangente incassata da chissà quale partito o leader politico. Per i socialisti il sospettato numero uno era Andreotti, perché il giallo era nato quando lui stava a Palazzo Chigi. Ma Giulio andò al contrattacco. Domandando se una parte di quella tangente non fosse finita nel campo dei garofani socialisti.

Gli uomini di Bettino gli replicarono con durezza. Spingendo la polemica anche sul terreno dell'antifascismo. Martelli alzò il tiro sui rapporti costanti fra Andreotti e il Movimento sociale. Quindi spiegò che era "la politica sommersa" di Giulio a rappresentare un pericolo per la legalità.

La Volpe non si lasciò intimidire e continuò a sparare bordate contro il Leone. La guerra riprese con violenza nel maggio 1981, quando venne alla luce la lista della P2. "Critica Sociale", la rivista milanese di Craxi, pubblicò una fotografia inedita di Andreotti accanto a Gelli. Erano entrambi in smoking e sorridevano felici come pasque.

Giulio non si scompose: «È una foto scattata a Buenos Aires nel 1973, il giorno dell'insediamento del presidente Juan Domingo Perón. Io ero lì a rappresentare l'Italia e non a fare altro. Nella mia vita ho avuto molte tentazioni. Ma quella di diventare massone non mi è mai passata per la testa».

Craxi, però, aveva deciso di battere sul chiodo del presunto piduismo andreottiano. La domenica 31 maggio 1981, pubblicò sull'"Avanti" un articolo di fondo intitolato con i nomi di due diavoli: *Belzebù e Belfagor*.

Belfagor era Gelli, "una specie di segretario generale di Belzebù". Ma chi era quest'ultimo, il principe dei demoni? Craxi non lo scrisse in modo esplicito. Si limitò a indicare una serie di elementi diretti a suggerire che si trattava di Andreotti.

Di nuovo, Giulio non batté ciglio. Disse: «Davvero Craxi pensa a me per la parte di Belzebù? Non ho mai saputo di quell'articolo del foglio socialista. Belzebù, se esiste, indossa una giubba diversa dalla mia». Qualche tempo dopo, aggiunse: «L'articolo di Craxi? È soltanto paraletteratura politica».

Ma nell'estate del 1981 Andreotti non si limitò a difendersi. Andò all'assalto, mettendo il coltello nella piaga che più faceva soffrire Bettino: la debolezza del Garofano socialista. Inchiodato a percentuali di voto mediocri, nonostante il gran lavoro di Craxi e degli altri dirigenti.

Giulio mise in mostra il meglio della sua perfidia: «I socialisti vogliono crescere. È un'aspirazione umana e naturale. Ma fin dall'asilo, ai bambini viene insegnato l'uso di uno strumento che si chiama pallottoliere. E il pallottoliere ci dice che il dieci per cento dei socialisti non è uguale al quaranta per cento della Dc. Questo se lo debbono mettere bene in testa».

Poi virò di nuovo sull'affare Eni-Petromin: «È un sasso nella scarpa che ancora debbo levarmi. Non accetto che questa pagina rimanga oscura». E in un'intervista a me, nel luglio 1981, aggiunse: «Quella storia mi è rimasta qui, nel gozzo. Possibile che non si riesca a conoscere chi sono stati i beneficiari dell'operazione? Forse è bene vederlo, senza riguardi per nessuno». Intendeva dire: senza riguardi per Craxi e il vertice socialista.

Nel marzo 1982, Andreotti disse ancora: «Penso che Craxi sia interessato come lo sono io a vedere finalmente chiaro nella vicenda Eni-Petromin». Quindi seguitò a diffondere messaggi cifrati, mostrando di sapere chi si opponeva alla ricerca della verità sulla maxitangente. Concludendo, con astuzia davvero volpina: «Io non me ne occupo per delicatezza».

Poi nell'agosto 1983 accadde l'imprevisto. Bettino il Leone diventò presidente del Consiglio. E Giulio la Volpe il suo ministro degli Esteri. Gli eterni duellanti avevano sottoscritto un trattato di pace? Mica tanto. Alla Farnesina, Andreotti si muoveva da padrone. E in qualche caso contraddiceva Craxi in pubblico. Ma era troppo forte per essere licenziato.

In compenso, il leader socialista continuò a battere sul chiodo del misterioso Belzebù. Nel febbraio 1984 disse alla Commissione d'inchiesta sulla P2: «Chi sia questo demonio dovete scoprirlo voi. Io non ho indagato. Però se indagassi credo che in breve tempo arriverei a capire chi è». Bettino non aggiunse altro. E alzò le spalle quando Giulio tornò a sfotterlo sul partito: «Per l'Italia il Psi è una minigonna, con la sua apparente audacia, il suo senso di liberazione. Poi però si torna alla durevole e giusta lunghezza della gonna».

Andreotti non si scongelò neppure quando il socialista Rino Formica si mise a indicarlo quasi per nome e cognome come il vero capo della Loggia di Gelli. Giulio liquidò accusa e accusatore con due paroline degne di Woody Allen: «Tutto qui?».

Tuttavia i duellanti seguitarono a convivere nello stesso governo. Giulio spiegava: «Il nostro rapporto è assolutamente corretto. Per la politica estera lavoriamo bene e d'accordo. Non abbiamo mai avuto nessuna difficoltà».

Ma poteva mancare l'ennesima stilettata? A metà del giugno 1984, Andreotti raccontò: «La settimana scorsa, durante la nostra visita a Londra, chi faceva gli onori di casa? Il duca di Kent, che è anche il capo riconosciuto della potente massoneria inglese. Ho detto a Craxi: adesso speriamo di non finire tutti e due davanti alla Commissione P2».

Parte dodicesima

45
Oscenità

«L'ostinazione di Craxi nel tenere in piedi quel decreto rasenta i limiti di un atto osceno in luogo pubblico.» Chi parlava così della decisione del governo sulla scala mobile? La risposta sorprenderà più di un lettore: Berlinguer, il leader del Pci.

Un politico dalle parole sempre misurate, restio a spararle grosse, questa volta aveva davvero esagerato. E parlando alla Camera non era riuscito a nascondere una repulsione quasi sessuale nei confronti del leader socialista.

Ricordo che noi cronisti restammo stupefatti. E ci dicemmo: «Re Enrico ha dato fuori di matto!». Un collega più anziano e più esperto di noi ci corresse: «No, stavolta ha pisciato fuori dal vaso. Ma nel farlo non si è accorto di bagnarsi i pantaloni».

Il 1984 fu l'anno della guerra a sinistra. Guerra tra Pci e Psi. Ma soprattutto guerra dal Pci verso il Psi. Craxi regnava e Berlinguer soffriva. Ecco un'altra coppia destinata a tirarsi i piatti in testa. Tra i due non era mai corso buon sangue. Anche loro, come nel caso di Bettino e Giulio, erano troppo diversi come tipi umani. Troppo distanti nel modo di concepire la politica. E soprattutto troppo in contrasto per gli obiettivi che si proponevano.

Craxi aveva un chiodo ben ficcato in testa: in Italia le sinistre non sarebbero mai andate al governo finché il Pci restava troppo grande e ancora troppo legato all'Unione Sovietica. L'alternativa alla Balena Bianca poteva affermarsi soltanto se a guidarla fosse stato un socialista.

Dunque bisognava rovesciare i rapporti di forza. Il Garofano doveva crescere a spese dell'Elefante Rosso comunista: un residuato della zoologia partitica, come dimostrava quel che era accaduto in Francia, in Spagna, in Portogallo. Per non parlare delle socialdemocrazie del Nord Europa.

Alle Botteghe Oscure la pensavano esattamente al contrario. Per di più, quasi tutti, dal vertice alla base del Pci, mostravano un disprezzo fisico per la "banda socialista" e il suo capo. Non era una novità nella storia del comunismo italiano. E la faccenda si sarebbe ripresentata un decennio dopo, a carico di un altro leader di partito: Silvio Berlusconi. Ma chi osservava da vicino, giorno dopo giorno, il crescere dell'avversione comunista, restò colpito dallo tsunami di livorc chc si stava scaricando sui socialisti.

Il pretesto fu il decreto legge sulla scala mobile presentato dal governo Craxi il 14 febbraio 1984. Era diretto a far calare l'inflazione e tagliava tre dei dodici punti di contingenza previsti per quell'anno.

Il taglio comportava una riduzione dei salari e degli stipendi molto modesta, come poi riconobbe anche qualche dirigente comunista. Bettino aveva cercato l'intesa con tutti i sindacati, ma incontrò il rifiuto della Cgil. Non si spaventò e mantenne la decisione presa.

Tra la fine di maggio e l'inizio di giugno, il decreto venne convertito in legge dalla Camera e dal Senato. Ma prima del voto, Craxi fu costretto a passare sotto le forche caudine del Pci. E subire una grande e furente manifestazione a Roma. Dove il 24 marzo il Partitone Rosso e la Cgil portarono in piazza mezzo milione di militanti.

A metà aprile il decreto decadde perché l'ostruzionismo comunista in Parlamento aveva fatto trascorrere i sessanta giorni entro i quali doveva essere convertito in legge. Ma il governo Craxi ne ripresentò un secondo, identico al primo, e questa volta vinse.

Il problema della scala mobile servì a Berlinguer come pretesto per regolare i conti con Craxi e i socialisti. Come s'era permesso Bettino di governare senza l'approvazione del Pci?

I governi degli ultimi anni, tutti a guida democristiana tranne il ministero Spadolini, avevano sempre rispettato una regola: sulle questioni sociali le Botteghe Oscure avevano di fatto il diritto di essere consultate e di esprimere un parere vincolante. Era la cosiddetta "Costituzione materiale", fondata su un collaudato rapporto di forze. Ma Craxi aveva intrapreso la strada opposta. E dunque andava punito.

L'offensiva comunista s'indirizzò subito sul leader socialista. Craxi era un figuro come Tambroni, come Crispi, come Mussolini. Non era soltanto un decisionista, ma anche tante altre brutte cose. Autoritario. Nemico del Parlamento. Forte con i deboli, debole con i forti. Un seguace di Margaret Thatcher e di Ronald Reagan. Non più socialista. Geneticamente mutato. Un avventurista. Un'incognita torbida del sistema capitalistico.

Contro di lui, Berlinguer mise in mostra il lato aspro del suo stile politico. E cominciò a sparare contro il segretario del Psi sei giorni dopo la firma del primo decreto sulla scala mobile. Con un intervento all'arma bianca, davanti al Comitato centrale comunista, il 20 febbraio 1984.

Berlinguer disse che Bettino aveva «più volte manifestato la sua intolleranza verso il Parlamento». Praticava «metodi autoritari». Il suo decreto era «un attentato a una delle libertà irrinunciabili della democrazia repubblicana». Morale: Craxi «logorava il paese» e cercava «una crisi politico-istituzionale che poteva essere di proporzioni impensabili».

Due settimane dopo, il segretario del Pci decise di mobilitare le donne comuniste, una forza d'urto formidabile che gli altri partiti non possedevano. Tutte motivate, supermilitanti e nauseate dall'arroganza maschilista di Craxi, il 4 marzo si riunirono a Roma per ascoltare il verbo del loro leader.

Berlinguer non le deluse. Le mise al corrente «dei rischi che correvano la democrazia e la Repubblica» per colpa dell'inquilino dell'Hotel Raphaël. Poi sostenne che pure i non comunisti cominciavano a sentire puzza di bruciato: «Non siamo soltanto noi ad avvertire il significato di episodi e di velleità che esprimono una mentalità di regime».

Come poteva "l'Unità" non essere d'accordo con il segretario del partito? Il 7 marzo scrisse di Bettino: "Ci troviamo al cospetto di un'inclinazione autoritaria, colorita certo di toni grotteschi, ma non per questo meno preoccupante".

Quattro giorni dopo, il direttore del quotidiano comunista, un focoso Emanuele Macaluso, recensì con parole di fuoco il Craxi apparso alla televisione. Il premier "aveva una linea avventuristica", rivelava "oltranzismo", "forse voleva arrivare alle elezioni europee con una grinta autoritaria, sperando di strappare voti moderati alla Dc".

Altre eccellenze comuniste non furono da meno. Alfredo Reichlin disse alla Camera: «Il decreto ha una carica brutale di autoritarismo». E Adalberto Minucci, già segretario del Piemonte e capo ufficio stampa del Pci, spiegò: Craxi ha «una concezione del Parlamento e della democrazia che, con il passare del tempo, ha assunto aspetti e toni sempre più inquietanti».

Più fantasioso si rivelò Renato Nicolini, appena eletto deputato del Pci. Lui ribattezzò Bettino "Ciccino Craxic", figura di un dramma polacco che diceva di se stesso: «Sono solo come lo è Dio. Governo tutto da solo e rispondo di tutto, ma soltanto davanti a me stesso».

Il messaggio del vertice Pci era in sintonia assoluta con gli umori della base. La rubrica delle lettere all'"Unità" cominciò a praticare il linciaggio quotidiano del premier socialista. Le scorrevo ogni giorno, non sapendo se piangere o ridere. Poi le collezionavo a futura memoria. Ne rammento una, la più strabiliante.

Diceva che Craxi era "un roditore della scala mobile. E stava in testa nella classifica delle sciagure d'Italia. Insieme a Michele Sindona, a Gelli, all'Anonima sequestri, a Cosa Nostra, alla droga e al terrorismo".

Come non provare repulsione per questo orrendo Bettino? Dopo i suoi atti osceni in luogo pubblico, denunciati da Berlinguer a Montecitorio, il disprezzo assunse toni che alludevano al sesso. Sulla prima pagina, Altan disegnò una vignetta speciale. Si vedeva un socialista che in confessione raccontava al sacerdote: "Mi sono fatto sette decisioni e ho praticato atti d'imperio".

Una deputata comunista di Genova, Giovanna Bochicchio Schelotto, dotata di laurea in Pedagogia, evocò per Craxi il priapismo. Spiegando: non è "una esaltazione della potenza virile", bensì "una malattia grave che porta all'insoddisfazione, alla solitudine, alla sconfitta". Per completare il ritratto un lettore fiorentino accusò il governo Craxi di "stuprare la Costituzione".

Il corteo del 24 marzo fu un successo. Ma si rivelò così carico di violenza verbale da impensierire anche qualche comunista con la testa sulle spalle. Un lettore di Tortona scrisse all'"Unità": "Tutto bene per quanto riguarda la grande manifestazione di Roma. Quello che però mi ha dato tanto fastidio sono stati i cartelli stupidi, insensati e lugubri contro Craxi. Quando si parla di corda, di forca, di morte per il presunto avversario politico, il discorso e la polemica scadono a livelli di settarismo inaccettabili".

E un lettore di Cagliari espresse un timore fondato: "Dobbiamo stare molto attenti a non commettere l'errore di spingere dall'altra parte della barricata un uomo come Craxi. Che, almeno a parole e a garofani rossi, dice di stare ancora di qua. Anche se, purtroppo, con i fatti ci sarebbe da dubitarne".

Ma l'errore il Bottegone l'aveva già commesso. E se ne videro subito le conseguenze. L'11 maggio 1984 si aprì a Verona il 43° Congresso del Psi. C'ero anch'io, inviato di "Repubblica", in quella che chiamai la Maxi-discoteca del Decisionismo. Per via di una grande insegna luminosa alle spalle del palco. Con il garofano che si accendeva e si spegneva, comc succcdc nci night.

All'apertura del congresso, si presentò anche la delegazione del Pci. Guidata da Berlinguer. Non appena il pubblico dei socialisti se ne accorse, accadde quello che nessuno aveva previsto. Partirono salve strapotenti di fischi. Accompagnate da un'altra protesta sonora: un tam tam minaccioso a forza di piedi battuti sul parterre.

Avevo il mio solito binocolo. E lo puntai su re Enrico. Era impassibile, ma con il viso terreo. Accanto a lui, Tonino Tatò schiumava di rabbia repressa. Si chinò su Berlinguer e gli parlò nell'orecchio. Stava suggerendogli di andarsene e creare uno scandalo? Penso di no. Infatti, con lentezza, il segretario raggiunse il posto assegnato e si sedette. Senza muovere un muscolo del viso.

Era la risposta della base socialista a tante settimane di guerra. Una replica diretta verso il bersaglio giusto: il grande Enrico che si era dimostrato piccolo nello scatenare il conflitto contro Bettino. I fischi erano diretti soltanto a lui. Infatti, quando comparve Luciano Lama, segretario della Cgil, venne accolto da un lungo, insistito applauso.

Qualche settimana dopo i fischi di Verona, Berlinguer venne folgorato da un ictus nel corso di un comizio a Padova. E l'11 giugno 1984 morì. Aveva appena compiuto 62 anni. A quel punto Craxi si trovò alle prese con un nuovo segretario del Pci: Alessandro Natta.

Prima di descrivere il successore di Berlinguer, bisogna dire qualcosa su di un dirigente del Pci che sarebbe diventato il vice di Natta e poi segretario del partito: Achille Occhetto.

Occhetto era un coetaneo di Craxi, di due anni più giovane, nato a Torino nel marzo 1936. Giornalista pubblicista, aveva alle spalle una lunga gavetta nel Partitone Rosso, al centro e in periferia. Era stato segretario nazionale della gioventù comunista e direttore di "Nuova generazione", il settimanale della Fgci. L'esperienza più forte l'aveva fatta a Palermo per sette anni, prima come segretario della federazione e poi da segretario regionale della Sicilia.

Nelle cronache della Prima Repubblica, Occhetto viene ricordato soprattutto per la cosiddetta "svolta della Bolognina" nel novembre 1989. Quando, dopo la caduta del muro di Berlino, e di fronte al collasso dell'Unione Sovietica, imboccò una strada diversa da quella sempre percorsa dal Pci. Che aveva come primo passo il cambio di nome del partito.

Molti pensano che Occhetto sia sempre stato un comunista di destra, quasi un socialdemocratico. Ma non era così. Anche il compagno Achille aveva messo in mostra una robusta avversione per il Psi e per il suo leader. Senza presagire che la sua famosa "svolta" avrebbe finito per dar ragione all'odiato Bettino.

Nel 1981, quando Craxi vedeva Palazzo Chigi soltanto in cartolina, anche Occhetto l'aveva dipinto come un pericolo per la democrazia. L'incarnazione di "una ipotesi autoritaria che si esprimeva in una sorta di decisionismo tecnocratico".

Il giorno che Bettino diventò presidente del Consiglio, Achille aumentò il calibro delle cannonate. Bollò a fuoco "la volontà di prepotenza" del governo a guida socialista. Irrise al "riformismo senza riforme" del Psi. Accusò l'Uomo nero craxista di voler "chiudere una fase storica e di mettere fuori gioco la crescita democratica e popolare degli ultimi anni".

Dopo il corteo contro il decreto sulla scala mobile, il 26 aprile 1984 Occhetto tenne un'infuocata relazione al Comitato centrale. Conteneva un interminabile atto d'accusa contro la banda governativa a guida socialista.

L'elenco delle imputazioni era impressionante: "Atti d'imperio", "Gravi forzature istituzionali", "Soprusi", "Infernale spirale della rincorsa a destra", "Impasto di prepotenza e di miopia", "Gioco perverso", "Trasformismo programmatico congiunto all'incapacità di offrire un'effettiva guida al paese".

L'anno successivo, Achille chiuse il cerchio delle accuse rivelando l'esistenza di una Spectre governativa guidata da Craxi. Un grumo nefando e segreto che lui vedeva con più chiarezza di tutti: «È un superpartito che si erge a espressione di determinati interessi di alcuni gruppi dominanti. E che si organizza attorno a Palazzo Chigi e, in particolare, intorno all'asse Craxi-Forlani».

Così parlava Occhetto nel 1985. Ma come altri dirigenti del Pci, anche lui presentava margini di ambiguità. E passata la bufera sulla scala mobile, alle Botteghe Oscure cominciò a emergere un po' di saggezza.

Nell'estate di quell'anno, il saggio senatore Paolo Bufalini azzardò un'autocritica: «Noi comunisti non abbiamo saputo riconoscere che il fatto stesso della prima presidenza socialista era il risultato di uno spostamento a sinistra del paese».

Qualche giorno dopo, il 17 luglio 1985, in un articolo sull'"Unità", Occhetto ricopiò Bufalini, quasi con le stesse parole: “Andava riconosciuto che la presidenza socialista era il risultato di uno spostamento a sinistra di tutto l’asse politico del paese”.

Come si vede, sfogliare i vecchi giornali regala sempre qualche sorpresa.

46
Mutazione genetica

L'era di Alessandro Natta al Bottegone la rammento come un intermezzo triste. Forse perché ho il ricordo della prima Tribuna politica dove fu costretto a presentarsi al posto di Berlinguer.

L'incontro televisivo era stato previsto per il martedì 12 giugno 1984, in vista delle elezioni europee. Natta aveva 66 anni compiuti a gennaio. La sua classe, il 1918, era una di quelle sempre in guerra. Anche lui, uno dei primi alla Normale di Pisa, aveva vestito il grigioverde e dopo la laurea in Lettere era stato mandato al fronte. All'8 settembre 1943, stava a Rodi, nell'Egeo, sottotenente d'artiglieria. Aveva resistito ai tedeschi, era rimasto ferito e si era fatto venti mesi di lager in Germania.

Quella sera Natta sembrava assai più anziano. Aveva già visto morire Togliatti a Yalta, nell'agosto 1964, ascoltando con Longo "il suo ansare faticoso e cupo". Adesso la scomparsa improvvisa di re Enrico lo sfiancava. Di solito era doppio: cordiale e sfuggente, alla mano e altero, ridanciano e severo. Ma ora il lutto gli era calato sul volto, quasi un sudario.

Mentre lo osservavo, mi rammentai di come veniva chiamato e mi parve una bestemmia. Poiché Natta era piccoletto, smilzo, il viso dominato da un gran naso, gli avevano appioppato un soprannome: "Capannelle", il fantino suonato dei *Soliti ignoti*, il film di Mario Monicelli. Forse lo scherzo veniva dall'interno delle Botteghe Oscure o forse da qualcuno della truppa informativa. Ma non sono stato io ad averlo ideato, come qualcuno in seguito disse.

Nello studio della Rai, gli chiesi se stavamo intervistando il futuro segretario del Pci. Ma lui si schermì, negando di prevedere per se stesso un incarico tanto alto e così difficile da onorare. E quando un altro collega gli rivolse una domanda sul carisma indispensabile a un leader comunista, la sua risposta fu una sciabolata di buonsenso: «Il carisma credo che ciascuno se lo debba fare».

A trasmissione finita, restammo a parlare con lui nella notte di via Teulada. Natta era stravolto dall'ansia. Benché liberato dal peso del dibattito in tv, non sembrava per niente sollevato. Era livido in viso e a volte tremava. Fumava una Kim dopo l'altra. Ci disse: «E pensare che l'anno scorso avevo già mandato un segnale al partito: volevo ritirarmi. Invece...».

Credo fosse impaurito e insieme attratto dal futuro che lo aspettava. Ma aveva ben chiara quella che doveva essere la sua linea. Del resto, l'aveva già spiegata il 9 giugno, durante l'agonia di Berlinguer, parlando in un comizio a Parma.

Qui ribadì la lezione imparata da Togliatti: «Dopo Berlinguer vi sarà ancora continuità nello sviluppo... Chiunque verrà chiamato a ricoprire l'incarico di segretario, saprà certamente garantire la continuità di una linea che ha radici lontane».

Natta venne eletto il martedì 26 giugno 1984. Fu un plebiscito: 277 sì, nessun no, 11 astenuti. Ma quell'esito bulgaro, come si usava dire, non attestava che le Botteghe Oscure fossero pacificate.

Le elezioni europee di nove giorni prima avevano visto, sia pure di poco, il sorpasso sulla Dc, inseguito per anni. Sull'onda emotiva della fine di Berlinguer, il Pci risultò il primo partito italiano con 11 milioni e 696 mila voti, contro gli 11 milioni e 570 mila della Balena Bianca.

Però la guerra interna fra berlingueriani e miglioristi, ossia la destra del partito, non era finita. Anche perché la nomenklatura comunista sapeva che Natta non avrebbe governato a lungo. Inoltre bisognava trovare uno sbocco all'offensiva contro il Psi di Craxi. Bettino non aveva nessuna intenzione di gettare la spugna. Anzi continuava a mostrarsi sempre più deciso a ribattere agli assalti del Pci. E a governare.

Dirò subito che Capannelle rimase al vertice del Bottegone appena quattro anni, contro i dodici di Berlinguer. Quando era ancora in sella, scrissi sull'"Espresso" che si era guadagnato l'Oscar per il Leader Ignoto. Un giusto riconoscimento al capopartito meno raccontato dai giornali, meno pompato dalle tv, meno incensato dai leccapiedi.

E infatti quando cercammo di capire chi era questo nuovo segretario del Pci ci trovammo in difficoltà. Di lui si facevano soprattutto ritratti grigi. Natta era un comunista di piombo, volava rasoterra, di strappi non ne avrebbe fatti. Era un vecchio professore, verboso e spesso stizzito. Infine era un rigido continuista e sarebbe stato un pignolo esecutore testamentario di re Enrico. Pensate che allegria il suo berlinguerismo senza Berlinguer!

In realtà Natta non assomigliava a questi ritratti malevoli. O per essere più precisi, gli assomigliava soltanto in parte. Imparammo presto tre cose su di lui. La prima che era un togliattiano perfetto, cresciuto nella covata degli "apprendisti dirigenti" decisa nome per nome dal Migliore.

In quel gruppo si era fatto subito notare non soltanto per la fedeltà assoluta al segretario. Aveva anche altre qualità che Togliatti apprezzava molto. Il carattere freddo. Il linguaggio senza sbavature. L'erudizione. Il gusto per la citazione dotta, magari in latino, e per la battuta, magari acida. Sembrava persino più togliattiano di un altro apprendista, più giovane di quattro anni: Berlinguer.

Erano gemelli perfetti, Alessandro ed Enrico. Cresciuti dentro l'apparato, senza passare per il fuoco della clandestinità e i roghi della guerra civile. Togliatti si fidava di loro, totalmente. E li educò, come ricorda Natta, sul metro del rigore intellettuale e politico. Per poi metterli alla prova nel lavoro di ogni giorno, «con severità esigente».

Insomma, un vero maestro, il Migliore. Capace di lasciare nell'allievo una impronta profonda. Il perché Natta lo spiegò così: «Il compagno Togliatti fu il più audace nel rinnovare e il più fermo nel difendere il patrimonio del partito».

Scomparso Togliatti, arrivò Longo che scelse come erede Berlinguer. Ma Natta continuò a restare nella prima fila. E nel 1969 vestì i panni dell'accusatore nel processo al gruppo del "manifesto". Ecco la seconda cosa che noi della truppa informativa apprendemmo su di lui. Non ci piacque perché eravamo degli ingenui molto distratti. Pronti a dimenticare che il Pci era una chiesa di ferro, dove nessuno poteva sgarrare.

La dissidenza di Massimo Caprara, Aldo Natoli, Luigi Pintor e Rossana Rossanda emerse nel febbraio 1969 a Bologna, nel corso del 12° Congresso del Pci. E venne liquidata nove mesi dopo con la radiazione dal partito. Toccò proprio a Natta pronunciare la requisitoria contro questa nuova Banda dei Quattro. Prima dinanzi alla Quinta commissione del Comitato centrale e poi di fronte all'intero comitato.

Natta eseguì il compito con spietatezza dottrinaria e la durezza del dirigente dotato di molti poteri. Natoli, Pintor & C. avevano cento colpe. Prima fra tutte quella di voler organizzare il dissenso dentro il corpo sacro del partito, proponendo «una negativa logica di gruppo». Erano degli «arroganti che avevano perso il senso della realtà». Seminavano «confusione e germi di disgregazione». E accrescevano «il rischio di uno snaturamento del partito». Meglio buttarli fuori.

A 51 anni Natta cominciò a essere visto come il Santo Giustiziere in nome dell'ortodossia. Oppure, all'opposto, come il sulfureo Vyšinskij delle Botteghe Oscure, un inquisitore quasi staliniano. Nei cortei della sinistra antagonista cominciò a risuonare uno slogan mai sentito prima: "Natta – Quinta commissione – il filo nero della repressione".

Tredici anni dopo, sempre a lui spettò di liquidare, sia pure a metà, un altro dissidente: Armando Cossutta. Il 7 gennaio 1982, quattro colonne di parole pesanti come il marmo seppellirono sull'"Unità" l'eresia filosovietica cossuttiana. Natta lo dichiarò responsabile di "forzature, stravolgimenti, schematismi, impostazioni mitizzanti, giustificazionismi e aporie ideologiche", ossia di contraddizioni irrisolvibili.

Cossutta lo ripagò con un'accusa meno dotta, però bruciante. Disse: il compagno Natta non ha mai costruito nulla, è soltanto «un lucidatore della linea di Berlinguer».

Nel 1972, Capannelle diventò presidente del gruppo comunista alla Camera. E dimostrò subito di essere l'uomo giusto per rappresentare il Pci in quell'incarico destinato a diventare sempre più importante.

Era il Parlamento, infatti, la trincea decisiva nell'era berlingueriana. Segnata dal compromesso storico, dal boom elettorale comunista del 1975-1976 e dalla politica di solidarietà nazionale.

E proprio nel gennaio 1976, in un seminario alle Frattocchie, la scuola di partito del Pci, Capannelle fu uno dei primi a teorizzare quella che poi verrà chiamata la linea consociativa. Natta spiegò ai compagni che il rapporto tradizionale fra maggioranza e opposizione, tipico dei parlamenti nei paesi capitalisti, era diventato troppo schematico e astratto. Per questo andava rifiutato.

All'opposizione, ossia al Pci, andava riconosciuto un ruolo ben più rilevante. Quello di «una partecipazione, di un concorso reale a scelte determinanti la politica nazionale». La centralità decisiva, dunque, non spettava più al governo, come era sempre stato per decenni, bensì alle assemblee parlamentari.

Era questo il nocciolo teorico della solidarietà nazionale e poi del compromesso storico. Natta cominciò a tenere i rapporti fra Berlinguer e la Dc attraverso il moroteo Galloni. Andreotti se lo ritrovava sempre di fronte. Nei giorni del sequestro di Moro, Capannelle ebbe una parte decisiva nel conservare ben salda la linea della fermezza. E nell'estate del 1978 fu lui a suggerire le mosse giuste per mandare Sandro Pertini al Quirinale.

Quando la solidarietà nazionale finì, Natta si sentì tradito dalla Balena Bianca. Esclamò, furibondo: «Con questa Dc non bisognerà più prendere nemmeno un caffè!». Poi la sua ira si diresse sul Psi. Erano stati i socialisti, e per primo Craxi, a sabotare l'incontro fra Pci e Dc, per far fallire il Grande Disegno.

Mentre la sua rabbia verso la Balena sbolliva, iniziò a prendere di mira la Banda del Garofano. Scagliando anatemi contro Bettino. Capannelle lo fece un po' dappertutto. Nei dibattiti interni alla direzione del Pci. Su "Critica Marxista", la rivista ideologica. Persino sull'Almanacco dell'"Unità". Il suo disprezzo per questo nemico del Parlamento gli suggerì l'immagine razzista della "mutazione genetica" dei socialisti.

Era un'accusa peggio che balorda. Una robaccia indecente, da laboratorio medico, che testimoniava la rabbiosa faziosità comunista nei confronti del Psi. Questa faziosità era ormai diventata una nevrosi incurabile.

Capace di far perdere il senso della misura pure a un intellettuale come Natta.

Ma la faccenda della mutazione genetica costituiva anche un comodo alibi per poter mettere in atto un assalto al Psi. Da condurre insieme alla Dc, ormai guidata da De Mita. Infatti, nella primavera del 1984, durante la campagna elettorale per il voto europeo, accadde qualcosa che non era mai avvenuto prima.

Natta studiò con Misasi, il braccio destro di De Mita, il tiro di cannone che doveva colpire Craxi su due lati, quello comunista e quello democristiano. Poi, dopo aver guidato un seminario alle Frattocchie sui delitti del Garofano, d'accordo con Berlinguer Capannelle lanciò due pesanti avvertimenti ai socialisti.

Il primo diceva che il rapporto privilegiato fra Pci e Psi non doveva più essere considerato il cardine di una politica di alternativa alla Dc. I socialisti ormai risultavano inaffidabili. Ed erano diventati l'avversario numero uno dei comunisti. Per questo, il Pci poteva guardare anche ad altri alleati.

Il secondo avvertimento era la conseguenza del primo. Nelle giunte locali, comprese quelle delle Regioni, il Pci poteva giocare "a tutto campo". Chiesero a Natta che cosa intendesse dire con quell'espressione un po' vaga. Lui rispose: «Significa che, d'ora in poi, il nostro partito potrà fare le giunte anche con i democristiani».

Era il 23 maggio 1984. Diciannove giorni dopo, Berlinguer morì. Il martedì 12 giugno, la sera successiva alla scomparsa di re Enrico, Natta si presentò a Tribuna politica al posto del suo leader. In quel momento non sapeva ancora che, di lì a poco, sarebbe toccato a lui di portare la croce di un partito fortissimo, ma senza avvenire.

47
Il Tempio socialista

Verso la metà del 1985, l'orizzonte di De Mita cominciò a tingersi di rosa. A maggio di quell'anno, nelle elezioni generali amministrative, il Pci ebbe un salasso del 3 per cento. E il mese successivo perse il referendum sulla scala mobile. Come mai? A somiglianza di molti, anch'io pensai che l'effetto Berlinguer, ossia la commozione per la sua morte, ormai era svanito.

Cominciò la bella estate di Ciriaco. Il leader bianco colse subito un'altra vittoria: l'elezione al Quirinale di Francesco Cossiga al primo scrutinio. Conquistato il colle più alto, De Mita decise che era giunta l'ora di sfrattare Craxi da Palazzo Chigi. Ma su questo fronte le faccende si complicarono.

Ci volle un anno prima che Bettino si dimettesse. Accadde nel giugno 1986. Ma il segretario socialista riuscì a formare subito il suo secondo governo. E rimase in sella sino all'inizio di marzo del 1987. Poi lasciò la poltronissima di premier, dal momento che De Mita esigeva il rispetto di quello che era stato chiamato il "Patto della staffetta". Ossia l'alternanza a Palazzo Chigi fra un socialista e un democristiano.

In Italia tirava già aria di elezioni. Fu in quel clima che, il 31 marzo, si aprì a Rimini il 44° Congresso del Psi. Un congresso-spettacolo, diremmo oggi. Celebrato in un modo insolito per l'epoca. Con una scenografia trionfale che aveva al centro una costruzione mai vista: un grande tempio greco, eretto in onore del leader socialista.

Confesso che prima di arrivare a Rimini, come inviato di "Repubblica", non credevo all'esistenza del tempio. Mi dicevo: certo, Filippo Panseca, l'architetto di Bettino, è un artista molto ardito. Per il congresso di Verona aveva creato la Maxidiscoteca del Decisionismo. E allora mi sembrò che avesse osato l'inosabile. Per questo mi dicevo: Craxi lo fermerà, il suo Panseca, gli darà una regolata, si opporrà all'erezione del tempio.

E invece no. Eccolo lì, il baraccone falso-ateniese. Le finte colonne di lamiera pitturata di bianco. I finti capitelli. Il finto frontone. Il finto timpano. E al centro del timpano un grande garofano rosso. Quest'ultimo vero, luminoso, rosso e verde sul fondo candido.

Pensai che Bettino aveva molte qualità. E che la sua politica di contrasto del Pci si basava su una serie di motivi assai fondati. Prima di tutto l'incapacità delle Botteghe Oscure di rompere in modo chiaro il legame di ferro con la dittatura sovietica. Ma fra le tante doti, al leader del Psi doveva mancare l'umorismo, il senso della misura, il rifiuto del ridicolo.

Sì, mi fece subito ridere il Tempio di Rimini. Aveva tutta l'aria di uno sberleffo per De Mita. Non era Ciriaco, infatti, l'intellettuale della Magna Grecia, come l'aveva chiamato l'avvocato Agnelli? Ma forse non si trattava di sberleffo, bensì di vendetta. Craxi doveva sentirsi così forte da aver voluto rubare al Greco di Nusco pure questo primato.

Ci raccontarono che il Panseca, venuto da Palermo, sostenesse con una ostinazione condita di riferimenti storici che quello allestito a Rimini era un tempio d'ispirazione sicula. Ma Bettino, dopo averlo ispezionato a poche ore dall'inizio del congresso, aveva tagliato corto: «Ma che siculo e siculo! Il tempio è il simbolo della democrazia ateniese, della libertà democratica. Questo è, e non può essere, che un tempio greco!».

Il sopralluogo craxiano era stato accurato, però non del tutto. Infatti il tempio presentava un difetto: non era provvisto di un bagno, con adeguato wc. Bettino se ne rese conto a congresso iniziato. Ogni qual volta doveva fare la pipì, era costretto a uscire sul retro del palco, scendere una scaletta in legno, andare verso i bagni sotterranei del palazzo e poi risalire per fare il percorso inverso.

Dove stava il guaio? Nel fatto che, durante i due viaggi, Craxi veniva inseguito da torme di giornalisti in cerca di una dichiarazione, un parere, una parola. A poco a poco, quell'assedio ripetuto divenne un tormento. Però anche i leader devono fare la pipì, soprattutto se bevono molta acqua. E Bettino non fu in grado di sottrarsi a quel fastidio.

Attorno al Tempio era cresciuta un'enorme fiera, tutta in onore di Craxi. Anche qui il Panseca aveva incrociato stili diversi, ma combinati in modo da cantare sempre le lodi del Padreterno Riformista. Nel Psi avevano già fatto la riforma istituzionale. E sino in fondo. Superando il presidenzialismo, il leaderismo, il ducismo per arrivare subito al padreternismo.

E infatti il Padreterno Riformista sbucava da ogni lato della fiera. Stava in agguato dietro qualsiasi angolo. Ti circondava. Ti avvolgeva. Ti benediva. Ti ammoniva. Ti sorprendeva. Ti ricordava che il Psi era ormai, compiutamente, un partito del futuro. Dove il culto della personalità per il leader dominava su tutto e aveva ragione di tutto.

Il massimo del culto lo trovammo nella mostra del fotografo Umberto Cicconi, il ritrattista ufficiale di Bettino. Titolo: *Quattro anni di governo Craxi*. Contenuto: il diario per immagini del Presidentissimo. C'era lui grande fra i grandi della terra, un elenco infinito di personaggi mondiali. Ma anche semplice fra i semplici.

Bettino con il bambino pugliese. Con il monello senese. Con il picciotto palermitano. Con la fanciulla cinese. Con la profuga somala. Con il frate toscano. Con il calciatore azzurro. Con il cameriere nipponico. Con l'incrociatore Garibaldi. Con il traforo del Gran Sasso. Con la torre di Pisa.

L'effetto era travolgente. E il messaggio chiarissimo. Diceva: abbiamo avuto quattro anni magici. Craxi ha esportato se stesso e il buon nome dell'Italia nell'intero orbe terracqueo. E adesso Ciriaco, il provinciale di Nusco, vuole mandare in rovina questo paradiso.

Esisteva tuttavia anche un rovescio del messaggio. Me lo suggerì un delegato siciliano. Davanti alle centinaia di foto scattate dal Cicconi, esclamò: «Minchia! Bettino sta davvero in terra, in cielo e in ogni luogo, come Iddio!».

Ma l'architetto del Tempio e i suoi assistenti erano stati implacabili. Volete favorire allo stand della stampa socialista? Lì si veniva travolti dai distintivi di latta con la faccia di Bettino. Dai poster. Dai mezzi poster. Dai facsimili della firma di Craxi. Incisi persino sulle penne in vendita alla Boutique Primavera.

La penna andava forte. E andavano fortissimi i libri. Libri su Craxi. Libri di Craxi. Libri prefati da Craxi. Libri del figliolo di Craxi. Libri del cognato di Craxi. Chi voleva qualcosa di più intimo, di personale, poteva averlo. Per diecimila lire otteneva il proprio ritratto al computer a fianco di quello di Bettino.

L'orgia cartacea fu surclassata da Craxi in persona. La prima apparizione avvenne poco prima del mezzogiorno. Dentro un boato di saluto. Tra decine di fotografi scatenati. Accanto all'attrice Sandra Milo raggiante, Bettino ascese al Tempio. Affiancato con rispetto dal Panseca, fasciato in una squillante camicia rosso-garibaldina.

Craxi esclamò: «Ecco il famoso tempio di Filippo!». Poi, com'era solito fare, scagliò il primo rimprovero: «È piccolo, purtroppo. Come lo spazio per il pubblico. Vedrai che oggi avremo dei problemi». E poi: «Ti sei mangiato lo spazio, Filippo! I gradini sono troppo larghi». Quindi domandò: «Ma non c'erano delle ragazze vestite con i garofani? Dove sono le ragazze?».

Nel pomeriggio si scoprì che Craxi, come sempre, aveva ragione. Non erano ancora le tre e il congresso già traboccava di gente. Ormai il Tempio si ergeva su un mare di folla. Era un miraggio bianco-rosso assediato da ondate sempre più alte. Era un porto irraggiungibile, circondato da un partito accorso tutto a Rimini.

Rullarono i tamburi dell'*Internazionale* in versione neosocialista. Il coro del *Nabucco* aveva la potenza sonora di un bombardamento a tappeto. Persino l'ultima trovata musicale dell'era craxiana possedeva il ritmo e i decibel di una marcia militare suonata da mille orchestre in divisa: "Socialismo è il riscatto dell'uomo / che cammina rivolto al futuro / Socialismo è il lavoro sicuro / nella pace e nella libertà...".

Erano davvero queste le parole dell'inno? E chi poteva dirlo nella sarabanda frenetica che avvolgeva il congresso? In quanti eravamo? In diecimila, in ventimila? Lo speaker di turno lanciava appelli disperati: «I compagni non cerchino più di entrare! Andate nella sala ristorante: ci sono mille posti a sedere e uno schermo gigante!». Anche Martelli cominciò a tremare: «Ci sono cinquemila persone più del previsto. Può essere pericoloso».

Ma tutto stava filando liscio. Nel recinto dei vip c'era il meglio d'Italia e non soltanto quella. Fanfani. L'ambasciatore sovietico Nikolaj Lunkov. L'ingegner Ligresti da Milano. Il presidente di Confindustria Luigi Lucchini, con il vice Carlo Patrucco e l'uomo-stampa Ugo Calzoni. Poi un campionario della casta politica. Un Pannella euforico. Un Capanna sornione. Un Nicolazzi roso dall'invidia. Un Altissimo abbronzantissimo.

Dalla marea socialista partì una salva di fischi. Erano per De Mita? No, per Spadolini, segretario repubblicano. Ma Giovannone li incassò senza batter ciglio, soltanto con un soffuso rossore sul viso.

Lo speaker urlò: «Compagni, massima responsabilità! Massimo rispetto per le delegazioni dei partiti ospiti del Psi. Accogliamoli con il rispetto di sempre. Il rispetto che è la caratteristica dei socialisti!».

L'intimazione rimbombò a futura memoria. Nel senso che appariva più destinata a proteggere gli arrivandi che gli arrivati. Si fece viva la delegazione comunista, accolta con stitici applausi. Poi fu la volta di De Mita. Fischi, ma non tempestosi. Ciriaco alzò le spalle. E sentenziò: «Roba normale. Quando scendono in campo le squadre, ci sono sempre fischi e applausi».

Alle cinque della sera apparve Craxi. Annunciato da una *Internazionale* ormai da lesione ai timpani. Accanto a lui sul palco si schierarono Martelli, Giuliano Amato e Gennaro Acquaviva, formando un quadrilatero d'acciaio. Saluti introduttivi. Ovazione. Discorso del leader.

Già, che discorso? Lì per lì, niente di memorabile. Se non le due straordinarie signore che traducevano a gesti le parole di Craxi per i non udenti. Per il resto, tutto già visto e sentito. Soltanto diciotto righe per la questione morale, ormai affiorata anche nel Psi. E poco o niente sui guai interni al partito. Tutto qui.

La mattina dopo, Bettino lesse il mio articolo su "Repubblica" e non gli piacque. In parte aveva ragione: i miei sfottò sul Tempio Greco erano davvero pesanti.

Con la solita, apprezzabile franchezza, Craxi volle dirmelo di persona. Andò a cercarmi al box del giornale, ma non mi trovò. Chiese a Sandra Bonsanti dove fossi. Lei gli rispose: «Non lo so. Sarà in giro per il congresso».

Con un sorriso, Bettino affidò a Sandra un incarico

speciale: «Devi dire a Giampaolo che l'è sciupà!». In milanese significava che ero scoppiato, andato fuori dalle righe con un pezzo tanto cattivo.

Purtroppo Craxi non poteva prevedere che, presto, a scoppiare sarebbe stato lui.

48
Follie elettorali

Può impazzire un'intera casta politica? Sì, può. O almeno poteva nella Prima Repubblica, quando esisteva il voto di preferenza. Per entrare in Parlamento l'aiuto del partito non bastava, come succede oggi quando si è nominati dai vertici. Allora era indispensabile che l'elettore scrivesse sulla scheda il nome o il numero del candidato preferito. Questo apriva una caccia spietata al voto.

Non avevo mai descritto nei dettagli questa follia. Mi decisi a farlo in vista delle elezioni del 14 giugno 1987. Per un mese, tenni nota di quel che vedevo. E vidi di tutto. Ingenuità grottesche. Vuotaggini infantili. Trovate demenziali. Slogan da manicomio. Scemenze comico-orrende. Bugie spacciate senza vergogna. Manifesti da fucilazione alla schiena. Vomitevoli spot televisivi. Interviste suicide.

Ma ecco un riassunto dei miei appunti. Completo di nomi, di appartenenze partitiche, di indicazioni dei luoghi e delle circostanze. Una versione della democrazia parlamentare che produsse in me un solo effetto: una lunga risata di compatimento.

13 maggio 1987

Anche i big vanno in cerca di elettori. E allora scrivono. Andreotti inizia il suo *Diario elettorale*. Verga pagine su pagine, dissertando di niente. Spazia sopra un territorio immenso. Sui collegi elettorali di Francesco

De Sanctis, "insigne letterato nonché politico peripatetico". Sui voti raccolti da Garibaldi in quel di Cicagna, provincia di Genova. Sui premi ricevuti. Sul dente che gli venne tolto cinquantotto anni prima ai Fatebenefratelli dell'Isola Tiberina.

Giuliano Amato, non sapendo come impiegare il suo tempo di sfrattato da Palazzo Chigi dove assisteva Craxi, apre un quaderno dal titolo *Queste elezioni*.

Ma il risultato è disastroso. Il primo argomento è da campionato di enigmistica: "Il dilemma del messaggio", che sarebbe la scelta fra "il messaggio a spicchi" e "il messaggio unico".

Il comunista Renato Zangheri, già sindaco di Bologna, nel suo *Viaggio elettorale* si spinge a pochi passi da casa, sino a Imola. Una città che è "molto cambiata" dai tempi di Andrea Costa e della compagna Anna Kulischoff. Il comunismo all'emiliana ha fatto miracoli. "E i figli di coloro che non conoscevano la riviera romagnola, e neppure sapevano leggere e scrivere, ora volano alle Maldive."

Va in cerca di preferenze anche la senatrice repubblicana Susanna Agnelli, sorella dell'Avvocato. Le prime puntate delle sue *Cronache elettorali* sono davvero mosce: frattaglie senza sugo, per di più malcucinate. Poi si decide a sprizzare un po' di veleno, tutto rivolto in casa.

Suni spiega che, quando spunta la luna elettorale, pure il Pri di Torino diventa un nido di vipere. Giorgio La Malfa le ha fottuto il primo posto in lista. E il secondo se l'è preso un cattedratico, un maschilista, un vetero donnaiolo, ma nemico delle donne candidate. Il nome? Suni tace. Ma tutti capiscono che è Luigi Firpo.

Anche il tagliente Luigi Pintor, neocandidato nel Pci da indipendente, apre sul "manifesto" un diario. Titolo: *Giorno sì, giorno no*. Però scivola subito su un esordio da asilo infantile: "Come sarà questa campagna elettorale? Finché non la vedo da vicino e dal di dentro, non posso saperlo". Pure noi non lo sappiamo. Ma tra un po' lo sapremo, purtroppo.

15 maggio 1987

Si può rinunciare al diario, ma non alla tv. Maurizio Costanzo inaugura su Canale 5 un programma quotidiano: *Elettorando*. I peones in cerca di rielezione fanno la fila per cinque minuti di intervista. E Costanzo, passata la scarlattina della P2, si comporta da Torquemada televisivo. Li infilza con il sadismo di chi si prende la rivincita e stronca a ripetizione carriera dopo carriera.

Di solito, i peones sono brutti. È grigia andare in tv quando non si ha più la giovinezza. Assisto inorridito a una sfilata di rughe, doppimenti, pelate, occhiaie pendule, pance straripanti, bocche malsistemate, tette flosce o monumentali. Poi ascolto un bla bla da imbranati, da retori bolsi, da confusionari vanitosi.

A Franco Bassanini, indipendente di sinistra, Costanzo tira fuori un fondo allusivo, un tantino furbastro. "Bas-bas" è duro con Spadolini («Si crede l'ombelico del mondo»). Arciprudente con Natta («Il comunista che viene da lontano»). Ambiguo su Craxi («Il socialista d'assalto»).

Il dicì Bartolo Ciccardini piange miseria. Si è occupato di tutto, persino di "cultura militare". Ma la grana manca: «Non ho abbastanza soldi per scrivere agli elettori». Un altro dicì, Gerardo Bianco, è un Topo Gigio spaventato. Lo capisco: deve vedersela ad Avellino con l'ex amico Ciriaco. Mette le mani avanti: «All'ultimo congresso ho votato per lui!». E alla parola "Nusco", scatta trionfale: «È il paese di De Mita!».

Con le sinistre si scende di un gradino. Claudio Petruccioli ha l'aria onesta, ma spenta. Chicco Testa mette in mostra una cera livida e macilenta, poco adatta a un ambientalista. Livia Turco è una sovietica cresciuta a Cuneo. Scoppia in lacrime perché al suo paese, Morozzo, nessuno legge "l'Unità". Ma quando si nomina Natta, va in estasi: «È un vero e autentico amico delle donne!».

I più rasoterra sono i socialdemocratici. Graziano Ciocia, bellone cotonato e con la boccuccia a cuore, è torrenziale e greve, come un fondo dell'"Umanità" scritto in pugliese. Costanzo lo rimprovera: «Se lei parla così sulle piazze, gli elettori scappano!».

23 maggio 1987

Veneto bianco. Dc monumentale e compatta, immensa Balena perennemente forte. Campagne elettorali severe, da grande armata asburgica. Ma non sempre è così. Siamo a Padova, terra di sant'Antonio. Din don, le campane suonano a festa. Si candida alla Camera, per la prima volta, Settimo Gottardo, bianchissimo sindaco della città.

Gottardo è un superpiccolo, più basso di Fanfani e per questo chiamato "Spanna Montata". Ha 43 anni, ma l'aspetto del ventenne, anche per via della vocina. Un tipo riccioletto, scapolo brillante, ma da sempre votato alla politica, di un attivismo folle, simpatico, ciarliero e furbo, furbissimo. Non si è fatto mettere sotto dalla dittatura dorotea. E ha una sua corrente, Nuovo progetto, che dicono sia di sinistra.

Dopo quattro anni al Comune, Spanna Montata s'è stufato. Vuole fare il deputato e ci riuscirà. Dice: «Confesso di aver sempre scartato l'ipotesi di non essere eletto». Si getta nella mischia. Lo trovano dappertutto. Regala micropulcini da portare all'occhiello. Pulcini ecologici perché lui ama l'aria pulita. Ne ha preparati cinquantamila.

Convoca la stampa e rivela che farà «una campagna senza rete». Parola d'ordine: «Continuo, costante e frenetico contatto con la gente». Aggiunge: «Meglio il dialogo che le truppe cammellate di altri democristiani». Vengono mostrati i santini. Nelle foto, Gottardo è sempre affiancato da donne: «Punto molto sul popolo sterminato delle casalinghe».

Quindi gli autoadesivi. La scritta è scarna: "19. Settimo Gottardo". Ma la varietà del formato è tanta. Sono a cuore, ad albero, a scudetto, a nuvola, a busta chiusa. Sul 19, il proprio numero in lista, Spanna Montata crea uno slogan geniale: "Eppur si muove – diceva Galileo – votando il diciannove".

Gottardo lo crea fra i quattromila del Movimento popolare che accolgono a Padova don Luigi Giussani. Poi lascia la festa ciellina e corre alla kermesse laica. Al cinema Corso di via Trieste c'è la convention di presentazione del candidato Diciannove. Micropulcini a strafottere. Garofani bianchi alle elettrici. Cori alpini. Dodici majorette di Vigonovo, splendide divise e gambe da urlo.

Ma il momento magico della convention è il deputato Gianni Fontana, capo dell'organizzazione dicì a Piazza del Gesù. Grande showman, l'onorevole esegue al pianoforte *Biancofiore*, l'inno della Balena. Un'apoteosi. Ma sì, sarà lotta dura senza paura, fra i bianchi della bianchissima Dc.

30 maggio 1987

La vera sorpresa della campagna elettorale è Ilona Staller candidata dei radicali. Meglio conosciuta come Cicciolina, la pornodiva. Chi sarà mai? Ma che domanda: è la protagonista di decine di videocassette hard.

Qualche titolo? *Il pornopoker*, con la signora che impegna allo spasimo il supersessuato Gabriel Pontello. E poi *Orgia atomica*, *Carne bollente*, *Banana al cioccolato*, *Telefono rosso: le sue teleproposte arrapano follemente perché Cicciolina mantiene ciò che promette!*

Sarà la donna, anzi la femmina, a far da protagonista in questa campagna elettorale. La Dc spera nell'avvenenza tranquilla di Silvia Costa. Del resto, spiegano i dicì, «la maggioranza dell'elettorato italiano è fatto più da donne che da uomini».

Ma a volte anche le donne scivolano male. A Livorno la Maria Eletta Martini, democristiana, strilla contro Craxi, un prepotente, un dinamitardo delle istituzioni, un nemico del Parlamento. A Milano l'Ombretta Fumagalli Carulli imperversa dovunque, anche al mercato rionale: «Qui tra la scelta delle fettine e l'acquisto delle fragole, ascolto i problemi giuridico-famigliari dei fornitori».

Le socialiste inciampano altrove. Alma Agata Cappiello, intrigante volto da zingara, scrive: "Corro in auto tra filari, risaie, case coloniche. Questa bellezza nasce dalla fatica di compagni e compagne. E io rispetto la fatica!". Rossella Artioli ha invitato altre sette Rosselle a collaborare alla sua campagna: "Tutti potranno parlare di Rossella con Rossella per Rossella". Beatrice Mancini ha un grido di guerra: "Il principe azzurro è Donna. Votami!".

È socialista anche la pronipote di Garibaldi, Anita. Le chiedono: «Cicciolina mostra le tette. E tu?». «Io mostro il mio sorriso.» Ma c'è anche la pronipote repubblicana, Annita, con due enne. Lei mette in guardia dalle imitazioni: «Il prozio Giuseppe Garibaldi era mazziniano, spadoliniano e antisocialista».

Le comuniste hanno inventato la "Valanga Rosa". E che fa la valanga? Ad Arezzo ha allestito una grande lavagna dove segnare gli errori del pentapartito. A Foggia, motorini e biciclette rosa vanno nei quartieri per chiamare le donne a raccolta. A Roma ha inventato uno slogan geniale: "Lascia e raddoppia. Con il Pci due volte più donne in Parlamento!".

3 giugno 1987

"L'Italia Merita Un Programma" strilla con cinque maiuscole il nuovo avviso elettorale della Dc. E Italia, anzi "Forza Italia!", diventa l'urlo di guerra preferito dai combattenti della Balena Bianca.

"Forza Italia in campo e tra la gente!" grida il primo annuncio elettorale di Gianni Rivera. Segue foto del medesimo con le due divise: da assicuratore e da azzurro del pallone. Richiamato all'ordine dopo aver strillato "Forza Brianza!", si uniforma al look italico anche Tiziano Garbo, che poi sarà trombato: "Forza Italia dinamica e concreta!".

"Dài più forza all'Italia" incita Paolo Mazzanti, numero 23 a Milano. Lui ci aggiunge uno slogan pirandelliano: "Vota uno come te". Poi dice di se stesso: "Parla l'inglese e il francese, ha studiato il tedesco e il russo, gioca a tennis, pratica il nuoto e lo sci". Il redivivo Manfredo Manfredi, già tre volte deputato, si sente più sicuro della vittoria e sceglie un grido regionale: "Forza Liguria!".

Impasta tutto Carluccio Sangalli, deputato ambrosiano: "Dài forza al domani, dài forza al Sangalli, un uomo di Parola, un voto di Fiducia". Il vecchio Walter Fontana, che fa i bulloni in Brianza e ha capeggiato la Federmeccanica, insiste: "Fontana firma la fiducia!". E la Dc di Verona grida a tutta pagina e sempre in maiuscole: "La Forza Serena per la Tua Provincia".

Impegno è un'altra parola che fa godere i candidati democristiani. Si ritengono dei faticoni e amano presentarsi agli elettori come Superman della voglia di fare. “Militare, pensionato, marittimo, statale” strilla il ligure Giuseppe Oriana. Il milanese Luigi Baruffi giura di essere esperto in ben sette campi: scuola, assistenza, giovani, sanità, handicappati, artigiani e commercianti. Il varesino Augusto Rezzonico, con il ditino vezzoso sulla guancia, giura di se stesso: “Rezzonico a Roma può fare molto”. Poi si concede un bis collettivo: “Vota la voglia di fare della nostra gente”.

L'urlo dei faticoni bianchi copre lo stridore di coltelli fra reclute e anziani della Balena. “Vota un volto nuovo!” strillano in tanti. Ma ai giovanotti replica Franco Pilla, in corsa a San Donà di Piave, un massiccio sosia di Aldo Fabrizi: “Affideresti più volentieri i tuoi interessi all'ultimo arrivato o a un professionista con più di trent'anni di esperienza?”.

Non mancano tuttavia i tipi strani. Aldo Perrotta, dicì di Napoli, preferisce l'enigmistica. E lancia se stesso con manifesti rebus: “XR8'A chi è? XR8'A cos'è?”.

Forse il Perrotta credeva di essere un agente segreto, con il nome cifrato.

4 giugno 1987

Anche il campionario socialista è tutto da godere. Virginio Scotti, detto Gerry, presentatore televisivo a Milano, fa l'occhietto dai manifesti dicendo: “Forse un garofano starebbe bene anche a voi”. Il guaio è che il suo garofano risulta bianco, bianchissimo, da quinta colonna di De Mita.

C'è l'uomo dalle sette vite, Aldo Aniasi. In un maxivolantino ci descrive la propria esistenza senza tregua: “Ogni settimana incontro giovani, lavoratori, anziani, artigiani, intellettuali, commercianti, professionisti, quadri, dirigenti d'azienda...”, mio Dio che fatica, Bettino salvami tu!

Supertimido, il ligure Silvio Romanelli si fa cantar la gloria da ben quattro donne, tra le quali un'olimpionica di nuoto. Si presenta da sé Mario Marino Guadalupi, deputato di lungo corso e candidato a Brindisi: la sua biografia è lunga sedici pagine. Giulio Polotti, milanese, va sul pratico. Elenca una per una le cinquecentocinque strade del suo collegio. E conclude: "Gli Elettori di queste vie possono votare per me".

Ma il superdotato ce l'ha l'Edera repubblicana. È Pierfranco Faletti, consigliere dell'Enel e candidato a Milano. Travolto da un delirio di onnipotenza, si fa fotografare alla Hitler, con la mano piantata sulla carta geografica dell'Europa. Giura di avere "la competenza del tecnico, del manager, del politico". Infine offre ai balbuzienti uno scioglilingua: "Essere competenti per poter competere".

6 giugno 1987

Il 14 giugno si avvicina e il postino suona non tre volte, ma mille, centomila, un milione di volte. Un milione di lettere le sta firmando De Mita per quelli che nel 1983 si sono astenuti dal voto. Sempre Ciriaco, scrivano non-stop, ne spedirà tre milioni alle matricole elettorali.

Numerose sono anche le lettere inviate dal direttivo milanese dell'Ente Nazionale per la Protezione e Assistenza dei Sordomuti: "L'uomo che ci ha più aiutato è Francesco Colucci, numero 24 della lista del Psi".

Il Colucci è pure il gran capo dei pugliesi immigrati a Milano. Ma a insidiarlo è una missiva dell'ingegner Francesco Carpagnano, del Psdi. Lui si rivolge agli immigrati da Andria, provincia di Bari: "Un tuo conoscente di Andria, che ho aiutato per il condono edilizio, mi ha dato il tuo indirizzo...".

La lettera reca il simbolo socialdemocratico: il Sole Nascente sul Mare. “Nella confusione il Sole Nascente fa luce!” gridano Massari, Modina e Rizzi. Un’altra terna soleggiata è quella di Nicolazzi, Cerutti e Pagani: “Siamo gente di parola!”.

Ma il vero imbattibile è Angelo Capone, assessore milanese al commercio: “Telefona a Capone, è dalla tua parte”. Segue foto del Capone al telefono: “L’informazione fa bene alla salute e alla borsa della spesa”. E segue, soprattutto, un gettone telefonico vero. Capone ne ha fatti incollare ai volantini ben tremila, dal figlio e dalla morosa del figlio.

Non ha figli, ma formiche, Roberto Formigoni, democristiano del Movimento popolare. Nel volantino, il nome di questo Parsifal barbuto l’hanno composto con cinquantatré formiche. Un po’ di briciole elettorali per ciascuna e il “Formiga” ce la farà a diventare deputato.

10 giugno 1987

Nel descrivere la propria vita il candidato qualunque eccede sempre un po’. Evita questo errore uno dei più grandi albergatori di Napoli: l’ingegner Nino Naldi, numero 29 della lista democristiana. La biografia lui se l’è fatta scrivere dai dipendenti: tre dirigenti, dieci direttori, cinquantadue capireparto.

Sentiteli: “Nino Naldi, numero 29, è un condottiero di aziende sempre carico d’entusiasmo. Mai stanco, dorme pochissimo, ha sempre fretta. È convincente e ha veramente sempre ragione. Il suo carattere è fortissimo e invalicabile, ma affettuosamente ragionevole. Lo teniamo sperimentato. E perciò, che Dio lo protegga come è sempre stato, votatelo con noi dandogli la preferenza nella lista Dc per il Parlamento. È l’Uomo che tramite la Dc sarà utile più di ogni altro ai lavoratori”.

13 giugno 1987

Ultime battute della campagna elettorale. E ultime follie. Ecco una sorpresa. Il professor Guido Rossi, grande professionista e accademico, c'è cascato anche lui. Candidato al Senato per il Pci nel collegio di Milano, si è preparato un manifesto che dice: "Voto infine Rossi Guido – ché degli altri non mi fido".

Un altro campione del fai da te è il repubblicano Giacomo Sandri, da Treviso. Il suo santino è meraviglioso e orrendo. Titolo: *Un uomo, le sue stagioni*. Seguono venti foto del Sandri: da neonato, con il sederino in bella vista, all'asilo, da balilla, da ventenne, al matrimonio, alla Festa dell'Edera travestito da capo indiano, in libreria con Spadolini e all'enoteca con Visentini.

Ma a battere il Sederino d'oro è un candidato dicì di Roma: Alfonso Spasari, numero 47 per la Camera. Il suo slogan lascia a bocca aperta: "47. Morto che parla. Vivo che opera". È stato eletto, questo Spasari? Macché. La gente toccava ferro e buttava via il santino.

La morale della favola elettorale? Ce la offre Luciano Casasole, numero 10 del Partito radicale a Cuneo. Il suo è il più spiritoso manifesto della campagna. Lo slogan dice: "Peggio di quelli che ci sono ora non potrei fare". Sopra lo slogan, una maxifoto a colori di un clown. In italiano: pagliaccio.

Parte tredicesima

49
La Camera di Cicciolina

Contro ogni previsione, Ilona Staller, detta Cicciolina, venne eletta deputata per i radicali, nella lista dei Federalisti europei. E quando entrò per la prima volta a Montecitorio ci rendemmo conto di una verità che riguardava la sua arma principale: il sex appeal.

La Staller ne aveva meno, molto meno della pornostar che l'accompagnava, Moana Pozzi. Fu quest'ultima la stella del 2 luglio 1987, giornata inaugurale del Decimo Parlamento. Ma di questo confronto fra dame speciali parlerò fra poco. Perché adesso devo scrivere di quel pomeriggio speso ad attendere l'arrivo di una deputata del tutto insolita nella Prima Repubblica.

Per cominciare, era un pomeriggio di caldo africano, di cappa grigia e di sole malato. Nel Transatlantico si aspettava soprattutto lei: Elena Anna Staller, detta Ilona, in arte Cicciolina, anni 35, nata a Budapest. Nel corridoio dei Passi Perduti si vagava dentro un silenzio irreale. Commessi all'erta, efficienti e sardonici. Granatieri di Sardegna costretti a montare la guardia al nulla. Cronisti sul nervoso e più sospettosi del solito l'uno dell'altro.

Ma Cicciolina era ancora lontana all'orizzonte. Dei portavoce improvvisati spiegavano che sarebbe arrivata alle 15,30, non un secondo prima né uno dopo. Anche da pornostar era pur sempre una professionista dello spettacolo. Attenta allo scoccar del minuto. E giustamente vogliosa di un'entrata in scena al momento giusto.

Nell'attesa, cercai di darmi da fare. Ecco un volto noto e rassicurante: Evangelisti. Occhiaie a metà guancia. Colorito grigiastro. Però sensorio sempre vigile. Gli chiesi: «Ma è vero quel che si dice in giro di te?».

«E che si dice?» domandò lui, un tantino allarmato.

«Che dopo tanti anni hai lasciato Andreotti.»

«Ma non raccogliere balle, Pansa! L'ho sentito dire anch'io. Però è un'invenzione di chi non mi vuole bene. Sarebbe meno falso se dicessero che sono diventato femmina, con le poppe e tutto il resto, tanto da far concorrenza alla Cicciolina che state aspettando, sporcaccioni che non siete altro!»

Poi Evangelisti si lanciò in una lunga litania in gloria di Giulio. Con una conclusione quasi freudiana: «Io sono arcifedele! Anzi, Andreotti sono io! Sì, non sono più Franco, ma Giulio!».

Gli dissi: «D'accordo. A Fra', ti saluto».

Poi andai a fare una capatina alla buvette. Anche qui il deserto. Solo una sfilata di tramezzini in attesa di veterani e reclute. Più qualche pasticcino poco allettante.

Ecco una recluta comunista, Gianni Cervetti. Avvezzo agli usi del Parlamento europeo, s'era vestito tutto di nero. Tanto da sembrare un impresario di pompe funebri in cerca di qualche cliente.

Anche l'aspetto era funereo. Mi rammentai della sua battaglia persa contro il rampantissimo Occhetto, diventato viceré del partito accanto a Natta. Gli dissi che non mi piaceva dove stava andando il Pci. Cervetti mi regalò una smorfia e mormorò soltanto: «Figurati se piace a me».

Ecco un veterano della Camera, il dicì Mario Usellini, rieletto per la quarta volta. Ce l'aveva fatta per un pelo, ultimo dei quattordici deputati bianchi di Milano. Lui si era mosso alla luce del sole, da imprenditore. Un comitato di sostegno. Una raccolta pubblica di fondi. Trecento sottoscrittori. Rendiconti scritti. Eppure aveva corso il rischio di essere sconfitto.

Conoscevo Usellini da tempo. E gli chiesi: «Quanti soldi avevi raccolto per la tua campagna elettorale?».

«Quattrocento milioni. E li ho spesi tutti. La mia elezione pulita è costata quella cifra. Ma a Milano c'è stato chi ha speso molto di più. Non avevo mai visto un mercato delle preferenze così sfacciato. Le hanno vendute e comprate».

Domandai: «È vero che un candidato dicì a Milano ha acquistato quindicimila voti a sessanta mila lire l'uno? Con una spesa totale di quasi un miliardo?».

Usellini si strinse nelle spalle: «L'ho sentito anch'io. Ma non chiedermi chi è. Non posso dirti neppure se è stato eletto o no. Invece voglio dirti un'altra cosa, ben più importante: se non si cambia il sistema elettorale, bisogna almeno eliminare la preferenza multipla».

«Spiegami il perché.»

«Proverò a farlo» sospirò lui. «Bisogna partire da chi controlla un apparato di iscritti a un partito. O da chi guida una organizzazione professionale ben radicata nella società e in grado di orientare il voto di molti elettori. Questo signore, chiamiamolo il Controllore, si comporta nel modo seguente. Fa dare la prima preferenza a un proprio candidato. Le rimanenti le vende o le scambia con preferenze che vengono da altri gruppi.

«Questo incrocio di voti crea uno zoccolo al quale non riescono ad arrivare i candidati esterni agli apparati. È accaduto non soltanto a Milano, ma dappertutto in Italia: i candidati non inseriti in quelle strutture sono stati trombati. Io non so ancora adesso come sia riuscito a farmi eleggere.»

Già, trombati. Parola orrenda. Brutta fine. Schiere di caduti sul campo di una repubblica allo sfascio. Ma il ricordo della guerra, e della strage evitata, aleggiava su più di un volto. Passò il socialista Lelio Lagorio, fiorentino, detto il "Granduca", cupo, chiuso in se stesso. Era stato eletto, ma aveva perso il primato a Firenze. E poi avrebbe dovuto lasciare il posto di capogruppo alla Camera.

Passò il placido Gerardo Bianco. Be', placido non tanto se ce l'aveva fatta ad Avellino e dintorni avendo contro De Mita. Bottino: 102 mila preferenze. «Tutte di elettori che non amano Ciriaco?» gli domandai.

Bianco sorrise e mi diede subito un'altra lezione sulla preferenza multipla: «Sbagli nel pensare che i miei voti vengano da gente contraria a De Mita. Ci sono elettori che hanno votato per me, per Ciriaco e per altri democristiani».

«Te la sei vista brutta?»

Lui borbottò quasi tra sé: «De Mita ha un'enorme influenza nella mia zona. Io sono soltanto un Topo Gigio, come hai di nuovo scritto tu, dopo avermi visto nell'interrogatorio che mi ha fatto Costanzo in televisione. Ti risponderò alla democristiana: per uno che non sta nel clan di Ciriaco le campagne elettorali sono sempre complesse».

A forza di chiacchiere sulla preferenza multipla e su campagne elettorali miliardarie, arrivammo vicini al momento dell'apparizione di madama Staller. Altero e petrolinesco passò Marco Pannella, il papà di Cicciolina deputata. Passarono gli onorevoli radicali Francesco Rutelli e Massimo Teodori, cuginetti controvoglia di Ilona. Erano imbufaliti e dicevano cosacce su di lei.

Cominciò a schierarsi l'enorme pattuglione dei fotoreporter, dei radiocronisti, dei cameramen. Poi quello dei cronisti con penna e taccuino, me compreso. Ma non erano ancora le 15,30 e la Staller, cronometrica, latitava.

Passò di nuovo Pannella e adesso sembrava nervoso. Passò un ex ministro di lunga durata, Vito Lattanzio. Passò una splendente stangona vestita di giallo, ma era una cronista del “Gazzettino” di Venezia. Passò una coppia a braccetto, abbronzata e grinzosa: Luciana Castellina e Lucio Magri, figure d’altri tempi, da cioccolato Talmone.

Alle 15,25 apparve la Staller. Con al seguito un corteo di pornostar. Fantastico: tutte in bicicletta e tutte con le tette al sole. La più affascinante e misteriosa era davvero Moana, 26 anni, nove in meno di Ilona.

Che splendore, Moana! Pelle bianco latte. Sorriso ingenuo-invitante. Bocca perfetta. Sguardo malizioso. Seno da campionato del mondo. Idem il lato B. Vinceva cinque a zero sulle altre compagne di sfilata: Ramba, Hula Hop, più altre innominate.

Ciascuna reggeva un cartello. Moana: “Cicciolina con amore in Parlamento”. Ramba: “Forza Cicciolina, sei tutte noi!”. Hula Hop: “Benvenuta Cicciolina in Parlamento”. Petra, assente, ma con il cartello issato da una sua vice: “Cicciolina, anche se non sono qui, sto portando per te il profumo del sesso in Parlamento!”.

Ebbe inizio un pomeriggio indimenticabile. Strip in pubblico di Moana & C. per mostrare quel poco che non si vedeva. Esibizione trionfale di tette, quasi sempre extralarge. Poliziotti angosciati. Granatieri immersi nel sudore. Grida. Spinte feroci. Sangue sul viso di un cameraman. Aria da luna park di quart’ordine. Fastidio per il santuario democratico così oltraggiato.

La Staller mi sembrò la più brutta delle pornostar. Aveva indossato gli addobbi di un palco del 4 novembre, festa della Vittoria. Il vestito verde bandiera, accollatissimo, con balze tricolori sulla gonna. Calze bianche da Prima Comunione. Guanti di pizzo. Sorriso professionale. Però molto tirato, in un viso livido. Per di più era magrissima e di un pallore spettrale, nonostante il trucco.

Andò a sedersi su un divano dei Passi Perduti. Sul sofà di fronte dormiva il sonno del giusto un veterano della Camera: il democristiano Bruno Vincenzi, da Quistello (Mantova), non più rieletto. Accanto a lui riposava una recluta, un peone ancora sconosciuto. Cicciolina li scrutò con scarso interesse. Poi domandò a un commesso: «È vero che fuori fanno una manifestazione contro di me?».

Tranquilla, onorevole. Erano soltanto dieci ragazze del Gfs, Gruppo femminista separatista. Strillavano: «Cicciolina rende più devastante il potere maschile sulla donna!».

Lei sospirò, portando al seno la mano guantata: «Ah, meno male. Se sono poche, mi sento più in pace con me stessa».

Arrivò l'Adele Faccio, deputata radicale e balia di Cicciolina: «Ilona, gioia mia, vieni!». A braccetto, le due signore entrarono nell'aula di Montecitorio. Ilona strillò, da finta tonta: «Mamma mia, come è grande. Non sono pericolose tutte quelle gradinate? Andar su e giù con i tacchi alti sarà un'impresa».

Ma il vero spettacolo stava in piazza Montecitorio. Femministe separate e sempre più incazzate. Pornostar in rinnovata esibizione. Giovani missini urlanti slogan per un camerata in carcere. Unione Inquilini fuori di sé e intenta a fare caciara. Demoproletari inneggianti a un referendum non ricordo più su cosa.

Sì, meglio ripararsi nei Passi Perduti. C'ero appena entrato, quando una voce imperiosa mi ordinò: «Pansa, voltati!». Era Luigi Firpo, il mio vecchio professore di Storia delle dottrine politiche all'Università di Torino. All'età di 72 anni era stato eletto deputato repubblicano, nella circoscrizione Torino-Novara-Vercelli.

Era di ottimo umore e mi fece sedere accanto a sé. Mi disse: «Sei stato uno studente scrupoloso e vedo che fai con scrupolo anche il mestiere del pennivendolo. La leggi la mia rubrica sulla "Stampa"? Certo che la leggi. Ma se anche non la leggessi, mi risponderesti di sì.

Adesso che ti ho pescato, voglio apparire nel tuo pezzo per "Repubblica". Sei d'accordo?».

«Certo, professor Firpo» gli garantii, un po' intimorito. «Mi dica la sua prima impressione da deputato e io chiuderò il mio articolo con le sue parole.»

«Ottimo!» esclamò Firpo. «Allora scrivi. Qui, a Montecitorio, siamo in tanti, tantissimi. E io provo un senso di assoluta superfluità. Se anche ci mandassero a casa nove su dieci, non se ne accorgerebbe nessuno!»

Furono le parole che pubblicai. Ma il professor Firpo me ne disse altre. Molto più pesanti, che non ritenni di stampare. Sentite un po'.

«La metà dei deputati, e anche dei senatori, sono dei ladri. Nel senso che fanno politica grazie alle tangenti incassate da loro o dai partiti che li mandano in Parlamento. Tutti i partiti vivono sulla corruzione. Tranne noi repubblicani, forse, perché siamo troppo piccoli. E i missini, esclusi dal gioco perché sono fascisti. È un sistema perverso, che dura da anni, ma non resterà in piedi ancora per molto tempo.»

«Perché, professore?» gli domandai.

«Perché il sistema è tanto marcio che crollerà presto da solo. Basterà che un magistrato faccia il primo passo, catturi il primo tangentista e lo mandi in galera. Allora succederà come nel gioco del domino. Caduta la prima tessera, ne cadrà subito una seconda, poi verrà giù tutto.

«Il sistema andrà in polvere» continuò Firpo. «I partiti più grossi spariranno. Fra le urla di gioia dei loro stessi elettori. A quel punto la Prima Repubblica finirà. Ma che cosa verrà dopo neppure io so dirlo.»

«È uno scenario da brividi» osservai banalmente.

«Certo. E tu lo racconterai su "Repubblica" o su qualche altro giornale. E vuoi sapere con quale stato d'animo ne scriverai?»

«Sentiamolo, professore» dissi, incuriosito.

«Con una gioia feroce. Vedrai cadere nel fango tanti dei politici di professione che segui da anni. E ne sarai felice. Sai perché? Perché voi giornalisti siete gentaglia, iene, sciacalli. Vi piace veder scorrere il sangue. L'odore della morte vi eccita. Ben più di questa nuova deputata, la pornostar. Come si chiama? Cicciolina? È una donna che un signore della mia età e della mia esperienza non guarda neppure. Ha conosciuto ben altre bellezze, il tuo vecchio docente di Palazzo Campana.»

Come sempre, il grande Firpo aveva ragione. Ma scomparve senza poter vedere che sarebbe accaduto quel che aveva immaginato. Morì il 2 marzo 1989. Tre anni prima che il diluvio cancellasse Tangentopoli.

50
Un doppio De Mita

De Mita aveva sempre sperato di essere due volte il primo: nel partito e nel governo. Ci riuscì nell'aprile 1988, quando diventò presidente del Consiglio restando segretario della Dc.

Fu un momento cruciale nel percorso politico di Ciriaco. Ma venne segnato da una tragedia: l'assassinio del suo consigliere giuridico, Roberto Ruffilli. Ucciso dalle Brigate Rosse il 16 aprile, nei giorni del dibattito sulla fiducia al nuovo governo.

Ruffilli, chiamato "Bobo", aveva 51 anni ed era un romagnolo di Forlì. Insegnava all'università Storia delle istituzioni politiche e Storia contemporanea. De Mita, che gli era anche amico, nel diventare segretario della Dc l'aveva scelto come responsabile dei problemi dello Stato. Era stato eletto senatore a Roma nel 1983 e poi nel 1987. Uno scapolo mite, gentile, che viveva con la zia nella città natale.

Avevo conosciuto Ruffilli un mese prima della morte, il 15 marzo a Bologna. Quella sera, al Centro San Domenico dei frati domenicani, c'era stato un dibattito sulla crisi dei partiti. L'oratore principale era Ruffilli, affiancato da me e soprattutto da un altro docente universitario.

Quest'ultimo era Gianfranco Miglio, un settantenne comasco, brillante e bizzarro, a lungo preside di Scienze politiche alla Cattolica. In seguito, Miglio sarebbe diventato l'ideologo della Lega nord, molto ascoltato da Umberto Bossi ed eletto per tre volte al Senato.

Concluso l'incontro, mentre Miglio se ne andava a

dormire, Ruffilli aveva voluto fare quattro passi nel centro di Bologna. Il professore non godeva di nessuna scorta. Ma non ne avvertiva la necessità. L'ultimo dei suoi pensieri era di essere un obiettivo per le Brigate Rosse.

La mezzanotte era già passata. Insieme ad Antonio Ramenghi, il nuovo capo della redazione bolognese di "Repubblica", ce ne andammo a zonzo nel silenzio della città. Ruffilli apprezzava la nostra compagnia. Eravamo tre provinciali che amavano scherzare. A un certo punto il senatore ci offrì la parodia di un discorso demitiano. Imitando alla perfezione l'accento avellinese di Ciriaco.

Il 16 aprile 1988 era un sabato. Dopo aver lasciato Roma, Ruffilli ritornò a Forlì. Nel pomeriggio, quando era da solo in casa, sentì suonare il campanello e andò ad aprire la porta, immaginando che fosse la zia. Invece si trovò di fronte due terroristi delle Br, un giovanotto e una ragazza, entrambi con le pistole spianate.

Il senatore fu sospinto nel soggiorno, venne fatto inginocchiare davanti al divano e qui i brigatisti lo accopparono con due colpi di rivoltella alla nuca, sparati a bruciapelo. Pochi minuti dopo arrivò alla redazione bolognese di "Repubblica" la rivendicazione: "Abbiamo giustiziato il senatore Ruffilli a Forlì. Attacco al cuore dello Stato. Brigate rosse per la costruzione del Partito comunista combattente, Pcc".

Il delitto ci colse tutti di sorpresa. Pensavamo che il lungo ciclo brigatista, iniziato diciotto anni prima, si fosse concluso il 20 marzo dell'anno precedente. Con l'assassinio di Licio Giorgieri, generale dell'aviazione, ucciso a Roma. Invece alle Br mancava quell'ultimo trofeo. E lo festeggiarono con il solito volantino che iniziava così: "Ruffilli non era un mite uomo di pensiero e di studio. Egli era invece uno dei migliori quadri politici della Dc, un vero e proprio cervello politico del progetto demitiano...".

La notizia dell'assassinio di Ruffilli arrivò a Piazza del Gesù verso le 17 di quel sabato. A riceverla fu Misasi che subito irruppe piangendo nella stanza di Giuseppe Sangiorgi, il portavoce di De Mita. Ciriaco stava già ad Avellino e venne avvisato da una telefonata di Gava, ministro dell'Interno.

De Mita decise di ritornare subito al Nord. Poco dopo la mezzanotte entrò nella sede della Dc di Forlì. E qui si abbandonò a un pianto disperato. Il giorno successivo, domenica 17 aprile, Ciriaco ricevette una telefonata da Giovanni Paolo II. Papa Wojtyla gli parlò a lungo e lo incitò a farsi coraggio.

La sera del 16 aprile, De Mita ricordò Ruffilli così: «Era impegnato in prima linea, e oggi dobbiamo dire in prima persona, nel progetto di riforma delle istituzioni che vogliamo portare e porteremo avanti con il nuovo governo. L'avvertimento criminale dei terroristi non poteva dunque essere più chiaro. Almeno della stessa chiarezza con la quale, dieci anni fa, si colpì in Aldo Moro il suo progetto politico».

Cominciò nel sangue il premierato di Ciriaco. Ma prima del delitto Ruffilli c'era stata una normale consultazione elettorale per il decimo Parlamento. Il 14 giugno 1987 i risultati furono buoni per la Dc e cattivi per il Pci.

La Balena conquistò il 34,3 per cento dei voti, con un guadagno di un punto e mezzo. Il Bottegone, invece, perse tre punti. Natta ne rimase scosso. E cominciò a dire che voleva lasciare la politica. Ma lì per lì non accadde niente. A parte l'elezione di Occhetto a vicesegretario unico di Capannelle.

Il Psi guadagnò tre punti, passando dall'11,4 del 1983 al 14,3. Era l'effetto dei due governi Craxi. Ma per Bettino stava per concludersi l'epoca di Palazzo Chigi.

De Mita voleva realizzare il Patto della staffetta. E andò per gradi.

Prima venne mandato a presiedere il governo Giovanni Goria, democristiano di Asti. Era il luglio 1987. Nove mesi dopo, l'11 marzo 1988, Goria si dimise. A precipitare la crisi fu un ennesimo contrasto con Craxi. Il leader del Psi non voleva la riapertura della centrale nucleare di Montalto di Castro. E bastò questo per convincere Goria a fare le valigie.

Il 16 marzo il presidente Cossiga incaricò De Mita di mettere insieme un nuovo governo. Due giorni dopo, Ciriaco cominciò a consultare i partiti. Per primo venne ascoltato il Pci. Natta aveva già fatto a Cossiga il nome di Ciriaco. E l'incontro con la delegazione comunista durò a lungo. Con il risultato di far innervosire Craxi.

Alla buvette di Montecitorio, Bettino disse ai cronisti: «Vedete quanto parlano quei due? Se la Dc e il Pci si mettono d'accordo, noi socialisti finiamo in anticamera!». La stessa irritazione Bettino la mostrò nell'incontro con Ciriaco. Un testimone, Giuseppe Sangiorgi, ricorda che fumava una Salem dopo l'altra. Le fumava così: cavava una sigaretta dal pacchetto, dava qualche tirata, la spegneva, la metteva nella tasca della giacca, poi la ripigliava e la riaccendeva.

Accadde lo stesso con il governo. Una sigaretta da fumare, da spegnere, poi da fumare una seconda volta. Risolvere la crisi sembrava un affare semplice. In fondo si trattava di rispettare un accordo e rimettere insieme un pentapartito con un premier democristiano. Non c'era nulla di rivoluzionario nella faccenda.

Invece le trattative si fecero complicate e andarono avanti per un mese. Furono necessarie persino due riunioni collegiali dei partiti di governo, venti persone per volta. In un caos dove era difficile comprendere le mosse di tutte le componenti del centrosinistra.

L'unica cosa che risultò chiara sin dall'inizio fu il doppio incarico di De Mita, in Piazza del Gesù e a Palazzo Chigi. Ciriaco non aveva nessuna intenzione di rinunciarvi. Del resto, anche Craxi nell'agosto 1983, mentre iniziava a lavorare come premier, si era ben guardato dal lasciare a qualche compagno la guida del Psi.

Anzi, Bettino aveva rafforzato la presa sul partito per evitare che qualche missile gli venisse sparato alle spalle. Lo stesso fece De Mita, consapevole di avere più di un avversario nella pancia della Balena Bianca.

Il primo emerse subito, il giorno successivo all'insediamento del governo. All'Università di Roma, il Movimento popolare guidato da Roberto Formigoni si era riunito a convegno per discutere dell'ultima enciclica di Giovanni Paolo II. Ma l'incontro divenne subito un processo alla guida demitiana della Dc. «I dirigenti democristiani più vicini al segretario» dissero i formigoniani, «sono stati i peggiori lettori della *Sollecitudo rei socialis*.»

Il tiro divenne più personale per merito del "Sabato", il settimanale vicino a Comunione e Liberazione. Il numero del 16 aprile presentava una copertina molto efficace. Si vedeva un De Mita seduto in poltrona che fronteggiava un identico De Mita nella stessa medesima posa e sulla stessa poltrona.

Il titolo strillava *Una poltrona di troppo*. Il sommario ribadiva: "De Mita a Palazzo Chigi. De Mita a Piazza del Gesù. Ma per molti democristiani una delle due poltrone è di troppo. Cosa accadrà?".

Il primo servizio di quel numero aveva un'insegna ancora più esplicita: "Congresso, congresso! È la parola d'ordine. Fatto il governo, tutti i leader democristiani sono pronti a scendere in campo per mettere a posto le cose nel partito. È un appuntamento che molti attendono da un anno. E che De Mita ha sempre rinviato. Ma questa volta...".

La ragione di tanta ostilità veniva spiegata nell'editoriale, intitolato *Il vero rischio*. Secondo "Il Sabato" esisteva il pericolo che un De Mita segretario e presidente rompesse del tutto i rapporti con il Psi di Craxi. Rendendo irreversibile la fine della collaborazione tra democristiani e socialisti.

A quel punto De Mita avrebbe cercato l'alleanza con il solo Pci. Mettendo a rischio il primato democristiano, aprendo le porte all'alternativa di sinistra e, infine, confinando la Dc all'opposizione. "Per questo" scriveva "Il Sabato", "l'inopportunità del doppio incarico di De Mita va oltre i motivi di statuto interno della Dc e investe direttamente il futuro della nostra democrazia e, all'interno di essa, il futuro della Democrazia Cristiana."

Superato lo choc per l'assassinio di Ruffilli, De Mita iniziò a governare. Senza mai porsi il problema di lasciare l'incarico di segretario della Dc. Il suo centrosinistra appariva fortissimo. Al ministero degli Esteri stava Andreotti e a quello dell'Interno Gava, due capicorrente della Dc. Anche la presenza socialista era robusta, guidata dal vicepremier Gianni De Michelis e da Giuliano Amato, ministro del Tesoro.

Può stupire che un leader astuto come De Mita non si rendesse conto di un fatto: era proprio il doppio incarico il suo lato debole. Perché incitava gli avversari interni a rendergli difficile la vita tutti i santi giorni. Ma può darsi che Ciriaco fosse convinto del fatto opposto: anche se avesse rinunciato alla segreteria del partito, i nemici che aveva dentro la Dc gli avrebbero dichiarato guerra lo stesso.

Con il senno del poi è troppo facile dirlo, ma qui possiamo farlo. De Mita si stava avvicinando alla conclusione del proprio percorso da leader, iniziato nel maggio 1982. E nell'anno successivo all'ingresso a Palazzo

Chigi avrebbe perso sia la segreteria del partito che la guida del governo. Fu la prima, fortissima scossa di un Ottantanove che poi ne avrebbe viste altre, cambiando il volto della politica italiana.

Ma Ciriaco sembrava non accorgersi di niente. Neppure delle crepe d'immagine che cominciavano a incrinare il suo personaggio. Fu per questo motivo che pensai di elencarle in un mio *Bestiario* sul "Panorama" di Claudio Rinaldi. Uscì sul numero del 18 dicembre 1988. E aveva per titolo: *Modesti consigli al presidente.*

C'erano per prime le crepe dovute a un eccesso di presenzialismo famigliare. La figlia Antonia portata al vertice dei capi di Stato a Toronto in minigonna e fatalmente sbattuta sulle prime pagine dei giornali. L'occasione aveva suggerito a Giorgio Forattini una vignetta su "Repubblica". Si vedeva Gorbačiov che diceva al presidente Reagan: "Vi porto i saluti dell'Estonia". E dietro il leader sovietico stava De Mita che aggiungeva: "E io quelli di Andonia".

C'era il figlio Peppe portato a conoscere Gorbačiov e che, ritornato a Roma, se ne andava in giro sopra una Ferrari, come il pargolo di un commenda qualsiasi. E c'era la moglie di Ciriaco, la signora Annamaria, che si godeva le luci della ribalta come avrebbero fatto tante altre mogli di premier. Ma rischiando, altrettanto fatalmente, un eccesso di esposizione mondana.

Forse sarebbe stato bene, scrissi nel *Bestiario*, che De Mita spiegasse in casa il vantaggio del basso profilo, della privacy, della riservatezza. Solo coltivando queste virtù poteva respingere con successo il metodo barbaro di sparare ai figli e alle mogli per colpire i padri e i mariti.

Tuttavia, in Ciriaco c'era un pericoloso eccesso di noncuranza. Ecco un tratto del suo carattere difficile da sopprimere o da attenuare. Anche a questo proposito misi nero su bianco un esempio. Il presidente-segretario aveva bisogno di cambiare casa e di vivere nel centro di Roma, invece che in periferia dove aveva sempre abitato? Giusto, niente da eccepire.

Ma perché scegliersi proprio il maxiappartamento di un ente previdenziale, per di più a equo canone? Non sentiva, l'onorevole De Mita, le imprecazioni dell'italiano qualunque alle prese con problemi abitativi uguali ai suoi, però molto più difficili da risolvere? Anche questo portava acqua al mulino degli avversari.

Una terza crepa erano i parenti. No, non volevo parlare di Avellino e dei vantaggi presunti dei De Mita locali. Parlavo di Milano e del fratello Enrico, designato presidente della Regione Lombardia dal gruppo democristiano. Aveva la fama di essere un uomo serio, integro, docente all'Università Cattolica, professionista tra i più affermati in campo tributario.

Forse sarebbe stato opportuno che Enrico rinunciasse a quell'incarico. Eravamo in un paese dove la politica stava dando troppi esempi di nepotismo e di malinteso spirito di clan. Ma Enrico non rinunciò alla candidatura. E Ciriaco non lo obbligò a rifiutare.

Tuttavia, al fratello di De Mita l'impresa non riuscì. Enrico aveva fatto il consigliere regionale per cinque legislature. Ed era uno dei padri dello statuto lombardo. La crisi in Lombardia si trascinò sino al gennaio 1989. Poi Enrico rinunciò alla candidatura. E disse una sacrosanta verità: «C'è una conflittualità paralizzante all'interno delle istituzioni, dei partiti, del mio partito e delle sue correnti». Presidente della Regione divenne l'andreottiano Giuseppe Giovenzana.

Nel *Bestiario* elencavo altri esempi che adesso non cito per brevità. Non ricordo se allora Ciriaco si arrabbiò per quella pagina di "Panorama". Ma alla conclusione della rubrica avevo messo le mani avanti. Offrendo a De Mita un suggerimento amichevole: non si lasci prendere dall'ira o dal carattere permaloso. Non era gridando: «Adesso mi avete rotto le scatole!» che un leader affrontava i tanti fastidi delle sue giornate.

Anche Craxi, nel 1984, aveva gridato ai giornali: «Sto proprio per rompermi i coglioni!». Però un po' di cronisti continuarono a criticarlo. Meglio guardarsi in casa, soprattutto nella propria casa politica. E darsi una regolata, anzi una calmata. Ma per Ciriaco era un'impresa quasi impossibile. Come per i suoi avversari, del resto.

51
Baffo di Ferro

Achille Occhetto diventò segretario del Pci il 21 giugno 1988. Aveva 52 anni e aspettava quel momento da una vita. Una vita da militante, poi da quadro del Partitone Rosso, infine da dirigente. Quando Natta si dimise, immagino per stanchezza, il Comitato centrale scelse come leader "Baffo di Ferro".

Avevo cominciato io a chiamarlo così. Più per simpatia che per sfottò. Non so come mai, però mi ricordava Braccio di Ferro: il vecchietto con la pipa del fumetto americano, che si mantiene in forma mangiando spinaci. Anche Achille avrebbe avuto bisogno di quella verdura e in gran quantità. Infatti, era destinato a chiudere la storia del Pci con la svolta dell'Ottantanove e il cambio del nome.

Dirò in seguito della sua impresa coraggiosa. Ma adesso l'unico Occhetto che mi viene in mente è il Baffo di Ferro alle prese con Mani Pulite. Ossia di quando si presentò a Milano per rendere conto alla sua base delle mazzette che qualcuno del Partitone Rosso ambrosiano aveva prelevato dal pozzo nero di Tangentopoli. E di quel che successe dopo per opera mia.

È una storia che rade al suolo tutte le leggende buoniste create in difesa del Pci. Presentato come l'unico partito immune dal virus delle tangenti. Una leggenda costruita dai suoi dirigenti e diffusa dalla stampa amica, e non soltanto da quella comunista.

Era il 6 luglio 1992, un lunedì di pioggia, uno di quei giorni malvagi che a Milano mescolano l'afa dell'estate con un'acqua gonfia di smog. Mani Pulite stava scavando nel pozzo di Tangentopoli da cinque mesi. Ma Occhetto non aveva mai sentito il bisogno di salire fino a Milano per incontrare la base del partito.

Poi quel giorno si decise perché molti compagni delle sezioni comuniste ambrosiane stavano schiumando di rabbia per le mazzette incassate da qualche dirigente, negli anni del glorioso Pci. A Milano, Occhetto affrontò due riunioni tempestose, la prima il 6 luglio e la seconda il giorno successivo. Entrambe in Via Volturno, la sede storica della federazione rossa. Che per anni e anni era stata il centro di decisioni politiche ed economiche molto importanti nella vita milanese.

Quando lavoravo al "Corriere della Sera", l'incubo del direttore Ottone erano i siluri che potevano arrivare dal palazzotto di via Volturno. Si diceva che il Consiglio di fabbrica prendesse ordini dalla federazione provinciale del Pci. E che anche il mitico Comitato di redazione non fosse sordo ai consigli affettuosi dei dirigenti comunisti milanesi.

Eravamo negli anni Settanta, l'epoca d'oro delle Botteghe Oscure. Dove tutti, da Berlinguer all'ultimo dirigente, avevano deciso che anche stando all'opposizione si poteva influire sulle scelte del governo. Il "Corriere" era il primo giornale italiano. Per questo andava tenuto sotto pressione. Guai ad allentare la presa. E infatti Via Volturno non la allentava mai.

Ma nel giro di pochi anni l'Italia era cambiata. Tangentopoli stava scardinando l'ordine costituito dei grandi partiti. Pure l'ex Pci, ormai diventato Pds, si trovava in un mare di guai. E Baffo di Ferro ne avvertì i contraccolpi non appena arrivato sotto il Duomo.

Nel primo incontro, Occhetto ebbe di fronte i compagni che tenevano in piedi la struttura del Pds nelle fabbriche e negli uffici. Più di uno ringhiò, imbufalito: «Perché non sei venuto prima? Una riunione così dovevamo già averla fatta da un pezzo. Sei arrivato in ritardo, caro segretario!».

Poi si alzò a parlare un compagno iscritto alla sezione dell'Italtel. E rivolse a Occhetto la domanda che molti avevano sullo stomaco: «Ci riesce difficile credere che i dirigenti del partito, a Milano come a Roma, non sapessero nulla di quello che stava succedendo qui». Un po' travolto dall'emozione, Occhetto rispose: «Non lo sapevamo. Io non sapevo. Anche se talvolta ho sentito puzza di bruciato!».

L'incontro di martedì 7 luglio fu ancora più tormentoso. Il segretario si trovò faccia a faccia con il Comitato federale e con molti militanti che si erano invitati da soli in via Volturno. Uno di loro, Nello Paolucci, si rivolse a Occhetto con rabbia: «Oggi non possiamo più dire che siamo il partito delle mani nette. Forse neppure prima potevamo dirlo, ma almeno non ci avevano preso con le dita nella marmellata».

Poi toccò al medico Elio Veltri, vulcanico calabropavese, già sindaco socialista di Pavia: «Un anno fa, caro Occhetto, ti ho mandato il libro che ho scritto con Gianni Barbacetto, *Milano degli scandali*. C'erano i nomi spuntati fuori adesso nelle indagini del pool. Forse non l'hai letto, come avresti dovuto fare».

Infine parlò Ibio Paolucci, giornalista dell'"Unità", esperto di cronaca giudiziaria nonché segretario della sezione del quotidiano: «Il compagno Occhetto dice che non sapeva nulla di quanto accadeva a Milano. Non è verosimile. Ma se lo dice gli debbo credere». A tutti Baffo di Ferro rispose come aveva risposto il giorno prima: «I fatti emersi io non li conoscevo».

Bisogna fermarsi sulle parole del compagno Ibio e poi sulle repliche di Occhetto. Negli anni Settanta, quando lavoravo a Milano per "La Stampa", avevo conosciuto bene Paolucci. Un professionista impeccabile e un re della giudiziaria. Aveva lo stile severo del comunista integrale. E mi sembrava avesse una fiducia troppo cieca nel proprio partito e nei suoi dirigenti.

Era la stessa fiducia totale che in Via Volturno lo spinse ad affermare: «Quel che racconta il segretario non è verosimile. Ma se lo dice lui, gli debbo credere». Posso ricordare che, allora, la risposta di Paolucci mi sembrò un'enormità?

Certo, un'enormità per me che non ero mai stato un militante e, con il tempo, avevo visto crescere i miei dubbi su tutti i partiti. Tuttavia il Partitone Rosso si era retto sempre su di un principio ferreo: dovete credere ai dirigenti, anche se ciò che vi dicono non vi sembra vero.

Tangentopoli cominciò a far crollare questo dogma. E ad abbatterlo ci pensò lo stesso Occhetto, forse senza rendersene conto. La sua risposta, «Non sapevo delle tangenti», faceva a pugni con l'idea di partito che gli arrabbiati di Via Volturno avevano sempre coltivato.

Se il segretario nazionale non sapeva nulla per davvero, che leader era? E che partito era quello che doveva guidare? Anche il Pci e poi il Pds erano diventati come la fattoria democristiana del curatolo Cicco, dove tutti facevano i propri comodi? Ma se, all'opposto, Occhetto sapeva delle tangenti e negava di esserne al corrente, che altro era se non un bugiardo?

Fu esattamente questo che dissi due mesi dopo, a Reggio Emilia, in un dibattito alla Festa nazionale dell'Unità.

A Reggio Emilia ci andai l'8 settembre 1992. Mentre aspettavo l'aereo a Fiumicino, incontrai un mio vecchio amico: Claudio Petruccioli, da sempre nel Pci, poi direttore dell'"Unità" e infine, un decennio dopo, presidente della Rai.

Volevo bene a Claudio, uomo schietto e di buona

cultura. Anche quel giorno aveva l'aria un po' triste di sempre. Chissà perché, mi faceva venire in mente un giovane zar barbuto e assediato da pensieri cupi.

Mentre stavamo per imbarcarci, Petruccioli mi regalò un ritratto scoraggiato di quello che stava accadendo per Tangentopoli: «Noi politici non possiamo più girare per la strada. La gente ci assale perché ci considera tutti corrotti, tutti mazzettari. Voi giornalisti, invece, siete sugli scudi. Tu, Giampaolo, oggi sei uno dei dieci italiani che possono aspirare alla presidenza del Consiglio!».

Scoppiai a ridere e gli replicai: «Claudio, non prendermi per i fondelli! E poi ti garantisco che non aspiro a nulla, se non a continuare a scrivere sui giornali sino a quando il Padreterno vorrà».

Però lui, sempre più tetro, mi ribatté: «No, Giampaolo, guarda che è così. Invece chi fa politica professionale è alle corde. Ho appena 51 anni, ma sento la tentazione di mollare. A volte mi domando che ci sto a fare al Bottegone, come lo chiami tu. Oggi abbiamo speso la mattinata per discutere delle amministrazioni locali. Risultato: parole, soltanto parole».

In aereo mi misi a riflettere su quello che avevo sentito da Petruccioli. E su di noi giornalisti. Mi dissi: chi lavora nei media vede Tangentopoli come una grande storia, un giallo interminabile, senza precedenti nella Prima Repubblica. Però non scorge l'altro lato della medaglia: la profondità della tragedia che i politici dei partiti storici stanno vivendo. A cominciare dai politici onesti. Il loro mondo sta crollando, con una rapidità terribile. E loro si ritrovano di colpo al tappeto: senza casa, senza potere, senza dignità.

Ma alla Festa di Reggio Emilia c'era aria di vacanza. E volevo godermela sino in fondo. Un intervallo riposante dal lavoro all'"Espresso". Il dibattito al quale partecipavo era uno dei soliti. Tema: la crisi della politica.

Non mi ero preparato. Non meditavo niente. Tanto meno contro Occhetto. In fondo, Baffo di Ferro mi stava simpatico.

Nei miei articoli stampati su "Repubblica" e poi sull'"Espresso" l'avevo incoraggiato nel suo azzardo di cambiare il Pci. E nel febbraio 1991, al Congresso di Rimini, quando infuriava la prima guerra del Golfo, ero stato l'unico nei grandi giornali a non dargli addosso, anzi a dirgli: bravo!

Quella sera a Reggio Emilia, il dibattito languiva. Persino il moderatore, Gad Lerner, ormai un divo della tv, aveva l'aria stracca. Non doveva fregargli nulla della serata e meno che mai dei soliti ignoti che stavano con lui sul palco.

Quando venne il mio turno, sfornai il mio bla bla sulla crisi dei partiti e dei loro leader. E fu a quel punto che mi ricordai della risposta di Occhetto ai comunisti milanesi: «Delle tangenti non sapevo nulla».

Allora dissi che, per quelle sole parole, Baffo di Ferro avrebbe dovuto lasciare la poltrona di segretario. Non esistevano alternative: o era troppo ingenuo o era un bugiardo. E in entrambi i casi non poteva guidare un grande partito d'opposizione come l'ex Pci.

In seguito un amico mi chiese: non ti sei mai pentito della tua sparata alla festa di Reggio? Gli risposi: non era una sparata, ma una semplice deduzione logica. O sei così, o sei cosà. Ma in entrambi i casi la debolezza emerge. E non puoi fare il comandante in capo.

Avevo pronunciato un giudizio molto pesante. Ma non sarebbe accaduto nulla se il pubblico mi avesse fischiato, mandandomi a insaccare il fumo, come diceva mia nonna Caterina. Invece le mille e più persone raccolte sotto la grande tenda mi avvolsero in un uragano di applausi. Molti s'erano persino alzati in piedi e mi gridavano: «Bravo, bravo! Ci voleva qualcuno che lo dicesse!».

Benché sinistrato da Mani Pulite, il Pds restava un partito con gli attributi. O almeno li aveva ancora per metà. Infatti ebbe subito inizio il fuoco della contraerea diretto al mio piccolo velivolo ultraleggero.

All'alba del 9 settembre, una telefonata di Occhetto svegliò Piero Fassino. Baffo di Ferro era fuori dai fogli. Lo accusò di essere mio amico, poi gli urlò: «Non andrò più a concludere la Festa! Ci vada un altro a fare il discorso per la chiusura».

Poi qualcuno fece girare la voce che avevo insultato il glorioso Partitone Rosso. Affermando che i comunisti erano ladri come i democristiani e i socialisti. Non era vero, ma la bugia del Bottegone alimentò il caso e mi regalò qualche giornata di gloria.

Quindi entrarono in scena i grossi calibri. A cominciare da Massimo D'Alema. E qui bisogna fare attenzione alle parole che disse, la sera del 17 settembre, sotto lo stesso tendone, durante un lungo botta e risposta con il nuovo direttore del "Corriere della Sera", Paolo Mieli.

Per difendere Baffo di Ferro, un compagno che gli faceva sempre venire l'orticaria, Baffino d'Acciaio se la prese con lo sciagurato Pansa: «Le sue parole mi hanno indignato. È stato un attacco immotivato, pretestuoso, persino sciocco». Quindi aggiunse: «Anche se il Pds è stato solo lambito da uno schizzo di fango, Occhetto si è assunto le proprie responsabilità».

Non era vero, dal momento che Achille aveva balbettato: «Non sapevo niente». Infine Max commise un altro passo falso. Cadendo in una confessione ad alto rischio: «Negli scandali ci siamo lasciati invischiare in posizioni subalterne, prendendo qualche mancia. Il che non diminuisce la gravità del reato. Semmai, per certi versi, la accresce...».

La Festa stava per concludersi. Ma a continuare fu il festival del sepolcro imbiancato. O per citare un vecchio detto volgare: delle vergini dai rossi manti, rotte di dietro e sane davanti. In fondo, pensai, era meglio il povero Baffo di Ferro nella sua disperata sincerità.

Come molti forse ricordano, non terminò lì la storia delle tangenti incassate dal Pci. Il 1993 fu anno terribile. Il Bottegone fu costretto a difendersi con le barricate. Ma ormai la Prima Repubblica stava scomparendo. La Dc e il Psi erano in agonia. Nel crollo si salvò il Pds.

Perché mai? Era davvero l'unico partito a non aver incassato mazzette? Oppure a salvarlo era stata la generosità di qualche magistrato? Ho il sospetto che la seconda ipotesi sia quella giusta.

Parte quattordicesima

52
Il Coniglio Mannaro

In attesa di vedere la caduta del Muro di Berlino, ci venne offerta la caduta del muro di De Mita. Era stata prevista anche la data: il 17 febbraio 1989, giorno d'apertura del 18° Congresso democristiano. E si sapeva già chi avrebbe preso il posto di Ciriaco: Arnaldo Forlani.

Forlani aveva 63 anni ed era in politica da sempre. Noi cronisti della Balena Bianca lo conoscevamo bene. Un signore molto a modo. Sempre in ordine ed elegante. La capigliatura appena uscita dalle mani del parrucchiere. I gesti tranquilli di chi prende la vita con filosofia e non si arrabbia mai.

Aveva un solo difetto per un leader politico: la sua oratoria era anche più pacata di lui. E faceva dormire. Per questo, qualcuno gli aveva affibbiato un soprannome perfido: "Perequil", come il sonnifero.

Ma Forlani era stato anche dipinto con un altro soprannome: il "Coniglio Mannaro". Qualcuno poi scrisse che a inventarlo ero stato io. Però il copyright non apparteneva a me, bensì a Gianfranco Piazzesi, il giornalista toscano autore di un bestseller di fantapolitica: *Berlinguer e il professore. Cronache della prossima Italia*, pubblicato anonimo nel 1975 dalla Rizzoli.

La battuta descriveva alla perfezione la presunta doppiezza di Arnaldo. Coniglio per il suo stile fine, mansueto, lo sguardo un po' attonito, difficile da decifrare. Mannaro come il lupo, per le sue zanne d'acciaio, capaci di metter sotto qualsiasi concorrente e di straziarlo.

Ma a straziare De Mita non fu lui. Bensì, nella prima mossa, il doroteo Antonio Gava. E nella mossa finale Andreotti. Entrambi dopo aver ottenuto il beneplacito di Craxi. Con la conseguente nascita di un trio invincibile: il Caf. La sigla, diventata celebre, dimenticava Gava. Per ricordare soltanto il leader del Psi, Giulio e il nuovo segretario democristiano.

Ciriaco comprese di avere perso il congresso ben prima che iniziasse. Accadde il 27 dicembre 1988. Quel martedì il governo aveva appena varato il "decretone" di fine anno. Conclusa la riunione, un po' di ministri raggiunsero De Mita nell'ufficio a Palazzo Chigi, per fargli gli auguri in vista del Capodanno.

Mentre stavano brindando al 1989 in arrivo, entrò trafelato nella stanza il capo dell'ufficio stampa, Sangiorgi. Aveva fra le mani un dispaccio appena diramato dall'Ansa e lo porse a De Mita. Era di sole quattro righe. E conteneva una dichiarazione di Andreotti.

Giulio diceva: "In vista del congresso, la Dc ha bisogno di una grande compattezza. Sono lieto di constatare che sia con Gava che con Forlani esista una piena convergenza di vedute su questo sforzo unitario".

Il premier si rabbuiò, perché aveva capito tutto. Don Antonio, ministro dell'Interno, lo aveva mollato. Proprio in quel momento Gava entrò nella stanza, si diresse verso Ciriaco e gli porse la mano, esclamando con un sorrisone: «Allora buon anno, Cirì!». Buio in volto, De Mita respinse il saluto. E senza aprir bocca allungò al ministro la nota dell'Ansa.

Don Antonio non era il tipo da arrossire in volto. Ma quella volta gli successe, così giurano i testimoni. Tentò di borbottare qualche parola per rassicurare De Mita, poi comprese che era meglio andarsene. E difatti filò via di corsa, forse imprecando contro Andreotti. Perché non era stato ai patti e aveva rivelato quel che doveva ancora restare nascosto.

L'affare da tenere al coperto era il patto siglato il 22 dicembre fra Andreotti, Forlani e Gava. Oggetto dell'accordo: togliere a De Mita la segreteria della Dc ed eleggere al suo posto Forlani. Era un progetto reso possibile per l'adesione di don Antonio. Il ministro dell'Interno guidava il Grande Centro, una filiazione dei dorotei. E la sua corrente era l'alleato più forte di Ciriaco.

Dopo la mezza festa di Capodanno, Gava diventò sfuggente. Ma De Mita conosceva bene il proprio partito. E comprese di aver perso prima ancora che iniziasse il congresso. Ormai aveva quasi tutti contro. Gli andreottiani, i gavianei, i forlaniani, sino alla sinistra di Donat Cattin.

La conferma di quanto stava per accadere gli venne, e per ben tre volte, nei primi giorni del gennaio 1989. In un'intervista all'"Espresso", Gava disse che De Mita non poteva continuare a essere il segretario della Dc e il presidente del Consiglio. Con un'intervista a "Panorama", Andreotti candidò Forlani a guidare la Balena Bianca. Infine, sempre Giulio, nel festeggiare i propri settant'anni in un teatro romano, rinnovò le sue critiche a De Mita.

Alla fine del gennaio 1989, Scalfari mi chiese di sondare gli umori di alcuni big della Dc in vista del congresso ormai imminente. Il 2 febbraio chiesi di incontrare Forlani. E il Coniglio Mannaro mi invitò a Piazza del Gesù per il giorno successivo.

Il terrorismo brigatista aveva imposto di trasformare il Palazzo Cenci-Bolognetti in un bunker. Sul portone c'era un supersbarramento, con vetri blindati, circuito tv, metal detector. Roba tosta, da fortino di guerra civile.

Ma l'armamentario non aveva cambiato gli usi bonaccioni della Balena. Nessuno si sognava di chiederti un documento o di farti perquisire il borsone che portavi. Borbottavi il tuo nome e la testata del giornale. Quindi un usciere distratto ti indicava con un gesto annoiato l'ascensore.

Arrivavi senza intoppi al piano dove si trovava il presidente del partito, ossia Forlani. Qui il solito funzionario cortese, un gentiluomo dotato di un magnifico pizzetto bianco, ti introduceva nella sacra stanza.

Anche quel giorno, il funzionario mi illustrò l'arredo antico dell'ufficio. Ecco il tavolo al quale aveva lavorato anche De Gasperi. Domandai: «Non era un po' bassino per uno spilungone come Alcide?».

«Certo che sì» mi rispose il signore con il pizzetto. Poi mi spiegò l'arcano: «È stato Fanfani a fargli segare le gambe, lei sa com'è la statura del Professore...».

Il Coniglio Mannaro mi accolse con grande cordialità. Incurante del fatto che "Repubblica", nella persona del fondatore e direttore, Barbapapà Scalfari, avesse nutrito un amore intenso per De Mita. E sin dalle prime battute compresi che Forlani si sentiva già segretario della Balena Bianca.

Lo compresi quando, da vero Coniglio Mannaro, ci tenne subito a dirmi che di fare il leader della Dc a lui importava poco o niente. Infatti si mise a ridere e mi disse: «Io diventare il segretario del partito? Non lo desidero. Né lo cerco. Se proprio ci sarò obbligato, non mi tirerò indietro. Ma soltanto perché non mi sono mai sottratto ai miei doveri. Però debbono costringermi. Devono mandarmi avanti con le lance puntate alla schiena. Chiaro?».

Il colloquio con Perequil avrebbe potuto concludersi lì. Ma non mi capitava tutti i giorni di intervistare un segretario quasi fatto e il nostro incontro continuò. Forlani volle spiegarmi qual era la temperie politica che circondava la Balena Bianca. Lo fece con chiarezza signorile, tutto l'opposto dello stile demitiano, sempre irruento, complesso, irto di dubbi e domande.

«Vede, caro Pansa, i tempi sono cambiati» disse Arnaldo. «La sinistra si sta muovendo. Craxi forse medita di fare l'alternativa. Le barriere ideologiche che una volta ci favorivano sono cadute. Le coalizioni di governo sono diventate più difficili da condurre. E noi democristiani vivremo stagioni complicate...

«Ma allora ecco il primo obbligo per il nostro partito» mi soffiò Forlani. «Essere più unito, compatto, concreto, attenuare la sua dialettica interna, azzerare le divisioni artificiose, pensare di più ai programmi, ai problemi veri della società italiana.»

Era soltanto un po' di acqua fresca, una specie di volantino dell'ufficio di propaganda democristiano, la notoria Spes. Forlani se ne rese conto e partì subito all'assalto di De Mita, sia pure senza nominarlo.

«Alcuni nostri amici si arroccano in difesa del potere che deriva da un doppio incarico, la segreteria del partito e la guida del governo. Ma così offrono l'impressione di avere una concezione possessiva di questo potere. Altri amici, poi, vanno all'assalto degli arroccati. E il tutto dà la sensazione di una guerra.

«Tuttavia questa guerra non c'è, le garantisco che non c'è. È colpa anche del sistema di far eleggere il segretario dal congresso. L'elezione diretta provoca un duello, una contesa emotiva da convention americana. Ma qui siamo in Italia, grazie a Dio!»

Il Coniglio Mannaro continuò a parlare, a parlare. Ma io volevo farlo ritornare su De Mita. E gli chiesi: «È vero che, in vista del congresso, Ciriaco e i suoi amici stanno sbagliando tutte le mosse?».

Forlani sospirò, quasi dispiaciuto: «Una mossa di certo l'hanno sbagliata. Vestono i panni di chi fa quadrato in modo nervoso a difesa di un potere che nessuno minaccia. Anche la loro lite con noi che vorremmo cambiare la linea della Dc è un boomerang. E si rivolterà contro chi lo lancia».

Arrivato al boomerang, Arnaldo passò di colpo dal

tono conciliante a quello gelido. E aggiunse, secco: «Rimettiamo le cose a posto, nel loro ordine naturale. Non è il partito che deve garantire la linea politica di De Mita. Ma è De Mita che, assieme a tutti gli altri, deve garantire la linea del partito. E quando dico tutti, intendo tutti. Andreotti compreso».

«Perché cita la Volpe che non va mai in pellicceria?» domandai.

Forlani mi concesse un sorriso avaro: «Sarebbe Andreotti questa volpe? Capisco, lei ha la mania dei soprannomi. Sono utili a chi scrive, evitano di ripetere all'infinito lo stesso cognome. Comunque, questa volta la battuta non è sua, ma di Craxi. Pagherà a lui i diritti d'autore...».

Poi continuò: «Ho citato Andreotti perché sarebbe un ottimo segretario della Dc. È passato indenne attraverso mille fuochi. È grande. È popolare nel paese. Ma sul campo non c'è soltanto lui...».

«Mi faccia qualche altro nome, se vuole.»

«Emilio Colombo, per esempio. È ancora fresco, attento, preciso. E Gava? È il più unitario. Lo è per natura. Anzi, era già unitario nella culla, perché è tutto suo padre. Anche Gava sarebbe un ottimo segretario, equilibrato, pacato, sereno. E poi è un gran lavoratore, sa?»

«Lei sta candidando tutti. Ovvero nessuno. Del resto lo sa mezzo mondo che sarà Forlani a diventare il segretario della Dc!» esclamai.

Il Coniglio Mannaro mi sorrise, soddisfatto della propria recita. In quel momento lo ammirai. Era magistrale nel celarsi dentro l'ovatta dei buoni sentimenti e delle vocazioni unitarie, fitta di capi che si abbracciavano e di correnti che disarmavano.

E si rivelò supermagistrale nel correggere l'immagine che molti democristiani avevano di lui: «Lei dice che mi vedono come il simbolo di una Dc snervata, senza fiducia in se stessa. Ah, che errore! È snervata non la mia linea, bensì un'altra: quella della litigiosità, che non porta ad alcun risultato. La forza della Dc sta invece nella sua capacità di mediare, di cercare collegamenti, di essere collaborativa.

«Guardi De Mita» concluse insinuante Forlani. «Ciriaco è stato più forte quando ha saputo dare di se stesso un'immagine di serenità non rissosa. Altri partiti, non mi chieda quali, possono giovarsi, forse, di un look diverso. La Dc no. La Dc deve raccordare molte cose e dimostrare di essere il punto d'equilibrio in un paese difficile, pieno di tensioni. E lo deve fare senza stancarsi mai!»

Andò a finire come sapevamo tutti. Il sabato 18 febbraio 1989, primo giorno del congresso al Palasport, De Mita si congedò dal partito. Parlando per due ore e venti minuti, interrotto da ventiquattro applausi.

Ma chiamarli applausi è poco. Boati. Ovazioni. Esplosioni di fedeltà rabbiosa. Tutto per opera di una gigantesca claque, calata come al solito da Avellino e dintorni. Una folla di tifosi dilagante per tutto il Palasport, sino a occupare ogni spazio.

Sulle prime, Ciriaco si provò a fermarli: «Chiedo a tutti compostezza. Gli applausi, come i fischi, non sono idee. E noi abbiamo bisogno soltanto di idee». Poi intonò il suo canto del cigno: «Oggi si conclude un'esperienza di guida del partito difficile, appassionante, durata sette anni...».

«No, no, nooo!» urlarono le truppe irpine. Ma era un urlo triste, perso in una rabbia senza speranza. Un grido di guerra per una guerra ormai perduta. De Mita non era cereo, bensì giallo-grigiastro. Soffriva, per davvero. Quando concluse, era allo stremo delle forze. Si commosse. Cominciò a piangere. Cercò di liberarsi dalla morsa delle braccia, delle mani, dei corpi che lo serravano per troppo amore. Gridò: «Lasciatemi andare. Non opprimetemi!».

Mi venne da scrivere sul taccuino: niente paura, Ciriaco. A opprimerti ci penseranno il Coniglio Mannaro, il volpino Andreotti, le zie dorotee guidate da don Antonio Gava. Lo faranno con l'aiuto puntuale del tuo avversario di sempre: Bettino Craxi. Certo, ti opprimeranno lentamente. Giorno per giorno. Con dolcezza malvagia. Sino all'ultimo respiro. Avevi preteso troppo, Ciriaco. E tra poche settimane non avrai più niente.

Quale sarebbe stata la sorte di De Mita lo compresi scrutando con il binocolo il palco delle eccellenze democristiane, nel settore dei nemici di Ciriaco. Ridevano tutti, stravolti dalla gioia. Le truppe cammellate affluite dall'Irpinia li investivano con un'alluvione di fischi. Ma loro se ne fottevano e seguitavano a sghignazzare.

Mi colpirono due risate. La prima di Paolo Cirino Pomicino, un colonnello andreottiano. Aveva 49 anni, era piccolo, pelato, con mosse da gatto astuto. Replicava con applausi alle fischiate avellinesi. Gli gridarono pure «Strunzo!». Lui rispose alzando le spalle: «Questi fischi ci convincono che dovremo liberare anche Avellino!».

L'altra risata era di Vittorio Sbardella, 54 anni, proconsole andreottiano nella capitale. La sua sghignazzata era gelida, quasi feroce, passata attraverso una dentatura da squalo. Si diceva che fosse il re della Roma andreottiana-ciellina. E come un vero re, Sbardella salutava il congresso con ampi gesti orgogliosi.

Nel pomeriggio di mercoledì 22 febbraio, Forlani venne eletto segretario con un consenso massiccio: l'85 per cento dei voti. A quel punto, Pomicino e Sbardella si congiunsero in un abbraccio. E improvvisarono una danza sul palco. Con saltellini, piroette e baciozzi sulle guance. Un ballo che mi sembrò macabro. Come lo sono sempre quelli dei vincitori.

53
Sentenza all'Ansaldo

Il destino di De Mita si compì tre mesi dopo l'arrivo di Forlani a Piazza del Gesù. E anche questa volta la sua sorte venne decisa in un congresso di partito. Ma non della Dc, bensì del Psi.

L'assise del Garofano si tenne a metà del maggio 1989, a Milano, dentro la vecchia fabbrica dell'Ansaldo. Trasformata dal Panseca, l'architetto di Bettino, in una cattedrale metallica tutta craxiana. Dominata da un grande marchingegno gremito di schermi televisivi: la Piramide Telematica.

Andai anch'io all'Ansaldo, come inviato di "Repubblica", e ci rimasi per tutta la durata del congresso. Destinato a restarmi nella memoria per due eventi capitali. Il primo fu il trionfo di Craxi, rieletto segretario del Psi con una votazione davvero bulgara, come si diceva allora. Ecco i numeri del trionfo. Votanti: 1097. Voti validi: 1077. Craxi: 995 voti, pari al 92,3 per cento.

Il secondo evento, previsto quanto il primo, fu la fine di De Mita come capo del governo. Era un pronostico che stava sulla bocca di tutti. Per qualcuno funereo, per altri gioioso e da festeggiare brindando. Senza tenere in nessun conto un dettaglio non da poco: che i socialisti stavano dentro il centrosinistra demitiano. Con una robusta delegazione, guidata da Gianni De Michelis, vicepresidente del Consiglio.

L'attesa per la seconda caduta di Ciriaco infiammò il congresso sin dal primo giorno. Anche il più distratto dei cronisti avrebbe colto subito che all'Ansaldo l'aria antidemocristiana si tagliava a fette. Ed era soprattutto un'ariaccia antidemitiana.

De Mita era il mostro da bruciare. Il vero gobbo della Notre Dame socialista. Ogni discorso dalla tribuna si rivelò un rogo acceso sotto il corpo di san Ciriaco da Nusco. Un politico nefando, stracarico di colpe. A cominciare da quella di aver contagiato l'intero sistema dei partiti italiani.

A spiegare le nefandezze della Dc e di De Mita fu soprattutto Rino Formica, ministro del Lavoro e colonnello tra i più acuti dello Stato Maggiore craxiano. Con un'oratoria luciferina, Rino spiegò al congresso che il fallimento democristiano era anche il fallimento personale di Ciriaco.

L'uomo di Nusco aveva cercato di trasformare la Balena Bianca in un moderno partito conservatore. Aveva creduto che liberalismo ed efficienza potessero diventare le nuove parole d'ordine. Aveva pensato che la vecchia struttura di potere degli interessi costituiti potesse dissolversi.

E invece che orrore questa Dc lasciata in eredità a Forlani!, scandì Formica: «Non si gestisce il potere per tanto tempo senza trasformarsi nella corporazione delle oligarchie costituite, nella sintesi a somma zero degli interessi specializzati. Ecco la Dc di ieri e di oggi. Un partito trasformista. Capace di rappresentare soltanto se stesso. Impossibile da coinvolgere in una politica attiva di governo e di mutamento delle istituzioni».

Accanto a me stava seduto un giornalista americano. Conosceva bene l'italiano. Ed era riuscito a seguire il ragionamento formichiano, dai toni nobilmente baresi e ricchi della famosa erre arrotata di Rino.

Il collega arrivato dagli States mi domandò, stupito: «Ma socialisti e democristiani non sono alleati nello stesso governo?».

Mi capitò di rispondergli così: «Certo, sono alleati da

molti anni. E insieme ai comunisti sono i vincitori della guerra civile che, con l'aiuto degli Stati Uniti e della Gran Bretagna, ha sconfitto il fascismo. Ma adesso i vincitori del 1945 sono stremati. Su di loro sta scendendo la notte. Resteranno insieme ancora per qualche tempo, poi si divideranno. E a quel punto la repubblica di oggi finirà».

Il giornalista americano mi domandò ancora: «Finirà per colpa della corruzione? Da noi si dice che i partiti italiani vivono grazie alle tangenti. La loro immoralità è dilagante. Prima o poi i vostri giudici usciranno dal letargo e faranno piazza pulita di tutto. A cominciare dai leader politici».

Gli risposi: «Forse hai ragione. Sto scrivendo un libro che dovrebbe uscire in autunno. Avrà per titolo *Il malloppo*. È una parola che indica il denaro arraffato illegalmente da finanzieri e da tangentisti. Un racconto dell'Italia ossessionata dalla conquista del soldo facile. Sotto questo aspetto, il nostro è un paese allo sfascio. E non per colpa della sola Dc, quella descritta dal ministro Formica. Anche i socialisti adorano le tangenti. E lo stesso i comunisti».

Ma all'Ansaldo a pestare duro sulla Dc e su De Mita fu soprattutto Giuliano Ferrara, un giornalista ormai famoso. Aveva 37 anni e più o meno lo stesso aspetto fisico di oggi. Era un Falstaff barbuto, un maxiposter di se stesso, una vagonata di cellulite televisiva, capace di un'oratoria debordante e trascinante.

Nel mio articolo su "Repubblica" lo chiamai "Cicciopotamo". Un incrocio singolare fra il bambolotto di Cicciobello e un ippopotamo. Per di più aggiunsi che era un socialista islamico, a causa della sua virulenza oratoria.

Oggi penso d'aver ecceduto nell'ironia aggressiva. E

credo che Ferrara non me l'abbia perdonato. Ma la notte dei vincitori si avvicinava. Non andavamo per il sottile un po' tutti. Del resto, anche Ferrara non si risparmiò. Regalando al congresso dell'Ansaldo veri e propri orgasmi.

Ferrara disse: «Cari compagni, voi sapete più o meno come la penso. Gli avversari, i miei avversari e, se permettete, i nostri avversari, me lo rimproverano. Ma io me ne faccio un vanto, poiché da sette anni sostengo, senza paura alcuna, la giustezza della politica del Psi e del compagno Craxi. Non ho scrupoli, cari compagni, nel dire che il Psi è accerchiato dai grandi mezzi di comunicazione. Però l'indipendenza è un tratto di carattere e non si acquista all'esame dei giornalisti. Chi grida più spesso d'indipendenza, grida per darsi coraggio.

«E già che ci sono» continuò Giuliano, «mi ricordo che stamattina sull'"Unità" c'era un titolo che la dice lunga sulla presunta indipendenza che diventa spirito servile verso i nuovi potenti. Si parla di un intellettuale francese, oggi candidato comunista alle elezioni europee, che in Francia, sotto il regime di Vichy scriveva articoli antisemiti e collaborazionisti dei tedeschi che occupavano il suo paese.

«Ma anche in Italia» proseguì, «ci sono giornalisti che trafficano sottobanco con i politici. E chi porta, all'ingrosso, la responsabilità di tutto questo? È un piccolo Grande Vecchio. È un Grande Corruttore della professione giornalistica, in senso politico s'intende. È venuto il momento di farne il nome! Il Grande Corruttore è, da dieci anni in qua, il presidente del Consiglio, Ciriaco De Mita!»

Cicciopotamo vibrò un tremendo cazzotto sul podio. E fu come uno squillo di tromba. Dal congresso si levò un uragano di applausi. Appena un decibel al di sotto di quelli ricevuti da Craxi.

Adesso Ferrara era pronto a entrare nei dettagli.

Spiegò che Ciriaco il Corruttore aveva allestito una delle più corrosive lobby dell'informazione. Si era ingoiato tutta l'Iri. Aveva tentato di mangiarsi per intero la Rai, ma non era ancora riuscito a digerirla. Tutte le mattine assaggiava un pezzo del principale quotidiano del Mezzogiorno, "Il Mattino", giornale di proprietà pubblica.

Poi concluse: «Adesso vi saluto e me ne vado a fare la mia trasmissione, *Radio Londra*. Ho visto giusto nel scegliere quel titolo. In Italia non c'è il fascismo. Ma contro di me ci sono possenti veleni, pressioni, intimidazioni. Da quando faccio *Radio Londra*, mi è capitato addosso un bombardamento da non augurare al peggior nemico. Però io sono libero. Io ho il privilegio della libertà. Io non sono come il democristianissimo Tg1! Io non sono come Telekabul, detta anche Tg3!

«Ho fatto un numero alla Italo Balbo!» ringhiò soddisfatto Ferrara, nel ritornare al suo posto. Intendeva dire: un discorso con il manganello in pugno. Anche per questo l'orazione di Cicciopotamo piacque tantissimo al congresso socialista.

Se lo statuto del Psi l'avesse permesso, l'inventore di *Radio Londra* sarebbe diventato il vice di Bettino. Aveva parlato al cuore, al fegato e alla pancia dei compagni. Rivelando, papale papale, quello che tutti speravano: la fine di De Mita anche come capo del governo.

Questa fine era già stata decisa. Dentro il camper parcheggiato in un angolo appartato dell'Ansaldo. Era lì che Craxi riceveva i visitatori di riguardo. E fu nel camper, la domenica 14 maggio, che Bettino accolse Forlani. E annunciò al nuovo segretario democristiano che avrebbe aperto la crisi di governo.

Su De Mita stava soffiando la bufera. Il 17 maggio una nota della segreteria del Psi spiegò che il governo doveva dimettersi. Il giorno successivo Martelli, con un discorso sprezzante, avvisò che il treno governativo guidato da Ciriaco era giunto al capolinea. Ed era arrivato il momento di dire: signori, si scende!

La fine di De Mita venne annunciata da Craxi nella tarda mattinata di venerdì 19 maggio. Lo fece con un rigore spietato e con un attacco frontale a Ciriaco. Una volta che la sentenza fu letta, Formica indicò ai cronisti Gianni De Michelis, il vicepremier.

Era considerato il capo dell'ala ministeriale del partito e non sembrava per niente felice. Lo scrutai con il binocolo: sul viso aveva l'ombra cupa della sconfitta. Persino la chioma lunga gli pendeva più del solito, ammosciata e umidiccia. Come una bandiera a mezz'asta passata sotto un acquazzone.

Rivolto al massiccio compagno veneziano, Formica esclamò, irridente: «L'ambasciatore Grandi sta per partire con le lettere di congedo...». Alludeva al Dino Grandi del 25 luglio 1943, che aveva messo in moto la caduta di Mussolini.

Ma De Mita non volle aspettare la missiva partita dall'Ansaldo. Alle ore 13 del 19 maggio convocò il Consiglio dei Ministri per quel pomeriggio. E alle 17 andò al Quirinale e presentò le dimissioni a Cossiga.

Come spesso accadeva nella repubblica dei vincitori, le crisi di governo non venivano risolte in quattro e quattr'otto. Il 26 maggio, Cossiga incaricò Spadolini. Giovannone esplorò per ben due settimane, quindi gettò la spugna. Il 13 giugno l'incarico fu trasferito nelle mani di De Mita, ma era un passaggio pro forma, nient'altro.

Ciriaco lasciò che si svolgessero le elezioni europee, fissate per il 18 giugno. I risultati non sorpresero nessuno. Rispetto alle ultime politiche, la Dc perse quasi un punto e mezzo. Il Pci ne guadagnò uno. I socialisti avanzarono soltanto dello 0,5 per cento.

Il giovedì 22 giugno, Ciriaco incontrò la delegazione del Psi. Lo staff demitiano trovò Craxi scostante. Poi dovette incassare le parole di Martelli. Disse a De Mita: tu capeggi una corrente impastata di antisocialismo.

Il 30 giugno e il 4 luglio, De Mita vide di nuovo i socialisti. Craxi era sempre cupo. Anche un'ora di colloquio a tu per tu, fra Ciriaco e Bettino, non approdò a nulla. Così, il giovedì 6 luglio De Mita rinunciò all'incarico e confermò le dimissioni da premier.

Sui sampietrini roventi di piazza Montecitorio si celebrò la Giornata del Bugiardo. I falsoni erano i democristiani che avevano costruito la rovina di De Mita. E adesso giuravano di essere preoccupati per l'immagine della Balena.

I più spudorati nel mentire erano i giovani ufficiali di Forlani. Interpellato dai cronisti, Pierferdinando Casini, 33 anni, deputato per la seconda volta, rispose: «Non ha vinto nessuno, ha perso la Dc». Altri si lagnavano strillando: «La Dc rischia di logorarsi», «Siamo diventati i comprimari di Craxi». Persino Forlani venne descritto dai suoi «allarmato, allarmatissimo».

In realtà il Coniglio Mannaro e il suo santo protettore-ispiratore, Andreotti, potevano davvero far festa. Li attendeva il bottino che spetta ai vincitori. Un bottino da spartire a metà con Craxi, ma pur sempre succulento.

I posti chiave nel nuovo governo ormai alle porte. Con la poltronissima di premier già messa in caldo per le chiappe andreottiane. La presidenza dell'Iri, da togliere al demitiano Prodi e da passare a Franco Nobili. Quella dell'Eni dal professor Reviglio a Gabriele Cagliari. Poi le grandi banche pubbliche. La Rai-Tv con i telegiornali. I grandi affari. Insomma, tutto ciò che nell'Italia del primo dopoguerra era chiamato il sottogoverno e adesso era l'oggetto vero del governo.

Ma c'era anche un passivo, una voce negativa nel bilancio della doppia esecuzione di De Mita. E riguardava proprio il Coniglio Mannaro. Bel campione, l'Arnaldo! Pugnalando per la seconda volta Ciriaco, aveva ridato forza alla squadra del Garofano. E ricollocato Craxi al centro della scena.

Proprio così: Forlani era incappato nell'errore di risvegliare il fantasma di Ghino di Tacco. Poi l'aveva ricondotto a Roma, affinché potesse fare e disfare nella crisi come gli pareva e piaceva.

Adesso non c'era più equilibrio fra il polo socialista e quello democristiano. Craxi appariva di ferro e Forlani di latta. Per fortuna della Balena Bianca, esisteva Andreotti, tutto di acciaio. Sarebbe toccato a lui il compito di ristabilire i pesi. E di rendere pronunciabile la sigla Caf.

La domenica 9 luglio, Cossiga incaricò la vecchia volpe di formare un ministero. Giulio scelse come vice il socialista Martelli. E completò l'organico in un paio di settimane. Poi il mercoledì 26 luglio andò a presentarsi in Senato. Mostrando all'Italia il proprio ennesimo governo: il sesto.

Andai anch'io a vederlo. E Giulio VI mi fece un effetto curioso. Era ingobbito più del solito. E risultava un po' stropicciato dai settant'anni fatti in gennaio e vissuti intensamente. Tuttavia, come per un sortilegio, mi apparve anche giovanissimo.

La figura snella. La mascagna nera ben pettinata. La testa da ragazzino acuto e sgobbone. Le orecchie ad ali di farfalla che forse gli consentivano di volare. Per Giulio il tempo sembrava essersi fermato. In che anno eravamo? E quale governo ci stava presentando, la Volpe? Il suo primo, il suo sesto, il suo ventesimo?

Poi compresi. L'eternità politica di Andreotti era anche un fatto fisico. Lui stava durando più degli altri politici perché si era amministrato con più cura, con più fredda perseveranza. Tanto da apparire persino più giovane del suo vice, che di anni ne aveva appena 46, un quarto di secolo meno di lui.

Andreotti era talmente sicuro di essere immortale che esercitò la propria perfidia anche su Martelli. Qualche giorno prima di portarlo con sé in Senato, volle rimarcare l'importanza dell'anzianità. Ossia dell'esperienza, della saggezza e dell'astuzia conquistate con il passare del tempo.

Disse: «Martelli è nato quando io ero già laureato da due anni». Era una stoccata diretta anche al principale di Claudio, a Bettino che si lagnava di continuo dell'eternità andreottiana.

La stoccata poteva continuare così: quando Claudio spandeva la pipì fuori dal vasino, nel paese natale di Gessate, provincia di Milano, io ero già deputato. E quando Claudietto andava all'asilo nido, io facevo già il sottosegretario con De Gasperi...

Poi arrivò la notte dei vincitori. E inghiottì anche Martelli. Andreotti, invece, sopravvisse. Ed è ancora qui che lotta accanto a noi.

54
Maremma amara

Arrivato alla conclusione di questo lungo racconto, devo rendere giustizia ad Achille Occhetto. L'ho descritto aggrappato a un balbettante «Non sapevo!» di fronte alle tangenti incassate dal suo partito. Ma prima di allora c'era stato un altro Occhetto. Tanto coraggioso da sembrare pazzo. Il leader politico che, nel novembre 1989, aveva deciso di ribaltare la storia del Pci e di cambiare nome al Partitone Rosso.

Perché dico coraggioso e quasi pazzo? Perché in quell'autunno di mutamenti storici, segnato dalla caduta del Muro di Berlino, Baffo di Ferro ignorava se la base del Pci l'avrebbe seguito nella svolta. Conosceva com'era fatto il proprio partito. Un mondo chiuso in se stesso, molto conservatore. Dove quasi tutti erano orgogliosi di sentirsi comunisti. E dove tanti continuavano a vedere nell'Unione Sovietica il paradiso in terra.

Occhetto ebbe la forza di tener duro nell'azzardo. Il Pci diventò Pds, che significava Partito democratico della sinistra. Nel simbolo campeggiava una quercia. Con questa bandiera, nel marzo 1994 Achille andò allo scontro con un principiante della politica, Silvio Berlusconi. E perse. La sua sconfitta segnò l'inizio della Seconda Repubblica.

Fu un inizio amaro per Baffo di Ferro. Il partito lo obbligò a dimettersi. Nel luglio 1994 il Pds mandò alle Botteghe Oscure un nuovo segretario: Max D'Alema. Un altro politico con il baffo, ma d'acciaio. Occhetto sparì dalla ribalta politica. E si ritirò in Maremma, nella casa di Montiano.

Nell'agosto 1994, lavoravo all'"Espresso" accanto a Claudio Rinaldi. Una mattina gli dissi: «Pare che Occhetto stia scrivendo le proprie memorie. Perché non immaginiamo l'ultimo capitolo?». Claudio mi rispose: «Scrivilo». Lo scrissi e lo pubblicammo. Spiegando che era un falso. Ma con tanti pezzi di verità.

Eccolo qui. Un po' aggiornato grazie a una lunga intervista di Stefano Cappellini a Occhetto, pubblicata sul "Riformista" del 21 ottobre 2009.

Da quando ho lasciato Capalbio per questa casa di Montiano, sono perseguitato da un incubo. È un incubo notturno che s'insinua nei miei sogni. Ma che talvolta si presenta anche di giorno, quando la vampa del sole fa tremare l'aria infuocata della Maremma.

L'incubo è che questa nuova casa, scelta per essere più vicino alla mia piccola barca ancorata nel porto di Talamone, diventi una specie di Hammamet, l'esilio tunisino di Bettino Craxi. Sì, l'Hammamet occhettiana. La dimora di uno sconfitto. Di un leader costretto a uscire dalla scena anzitempo. E nel mio caso, senza nessuna colpa!

Perché non confessarlo? In questa estate torrida, sto scoprendo che la Maremma non mi piace più. La sento ostile, una prigione asfissiante. Le giornate sono troppo lunghe, vuote, snervate da una calura che non dà tregua. Le notti vengono perseguitate da quell'incubo. Lo annuncia l'ombra di un etrusco, scomparso secoli fa. Ha il sorriso ambiguo, lo sguardo carico di mistero. E mi reca notizie sempre infondate, ma egualmente terribili.

La scomparsa della Roma politica sotto un catastrofico terremoto. La vendita del palazzo delle Botteghe Oscure a un ipermercato di Silvio Berlusconi. Il patto d'acciaio tra il mio successore, Massimo D'Alema, e il segretario del Msi, Gianfranco Fini, per dar vita a una Seconda Repubblica.

Così mi avvedo che la tetraggine mi sta invadendo. Giorno dopo giorno, scopro il piacere raggelante della solitudine. Non voglio più vedere nessuno. Né parlare con nessuno. Ieri ho stracciato un fax lungo un metro e mezzo. Conteneva le tante richieste di intervistarmi. Raccolte con pazienza dal mio fedelissimo portavoce, il solerte Iginio Ariemma.

Più di tutte mi ha fatto infuriare la richiesta dell'"Espresso". Non hanno pudore, quei due manigoldi, Rinaldi e Pansa! Dopo avermi perseguitato per più di un anno, oggi vorrebbero che gli raccontassi come mi sento dopo la loro perfida persecuzione.

Non voglio incontrare giornalisti. Sono cinici senza cuore. Incapaci di comprendere il mio dramma vero, quello più intimo. Questo dramma ha un nome: l'inattività. È la mia pena quotidiana e mi sta logorando.

Mi è capitato di dirigere il partito in un'epoca storica di incessanti convulsioni. E io stavo sempre nella trincea più avanzata. Teso sino allo spasimo. Impegnato a pieno regime, come un altoforno al massimo delle sue capacità. Ma ora, a 58 anni, un'età ancora verde per un leader politico, è tremendamente difficile passare da una fase d'azione così infuocata a una di inattività completa.

Mi piace l'immagine dell'altoforno. L'ho consegnata al compagno Alberto Leiss, l'unico giornalista che ho ricevuto. A metà luglio è salito sin qui a Montiano, doveva intervistarmi per "l'Unità". E ho visto con soddisfazione che il compagno Leiss l'ha compresa e pubblicata.

Ma di immagine ne avrei anche un'altra. Se ripenso al percorso tormentoso iniziato nel novembre 1989 con la svolta della Bolognina, mi sento come un capo carovana. Di una carovana che doveva conquistare la sua nuova frontiera, varcando più di un guado, superando rapide pericolose.

La mia marcia ebbe inizio il giorno che cadde il Muro di Berlino, il 9 novembre 1989. Mi trovavo a Bruxelles per parlare con il leader dei laburisti inglesi, Neil Kinnock. Gli stavo chiedendo di appoggiare l'ingresso del Pci nell'Internazionale socialista. Questo voglio ricordarlo ai tanti che mi hanno sempre dipinto come un antisocialista.

Kinnock mi garantì il suo appoggio. Poi mi domandò: «Perché non cambiate il nome al vostro partito?». Compresi il senso della sua proposta. Chiamarsi ancora comunisti mentre il comunismo andava a ramengo in tutta Europa era, per un laburista inglese, una testardaggine priva di senso.

Lì per lì, gli risposi che cambiare nome al Pci era molto, molto difficile. E tra me e me dissi: il segretario del Pci che cambia nome al partito è come il Papa che dichiari superata la verginità della Madonna.

Da quel momento, però, tutto accadde molto in fretta. La domenica 12 novembre 1989, a Bologna, si commemorava la battaglia di Porta Lame, combattuta dai partigiani contro i tedeschi nel 1944. E alla sezione della Bolognina feci il mio storico discorso. Storico perché dissi che, in quei frangenti, bisognava cambiare tutto nel partito. Spiegai agli ex partigiani: «Se non ci sarà un grande mutamento, quello che avete fatto nella Resistenza andrà perduto».

Per la verità, nel discorso alla Bolognina non dissi che dovevamo cambiare anche il nome. La faccenda del nome venne fuori nell'ambaradan dei cronisti che mi assediavano dopo l'incontro. Sì, il cambio dell'insegna mi fu strappato dai giornali. E questo contribuì a dare l'impressione che io avessi già deciso tutto da solo.

Il lunedì 13 novembre la faccenda del nome esplose sulla stampa. Quel giorno riunii la segreteria. E due giorni dopo la Direzione del Pci. Ci fu una discussione rovente, ma ottenni la maggioranza. Lì, per la prima volta, il partito si spaccò. Il centralismo democratico era andato a farsi benedire.

Misi a repentaglio la storica rendita di posizione di un segretario comunista. Furono necessari altri due comitati centrali e poi ben due congressi. Ma la carovana si era messa in moto.

Quando stavo quasi alla fine del guado, mi sono trovato contro il muro delle destre. Una muraglia nera, o grigio fumo, emersa all'improvviso con la faccia di quel magnate della tv, il Berlusconi. La muraglia mi ha fermato, facendomi perdere le elezioni del marzo di quest'anno, il 1994.

Ma il peggio doveva ancora venire. Mentre mi preparavo a restituire il colpo ricevuto, sono stato costretto a mettermi da parte. E ad avermi costretto sono stati i miei compagni. Sono loro che mi hanno obbligato a rinunciare alla lotta, a spegnere il mio altoforno.

Oggi mi arrovello a domandarmi dove ho sbagliato. Cominciamo dalla faccenda della leadership dei progressisti. I tanti soloni, sempre al potere nella stampa sedicente di sinistra, insistono nel dire: i progressisti hanno perso contro Berlusconi perché Occhetto ha preteso di essere lui il capo della coalizione.

Non sanno quel che dicono, questi cervelloni! La verità è che io sono stato obbligato a prendermi sulle spalle la croce. Ho passato notti e notti insonni per scoprire chi potesse guidare l'alleanza nella campagna elettorale.

Carlo Azeglio Ciampi? No, perché avrebbe dovuto dimettersi da capo del governo, provocando una crisi dall'esito catastrofico. Il repubblicano Bruno Visentini? Non si possono guidare campagne elettorali a 80 anni. Il professor Luigi Spaventa? Bravo, ma di pessimo carattere, senza appeal per la gente comune. Bruno Trentin? Ombroso ed estraneo al partito. Eugenio Scalfari? Predicatorio e fazioso. Massimo Cacciari? Ma non fatemi ridere! Una donna di sinistra? Quelle brave le abbiamo soffocate da bambine.

È stato così che sono stato costretto a scendere in campo io. Ma che orrendo campo ho trovato! Leoluca Orlando, al massimo dell'isterismo, convinto di passare direttamente dal municipio di Palermo a Palazzo Chigi. Ferdinando Adornato e Willer Bordon gonfi di una presunzione senza limiti, sicuri di guidare un'armata da tre milioni di voti. Ottaviano Del Turco che a ogni incontro mi ripeteva, come un veggente pazzo: il Psi esiste ancora e lotta accanto a voi! Per non parlare poi della lucida follia dei capi di Rifondazione comunista.

Al primo incontro, Bertinotti mi ha enunciato il suo programma elettorale così: mai al governo perché il potere ci fa schifo! Cossutta mi ha subito spiegato che, nei favolosi anni Ottanta, la maggior parte degli italiani era diventata ricca e dunque meritava di essere tassata. Soltanto al dodicesimo incontro, l'Armando ha ceduto, con l'aria di farmi una gran concessione: «Sta bene. Diremo soltanto che bisogna tassare i Bot e uscire dalla Nato».

In queste condizioni, come si poteva scrivere un programma da contrapporre ai miracoli promessi da Berlusconi? È stato in quella circostanza che ho fatto una scoperta terrorizzante: i progressisti avevano troppi intellettuali. Tutti inventori di formidabili ricette opposte a quelle degli altri. Vincenzo Visco contro Filippo Cavazzuti. Augusto Barbera contro Stefano Rodotà. Franco Bassanini contro Gianfranco Pasquino. Luciano Violante contro Giovanni Pellegrino...

Adesso, nella fornace maremmana, mi domando se una sinistra siffatta non solo potesse vincere, ma se avesse il diritto di vincere. La mia risposta è: no, due volte no.

Non aveva il diritto di vincere questa sinistra cresciuta negli agi del sistema proporzionale. E nelle comodità di quell'harem partitocratico che viene chiamato consociativismo. Una volta gettata nel mare tempestoso del sistema maggioritario è annegata.

Lo so, c'è una spietatezza insolita in questa conclusione. Ma è la verità: morte per annegamento. Vale a dire per non aver saputo trovare la capacità di presentare programmi e uomini che la mettessero in grado di sconfiggere Berlusconi e il suo blocco di forze sociali.

La sentivo nell'aria, questa sconfitta annunciata. Dirò di più: a metà della campagna elettorale del 27 marzo, io ero già sicuro di perdere. Però mi sono battuto sino all'ultimo. Quando sono andato a Canale 5 per il faccia a faccia televisivo con il Cavaliere, ne avevo la certezza. A spiegarmelo era stato Nicola Piepoli, del Cirm. «I miei sondaggi» giurava lui, «non sbagliano mai.»

Erano previsioni da toccare ferro sette volte sette. Tanto che i miei assistenti, Massimo De Angelis e Gianni Cuperlo, si rivelavano sempre più restii a mostrarmele. Ho respinto queste attenzioni da medici pietosi. Ho voluto seguire passo dopo passo il montare della destra. E la nostra picchiata verso l'abisso della sconfitta.

Avevo il cuore in tumulto e la testa in fiamme, quella sera a Canale 5 sul tronetto preparato da Enrico Mentana, il moderatore, per il faccia a faccia con il Cavaliere. Altro che sicumera bulgara, come qualche solone ha scritto! Ho lottato contro Berlusconi come non credevo di essere capace. Speravo che la mia tenacia fosse apprezzata dentro il mio partito. Ma non è stato così.

Me ne sono reso conto subito dopo l'annuncio del

crack progressista. Il Pds le elezioni le aveva vinte, con un incremento del 4,5 per cento rispetto al voto del 1992. Un successo strepitoso, in una fase storica che vedeva tutti i partiti della Prima Repubblica morire come mosche.

Non bluffavo, dunque, quando dissi che come segretario della Quercia non mi sentivo per niente un vinto. La verità stava sotto gli occhi di tutti. Ma pochi hanno voluto vederla. Anche certi dirigenti del Pds hanno finto di non vedere. E hanno cominciato a spararmi addosso. Un vero incubo, persino più perfido di quello dell'Hammamet maremmana.

Mi ero rituffato in una nuova compagna elettorale, per le europee del 12 giugno 1994. E alla fine di ogni comizio l'incubo si ripresentava. Anche l'ultimo dei giornalisti si sentiva in diritto di domandarmi: «Onorevole Occhetto, quando dà le dimissioni?».

I più subdoli, e qui mi viene in mente il Pansa dell'"Espresso", mi chiedevano un gesto di coraggio, di realismo, di lealtà verso il mio partito. Ma il Premio Nobel dell'ipocrisia sono costretto a darlo al compagno D'Alema.

Da vero sepolcro imbiancato, Max dichiarava a giornali e ad agenzie di stampa che la richiesta delle mie dimissioni era, cito testualmente, «una aggressione personale, una cosa ingiusta e indegna, una pretesa di giustizia sommaria». E mentre lo diceva, tramava perché io sloggiassi dalle Botteghe Oscure.

Così, dopo l'inevitabile seconda sconfitta del 12 giugno, ho tolto il disturbo. Non sono stato deposto da nessuno. Me ne sono andato io. Li ho lasciati soli e al palo. Ad azzuffarsi al Bottegone per la ricerca di un nuovo leader.

Non ho voluto partecipare alla zuffa. Mi sono limitato a osservarla da lontano, dal mio eremo in Maremma. Però non ho potuto sottrarmi all'obbligo di esternare una mia fermissima opinione: il nuovo segretario del Pds poteva essere chiunque, ma non D'Alema.

Il perché era chiaro. Nell'autunno del 1989, D'Alema era contrario alla svolta della Bolognina e al cambio di nome del partito. Certo, non l'ha contrastata come tanti altri dirigenti del Pci. E in apparenza si è dimostrato leale.

Però Massimo ha sempre cercato di sminuire e depotenziare la svolta con analisi nervose, giudizi affrettati, critiche maligne. Sosteneva che la svolta aveva un impianto ideologico modesto. Ma al tempo stesso ne dava un'interpretazione minimalista. Come se si trattasse di cambiare soltanto l'insegna di un partito che doveva restare uguale a se stesso.

Io tentavo di spingere la carovana oltre il guado e Max mi segava le ruote dei carri. Nell'aprile 1993, quando è nato il governo Ciampi, volevo che il Pds ci entrasse con le bandiere spiegate. Però Massimo si è opposto. Da quel momento, non ha mai cessato di combattermi.

Persino quando mi ero già dimesso, lui e i suoi hanno ingaggiato una battaglia politica violenta contro di me. Max è arrivato ad accusarmi di autocrazia, di cesarismo: una spiritosaggine di quart'ordine per un tipo come lui, che spasima di ripristinare nel Pds il centralismo del vecchio Pci.

Ma c'è di peggio. Ed è la presunzione di D'Alema nel pensare che in Italia, nonostante Tangentopoli, non sia accaduto niente. Lui crede che basti riverniciare i vecchi partiti per andare avanti come prima. Ritiene che il Pds, magari tornando ad abbracciare i transfughi di Rifondazione comunista, possa da solo sconfiggere le destre.

È un feticista del partito, il compagno Massimo. Non capisce, non può capire, che l'orizzonte della nostra cultura e della nostra passione civile deve diventare un altro. Il paese, non il partito.

Come potevo accettare di consegnargli senza combattere la guida del mio Pds? Bisognava scovare un compagno in grado di sviluppare le innovazioni introdotte dalla svolta della Bolognina. Capace di parlare all'esterno del partito, alla società italiana.

Ho chiamato Walter Veltroni. E l'ho pregato di salire sino al mio eremo maremmano. Walter è venuto. L'ho trovato pallido, dimagrito, sciupato. Gli ho chiesto: «Che ti è successo?». «Niente: è la dieta. Una dieta ferrea: un po' di pasta a mezzogiorno, una fettina di carne o di pesce la sera.» «Quanto hai perso?» «Quindici chili.» «Capperi! E le forze?»

Walter mi ha garantito di sentirsi un fulmine di guerra: «Dovresti saperlo, Achille, se leggi "l'Unità" che dirigo». Ma ha subito aggiunto di non avere nessuna intenzione di scendere in lizza contro D'Alema. Balbettando: «Massimo mi farà a fette».

Allora gli ho consigliato il colpo segreto: un referendum nel corpo attivo del partito. L'avrebbe vinto a mani basse. Tutti sarebbe stati con lui, sperando che fosse un segretario distratto, per niente voglioso di ficcare il naso nelle gestioni dei tanti potentati periferici della Quercia.

Infatti, Walter ha vinto il referendum. Poi qualcosa è andato storto. I miei hanno voluto strafare. Claudio Petruccioli, imprudente per generosità, si è fatto intervistare dalla "Stampa". E proprio dal diabolico Augusto Minzolini, specialista nell'inguaiare i dirigenti del Pds.

Claudio gli ha detto che un D'Alema segretario avrebbe rischiato di trasformare la Quercia in una gigantesca Rifondazione comunista. Questo ha eccitato tanti compagni del Comitato centrale, rimasti nostalgici del vecchio Pci. Così, nel voto finale, D'Alema ha vinto e Veltroni ha perso. Che gelo, quel venerdì 1° luglio

1994 alla Fiera di Roma. Gelo anche per me. Non un applauso. Non un saluto.

E adesso, in questa Maremma amara, nell'afa che mi soffoca, tra nubi di zanzare voraci, ripenso al mio incontro con Berlusconi, al pranzo per Bill Clinton, in visita a Roma il 2 giugno 1994. Il Cavaliere, con quel suo sorriso da magnate falsone, mi ha parlato di se stesso, dicendo: «Ma chi me l'ha fatto fare di buttarmi in politica!».

Pensando all'incubo di Hammamet, gli ho risposto, serio e grave: «Ti accorgerai che la politica è spietata. Con tutti».

Indice dei nomi

Indice

Finito di stampare nel mese di marzo 2010
presso il Nuovo Istituto Italiano D'Arti Grafiche – Bergamo

Printed in Italy

DR 009161-2404
I CARI ESTINT
PANSA GIAMPAO
RIZZOLI
RCS LIBRI